ダルマ舎叢書Ⅰ

時代へのカウンターと陽気な夢

労働運動の昨日、今日、明日

【共同編集】小野寺忠昭・小畑精武・平山　昇

社会評論社

はじめに

『時代へのカウンターと陽気な夢―労働運動の昨日、今日、明日』と題する、この冊子は一九六〇年代後半から今日に至るまで労働運動の第一線で活躍し多くの成果・教訓を残してきた平山昇さん、小野寺忠昭さん、小畑精武さんが中心となって企画・編集・出版される。

小野寺さんは東京地評（東京地方労働組合評議会）の東京東部ブロックの担当オルグとして東京の下町、東部の七地区労の連携のもと七〇年〜八〇年代まで地域共闘の代表格として活動を活性化させてきた東京東部ブロック共闘の中軸を担ってきた。小畑精武さんもまた、東部・江戸川区労協の専従オルグとして東部労働運動の中核を担い、八〇年代後半にはじめての地域ユニオンとして江戸川ユニオンを立ち上げた中心人物である。平山昇さんはこの時代に生活協同組合で活動し、ワーカーズコレクティブ運動や労働者生産協同組合運動を提唱し倒産争議の中で自主生産を続けていた労働組合とワーコレを結びつけた一人である。

この三人が中心となり一九六〇年代後半から八九年総評解体、多数派の連合と全労連・全労協に三分割された労働組合運動と現在までに至る歴史の中で、各運動分野で現場の運動を担ってきた活動家の証言として「明日」に残すべきものは何かを提起しようとしたのが、この冊子である。

各章の筆者の方々は一九六〇年代後半から現在に至る日本の労働組合の画期となる諸運動を担い中心的に活動されてきた第一線の人々で、労働組合運動としては主に総評労働運動の後半部分を担い、地域共闘や争議共闘などの分野で活躍した方々であり、編集に携わった三人のいずれかと運動の関わりを持ちその運動の拡大強化に互いに力を尽くした関係者である。この世代の活動家は主に団塊の世代と呼ばれた戦後世代であり、七〇年の安保・学園闘争、ヴェトナム反戦闘争の中で青春時代を過ごしてきた所謂、全共闘世代・ヴェトナム反戦世代である。この冊子の筆者の多くが、この時代の中で闘いを通して労働運動に惹かれ労働組合運動に飛び込んだ方々であり、各分野で新しい労働運動へ向けて成果と実績をあげてきた第一線の活動家の皆さんである。

●この本の構成

第一章は「東京東部の労働運動」と題して、八〇年代に総評労働運動最強の地域共闘とも呼ばれた東部地区共闘を取り上げ、地区労運動やそれらによって支えられた争議組合の自主生産、その延長線上の労働者生産協同組合の可能性をパラマウント靴の闘いを通して問題提起。現在、重要視されている地域コミュニティーユニオン運動の強化・発展のためにも求められている地域共闘の重要性を「総評労働運動の最後の輝き」とも称されている東部労働運動の活動の経過・経験から提起している。

第二章で八〇年代末の総評（当時、最大多数派のナショナルセンター・日本労働組合総評議会）の解体とは何であったのか、そこから見えてくる労働組合運動の課題を検討。総評解体によって生じた地域共闘の弱体化や共闘拡大の困難は争議の継続をより負担の大きいものにさせた。七〇年代初頭から続けられ、多くの争議の勝利をもたらしてきた東京総行動は、これらの争議を総体としてどのように支えていくかを経験を通じて問題提起。争議を継続させる自主・自活の体制の確立を争議団・組合員の生活対策、争議を通した組合活動の中での組合員の自主・自立の獲得を目指して取り組むなど示唆に富むことが多い。九〇年代を通した歴史的な争議である国鉄闘争の争議としての検証にも多くのヒントが隠されている。総評労働運動の最後の大闘争となった国鉄闘争・一〇四七名の解雇撤回争議を闘い抜き国鉄労働組合を存続させた「今日」から「明日」への道筋は何か。国労高崎の闘いの中から非正規労働者・ユニオンの運動の未来を探る。地区共闘運動の発展への模索の中から導き出され、労働相談活動の強化の中で組織されてきた地域ユニオンはコミュニティーユニオンとして全国へ拡がっていくが、この運動の「明日」への教訓も重要である。

第三章では「企業別労働組合から社会的労働運動へ」として「昨日」「今日」の運動の中から労働運動の「明日」を展望する。

社会的労働運動というテーマのなかでは、①これまで様々な困難を克服しながら持続させてきた活動や闘い、それに支援連帯してきた労働組合がその運動の中で、企業別労働組合運動から自立性の確保が出来てきたのか、②その中で目指してきた「労働組合を労働組合員のものに」という労働者の自立がどこまで進んだのか、③労働者の三分の一を超える非正規労働者との連帯・共闘や共同の取り組みや組織化などが進んでいるのか、外国人労働者との共生や団結を獲得しているのか、④原発などに代表される市民運動を自らの課題と捉え、労働者の課題である労働者の権利擁護＝労働法制など政策制度要求と連携させ、どう運動化しようとしたのか、⑤資本のグローバル化が進行する中で海外の労働運動とどう支援連帯などの行動を通じて関係性を持ってきたかなどの課題がある。

労働運動の諸分野で運動の第一線にたち闘いの成功のために格闘してきた当事者の経験とその主張は大変貴重なものである。第一項では日本の戦後労働運動の構造的弱点として克服が長い間の課題となってきた企業別労働組合について、現在の問題点とその枠組みを破ろうと、現実に活動を続けている全日建連帯関西生コン支部の苦闘と可能性を検討。産業別統一闘争・協定や業種別共闘の可能性など労働組合運動の「明日」を見据える。二項五項では外国人労働者を「労働力の補填」をテコになし崩し的に受け入れ拡充を図る政策に対し、移住労働者として正面から受け入れ、その人権・労働基本権・賃金労働条件を国内労働者と同等なものとし共生を図る運動が労働運動として求められ、韓国スミダから始まり韓国シチズン、ブリジストンファイアストンなど外国からの争議を受け入れ連帯し共に闘い学び合う経験から海の向こうの労働運動との連帯や移住労働者との共生を考える。

第六・七・八項では自主生産闘争の経験の中から労働・働くと言うことの「社会的有用生産・労働」を提起、労働者の自立と「資本のもとでの賃労働」を超える社会的連帯経済での労働を生協での労働運動や生協パート労働者の組織化の経験から報告、そして少子高齢化のなかで必要とされている介護労働の実態と「明日」に向けての運動の組織化を労働の価値などや社会的有用性から考えてみる。また、また、コラムでは労働基準行政の現場から報告をいただいた。

第四章では二章三章を踏まえて、「明日」に向けての労働運動の提起である。

市民運動ユニオニズムと名付けた市民運動や地域コミュニティーユニオン運動のうえに大企業連の労働組合ではなく、働く者・労働者のための労働組合・労働運動の行方を探る。障害者雇用、差別的取り扱いの構造を乗り越える運動とは何かを探り、労働者イメージの具体化や資本と労働の関連を労働者の立場、労働者の自立・連帯・共生を捉え直してみる。そのような取り組みから社会的労働運動の具体的可能性や「明日」の労働運動はどう構想されるのか、この各項は検討材料の一部であり必要とされるものであると思う。

第五章の大内秀明先生、伊藤誠先生、鎌倉孝夫先生、樋口兼次先生にはまさしく「明日」に向けての労働運動への提言をお寄せいただいた。これから労働者・労働運動・労働組合が何を目指し、何者へと自己変革を遂げていくかの運動の未来に向けて是非、深く心に留めておくべきと思う。

●企業別労働組合から社会的労働運動へ

日本の大企業労組中心の「企業連」が労働組合のメーンストリームとなって久しい。総評解体から四半世紀を経過したが、この間、労働組合の社会的役割は低下の一途をたどり、人々からの信用もまた低落、企業別労組のユニオンショップで組合員となっている当の労働組合員からの信用さえ失いかけているとも言える。この現状をどう打開していくかは労働組合運動に関係する多くの人々の関心事である。

一九四五年、戦後労働運動が起動して以来、資本と労働は相互に依存しながら対立、相互干渉を繰り返してきた。総労働と総資本の対立はせめぎ合いを続けながらも、残念ながら総資本が徐々に優勢となり、六〇年代までにエネルギーや基幹産業部門で産業の集中とともに資本・会社側が労働・労働組合を圧倒、「労使協調」の企業別労組が大多数となり八〇年代末には国鉄労働組合解体攻撃で公営企業体と交通運輸産業の多数で労働を資本が圧倒、総評は解体された。その後、大企業別労組の集合である企業連中心のナショナルセンターが登場、現在に至るわけであるが、その中でも労働者の自立・連帯を求めて「社会的労働運動」へ向けての努力は続いてきた。この冊子での報告は、この流れにあらがい、小さな闘いでもその火を消さず労働者の団結と労働運動・労働組合の未来を見つめて継続させてきた闘いの証言である。

大企業での資本と労働の相互干渉の枠の外にはみ出している非正規労働者や外国人労働者、女性やマイノリティーの生活と権利、差別撤廃の闘い、消費者としての労働者の組織化や公共サービス分野での労働者などなど多くの課題に正面から取り組む運動とその運動の重要な部門である地域コミュニティーユニオン運動。企業危機や倒産など資本と労働の力関係に「すきま」が生じ、仕事・労働とは何だったかを労働者が否応なしに考え向き合わざるを得ない時、闘いの活路として提起される自主生産や自主再建の闘い。その先の試みとして取り組まれる労働者生産協同組合やワーカーズコレクティブ運動、そこでの労働運動とは何なのか。様々な運動や課題、労働者の権利を闘う労働争議、地域の課題などを横断的に連携して運動を浮上させる総行動や市民と連携した地域共闘運動など活動の積み上げの中から「社会的労働運動」を労働者の活動の中から創り上げていくしか無いのだと思う。

●労働運動の明日に生きる歴史の教訓

労働組合が自らの社会的責任を自覚し、果たすべき責任について働く者全ての生活と権利を擁護し向上させる立場から力を尽くし、生活の基礎である平和と民主主義を貫徹させるために働く者・労働者の先頭に立って奮闘する事が情勢からも求められている。また、職場での孤立・分断・下方への競争を克服し、労働自体が社会的に有用なものと位置づけられる労働者相互の関係・繋がりが労働の現場で作り上げられる事が大切と考える。私たち労働組合は「働く者の団結で生活と権利、平和と民主主義を守ろう」を戦後労働運動の中で長くスローガンとして掲げてきた。この「労働運動の昨日、今日、明日」で各分野の運動の担い手である筆者が報告・展開されている課題は、これからの労働運動の担い手に多くの教訓や社会的労働運動への方向性を示しているものと思う。

東京総行動で提起されている労働争議の労働組合運動での欠かせない位置づけ。共闘・支援の在り方、労働者の自立と連帯への指向。その運動の中から導き出された教訓。運動の展開の過程で重要な役割を果たした地域共闘の機能・経験。その延長線上とも言える「地域ユニオン」運動の全国的な展開。争議の継続から創り出された「自主生産」。争議持続・生活対策から生まれた「自活体制」とワーカーズコレクティブ・労働者生産協同組合との出会い等々、各章での運動の展開・報告・問題提起は多くの示唆に富む貴重なものと自負している。

二〇一九年三月

平賀　健一郎

ダルマ舎叢書Ⅰ　時代へのカウンターと陽気な夢――労働運動の昨日、今日、明日　＊目次＊

第一章　東京東部の労働運動

【写真上】全金ペトリカメラ支部の東京銀行抗議行動（1978 年）　撮影：今井　明
【下】争議に立ち上がったパラマウント製靴の労働者　撮影者不詳

(一) 総評運動と地区労運動

小畑　精武

はじめに　見えなくなった地域労働運動

「総評・地区労運動」は目にみえたが、連合・地域労働運動も総評・地区労を継承したはずの地区労センターの運動がなかなか見えてこない。連合結成以前私がオルグであった江戸川地区労では新年を迎えると旗開きとともに江戸川春闘共闘が結成され、学習会、賃上げ要求討議、地域統一労働基準の確認、宣伝、激励・申し入れ行動、春闘総決起集会・デモ(三月下旬の東部地区と四月上旬の江戸川)、五月には未解決労組支援など多様な活動が展開された。

要求を提出すると中小労組は組合旗を工場入口付近に掲げ、意思統一と団結を誇示した。私鉄など交通関係の組合は徹夜交渉で春闘を盛り上げ、ストライキが風物詩になっていた。東武鉄道労組の駅には赤い小さな組合旗が掲揚され自然と利用客の目に入っていった。江戸川地区労では中小労組支援の昼休み門前集会や地域デモが展開された。新聞には「スト突入か」「スト回避」「私鉄一万円賃上げ」などの見出しがトップに踊り、学生もサラリーマンも翌日の授業や出社に影響するストの有無にヒヤヒヤした。

今や工場門前の赤旗もストライキも街の中でみかけることはほとんどなくなった。こうした外から見える春闘の風景は組合のない普通の労働者にとって労働運動にふれ、労働組合を学ぶ絶好のチャンスだった。さらに「おれのところでも一丁やってみようか」と労働組合結成のきっかけにもなった。

1　地区労運動を振り返る

(1) 二四歳で地区労オルグに

ここで、あらためて私が一九六九年から一九九二年まで二一年半にわたって活動してきた東京東部・江戸川地区労（正式には江戸川区労働組合協議会、通称は江戸川区労協）運動を振り返り、総評地区労運動の一類型を提供したい。

私は一九六九年一二月（二四歳）から一九九二年五月（四六歳）まで、江戸川区労協（江戸川地区労）のオルグとして活動し、続いて一九九二年六月（四六歳）から二〇一〇年（六五歳）まで自治労中央本部オルガナイザーを経験した。前半は東京東部・江戸川地域の地域労働運動にまい進した。その実践のなかから一九八四年に全国の先駆けとなったコミュニティ・ユニオンである江戸川ユニオンが生まれてくる。後半は地方公務員だけではなく地域公共サービスに従事する官民一体の産別をめざす自治労（全日本自治団体労働組合）で非正規雇用の自治体臨時・非常勤職員と委託や介護事業など地域公共サービスに従事する民間労働者の組織づくりにまい進し五万人ほどが自治労結集した。その中で公契約条例はじめ官製ワーキングプア問題に取り組んだ。

江戸川区労協のオルグになって直ちに自動車運転免許を取らされた。江戸川区は今日でもそうだが区内を横断する都心へ向かう鉄道は発達しているが、タテの区内交通はバスしかない。区内移動に時間が取られるから車は必需品だ。電報配達車の払下げ中古車でまだ農村風景が残っていた江戸川区内を毎日のように労組訪問した。資料配布やオルグだけではない、毎月集金しないと自分の賃金が出ないからだ。顔を合わすことは信頼感をつくることにつながっていく。「断られてからがセールス」である。加盟組合の悩みや、地区労への不満、ニーズを聞き出すことは他に替えられない貴重な時間だった。会費は労働金庫口座に振り込んでもらうことも可能だったが、あえて集金に行った。顔と顔を会わせることの大切さは今も昔も変わらない。

九二年からの自治労・地域公共サービス産別建設では、臨時・非常勤職員や競争入札の中で雇用不安と低賃金に追いやられた公共サービスに従事する民間労働者の組織化をすすめた。物件扱いをされていた委託労働者は「物件費を〝人権費〟に」と訴え、人間としての労働と生活を取り戻す「生活賃金（リビングウェイジ）」よこせの運動を展開し、そのなかから「公契約条例」制定が提起される（注1）。

(2) 江戸川区長準公選条例制定運動
――自治体革新運動の中軸を担う

オルグになって二〜三年目に私の運動の節目になる闘いがあった。一つは一九七二年三月一四日に議場占拠事件となる「江戸川区長準公選条例制定運動」であり、もう一つは一九七四年五月に無期限ストとなる、当時東京都の下請であった清掃ごみ収集車（通称ゴミトラ）の運転労働者の組合結成とそれに対する組合つぶしとの闘いであった。この二つの闘いには「師匠」ともいうべき大先輩が指導にあたっていた。前者は今は亡き江戸川区労協の今泉清議長であり、後者も今は亡き運輸労連東京都連中川義和元委員長である。闘いは二〇代の私にとって学びの場でもあった。その後の血となり肉となっている。

江戸川準公選運動(注2)は当時でいえば革新自治体をめざす政策制度の闘いであった。「区長は区民の手で！」をかかげ寒い一月にわずか一カ月で自筆の署名印鑑を必要とする「区長準公選を求める条例制定の直接請求署名」は六万八千筆を集め、地域を二分する闘いとなった。法律制定が困難なら身近な条例制定により実質的な公選を実現する「区長準公選条例制定」は練馬区の篠原一東大教授の発案であった。

江戸川準公選運動は一九七二年三月一四日ピークをむかえる。六万八千余の署名審査期間二〇日間を無視して区長の区議会強行選任をはかる区議会に対し「区長を選ぶ江戸川区民の会」（代表羽生雅則弁護士・真福寺住職）は議事運営委員会室から議場に向かう議員に抗議をしつつ、そのまま議場に入り込んだ。日本の民主主義のなかで、市民が議場を占拠したことはほとんどない。それほど江戸川区民の意志は強かった。地区労がその中心となった。六時間に及ぶ議場占拠は今泉議長と私の逮捕で幕が閉じられた。だが結果は区長公選の法改正に自治省は舵を切らざるをえなくなった。「練馬の知恵と江戸川の足」といわれた地域運動が国政を変えたのである。

「一団体、一個人では達成できない課題を、地域にねざした企画により、地域住民、大衆団体の連合・ネットワークをつくり出し、大衆運動として実現していく運動論は今泉先輩の得意とするところだった。(注3)」

(3)「俺たちはゴミじゃない」
――下請清掃労働者の組織化支援

「下請清掃」水穂闘争は一九七二年に労働組合結成をしたN委員長を解雇する典型的な不当労働行為との闘いであった。当時の高度成長は大量のごみを掃出し、その処理は本来地方公務員が担うべきところ、都から指定された民間運輸会社が収集したごみをごみの埋立地・夢の島や清掃工場に搬送する委託構造になっていた。六〇社におよぶ下請清掃会社には団塊の世代の若い運転手が大学闘争を担った活動家も含め続々と流れ込んだ。当時はまだ小型トラックに冷房はない。窓を目いっぱい開け、右ひじを太陽にさらす。右腕は黒く焼け、左は白かった。夢の島はごみの島、開けた窓からは臭気が遠慮なしに入ってくる。車庫に帰っても風呂がない。シャワーすらない会社もある。スポーツ新聞の「日払い可」「長期臨時」に釣られて入社したものの、職場環境は最悪だ。おまけにボーナスもない。あるのは「夏は氷代、冬はもち代」。一九七一年暮のもち代を軍資金に水穂の臨時運転手はキャバレーに行った。楽しんだのはいいが、家に持って帰る「もち代」がない。衆議一決「組合をつくろう」ここから組合づくりが始まった。

社長（故先代社長の妻）は「組合結成の申し入れ」に対し警察を呼んだ。「労使関係は民事、警察は介入しないで」と帰ってもらう。社長は「解雇は神のお告げだ。絶対に撤回しない！」と頑な態度を取り続けた。これに対して、当時の夢の島（埋め立てごみ捨て場）や清掃工場に運輸労連東京と江戸川区労協はビラ入れを行った。一九七四年五月ついにはストライキへとエスカレート、スト前日全統一労組が争議中のボーリング場に泊まりピケット部隊として翌朝マイクロバスで車庫へ向かいピケ体制に、その日から二週間に及ぶ「決戦ストライキ」となる。地域労働者が続々と支援にかけつけた。その結果「委員長の解雇は撤回。委員長は自主退職」の和解となる。だがこの間に二三区周辺部の下請け清掃会社には「俺たちはゴミじゃない」と訴える労働組合の旗が「燎原の火」のように立っていった。下請労働者のストライキで街の中にごみの山がつくられていく。組合結成にともなう不当労働行為に産別組織と地域組織が「支援共闘会議」を組織し協力して闘う典型的な事例となった。

2 共闘運動組織としての地区労

(1) 総評組織綱領草案と地区労任務

結成後八年を経過した総評は組織綱領草案（一九五八年）を提起、その内容は刺激的だった。総評組織綱領草案は地域の労働組合の「共闘」を強調している。第二次大戦後、労働組合結成の自由を得た労働者は職場に労働組合を組織するとともに、企業内に閉じこもりがちな単組を地域に引き出し地区労を組織していった。多くの地区労は結成当初「親睦地区労」「メーデー地区労」「選挙地区労」といわれ、緩やかな連絡会組織であった。一九五二年に結成された江戸川区労協は親睦地区労に近かったが、青年部に結集する戦後二代目と言うべき労働者が台頭し、たちまち地区労の主導権を握っていく。

総評組織綱領草案（一九五八年）が提起した地区労の五つの任務について総括的にみてみたい。

第一は「地区共闘の場となり組織者となること」

各地区では春闘時の共闘として、地区労加盟組合にとどまらず、未加盟の組合にも開かれた地域春闘共闘が組織され、春闘決起集会はじめ地域からの春闘の盛り上がり・春闘相場をつくっていった。また、不当解雇撤回などの争議支援、工場閉鎖反対の反合闘争への支援共闘が各地につくられた。江戸川でも毎年、区内の純中立労組や産別加盟で地区労未加盟の組合に働きかけて江戸川春闘共闘会議を結成し、春闘ニュースの発行、決起集会、デモ、ストライキ支援を進めた。地域の勤労者野球大会も恒例行事だ。そうした活動から地区労加盟組合が増えていった。

春闘期の統一闘争で平均賃金を引き上げる春闘とともに、最低賃金を引き上げる最賃闘争も一九六〇年代に取り組まれた。当時東京では東京地評が旗を振って「誰でも一万円の賃金」の地域最賃闘争が展開された。二三区では各地区労が「区内から一万円以下の賃金をなくそう」と区議会決議を請願し、江戸川区では議会が請願を採択した。江戸川区労協は、さっそく区内の職場に調査に入る。調べてみると区役所の中に一万円以下の臨時職員がいた。ただちに区と交渉をして一万円を上回る賃金へ是正を勝ち取っている。また、組合がある区内中小企業と区労協議長との間で「最低賃金一万円を守る」協定が結ばれた。

第二は「地評と協力して中小企業労働者の組織化にあたること」

総評は中小企業の組織化のために、全国各県に中小企業対策オルグ（中対オルグ）を配置して、地場中小企業の組織化をすすめていた。一九五六年から一九七四年にかけて一八、三三九組合、九八三、五五八人が、一九七五年から一九八七年には五、五七一組合、二〇七、八三三人と約一二〇万人が全国一般、全国金属などを中心に組織化されている。

安保闘争と並行して、東部地区では中小労組の組織化が東京地評と地区労が連携して展開された。地評オルグと地区労オルグ七名から始まった全国一般東部一般労組はまたたくまに三〇〇〇人を超える組織に成長する。だが、中選挙区制度（定数五）のもとで現職島上善五郎（東交）に対して全逓が新人候補者を出し、候補者をめぐって東部一般は分裂して、東京一般は江戸川区労協と、南葛一般は葛飾区労協と協力関係に入る。

私は地区労オルグになって間もなく東京一般（その後東部一般は北部一般と統合して東京一般となり現在は全統一労組になっている。現在の東京一般は南葛一般の流れにあるので当時とは異なる）の支部執行委員になって地区労オルグと兼任になった。江戸川区労協事務所も東京一般の支部事務所を兼ね、東京一般の専従オルグが三名配置されていた。多くの全国一般がそうであったように、江戸川でも事務所も人も一体だったのである。

全国一般労働組合にしても、全国金属労働組合にしても、その名称にあるように企業別組合連合ではなく個人加盟の産別組織を追求した。本部に交渉権・妥結権・財政権を集中させる単一労組の方針だった。しかし、実際には中小といえども多くは企業内組合にとどまり、「中小労連型」(注4)に留まったのである。

東部一般、全統一労組は三権を本部が有する単一労組型である。同時に自らの共済制度を有し個人個人を組織化する方針でもあった。だが、実態は現在のユニオンにつながる個人を基礎とした組織化には到らなかった。当時の全統一労組M委員長は「うちは三〇人以下の組織化はやらない」と明言し、地区労への相談から個人が加盟するルートが遮断された。一〇名前後の相談・組織化が続いた江戸川地区労は「誰でも一人でも入れる・江戸川ユニオン」の組織化へ行かざるをえなくなる。

たしかに独立・自立した労働組合を組織するには一定規模の大きさが不可欠である。「専従オルグを置くには組合員は三〇〇人が必要」といわれていた。地区労はそれ自体単組ではない。専従者がいる地区労運動の組織と地域共闘の土俵の上にミニ組合や個人加盟の労組を組織することは江戸川ユニオンへの発想となる。いわゆる「地区労型ユニオン」である。そこから自立的組織として専従者を配置できる単組に成長していったのが「合同労組型ユニオン」で札幌地域労組や大分ふれ愛ユニオンが典型である。地区労があいついで解散し土台が崩れている現状において、地区労型ユニオンは、自立合同労組型をめざし職場分会とともに個人加盟組合員を抱えていくことができるか、あるいは地区労センターと一体的となって専従者を置けるか、厳しい試練を迎えている。

他方、連合は当初地域ユニオンに否定的だったが、その後県連合や地協を土台に連合ユニオンを設置し組織化をすすめている。だが、総評地区労時代の地区労オルグは若かったが、連合ユニオンの専従者は退職後の高齢者が多く、パワー不足の状態にあるようだ。

第三は「零細企業の労働者、失業者、半失業者など、下積み労働者をみずから主体となって個人加盟方式で組織化すること」

「みずから主体となって」ということは地区労自体が地域の零細企業、失業者、半失業者など下積み労働者を個人加盟方式で組織化することである。奇しくも江戸川ユニオンはこの任務をめざす結果となった。地域労働運動を強める全国集会の場で江戸川ユニオンはパートはじめ新たな地域での個人加盟労組・ユニオンを提起した。しかし総評指導部に理解はしてもらったものの、残念ながら総評がまだ元気な時には方針として取り上げられることはなかった。江戸川ユニオンや大阪のユニオンひごろの運動が展開され、総評解散が現実となった八〇年代後半から、存続の危機感を募らせた各地の地区労が地区労運動の存続として、地域ユニオン（コミュニティ・ユニオン）組織化を実行していったのである。

高度経済成長前に提起された総評組織綱領草案は企業規模により労働者区分がされ、七〇年代に急増していたパート、派遣、外国人労働者など高度成長後の新たな不安定な雇用、非正規雇用労働者への言及はない。

第四は、「労農・労商提携等、国民的結合を具体化していくこと」

すでに戦前から小作争議が展開されていた農村部では労農共闘が実践されていたと思われる。東京では都市化の中で農家数は少なくなり、農協を除いては農民組織も見当たらなかった。恒常的な「労農・労商」の結合は大都市部ではつくられなかった。

問題は労商提携にあった。一九七五年国労はじめ公労協によって闘われたスト権奪還闘争に対する都心部問屋街の反発はすさまじく、労と商は連携どころか分断されて行く。ただ、江戸川では違った。一九八七年売上税導入問題が起こった時に、江戸川区労協は江戸川区商店連合会と足並みを揃え、一万人規模の「売上税導入反対！しゅんとうバザール」を歩行者天国で開催した。売上税により売り上げ減を心配する商店連合会と春闘賃上げが消えてしまう労働者の利害が「売上税反対」で一致し、共同行動となった。
翌年から「しゅんとうバザール」は、区内の商店街を会場にしながら毎年開催された。この春闘バザールは連合時代になっても継続していった。特徴は区内共通商品券を使ったことだ。春闘を闘う区内労組は江戸川区商店連合会が発行する区内共通商品券を買う、大口組合として江戸川区職員労働組合（当時四〇〇〇人）には大量に買ってもらう。「賃上げ一万円はデパートではなく、商品券によって区内で消費される」区内共通商品券は区内で買い物をする証しとなる。翌年の春闘決起集会に商店連合会会長を招き激励のあいさつをもらう。会長は「みなさん！今年も春闘をがんばって、区内消費を上げてください！賃上げをがんばってください！」と挨拶、官公労含め会場の組合員から莫大な拍手が寄せられた。

第五は「平和運動や選挙運動をはじめ労働者階級の政治方針を実践する場とすること」

平和運動は日本の戦後労働運動にとって大きな財産だ。「戦争を再び繰り返さない」ことを誓った日本国憲法の三本柱「主権在民、平和主義、基本的人権」の一つであり、総評労働運動にとってなくてはならない運動であった。一九五二年に結成された江戸川区労協は、翌一九五三年のビキニ水爆実験で第五福竜丸が被災したのをうけ、一九五四年に区議会に原水爆実験禁止の請願を提出、採択されている。当時の原水禁運動は国民的な広がりを持ち、江戸川でも区労協、区議会、社会党、共産党、母の会、医師会、町会、青年会が参加する原水協に改組されている。

六〇年安保闘争に続く一九六六年のベトナム反戦闘争では、自治労がはじめてストライキ方針を打ち出し、区労協の民間労組や全逓などが区職労のスト支援を行いピケを守った。一九八一年には江戸川原爆被爆者の会（親江会）に協力して、原爆犠牲者追悼碑を親江会、宗教者、区労協、一般市民の募金四〇〇万円により建立し、丸木位里、俊さんの鳩と母子が刻まれた。毎年七月に追悼碑の前で原爆犠牲者追悼式が行われている。

八〇年代には、東京大空襲を語り継ぐ運動が東部七地区労の共闘組織・東部ブロック共闘の運動として取り組まれた。自ら住み、働く下町（東部地域）が米軍の東京大空襲によって壊滅し一〇万人が亡くなり、一〇〇万人が家を失ったことを語り継ぐ活動として一九八二年に始まる。

江戸川では、都営住宅用地に撤去寸前の東京大空襲被災旧江戸川区役所文書庫が見つかり、その保全と母子像づくりを行った。区労協は町会、市民、宗教者に呼びかけ事務局となって「東京大空襲犠牲者追悼、世代を結ぶ平和の母子像」（圓鍔勝三作）を一二〇〇万円の募金により一九八三年に建立した。その後毎年犠牲者追悼の集いを行い、文書庫、母子像前での献花をしている。当初は、区労協が機関車となってこうした取り組みをすすめ、市民団体、市民は「客車」だった。しかし、区内の町会、学校、合唱団と区も一緒に連携し地域市民運動として定着している。江戸川区は二〇一八年三月一〇日に旧文書庫に隣接する区民館の一室に「江戸川区平和祈念展示室」を設置した。

総評地区労は、社会党議員を生み出す〝マシーン〟であった。しかし、そのマシーンは皮肉にも春闘の成果で住宅取得が可能となったが、家は大都市の郊外へ分散し、職住分離がすすみ、さらに公害問題をきっかけに工場移転もすすみ、労組の社会的影響力は徐々になくなっていった。今、二三区の区議会に社会民主党の議員はほとんどいない。

(2) 争議支援と地区労、ユニオンの交渉力

江戸川には組合つぶし解雇と闘って職場復帰した全金日本ロール闘争（一九六二〜一九七三年）支援はじめ、多くの中小争議支援の伝統が戦前からある。東部地区の労組は戦後の二・一スト時（一九四七年）に共闘を組み、東部七地区労の共闘組織として東部ブロック共闘会議が誕生している。

七〇〜八〇年代は東部ブロック共闘の争議支援は「一人の首切りも許さない」をスローガンに全盛時代をむかえた。障がい者を食い物にしていた大久保製瓶（墨田）で組合を立ち上げた労働者は、教会に立てこもって抗議の意思を示した。その後の会社工場前集会には東部ブロック各地区労から労働組合が支援に駆けつけた。都バスを借りて、争議組合を順番に回る。会社前で支援集会を開き、シュプレヒコールで気勢をあげる。いわゆる総行動方式である。こうした争議は当初産別労組が主導して展開されたが、地区労動員を背景に、徐々に東部ブロック共闘、地区労・産別支援共闘の闘争による交渉力が強化され、争議支援共闘会議での地区労の発言力が増していった。この地域共闘の交渉力がやがて各地区労のもとに組織されるコミュニティ・ユニオンの交渉力につながっていく。二〇一一年発刊の書で「コミュニティ・ユニオンの労働紛争解決能力が高い。能力の高さは、団交申し入れした件数の約八割が自主解決により終結したことや紛争当事者の満足から確認できる。」とＪＩＬＰＴ（労働政策研究・研修機構）の呉学殊さんは

評価している。(注5)

(3) 地域労働運動の財政的自立

①財政の独自性

地区労運動の総評への財政的依存度は低かった。県評、地区労は総評の下部組織ではなかったので、財政はよくいえば自立、自前で調達をしなければならなかった。東京地評（総評）からの補助金は雀の涙、人件費には程遠かった。東京地区労会費は各地区労によって異なっていた。その点今日の連合は本部からの交付金が基準に基づいて各地協、地区協に支払われるので、財政的には安定している。だが、逆に言えば、地域での独自の取り組みができないことに通じる。地区労は加盟組合の意思で、独自にその地域の地区労会費を決めることができた。方針で提起される運動に賛同し、その予算にも賛同すれば、他の地区より高い会費であっても同意形成が可能となる。

江戸川地区労運動は自立的に地域労働運動を企画し、組織してきた。今泉清さんの独創的発想、言葉巧みな説得力、そしてフットワークの軽さ、行動力に依るところが大きかった。「金は出すけど口は出さない」という彼を信頼する大労組の親分衆の存在も見逃せない。新しい運動に必要な資金を「特別会計」として一般会計とは別に集める。その時には東部地域の単産の親分衆を説得している。区長準公選運動はその典型であった。

江戸川区労協は大きな地区労ではないがオルグ二人制を目標にして、常に財政的視点をしっかり持って諸活動に、資金づくりに取り組んだ。七〇年代はインフレ、春闘の高揚もあり、大きく地区労財政は伸びた。それでも、争議支援やオルグの一時金のために物資あっ旋を行い、ソーメン、ラーメン、粉せっけんや当時高かった洋酒の割引販売などを夏季や年末に集中して行った。

会費の引き上げも毎年のようにすすめた。インフレ、高度成長の時期でもあり、春闘賃上げも順調で、ほぼ毎年引き上げている。春闘期には一か月分の会費を春闘共闘費としていただいた。私は「動く領収書」と言われ、組合を訪問すると「今日は何の集金?」と言われたものだ。

②独自事務所の建設

区労協事務所づくりも「無から有を生じさせる」ユニークなやり方だ。初代事務所は区役所の真裏、狭いどぶ川の上に奥行一〇メートルほどの木造平屋建て、手前が入り口と事務室、真ん中が会議室、奥が八畳間の畳部屋だった。トイレの下は田んぼ時代に水路であった〝どぶ川〟。

「水洗便所だ」と言って大笑いしたことがある。事務所は一九六一年に一人四〇円(都電一三円)のカンパによって造られた。〝秀吉の一夜城〟の手法で区が想像していたより大きな事務所を建設、区はビックリ!緑道予定地だったこともあり、たちまち立ち退きが求められるハメとなった。二代目はどぶ川の上から陸(区の資材置き場の一角)にひとまず上がった。だが区役所からは遠く離れ、江東区との境だった。そこは事務室、六畳和室、一〇坪の会議室というプレハブの建物だ。この事務所には「区道予定地」にあった東部一般労組の事務所も立ち退いて同じ屋根の下に入った。このことは地域中小労組の組織化と地区労運動が一体となって進められていたことを物語っている。

三代目は区長準公選民事裁判が和解となった八〇年、区は区労協事務所を区役所に近い便利な区中心部に提供し移転となる。少し狭くはなったが便利さが増し「開かれた地区労」づくりが進み、江戸川ユニオンの組織化へと勢いが増していった。

七〇年代には大分県佐伯地区労の全造船佐伯造船支援に東京地評としてフェリーで行った当時「地域労働運動は大分に学べ」といわれ、佐伯地区労の一人五、〇〇〇円のカンパで造った地区労会館、五万人口の一〇分の一を組織していた佐伯地区労、産別を超えた居住地組織をつくって市会議員選挙で一三名の社会党議員を生み出していた大分地区労、大分県労評の力強い争議支援の共闘、定員一名の参議院でも全国で唯一勝てた選挙の強さに度肝を抜かれた。

そして居住者組織づくりを考えた。しかし、大前提となる地域ごとの組合員名簿を各産別労組は容易に地区労に出さない。これでは居住者組織はできない。産別労組は自治体議員を出しているので名簿が他の候補者へ回されることを恐れ、地区労に名簿を出さない。こうして大都市東京の居住者組織づくりは挫折した。それに代わるわけではないが、地域に居住し、地域を職場とする労働者の組織として、後にコミュニティ・ユニオンとなる地域労組を考えるようになった。八〇年代のはじめである。

【注】

(1) 小畑精武「公契約条例入門」(旬報社、二〇〇〇年)

(2) 戦後公選制となった東京都二三区長は一九五二年に再び区議会が選び都知事が任命する制度に改悪された。区長準公選運動は、地方自治法改正が困難ななかで、区に準公選条例をつくり、それにより区民の直接選挙で区長候補を決定し、その人を都知事が任命する、事実上の区長公選制度。

（3）小畑精武「三〇代地区労運動の現場から」（「現代の理論」一九八三・七）

（4）清水慎三「総評三〇年のバランスシート」（「戦後労働組合運動史論」、日本評論社、一九八二）「中小の場合も大勢は企業別組合原則の〝中小労連〟型に落ち着き、したがって大企業の構内下請工には手がでず、臨時労働者から内職・パートにおよぶ二重構造底辺部門全体への社会的代表力・交渉力の拡充という方向へはたどらなかった。」

（5）呉学殊「労使関係のフロンティア‐労働組合の羅針盤」（労働政策研究・研修機構、二〇一一）

㈡ 反合闘争と自主生産闘争

小野寺　忠昭

1 東京下町の労働運動のイメージ

東京下町というと、浅草や隅田川や吉原や山谷や、中小零細企業や、最近では〝矢切の渡し〟などがイメージとして浮んでくる。マスコミ流に言えば、義理と人情的であり、そして底辺に生活する庶民のさまざまな生き様のみじめたらしさが下町のイメージの話題性であるらしい。

私たちの東京・東部地域共闘運動は、下町のそのようなイメージの中で存在して来た。

足立区、葛飾区、荒川区、江戸川区、江東区、墨田区、台東区の七地域にまたがって東部ブロックが単産と区労協組織によって構成され、組織人数は約八万人であり、この地域の労働者の組織率は二五％を割っており、その中の半数が私達の組織労働者であるということができる。圧倒的な中小零細企業と住宅地域の混合型地域であり、未組織労働者の大海の中に組織労働者の島があり、各区労協という港がある。各区労協の結成は一九五〇年代の初めに行なわれ、三〇年強のそれぞれの歴史を持っている。東部ブロック共闘は、一九六〇年前後に各区労協の協議体として発足し、七〇年初めに東部地域の単産の地域支部が新たに加盟し、区労協と単産地域支部の協議体として現在の東部ブロック共闘が展開されている。運動の特徴は中小労働者の闘いであり、公労協や自治体労働者がこれを支えて来た。

一九六〇年代高度成長期の運動は、中小労働者の組織化闘争、全国一般を軸とした合同労組運動が強力に展開され、中小企業経営者を誤信させ、春闘の量的な拡大の中で、底辺中小労働者の権利と労働条件改善・生活向上が組織化闘争の進展の中ではかられて来た。

中小労働者の個別企業を越えた合同労組運動の新しいい

ぶきは、労働者が横断的に団結することによって個々の労務対策を打ち破り、中小企業経営を包囲し、中小労働者の組織労働としての飛跳を職場に定着させ、労働組合を職場に根づかせ組合を「安定」させてきた。宮公労働者と未組織中小労働者の連帯結合が区労協運動の場を通して形成された。一晩に数百名の労働者が経営側の不当労働行為、組合破壊の攻撃に怒りを燃やして動員できる中小労働運動の高揚期でもあり、全国一般運動の形成期でもあった。

七〇年代は、これら中小労働運動の攻撃に対し、経営側が反撃に出た時期であり、組合分裂攻撃・暴力的組織破談が、暴力団や新たなガードマンの導入により一進一退の攻防として展開された。全金日本ロール支部の長期争議、化同長瀬ゴム、全国一般愛国メッキ、全金石光金属、そしてペトリカメラ支部の第二次争議など、典型的な経営側の組合破談型の攻勢がこの時期の地域労働運動のエポックをなした。

中小労働運動の戦闘性が職場に封じ込められる時期でもあり、他方、大企業における労働組合が同盟を主軸に組合分裂の総仕上に入った七〇年初頭であった。全造船石川島分会の分裂、国労・全逓にかけられた生産性向上いわゆるマル生攻撃など危機の時代を先取りした総資本側の資本攻勢であった。

また、東京地域からの工場追い出し運動、工場移転がラッシュになり、工場閉鎖、地方移転が七〇年を頂点に展開され、東部地域から日立を始め大半の中堅企業がなくなっていった。それにともない中小企業の移転が相い次いだ。そして七二年ドルショフク、不況とスタグフレーションの深化は、高度成長に対応する春闘基盤を解体させ、経営側の結束を国家的な規模に昇化させ、賃金水準を生産性基準原理の計数として凍結し、減量経営という名の首切り合理化が、そして産業再編成がドラスチックに進行していく。工場移転した工揚が移転と同時に倒産するというような笑えない事実が、また通産省のキモ入りで発足した共同事業会社が倒産してしまう、七〇年代疾風怒濤の合理化の時代が、皮肉にも新たな東部地域共闘運動と呼ばれる運動主体を形成して来た。

それは、地域共闘運動が、産別・単産支援運動の補助的な運動から現場労働者の連帯・共闘運動の自立的な方針と実践を担っていく過程であり、七二年六月から始められた東京総行動運動と対応する実体の発展過程でもある。東部地域労働運動と呼ばれる区単位から地域東部ブロック共闘へ、そして東部総行動・東京総行動へも合流する飛躍のモメントは、その時々の労働者の実践も土台として、そのさまざまな部分の構成によって必然化される。そこには生きた労働運動の団結のありようがあり、活動家や組合指導者の共通の問題意識や先駆性があり、オルガナイザーが躍動し、せまい思想や党派の枠を越えて展開されなければ勝てない組合運動のしなやかさがあり、総じて単一ではない個々の労働者を越えて力を発揮するグループが形成され、存在しなければ共闘運動は成立しない。

東部地域共闘運動がこの疾風怒涛の時代に形成されていく私なりのモメントは、次の点によって総括されると確信している。

その第一は、六〇年代後半と七〇年代を通して展開された墨田区労連の地域共闘運動。

墨田合同（後の東部合同）を軸として展開された中馬鉄工・殿畑争議は、単産指導型の支援運動ではなく、共闘会議が方針の提起そして交渉・闘争資金の共同保障、そして終結に到るまで共闘の原則を貫いて運動を形成してきた地域共闘の手による実践の定着。

第二は、化学同盟東亜理化の紙販売闘争。

工場閉鎖・全員解雇攻撃による争議労働で、工場にたてこもった東亜理化の労働者は、断たれた生活を支えるために組合相手の紙販売の事業を行なった。オイル・ショック＝紙不足の背景に支えられていたが、組合相手の商売ほど、党派系列による枠がむずかしいものはない。争議・現場労働者のくったくのなさが、その枠を越えて、争議支援紙販売の市場形成を共同のものとして開発したこと（このノウハウは浜田精機争議、そして他の争議団へと受け継がれている）。

第三は、東部争議団の開かれた結成と地域共闘との連携。東部七地区をまたがる共通の闘うもの同志の横断的団結と地域共闘組織の保障。

第四は、争議組合・争議団・区労協・単産を横に結んだ東部反合共闘会議の結成。

一つの力を持ち寄ることにより一〇の力を形成し、一〇の力をまた二つにしていくごく単純なたし算の運動が共闘運動の実践であり、この単純な力学を実践するための方針と複雑にからみ合う人間関係のさばきかたが、また思想部分が気くばりされた時、相対する共闘運動のグループが存在し運動が発展する。それは身近な仲間から、遠くの他人へと人間関係が形成される。企業の壁の厚さゆえに、未だ遠くの親戚をこの運動は射止めることはできていないが、それは後に述べる。

2　東部地域共闘の前進面
――東京・東部反合総行動の成果

危機の時代の到来は、この日本の労・資関係にあっては、疾風怒濤の合理化攻勢として遂行され、弱肉強食と競争の原理が組織労働者の団結を風化させ分断し、労働者仲間の仁義を無力化させている。絶望という名の希望退職が大企業の中に定着し、活動家には、三井・三池以後、タブー視されていた指名解雇攻撃がまかり通る。日本の企業家は、世界の頂点に立って、日本型労務政策の輸出を始めた。

日本資本の仁義が世界の民衆を救済するのか？　アメリカ資本が、ヨーロッパ資本が、経済外的手段に活路を見いだし日本を迎え打つのか？　八〇年代世界資本競争の熾烈さは、労働運動の時代を拒否し、遠ざけているように見える。労働戦線統一の大合唱と民労協の発足等は、世界的な資本競争の熾烈さが拒否した労働組合の幻影に過ぎないと言い切ってしまえば、日本労働運動の実体がすけて見えてくる。

どんなに困難であろうと労働者が労働者としてふさわしい生き方を見い出すには、孤立ではなく自立の中に、そして連帯の中に、集団の中に自己を獲得していかなければならないのだろう。七〇年代を通した東京総行動や東部地域共闘運動は、反合争議の共同闘争を通じて共闘運動の成果を生み出した。

その第一は、資本経営者の攻撃に対し、闘う組合・闘う労働者の基本的要求を中心にすえて支援と共闘運動を作ったこと。企業倒産・全員解雇であれ、一人の労働者の首切りであっても、当事者が闘う限り共に闘いを展開したこと。

その第二は、運動の主体・責任を現場闘争者に位置づけ、支援共闘会議を現場労働者の要求に沿って組織してきたこと。

その第三は、運動の担い手が創造力を発揮し、運動の自立化と共同行動の中から新たな闘争形態を生み出したこと。結果から原因に迫る闘いであり、①背景資本と呼ばれる商社・金融資本・親会社・ユーザーなど真の資本側の当事者に解決を求める闘い、②倒産に対しては工場占拠を通して労働組合が職場管理をし、自主生産・自主販売の労働者連帯の運動を形成したこと、③政府・行政などの、特に通産省の産業政策を告発した闘い、④都労委・裁判闘争をテコとした社会的法律的な資本の規制闘争。

第四には、これらの運動を通し、活動家や労働者相互が連帯と信頼関係を実現したことであり、地方の争議と直接に連帯関係を横断的に形成してきたことであった。

中小組織労働者の身軽さは、官公労働者の動員力と結合する中で、独占資本に迫り、社会的に包囲し不条理な資本の攻撃を迎え打ち、相手が譲歩するまでは、闘いを絶対にやめない運動を、総行動として実践して来た。

七〇年代の終了は、中小労働者の地域共闘を形成し、それをもって独占企業に譲歩を迫るための闘争形態を生み出し、資本側から個別闘争の勝利をもぎ取って解決していった。倒産企業の再建闘争は、特例を除いて、全金浜田精機、ペトリカメラ、墨田機械など、労働組合が自主再建の道を選択し、争議に結着をつけてきた。

労働運動全般にわたる後退局面の中にあって、中小労働者の反倒産闘争の戦線は部分的であれ、東部地域の労働運動を特筆すべき労働者連帯運動の拠点へ、そして区労協組織を困った労働者がいつでもかけこめる地域センターに高めて来ている。

3 東部地域共闘

八〇年代に入り、東部地域共闘運動についても新たな試みが展開され始めている。

パラマウント労組の自主再建をめざす、八三年五月二八日、二九日の働く仲間の工場祭運動は、一万二千名の参加者を集め圧倒的に成功し、企業自主再建闘争の新たな可能性を提起し始めている。パラマウント闘争の今後の意識を客観化した自主再開綱領は、まさに中小労働者の七〇年代反倒産闘争の苦闘の土台の上に花を咲かせなければならない。

自主再開綱領

1. 私達は、「労働者の連帯」を基礎にし、自主生産、自主販売の共同の事業をすすめよう。
2. 私達は、自分と仲間のために働こう。
3. 私達の共同の事業は、働く者の自主性・責任にもとづく職場規準を確立し、「労働者自治」を基本としよう。
4. 私達は品質向上、開発につとめ、大衆にはきやすい要望に合う価格の靴製品を提供するよう努力しよう。
5. 私達の、「共同事業」を労働者解放の砦とし、みずからの生活、労働条件の改善につとめよう。
6. 私達は、闘う仲間の連帯を強化し、この運動をすすめよう。

運動の継続は力なりと私は思う。全造船石川島分会浅田君の解雇事件が最高裁の反動判決で逆転敗訴し、仮処分で保障されていた賃金がストップされた。石川島分会も新たな試練にたたされ、またこれを支えてきた地域共闘も、活動資金や生活資金を自主的に捻出する方法を編み出さなければ運動は持続し得ない。

パラマウントの親企業のスタンダード製靴の労働者にも、二五三名の首切り提案が八三年一〇月に提案され、職湯を軸に闘争体制が準備され、八四年一月には経営側と組合側の間合が詰まり、熱い闘いが切って落されようとしている。危機の時代、経営戦略の失敗は、即労働者の犠牲に転化し、企業倒産の危機を招来する。この倒産の「危機」こそ労働者を企業の人質にし、また減量経営という人員削減をたやすくする。工場の現場が構造的に消失する時代であり、過剰生産・生産調整が行なわれている今、労働者の闘いは経営者の責任追及だけでは不充分であり、一企業を越えた業種へ産業へと、そして労働者同士の働く時間の調整と労働者間の競争のルールを確立する運動領域を拡大していくことの具体的な手だてを実現していかなければならない。

遠くの親戚を闘いを通して身近な仲間にしていく運動は七〇年代にできなかった運動であり、再び職場の労働運動の形成が問われる八〇年代中半から後半にかけ新たな争議の発生は、そのことを意識し、地域共闘運動は本格的な労働者の組織化運動の時代に突入している。

「労働者の団結とは自分に勝つことである」。パラマウント労組石井委員長の言葉が鮮明に労働者の明日の闘いを予見している。

葛飾区労協を軸に提起されたパート一一〇番運動は、全国的に拡大し、パート労働者の主体形成・組織体を求めて実践的な方針が提案されている。江戸川区労協の小畑氏の地域ユニオン運動の提起、墨田区労連佐山氏の座談会が経済評論別冊『労働問題特集号　六』に掲載されているので、一読をぜひお願いしたい。

また「反核・反戦運動、再び許すな東京大空襲／下町反戦平和の集い」実行委員会の運動については、別稿を参照していただきたい。

組織労働者が民衆的な運動を共に進めていくことは、今まで述べてきた共闘運動の原則を踏まえれば可能であり、運動に対するひたむきな情熱が必ず大衆の心を揺り動かし、運動は拡大する。

※『84春闘読本』から

㈢ 労働者協同組合の可能性 ――パラマウント製靴共働社

平山　昇

1 ふるさと下町

東京の下町足立区千住関屋町という、隅田川と常盤線と京成線、東武線にはさまれた中小零細の町工場が建ち並ぶ一画に、二〇年前の町工場の面影をそのまま残したパラマウント製靴の工場がある。一九七七年三月、当時親会社のスタンダード靴の合理化政策の一環として倒産宣告を受けたパラマウントの労働者たちは、八年間にわたる倒産争議、自主再建闘争を闘った後、いま自分たちの工場を「労働者生産協同組合パラマウント製靴共働社」として自主再建、再出発させようとしている。

私がパラマウントとはじめて出会ったのは、八一年秋であった。翌年に開かれる第一回国連軍縮総会に向けて、地域でも反核・平和集会やバザーが開かれるようになり、そうした場に年配のおじさんたちが、「自主生産」と書かれたバンでやって来て、靴を並べて売っていたのだ。そしてある日､私の勤めている下町の生協（たつみ生活協同組合）にもやって来て、それ以降はたつみ生協でもパラマウントの靴を取り扱うようになった。

しかし当時の私には、倒産した企業の労働組合による自主生産闘争ということよりもむしろ、反核・平和の運動と、協同組合運動のもつ可能性についての追求の方がおもしろかった。なぜなら、「不確実性」の八〇年代は軍拡と反核のせめぎあいで始まっていたし、八〇年の国際協同組合同盟モスクワ大会で発表されたレイドロウ報告「西暦二〇〇〇年の協同組合」は、生協運動の内部に新鮮なインパクトを与えていたからだ。

日本の生協運動は、八〇年代に入ってから全国的に大きな躍進を始めていた。そして、レイドロウ報告がそこに与恐れ入りますが、切手をお張り下さい。

〒113－0033

東京都文京区本郷

2－3－10

お茶の水ビル内

（株）社会評論社　行

おなまえ　様

（　才）

ご住所

メールアドレス

購入をご希望の本がございましたらお知らせ下さい。
（送料小社負担。請求書同封）

書名

メールでも承ります。　book@shahyo.com

今回お読みになった感想、ご意見お寄せ下さい。

書名

メールでも承ります。　book@shahyo.com

えたインパクトとは、二一世紀に生協、協同組合はどう生き残れるだろうかという提起に対してであったと思う。日本の生協運動の時代への対応は、日本生活協同組合連合会の「中期計画」を軸にきわめて積極的であった。それは、日本の労働運動の総体が時代の転換の見きわめに遅れ、対応しきれずに低迷したのとは、まさに対称的ですらあった。生協は、共同購入という形で消費者を組織し、組合員が参加するオリジナルな業態、新しいシステムの積極的な導入、新業態開発をすすめることにより、大手流通資本と対抗しつつ、新しい消費社会をリードする存在となった。一方、八〇年代初頭から、平和運動にも力を入れ、市民団体の中でイニシアチブを発揮して、さらにその影響力を地域へと広げつつあった。

当時、私たちの生協が取り組んだ平和運動も、東京大空襲という地域の戦災を軸に、その輪を地域に広げようというものだった。はじめに、空襲の被災者を中心とする人びととの出会いがあった。次に、下町の労働組合運動との出会いがあった。下町・東部地区の労働組合運動の特徴は、中小労働運動が中心で、地区労争議団を中心に、地域共闘として幅広いネットワークを組んでいるところにあった。東京大空襲を軸とする地域の平和運動は、市民と労働組合が出会ったところからそのネットワークの幅を広げ、八二年三月に「再び許すな東京大空襲、下町反戦平和の集い」として結実し、浅草国際劇場に五〇〇〇人の人びとを集めて行なわれた。翌年の第一回には、一万人が集まった。

労働運動の低迷が続くなか、そのエネルギーはどこから出てきたのだろうか。闘いきれない春闘の代わりだったのだろうか。ひたむきにそれらを支え、そこに結集して来た人びとの想いは、いったいどこにあったのだろうか。

八三年五月、二回目の「下町反戦の集い」が終わってまもないころ、パラマウントの工場で、争議の勝利解決をめざした「働く仲間の工場祭」が開かれた。支援団体を中心に実行委員会がつくられ、ベーゴマ大会から自主生産闘争のシンポジウムまで企画されたこの工場祭は、どんな民活イベントにもまさるともおとらない祭りだった。パラマウントの靴はもとより、自主生産闘争を闘う仲間の製品から無農薬野菜に至るまでの大バザー、工場敷地内にところ狭しと並んだ模擬店、特設舞台でひっきりなしに行なわれるアトラクション、そして地域に大きく開かれた工場の門と、あとからあとから押し寄せてくる人びと。そこにいる誰もが仲間であり、交歓はひきもきらない。当日の参加者は予想を大きく上回り、一万二〇〇〇人だった。

働く者の汗のようにきらきらと輝くその空間と、そこにいるだけでいきいきとしてくるような体験のなかで、私は労働者のコミュニティ空間の彼方に、協同組合地域社会のイメージを一瞬かいま見たような気がした。

その後、争議解決のメドがついたパラマウントは、自主再建後の自らの新しい事業組織を、「労働者生産協同組合パラマウント製靴共働社」とすることにしたと聞いた。私は驚きとともに、深い感動を禁じえなかった。レイドロウ報告に書かれていたこと、すなわち二一世紀に向けて協同組合運動がめざすべき協同組合地域社会と労働者生産協同組合は、生協で働く私の日常のなかからはなかなか見えてこなかった。ところが、同じ地域の中小労働運動の苦闘のなかで、一群の労働者たちがそれへの道を試行しはじめていたのだった。

2 工場の再建と自主生産闘争

労働組合の自主生産・自主管理闘争は、それ自体をめざして始まるものではないし、ましてや労働者生産協同組合をめざすものでもない。東部地区におけるそれは、七〇年代高度成長終了後の減速経済下における企業の減量経営と合理化、下請けの切捨て、破産・倒産攻撃に対して、労働組合側からの一つの戦略的な闘い方としてあみ出されたものであった。なぜなら、景気の後退と企業の減量経営が続くなか、高齢者も多い中小下請けの労働者たちにとっては、工場が倒産した、させられたとしても、そこを離れたところに雇用の保障は何もなかったし、労働債権も自ら確保するところから始めざるをえなかったからだ。

そしてその闘いは、東部における中小労働運動の経験のなかから生み出され、「一人の首切りも許さない」をスローガンにした地域共闘によって支えられることにより、新たな地平を切り拓くことになったのだった。パラマウント以前にも東部では、墨田機械、浜田精機などで労働組合による自主生産闘争が闘われていたし、パラマウソトが倒産した年の秋にはペトリカメラの労働者たちが自主生産・自主販売の闘いを始めていた。

一九七七年三月のある朝、出社するといきなり倒産宣告を受けたパラマウントの労働者たちは、支援共闘会議を結成し、団体交渉をすすめるなかで、労働債権の担保物件として工場、建物、機械、その他一切の設備、材料、製品の管理を労働組合にまかせるという内容の「工場使用協定」

や「雇用関係継続書」などを取りかわし、工場の再建闘争に入った。

パラマウントの労働者＝労働組合は、最初から自主生産闘争に入ったたわけではなかった。初めは、あくまで会社の再建、工場再開をめざしていた。その際、パート、臨時工、本工という社員身分の違いをこえて団結を保ち、そのために本工の「行動費」は大幅に下げてもパートのそれは争議前と同じに保ち、弁当の中身の違いをなくすために給食を始めるなど、労働組合が中心になって働く者の労働社会を保持し、「これはもうみんな、いっしょだなあ」という気持ちにみんながなっていった。これが、当時臨時工であった六〇歳以上の高齢者一五名をかかえて争議をしのげた大きな理由であったのだと思う。

争議に入って二年目にパラマウントの労働者たちは、争議の長期化に備えて再び靴をつくりはじめた。靴はつくれても販売の経験のない労働者たちを、総評を中心とするたくさんの労働組合による職域販売が支えた。そして七九年秋、彼らは闘争の方向を、工場再開ではなく自主再建とすることにふみきったのだった。会社再建・工場再開をしても、高齢者を含む労働者の雇用の保障は何もなかったし、何よりも彼らが、靴を買って闘争を支えてくれた多くの仲間に闘争を通じて得たものを何とか返したいと思ったからであった。

パラマウント労働組合の石井委員長が語る「倒産宣告を受けた夜は、みんなションボリしていました。そこに支援のオルグの人がのりこんできて、お酒を飲んだりしながらはげまされ、あくる日から会社との交渉に入っていきました。再び靴をつくることにしたときも、最初は『靴をつくって倒産したのに、また靴をつくれったって』、『材料はどうするんだ』というやりとりがあって、長時間にわたる討議の末、再び靴づくりが始まりました」という言葉は、「一八四三年の歳末、しめった、にぶい、陰気な、不愉快なある日に、職を失い食物もほとんどなく、世の中をまったく悲観しきった少数の貧しい織物工が、産業における自分たちの地位を向上させるために何ができるか、その方向を探し求めるために集まった。その後、会議がいくたびとなく開かれたのち、協同組合食糧品店設立の計画が決定された」という『ロッチデールの先駆者たち』の一場面を想いおこさせる。(注)

いく多の企業倒産のなかで、労働社会はたくさんの失意、苦闘、離散をくり返してきたことだろう。しかしパラマウントの闘いは、再び靴をつくること、自主生産を始めることにより、転機をむかえる。

「この労働者の手による自主再開というものを、闘争の中から確立してゆく。確立することによって第二、第三の自主管理を支える体制ができてくるであろう」

「自主管理を闘争の手段としてではなく、倒産争議を通じて労働者の手でひとつひとつと労働者の企業をつくりあげていくことが必要である。それによって社会変革をする要素も、その踏み台といいますか、実験になっていく過程がつくられていくのではないか。実際そういうところから始めていかないと、自主再開そのものの本質的な問題が解明されないのではないか」

「それは、ただ単にパラマウントなり、ペトリやヴァンジャケットらの人たちだけの手でやるのではなくして、もっと広範に連帯する組織を動かしながら、絶対的な力を発揮していけば、やがて日本にも新しい形の自主管理の制度ができる可能性があるのではないか、というふうに考えています」

これは八〇年九月の石井委員長の発言である。当時、世界的な不況と両体制間の危機が始まり、日本の政財界は産業構造の転換と、保守安定体制の確立を急いでいた。日本の労働運動全体はそれに対抗できず、また広くは脱工業化、第三の産業革命といわれる情報化社会への時代の流れに対応しきれずに低迷し、新たな基幹産業の大単産を中心に、企業、産業社会と一体化する方向での再編成をせまられていた。

そんなとき、産業構造の転換からも労働運動の再編成からも切り捨てられてしまいそうな下町の中小労働運動のなかで、下請けの製靴工場の三〇名の労働者たちが、自主生産・自主管理の先駆者たらんとする自覚と闘争の位置づけをもって、同じく苦闘する仲間たちに向かって自主管理の可能性と労働者の企業づくりを語りはじめていたのだ。

パラマウントの人びとが八年間にわたる長い争議、自主再建闘争を闘いえたのは、みんなが労働組合に拠って、自らの職と労働社会を守りきったことにあると思う。労働社会は、同じ職場で働く仲間の日常であり、労働組合の基点である。現在多くの労働組合は、企業による小集団活動により、仕事を通じて職場の人間関係を企業にからめ取られ、職場での抵抗力をなくし、労働社会としての労働組合を切り崩されていっている。これに対して、パラマウント労働組合は、労働社会の明日を勝ち取るために、そこに自ら職をすえること、平等に生きることを自らの営為としたのだった。

3 連帯と協同の思想

自主再建を始めて何が一番問題であったかをうかがったときに、石井委員長は「何といっても意識の問題です」と言われた。「自主再建なり協同組合化を語ると誰からも否定はされませんが、そこに参加するには自らをきたえなくてはできません。言われた通りについていくのではダメなのです」

労働組合による倒産企業の自主再建は、ともすれば自主再建企業の再生として、その内部での役職分化、雇用―被雇用関係を再生し、事業と運営の二重の困難にみまわれることになる。労働者自主管理への道は、想いの先がいく多の隘路でふさがれている。

しかしパラマウントは多くの仲間に支援され、再び靴をつくり出すなかで「労働者に喜ばれる靴づくりをしよう」ということから、自らの思想の転換を始めていった。そしてこの企業意識を超えたパラマウントの労働者全体の職業意識の形成と、あくまで平等であらんとする労働社会の保持が、「労働者の団結とは自分に勝つことである」という石井委員長の信念で横糸に結ばれたときに、パラマウントは、成熟社会における機能分化のひとつのありようとしてではない、まさに労働社会を基底にした労働者生産協同組合への入口と労働組合運動の明日を語り得る地平に至りついた。

さらに、自主再建闘争とそれを支えた地域共闘が切り拓いたもうひとつの地平がある。そして、それこそが、パラマウントが労働者生産協同組合を志向するときにそうであることを保障し得る、現在唯一のものである。それは「連帯の思想」である。協同組合流にいえば、「協同の思想」だろう。一九八三年、前述の工場祭が行なわれ、争議の勝利解決の展望がみえはじめたころ、パラマウントの労働者たちは自主再建、自らの新しい事業をつくり出すための内部規範として、次の六項目からなる「自主再建綱領」をつくった。

①私達は、「労働者の連帯」を基礎にし、自主生産、自主販売の共同の事業をすすめよう。
②私達は、自分と仲間のために働こう。
③私達の共同の事業は、働く者の自発性と責任感にもとづく職場規律を確立し、「労働者自治」を基本にしよう。
④私達は品質向上、開発につとめ、大衆にはきやすい、要望に合う価格の靴製品を提供するよう努力しよう。

⑤私達の〝共同の事業〟を労働者解放の砦とし、みずからの生活、労働条件の改善につとめよう。
⑥私達は、闘う仲間の連帯を強化し、この運動をすすめよう。

現在、日本で自主生産・自主管理、あるいは、労働者生産協同組合を始めようとするとき、法的な規定や保護は何もない。しかし「労働者の連帯」を基礎にし、「労働者自治」を基本にした「共同の事業」をつくり出そうとすることは、自主生産のありようを単なる法的な規定を超えて、労働者生産協同組合と一体となった新たな地域共闘、地域労働者コミュニティ、もしくは地域協同社会の形成に向けた源初的な実態を創り出すことになるだろう。労働運動のゆきづまりと再編がすすみ、総評・地区労運動のタイムリミットがせまるなかで、東部の労働運動は、パラマウントという「共同の事業」を創り出し、いま「どんなに困難であろうと、孤立ではなく、自立と連帯と地域のなかに」自らの明日を獲得していこうとしている。

パラマウントの争議は　現在、八六〇坪ある土地の内二二〇坪を組合側に提供し、そこに建物を建てて組合の自主再建を認めるというところまで和解交渉で確認されている。あとは、残りの六四〇坪の借地権の処分をもって解決金、建物の費用にあてようという状況にある。そして八六年中には「労働者生産協同組合パラマウント製靴共働社」として再出発できる見込みである。八五年現在、七〇歳以上の労働者五名を含む三〇名の労働者と争議団の仲間が働き、年商約二億円をあげている。主な販売先は労働組合と生協である。

もの静かな石井委員長が、工場の再建に向けて熱っぽく語る。

「パラマウントの再建というのは、工場を建てて、靴をつくって売るということだけではありません。この再建は、労働者の力、みなさんの協力によってつくられた再建ですから、みなさんのセンターにならなくてはいけない。闘争は永久に終わらないのです。争議が解決しても新しい闘いがまた始まる。幸いにも僕らは職場を確保できたわけですから、その職場が闘っている人たちのセンターにならなくてはいけないだろうと思います。労働者がいつでも遊べるような、あるいは息ぬきができるような場所にしなくてはいけない。それに工場の中に店舗を一応予定しているわけですけれど、そこにパラマウントの靴だけ並べるのではなくて、すべての争議団のやっている物資販売コーナーを設けることを考えています。地域の人たちが来たら『どこどこの組合はこういうことをやっているんだな』とすぐわかるような店舗をつくっていく。そして、そこに労働者が息をするような状態をどうつくり上げていくか、ということが重要な役割だろうと思うのです。」

八五年秋、パラマウントを訪れた日は小雨が降っていた。ちょうどお昼休みで、事務所でみなさんがお茶を飲んで語らっていた。石井委員長もそのなかにいた。石井委員長の思いと語らいは、つきることがなかった。工場を再建して再出発するときには、一口五万円の出資金（当面は株券）をたくさんの人に協力いただき、出資者には毎年現物（もちろん靴）の配当をしよう、労働組合や生協の他にも、「特約店」のようなものをつくって、靴を売ることで人びとのネットワークをつくっていこう、障害のある人でも働けるような工場にしたい。

昼休みの終わった工場では、また静かに靴づくりが始まっていた。

工場を辞して外に出た。以前工場祭に参加したときにあった予感、労働組合運動と協同組合運動の出会いが、いま始まろうとしている。そして東部の中小労働運動がつくり出した「共同の事業」パラマウント製靴共働社は、地域における多種多様な協同運動とのネットワーク化を広げるなかで、労働組合運動と協同組合運動の地域社会における新しい可能性をも切り拓くだろう。小雨にぬれるその古い工場のたたずまいに、私はそんな確信をもった。

【注】
J・ホリヨーク『ロッチデールの先駆者たち』協同組合経営研究所、一九六八年、二一頁。

※『日本のワーカーズ・コレクティブ』学陽書房一九八六年刊から

第二章　総評解体と闘う労働運動

東京総行動大手町昼休みデモ（1985 年前後）　撮影：今井　明

㈠　総評解体史分析から見えてくる日本労働運動の歴史的課題

川副　詔三

1　日本労働組合運動の歴史的到達としての総評

編集者から依頼されたテーマは総評労働運動であった。本書全体の主旨は総評労働運動の歴史的限界をこえて新しい労働運動の創造をめざすことだという。その枠組みの中で総評について書けということであろう。即ち総評の歴史的限界を書けということだと受け止める。総評史ついては研究者、実践家等多くの書が出ている。私はどれもしっくり来ないと感じている。したがって、私見をを書く。総評解体に焦点をあてて書く。解体こそ歴史的限界の集約問題と考えるからである。

総評労働運動とは近・現代日本資本主義の歴史全体の中に存在した労働組合運動としては、最高の到達であるととらえることが重要である。活力、エネルギー、戦闘力という意味では総評に先行する産別会議の方が水準が高い。しかし、産別会議の労働運動は労働組合運動として成熟することができなかった。徳田球一率いる日本共産党の主導下に革命運動と密接な連関のもとに置かれ、レッドパージという権力弾圧によって、短命のうちに解体されることとなってしまった。確かに短命のうちに解体されたのではあるが、敗戦に伴う戦前からの天皇制国家権力による強力な弾圧体制が除去され、GHQによる労働組合奨励が強力に推進され、かつ全国民的飢餓の中で生活危機突破への巨大な闘争エネルギーが噴出するという時代状況であったから、産別会議のもとに組織され、発揮された闘争力・闘争エネルギーは日本近現代資本主義の歴史全体の中で最高潮に達したと言わねばならない。

しかし、世界史的に見るとき、産別会議の時代は東アジアと東ヨーロッパにおいては、社会主義革命の時代であったから、産別会議を主導する日本共産党（徳田球一書記長）は国際共産主義運動の有力な一環として、階級闘争としての労働運動と資本主義権力打倒の社会革命運動とを渾然一体のものとして展開しようとしたことは時の流れの中においては自然なことと思う。周知の通り、マルクス主義思想においては階級闘争と階級関係の根本的変革としての社会革命とは自然な一体物としてとらえられている。結果的・客観的にみれば、徳田球一ひきいる日本共産党の産別会議ひきまわし批判は当たっているのは事実としても、当の徳田球一にはそのような気持ちはまったくなかったと思う。典型的なマルクス・レーニン主義革命家であった徳田球一の場合、その主義とする思想として、人民大衆こそ社会変革の主人公である、労働者階級の解放は労働者階級自身の歴史的事業である等々のことは精神に深く刻みこまれて体質化（さらに言えば人格化）していたと思う。したがって産別会議を党利・党略的にひきまわすなどというケチくさい意図は微塵もなかったと思う。産別会議労働運動に関する限り、ただ「人民大衆への無限の献身」という共産主義者としての矜持は濃厚に貫かれていたと感ずる。階級闘争としての労働運動が社会革命に発展するのは唯物史観が言う通り、階級闘争の歴史的必然性の結果であって、人為的党利・党略がなし得ることではないという程度のマルクス主義思想は常識の問題として貫かれていたと思う。

総評労働運動は、ＧＨＱ権力、日本の支配権力、日本の資本家階級三者一体となった産別会議解体攻撃と連動・便乗して日本労働運動の主役の座を獲得したという一面をもっている。その主役を担ったのは民同（「民主化同盟」の略語）であるが、民同には産別会議系民同と総同盟（産別会議とならぶもう一つのナショナルセンター）左派の二つの系譜がある。

産別会議から総評へという歴史の流れは、日本労働運動史にとっての一つの重要問題である。しかし、すでに述べたように本稿は総評解体問題に焦点をあてるから、総評誕生史がそれ自体としていかに重要問題であっても触れることはできない。

2　総評誕生・発展をもたらした三つの基本的要因・要素

すでに述べた通り大局的に見る時、近現代日本資本主義のもとで、一二〇年余りの歴史をもつ労働組合運動史において総評労働運動というものは最高の到達である。その総評の解体問題を理解するためには、総評を近現代日本資本主義における労働組合運動史上、最高の到達たらしめていた主要な要素・要因について、代表的なものについてだけでも明確に意識しておかねばならない。総評の解体とは、総評を総評たらしめていた主要な要素・要因の崩壊・解体だからである。

総評を総評たらしめていた主要な要素・要因をみる。それは次の三つであったと私は考えている。

(1) 占領軍権力による民主変革と労働組合の奨励

第一は、天皇制軍国主義日本が敗戦し、ポツダム宣言を受諾し、占領統治が行われ、それによって日本国家が徹底的に民主変革されたことである。占領軍権力による民主変革のダイナミックな展開に対して、「国体護持」など旧体制保全をめざす日本支配層による頑強な抵抗が展開される。占領軍権力は日本国民の中で旧支配層に対抗し民主変革を推進する勢力として日本労働運動に白羽の矢をたて、その育成に力を注ぐ。占領統治開始にあたって、まず最初に行ったことが治安維持法や特高警察など天皇制維持の主柱となっていた治安維持法制と体制の解体であり、同時に労働組合法の制定であったことにそれは明確にあらわれている。占領軍権力の労働運動育成は直ちに世界史が冷戦体制に移行し、数年間しか続かなかったけれども、敗戦直後期における日本労働運動の「嵐のような前進」をもたらした主要な力であった。そうした労働運動育成策の重要な一環として制定された労働法制は（私はそれらを戦後日本民主労働法制、時としてはマッカーサー労働法制などと呼んでいる）総評を含めた戦後日本労働組合運動発展の重要な土台的条件となった。民主労働法制だけでなく、日本国憲法（現行憲法）制定を頂点として、日本社会と国家全体を規律する形で民主主義政治体制が確立されたこともまた、労働運動の安定的存在と発展にとって大きな意味をもった。くり返すが、一つには日本国憲法を頂点に置く社会と国家全体における民主主義体制の確立と、二つには戦後日本民主労働法制を基軸とする労資関係領域における民主主義制度の確立という二つが基盤となって総評労働運動は発展することができたと私は考えている。

(2) マルクス主義思想の発展とその影響

第二の要素はマルクス主義思想の影響である。多様な歴史的条件があって、戦後日本ではマルクス主義思想が労働運動に対して大きな影響を与えた。多様な歴史的条件について、ここでは詳述できない。それは近代日本思想史の問題でもあり、労働運動思想史の問題でもあるなど文字通り多様な側面がある。それらについては、それぞれの専門研究に学んでもらいたい。ただ、次の二点だけは常識の問題としておさえておく必要がある。

一つは、日本は非西欧世界で植民地にされることもなく、スムーズに資本主義へと成長した例外的な国だということである。

二つは、敗戦による日本国家と政治における民主変革が思想の自由を実現したことである。敗戦に伴う占領軍権力による民主変革は思想の自由をもたらした。その結果マルクス主義思想は日本では飛躍的に拡大した。戦後日本アカデミズムにおいては、日本史学で長い間主流的位置を占めたし、経済学においても有力な位置を占め、哲学においても有力な位置を占めた。大学の専門研究者だけでなく学生に対しても大きな影響力を形成することとなった。

何と言っても労働運動に対する影響力こそ最大のものであった。一九四五年から一九五〇年まで日本労働運動の主力の位置を占めた産別会議は徳田球一ひきいる日本共産党が主導した。レッドパージ（一九四九～五〇年）によって産別会議が解体された後に日本労働運動の主役を担った総評は社会党系マルクス主義（主としては労農派マルクス主義が担ったが、非社会党系の日本共産党・新左翼諸派もそれぞれのマルクス主義思想をかかげて対抗した）が思想的・政治的に主導した。産別会議、総評を主導したのがマルクス主義思想だという点は共通している。

戦後日本労働運動の発展を主導したのはマルクス主義思想だったのである。マルクス主義思想の中でも社会主義の思想、階級闘争の思想が一体となる形で社会主義運動・労働運動を一体的に主導した。そうして生まれたのがいわゆる「総評―社会党ブロック」と言われるものである。そのように高い水準にある日本マルクス主義が総評労働運動の発展をもたらした重要な要素となっているのである。三つの基本要素・要因の第二とするゆえんである。

(3) 労働社会の自律と自立の発展

三つの基本要素・要因の第三は、労働社会の自律性・自立性が発展する労働運動の力と融合して、その自律性・自立性を高め、労働運動の発展を支えたことである。ここで、自律性と自立性という語について確認しておく。自律性とは労働社会内部の自律性のことであり、自立性とは資本に対する労働社会の自立性のことである。産業革命後の機械工業制資本主義においては、労働は大規模事業場における社会的協働労働となる。その社会的協働労働という紐帯によって結合されている社会のことを私は「労働社会」と名付けている。

自立・自律した労働社会と労働組合とがあざなえる縄のごとく一体化したことが総評労働運動の発展や強さの根源であったという結論の重要性については強調させてもらわねばならない。

戦後日本労働運動は（戦後と言っても産別会議と総評の時代のことであって連合の時代は別であるが）占領軍権力が推進した労働運動育成策、その重要な基礎として定められた戦後日本民主労働法制に支えられて経営と労働の分離、労働組合への資本の支配・介入厳禁を実現する闘いを前進させた。それは当然の結果として、資本・経営からの労働社会の自立を促し強化した。支配介入厳禁は労働社会の自律性を保障することとなった。産別会議・総評ともに、戦前には大いに弱体化しつづけていた労働社会の自律性・自立性を占領軍権力の政策・それがつくり出した民主主義的労働法制の力を借りて、大きく復元する結果となった。総評労働運動が労働組合運動としての強力さを獲得し得たのは、自立性・自律性を再獲得した労働社会と融合一体化し得たからである。一方における労働社会の自立性・自律性の発展、他方における労働組合運動の発展・強化は、まさにあざなえる縄のごとく、ともに他者によって支えられはじめて存在を確保できるという意味で本質的な相互依存・相互支援関係にあった。総評労働運動の発展・強化の最も重要な要素・要因は何かと問われれば、この両者の相互依存・相互支援関係にこそあったと言わねばならない。

ここでは、総評労働運動発展・強化の基本要因・要素は三つあるとして、すでに第一は戦後民主変革であり、第二はマルクス主義思想の影響とくに社会主義の思想と階級闘争の思想の影響について指摘してきたわけであるが、いまここで指摘している第三、即ち、戦後民主変革を歴史的条件として成立した一方における労働社会の自律・自立性の強化・発展、他方における総評的な労働組合の強化・発展その両者の相互依存的・相互支援的発展こそが実体的な意味では最も重要なものである。最も重要となぜ断定するのか。それは他の二つと比べるとき、この問題のみは、労働組合における組織の実体を構成する問題であり、運動や闘いの内実を成すものだからである。他の二つについていえば、第一は政治と制度であり、それは外的・社会的条件の問題である。第二は思想の問題である。ともに労働組合の内的実体を直接的に構成するものではない。

　以上三つが総評労働運動というものを歴史的な意味で存在させ、強化・発展させた基本的要因・要素である。

3 総評解体史―組合つぶしとの闘いの歴史

　私が戦後日本労働運動の歴史、とくに総評労働運動の歴史とは組合つぶしとの闘いの歴史であったと強調しつづけて三五年以上になる。

　実際、総評は結成の瞬間から、総評にとっては屋台骨ともいうべき左翼拠点組合を順番に（したがって産業ごと企業ごとにタイムラグをもって各個撃破的に）つぶされるという形の組合つぶし攻撃にさらされてきた。しかも、その攻防戦では例外なく国家・資本側が勝利し、当該組合の敗北をもって終わってきた。総評結成直後の一九五二年、ときの日本労働運動最強組合と評された電産労組（電力産業全体をカバーしていた産業別の大組合）が電力九分割という国家政策を中軸に置く組合つぶしの戦略的大攻撃に直面させられた。電力会社がこんにちある九つの会社に分割され、それぞれの会社ごとに御用組合がつくられ、組合員の激減という打撃を受けつつも電産労組は頑強に闘った。しかし、実効的闘いは三年が限度であった。

　電力労働運動が弱体化された後に、総評系労働運動で最強と評されていた全自動車日産分会が一九五三年（電力九分割の翌年）に組合つぶしの総攻撃に直面する。経営合理化に名を借りた千名余におよぶ露骨な組合活動家をねらい撃ちした指名解雇攻撃であった。組合はあまりにも理不尽な指名解雇に対して、三百日をこえる全面ストライキで対抗したが、ついに力尽きて全面敗北させられる。ここにおいても、日産労組において当時青年部長であった塩路一郎が会社と通じながら組合内部から組織切り崩しに暗躍したことは有名な話である。その後御用組合と化した塩路一郎ひきいる日産労組が神奈川県統一メーデーに六〇年代後半軍艦マーチを大音量で鳴らしながら日の丸をかかげて（赤旗ではなく）参加していたことは生涯忘れることのできない光景であるし、減量経営時代左翼活動家とそれを支持する職場労働者に対して（その一部は私の親しい友人であった）生命の危険に及ぶ集団つるし上げを主導したのは塩路一郎ひきいる日産労組であったし、総評を解体し連合結成を主導したのも自動車総連であった。

一九五三年日産争議後も総評の戦闘性を支える拠点的労働運動がネライ撃ちされるかのように次々と組合つぶしの総攻撃をうけて壊滅させられていった。その流れの一つのピークとして一九五九〜六〇年三井三池労組への組合つぶし総攻撃が展開された。一二〇〇名の指名解雇を主たる内容とする合理化提案との闘いは総資本と総労働の対決と評される大きな闘いとなったが、三百日をこえる全面スト貫徹によっても会社案の撤回・譲歩をかちとることはできず、ここでも御用組合が会社の力でデッチあげられ、組合組織の切り崩し、内部動揺が進行する中で、闘いは敗北的に収拾されることとなった。分裂後少数派組合に転落させられるが、三池労組の組合力をもってしても自然消滅の宿命から逃れることはできなかった。

こうして、六〇年代中期には、鉄鋼、電機、自動車、造船、電力、合成化学大企業労組等々民間産業の大企業労組ほとんどすべてが御用組合によって支配されるに至った。

六〇年代後半から七〇年代初頭、それら民間大企業労組を主役として、「民間先行労戦統一」という名の総評解体策動が大展開され、ほぼ完成というところにまで達するが、七〇年代初頭における交運労組（国労、私鉄総連を軸とする共闘組織）と公労協（国労を軸とする三公社五現業労組――そこでは公労協御三家と評された国労、全逓＝現JP労組、全電通＝現NTT労組が大きな位置を占めていた）の運動が強力に展開され、総評解体への流れを一時的に押しもどす。確かに総体的には総評解体の流れを六〇年代末〜七〇年代初頭に押しもどすことはできたのだが、しかし、その時期でさえも戦後日本労働運動の戦闘性を支えた重要な柱の一つであった民間中小労組に対してシラミつぶしのごとき根こそぎの組合つぶし攻撃が展開されていった。六〇年代中期から七〇年代中期までの一〇年余の時代は、日本の中小企業が独占的大企業と金融資本を頂点に置く資本系列体系、企業系列体系に組みこまれていった時代であるが、その体系がフル稼働する形で銀行資本、大独占企業（親会社）の支配力を中軸に民間中小労組の中でも特に戦闘的拠点として総評、地県評、地区労などで重要な役割を果たしていた組合に対して分裂攻撃がしかけられ貫徹していった。

七五年スト権スト敗北後、総評内では官民を問わず雪崩現象的に組合の右翼転落が進み、労戦統一（＝総評解体）はもはやとどめがたい奔流となった。そして、総評労働運動の歴史と伝統を守る孤塁と化した国労に対して、国家権力・総資本は満を持していたかのごとく八一年国労つぶしの総攻撃に打って出る。周知の国鉄分割・民営化＝国労つぶし攻撃である。国労は八一年から開始されたその総攻撃に対して、組合としてもてる力の総力を発揮して対抗したが、一〇万人首切り計画の脅威は組合員の動揺を押しとどめる力を奪い、ついに一九八六年六月ごろから組合員脱退が雪崩れ現象となる。月あたり一万人水準での脱退が続き、最終的に解雇者七六二八名が確定した一九八七年二月一六日時点で国労組合員は五万人前後にまで急減することとなった。（一九八七年四月時点では四万四千人）そして、国労を最後の支柱として存続してきた総評はその二年後の一九八九年自ら解散を決める。

以上が総評解体の「現象的全体像」である。総評解体の核心とはナショナルセンターとしての総評解散問題にあるのではなく、総評を構成している拠点的な組合に対する各個撃破的な組合つぶしにこそあったということが理解されねばならない。即ち、総評が解散を決めた一九八九年に解体されたのではなく総評労働運動史の全期間が同時的に総評解体の歴史でもあるという矛盾に充ちたものであるということである。いいかえれば総評労働運動史の主要側面の一つとして、それが総評解体との闘いの歴史であったということである。総評全体という意味でみれば一面においては、左翼拠点労組を一つ一つ切り崩されて弱体化させられ続けたのであるが、他方においてはその決戦にひきずり出されてはいないすべての組合において組織力量、運動力量、闘争力量が発展するという歴史であった。前進する力、後退する側面それらすべてを総合する時「昔陸軍、今総評」と言われた六〇年代中期ごろが総合力の頂点をなし、その後高原状態で七〇年代初頭まで力を維持する。一九七三年減量経営体制による資本攻勢が激化し、一九七五年スト権ストが敗北して以降は発展する力はほとんど消滅し急坂をころげ落ちるように弱体化してついに解散に追いこまれる。

4 なぜ、どのように敗北させられたか

⑴ 戦後民主労働法制の空洞化・形骸化と就業規則法制の主導性確立

以上、総評結成から解体まで、産業ごと企業ごとのタイムラグをもった組合つぶしの歴史過程を見た。ここではそれら個別組合つぶしの総合として、日本の労使関係が歴史

的な意味でいかなる内容的変容を余儀なくされたのかを見ていくことにする。

第一は占領軍による日本の民主変革およびその民主変革に「国体護持」などをかかげて公然・隠然と抵抗する日本の支配層に対して、GHQが民主変革推進主体として労働組合運動育成政策を強力に推進したという歴史の条件である。

この歴史的条件について、左翼だけをとってさえ、意見は全く一致しておらず見解の一致を達成する見込みはないが、しかし、ただ一つ、それが戦後日本労働運動を嵐のように前進させたという事実認識だけは最低限のものとして承認できるはずである。

いまひとつ、総評を含む戦後日本労働運動を歴史的な意味で強化・発展させた決定的な要因として、日本国憲法を頂点に置く労組法、労基法など民主主義的な労働法制があったと思う。この憲法を頂点に置く民主主義的労働法制が戦後日本労働運動の強化と発展に決定的役割を果たしたという史観は、否定はされてはいないが、しかし、一般的に言って自覚的に明示的認識として承認されるわけでもない。私見にとどまるが、日本国憲法を頂点に置く民主主義的労働法制が総評労働運動を軸とする戦後日本労働運動発展に果たした役割は決定的であったと考えている。それゆえに、その法制度を私は「戦後民主労働法制」あるいは「マッカーサー労働法制」などと表現してきた。

そのような民主労働法制が総評を中軸とする戦後日本労働運動を支える主柱であったからこそ、組合つぶしの歴史過程全体において、戦後民主労働法制の改悪、棚上げ、対抗労働法制の制定等々をもって機能不全におとしいれられてしまった。かわって、資本に対しては、労働者支配権、労働強制の自由（専制）権、人権無視の権限を付与する労働者専制支配法制等々一般的に表現すれば労働者に対する専権的支配を保障する労働法制がつくられていった。

日本国憲法を頂点に置く戦後民主労働法制を労資関係から隔離し機能不全におとしいれ、かわって、労働者に対する資本専制の労働法制度を主流化させるために国家権力と資本とが共同して推進した政策は次の二つが主要なものであった。

その第一は、私が「就業規則法制」と名付けてきた労働法体系が、憲法を頂点に置く戦後民主労働法体系に対してまさに「体系として」対抗する法制度の形でつくりあげられたことである。それは立法権力や行政権力が正面切って憲法を頂点とする戦後民主労働法制に対抗する法制度制定という方法では行われなかった。司法権力による、とくに最高裁判例が事実上の法律としての意味を有するということを基礎とする裁判所による「法創造」機能を行使して行われた。

判例法理としてつくりあげられた「就業規則法制」の主要な基本論理は以下の点にある。

その第一は、労使関係については憲法は適用されないということである。そして、本来的には民法が規律すべき法領域だとする。だが民法にはその点を規律すべき具体的法条文が存在しないとする。その上で裁判所として労使関係を律する基本規範は就業規則であるとするという判決を出し、それが判例法理として確立していく。なお、この判例法理は総評解体の一八年後（二〇〇七年）に現行労働契約法として立法化される。なお、労働契約法は立法過程において「現行判例法理に何も足さない何も引かない」ということで制定されたのであるが、実際には、就業規則をもって労働契約とする、労働条件の変更もまた就業規則の変更によるということのみを立法化したのであって、労使関係においては憲法が適用されないこと、なぜ就業規則が労働契約関係・労使関係の基本規範となるかについて明示されていた判例法理の考え方は明文としてはとりいれられていない。しかし、就業規則が労働契約の主形態、基本形態として法認されれば、契約自由原則によって契約内容は契約当事者相互の債権・債務関係となる。その債権・債務関係が労使の権利義務関係として捉えられる。しかし、就業規則はいかなる意味でも契約自由原則によって成立するものではない。それは資本の一方的な制作物であり、労働者にはその内容確定にいかなる関与権限も与えられていない。歴史的に見ても、労働社会の自律・自立が崩壊した時代において就業規則の内容は資本による労働者に対する無制約な命令権、処分権等を規定したものであり、労働者にはそれに服従する義務だけを課したものである。それを労働「契約」と見なすというのであるから司法権力の頭は完全にいかれていると言わざるを得ない。

一九七三年に開始され八〇年代初頭まで続く減量経営体制。日本資本が減量経営体制を確立して職場に存在していた左翼活動家の全面排除攻撃。さらには国労つぶしという戦後最大の組合つぶしを頂点におく組合つぶし全般において就業規則法制が果たした役割は決定的であった。

いうまでもないが、就業規則は資本が一方的に自由に制定するものであり、労働者はそれに関与することはできない。そして、判例法理は就業規則に定めがある事項については、包括的に業務命令権を与える。昇進・昇格や配転などの人事権も一方的に資本の権限とされる。その上で就業規則に定めのあることについては懲戒権も労働側からの制約がいっさい及ばない形で与えられる。

この就業規則法制が左翼活動家排除と国労などに対する組合つぶしに果たした役割は決定的であった。私見にすぎないが左翼活動家排除と組合つぶしにおいて果たした反労働者的役割はその包括性と全面性とにおいて、とくにそれが労使関係全体をカバーし、一人残らずこの国の労働者をとらえつくしたという社会的深度の深さにおいて戦前の治安維持法体制をもしのぐものであったと思う。

活動家排除の手法の一つとして「村八分」をもじった「職場八分」という職場労働者全員を動員した集団的つるしあげがあった。現場管理者たちが組織的に行うものである。左翼活動家あるいはそれを支持する労働者にターゲットをしぼりこみ「反省会」等々の名称で行うものである。上司へのことばづかいが良くないとか指示を素直に受けとめないとか理由にならぬいいがかりをつけて、あるいは経験したことのない仕事を命令して、しかし、ほとんどまともに仕事のやり方を教えずに「ミスをおかした」などのいいがかりをつけて「反省しろ」「あやまれ」等々の集団的つるしあげをくり返す。最初のうちはあまりに非人道的で職場労働者もためらう。しかし、攻撃が手ぬるい労働者に対しては背後に監視役職制を配置して事後に呼び出しを一人一人にかける。現場管理者たちは一人一人に「指示通りにやらないと、あとでどうなるかわかっているだろうな」などと脅迫する。それを日常的にくり返すうちに職場労働者は我が方の活動家に向かって「クズ」「会社のゴミ」などと口走りながら積極的なつるしあげ行為者に変質していく。

これらの基礎には就業規則法制が経営側に付与した包括的な権限がある。人事権は左翼活動家たちから本来的職務を奪い、草むしりなど周辺労働に追いやる。隔離部屋とか座敷牢とか称せられるガラス張りの狭い部屋の中に椅子とテーブルと湯飲みセットだけ与えられ、トイレの時以外室外に出ることが厳禁される。仕事は何一つ与えられない。まさに衆人監視の見せしめ的独房拷問である。

一九七三年日本資本主義が減量経営体制へと歩を進めたその時に出されたのが、三菱樹脂事件最高裁判決である。この判決を土台として継続的に出される判決によって、判例法理としての就業規則法制はすでに述べた通りの内容をもって体系として完成させられる。

民間とくに大企業職場においては七〇年代減量経営体制

が始動するとともに、就業規則法制は経営者に職場の専制支配者としての権限を与えた。その専制権は七〇年代においては左翼活動家排除を実現させたが、八〇年代からのリストラ時代に入るや職場労働者全体に対する専制支配者の地位に経営者を押しあげた。その専制権力はもはや左翼活動家排除や組合つぶしという限定的目的のために行使されているわけではない。それらの目的はすでにほぼ完全に貫徹されてしまった。こんにちでは、その専制権力は職場労働者全体に対して君臨し、行使されるに至っている。

最後に組合つぶしを経験した国労の場合、他の旧総評系組合とくらべる時、一五年ぐらいのタイムラグをもってはいるが同じ歴史の道をたどっている。

就業規則法制の登場・主役化によって、憲法を頂点に置く戦後民主労働法制は、ほぼ完全に近い形で労使関係の場から追放されてしまった。戦後日本民主労働法制の基本は労組法と労基法にあると思うが、労組法はその法が権利を付与すべき労働組合という主体がなくなれば意味をなさない。組合つぶしの歴史的貫徹は労組法の存在意義を完全に破壊した。詳細はここでは書かないが労基法についてもその本来の存在意義はすでに破壊されている。憲法を頂点に置く戦後民主労働法制は労使関係を規律する主座から追放されたのである。かわって、その主座に据えられたのが就業規則法制である。

最後の組合つぶし攻撃であった国鉄分割・民営化が貫徹された一九八七年以降、就業規則法制はさらに大きく全面性をもった法体系として発展させられていく。その新たな法体系に対して、私は「規制緩和労働法体系」の名を与えている。

規制緩和労働法体系は就業規則法制を中軸に置きつつも、その次元にとどまらず日本の全労働者への経営者専制支配権を付与する法である。就業規則法制は組合つぶしと左翼活動家排除の権力行使法としての役割が実効的には主たる課題であった。そのために労働者に対する包括的業務命令権等々労働者全体への専制的支配権を付与した。すでに組合つぶし等を達成してしまった時代においては、文字通り、労働者全体への専制的支配権を保証し、その体制確立を促進する法体系へと発展させられようとする。

そうした戦略的絵図面の一つが一九九五年の「新時代の日本的経営」である。規制緩和労働法体系という表現において、「体系」という表現を用いているのは、戦後民主労働法体系と「体系」として対抗するものだからである。即ち、戦後民主労働法制が労働者に与えている多様な権利について、その法的効力を無力化し、労働者から権利を奪うものとして法がつくられていくからである。それは判例法理による「法創造」よりはむしろ、政府・国会による新たな立法をもって推進される。例えば派遣法の制定を考えればそれは明らかであろう。労基法第六条とそれを具体化した職安法四四条、四五条がある限り派遣制度など成立する余地はない。派遣法を成立できるようにするためにはそれらの法条項に第二項を書き加える等の修正を施し、自己否定をさせなければ不可能である。この種の戦後民主労働法制に自己否定を迫り、それを達成して成立したのが派遣法である。最初は戦後民主労働法制の顔をたてて、一三業務だけのポジティブリスト法（即ち例外法）としてつくられたが、結局は全面解禁となった。全面解禁となった時点で労基法第六条と職安法第四四条は死んだのである。

同じことが労働時間法制についても言えることは自明であろう。

このように、戦後民主労働法制を死に至らしめ、それが保障していた労働者の権利を全否定して成立するものが規制緩和労働法体系である。派遣労働問題、労働時間問題だけでなく、労資関係全分野にわたって、戦後民主労働法制による労働者への権利保障を破壊して資本に無制約な権限を付与し、労働者に資本への無条件服従を強制する法体系として、規制緩和労働法体系はいまや完成域に達しつつある。

こうして、総評労働運動の誕生・強化・発展の重要な基礎であった「憲法を頂点に置く戦後民主労働法制」は形骸化され労使関係の舞台から事実上追放されてしまった。かわって登場したのが就業規則法制を中軸に置く規制緩和労働法体系である。就業規則法制は組合つぶし攻防の歴史局面において、職場労働者支配に関して資本に専権を与えた。労働者にそれへの隷従を義務付けた。それをさらに発展させて、規制緩和労働法体系は労資関係の全分野にわたって資本に無制約な権限を与えた。労働者からは戦後民主労働法制が与えていた権利を奪い、ただ資本への隷従のみを義務付けた。その隷従義務がどれ程徹底したものかは、賃労働・資本関係総体について骨格だけでよいから全体像をイメージしてみるならば明白なはずである。それは周知の通りのことばかりであるから、ポイントとなる象徴的事実を列挙するので、それで十分に全体像をイメージしてもらえるものと思う。賃労働・資本関係あるいは労使関係が法的には労働契約関係とされることはあらためていうまでもなかろう。そして、労働契約とは主要に次の五つがあるとは、労働弁護士から労働講座でよく聞かされることばである。

第一が、会社と労働組合とが締結する労働協約。

第二が、会社の提案に対して労働側過半数代表が署名・押印して承認することによって成立する労使協定。

第三が就業規則。

第四が最賃法、労基法等が定めるところの法的最低基準。即ち「最低基準効」と法的に表現されるもの。私はそれを法的ミニマムと表現する。

第五が、有期雇用労働者が三ヶ月ごととか半年ごととか一年ごととか有期雇用期限ごとに契約書に署名・押印して成立する個別労働契約。有期以外の多様な非正規労働者が経営者ととりかわす個別労働契約。

以上五形態である。

この他に、労働契約とはみなされないものでありながら実質的に同質のものとして、公務員労働者の任用がある。ここでは論を簡単化するために公務員の任用制度はいったんは視野の外に置く。公務員任用制については民間労働者の労働契約についての論をそのまま公務員労働法に相似形で平行移動すれば理解されるので簡略化のためここでは民間の労働契約についてだけ整理する。

そこで、右に整理した労働契約の主要五形態について、それぞれを律している資本と賃労働との権利・義務関係を見てみる。

まずは、現行労働契約法が、労働契約の主要形態と位置付けている就業規則についてである。就業規則は経営側に一方的な決定権があり、労働者はその決定権にはまったくあずかれない。戦前においては、それは大審院の判断によって、経営内労使関係秩序を律する「法に準ずるもの」として位置付けられていた。戦後民主変革の中でGHQ労働課の事実上のキャップであったセオドア・コーエンおよびその要請を受け敗戦直後期労働省（当時）のドンの位置についていた労働課長寺本広作とが共同して企業内最低基準効に位置付け・性格を全面転換させて労基法内にとりこんだのが戦後就業規則法制のはじまりである。ところがすでに多くを述べた判例法理によって、七〇年代初頭以降就業規則は企業内最低基準効という低められた地位から脱して、憲法も戦後民主労働法制もおしのけて、労使関係・労働契約関係を規律する事実上の最高法規の位置につく。それは実体としては戦前の「法に準ずる規則」の復活であるが、法の形式としては契約と見なされ債権債務関係として労使の権利義務関係を規律するものとなっている。

二番目に労働協約について見てみる。組合つぶしの貫徹によって、労働組合そのものが会社による労働者支配機構の一部に逆転する。したがって、それ（労働協約）は会社側の意志によってつくられ、組合員（労働者）の意志はまったく反映するものではない。形式においても、こんにちの労働協約は基本労働協約（企業ごとに名称はさまざま）となる。総合労働協約、中央労働協約など名称はさまざま）となる。即ち、その中核には就業規則が座り、それにあたかも付録であるかのごとき形で労働組合に対する便宜供与協定が付加されたものである。基本労働協約は、組合員・労働者にしてみれば就業規則と同じものである。経営側の労働者に対する専権支配が労働組合の組織規律として加重されたものであり、本来であれば労働者の権利を守るために労働組合を介して会社側と闘うべきところ、その可能性を全面圧殺した恐るべき労働者支配体制である。

組合つぶし以前の総評系組合では「労働協約は神聖なり」などの合い言葉のもと、労働条件決定協約・協定主義を貫いてきた。例えば戦後一貫して国労は職場団交権確立をめざして闘ったが、その実現はかちとれなかったものの六〇年代の終わり妥協形態として現場協議制度（現協と略）を実現した。現協協定が労使関係を規律していた。それによって完全に労働社会の自律と自立を実現した。労働過程には経営側は口出しはできなかった。労組法一六条で労働協約こそ労働契約の最高存在と規定されているからである。実際、一九八一年臨調行革路線のもと国労つぶしが開始された時、マスコミを総動員して職場規律の乱れが宣伝されたが、その諸悪の元凶とされたのが現協制度であった。そして、現協制度は権力機構を総動員した力によって破壊されるのである。しかし、組合つぶし後の日本の労使関係・労働契約関係にはそのような労働協約はもはや存在しない。

第三の労使協定であるが、これにはいくつかのパターンがある。最も代表的なものが、労働者の投票で選ばれる過半数代表制である。これに準ずるものとして、労使同数の委員会（多くは「労使委員会」という）による八割決議制がある。一考すれば明らかな通り、これはまさに茶番とし か表現の方法がない。労使委員会などで労働側委員として選任されるのはすべて会社指名人事である。このようにしてつくられた労使協定を労働者の自由意志で締結した労働契約とみなすというのが現行日本労働契約法制である。このような労使協定のいったいどこに、労働者の自由意志・主体的意志によって締結された契約だなどといえる性格があるというのであろうか。この制度ほどに、茶番・笑い話というべきものが他にあるであろうか。

第四の法的ミニマムについては、右の労使協定制度との関係でとらえることが必要である。八時間労働制を定めた労基法にみられるごとく、八時間労働制という最低基準を守らないでよいとする例外的効力が過半数代表との労使協定、あるいは労使委員会決議で生ずる仕組みになっているからである（労基法三六条）。それを見習って、労基法等の大多数の法的ミニマム規定に対して、同種の労使協定によって、効力停止がなされるに至った。いわゆる労働法制の規制緩和によって、ミニマム規制が次々と破壊され、労働者の権利が破壊されていっているのである。それに加えて、法律そのものは健在であっても、労働者の権利意識が歴史的な意味で崩壊してしまったという問題がつけ加わる。

第五の個別労働契約は非正規労働者の大多数の労働契約形態である。

日本だけでなく世界史的に考えても団結権に裏付けられない労働契約などは、労使対等決定原則を実現し得ないし、契約自由原則を実現し得ないと考えられてきたはずである。だからこそＩＬＯ条約にしても、日本国憲法にしても戦後日本民主労働法制にしても、団結権の承認を基軸に置いてきたのである。

大多数の非正規労働者を主体として、非常に多くの労働者が団結権から実質排除されて個別労働契約の世界に閉じこめられているのである。大多数の非正規労働者が個別労働契約者であるのを見れば明らかである。しかも、その大多数が有期契約であることを考える時、その労働契約状況は悲惨でさえある。それは世間周知のことであるから、言及は不必要であろう。解雇権行使と一方的契約内容強制がそこでは一体化している。

例えば、戦後日本最強と言われた国鉄労働組合でさえ、「首切り脅迫脱退強要」という最悪・最強の組合つぶし攻撃（国労から脱退しなければ解雇するという脅迫）に直面した時、一九八六年七月人材活用センターへの首切り容員収容が開始されてから実際に首切りが実行された一九八七年二月一六日まで毎月一万人をこえる数で脱退したのである。解雇の脅迫が有する強制力の強さは計り知れない程のものである。有期雇用とは、三ヶ月契約なら三ヶ月後には解雇等々ごく短期間の雇用契約期間ごとに解雇権が行使されるという脅迫のもとでの労働契約である。この労働契約の悲惨は無限大である。

以上、労働契約主要五形態について概観してみた。この五つを総合したものが、総評解体後＝ポスト組合つぶし時代（九〇年代以降）の労働契約関係の全体像である。

そこでは、日本国憲法を頂点に置く戦後日本民主労働法制が主役の座から追放され、就業規則法制を中軸に置く規制緩和労働法体系が支配的地位についていることが明らかとなる。そして、その法制度のもとで資本（経営側）が専権的労働者支配権を付与され、それをフル稼働するが如くに行使していることが明らかとなる。逆に労働者は憲法と戦後民主労働法制によって獲得していた権利のほとんどすべてを組合つぶしとともに喪失し、規制緩和労働法体系のもとでの経営者への隷属民に転落させられたことが明らかとなる。

労働組合運動論の問題としていえば、日本の労働組合は労働者の労働条件の決定権限をすべて失っているということであり、その権限は全面的に資本が掌握することとなったということである。労働条件や労働者の処遇権を失ったままでは労働組合が再生できるはずがないのである。

以上が、総評の誕生・強化・発展をもたらした第一条件、即ち、GHQによる戦後民主変革と労働組合奨励策、その歴史的遺産としての日本国憲法を頂点とする戦後日本民主労働法制という歴史的条件が失われてしまったこととこんにちの日本労働運動の歴史的状況との関係の全体像である。

(2) マルクス主義の衰退

総評誕生・強化・発展の歴史的条件の第二として提起したのは日本マルクス主義思想が与えた影響、マルクス主義左翼党派の与えた影響であった。

本稿の読者はすべてマルクス主義左翼であろうから、いちいち歴史状況を整理して記述しなくとも、自分たち自身の戦後史として思い出してもらえれば、すべて理解できると思う。したがって、この点に関する記述はすべて省略する。

産別会議解体と徳田球一共産党に対するレッドパージとが一体であったことは周知の通りである。総評時代の産業ごと企業ごとの各個撃破的組合つぶしにおいては、必ずその組合に対して主導性を発揮していたマルクス主義左翼党派に属する活動家とその支持者たちに対する首切りがセットで貫徹されたことも周知の通りである。総評系労働運動では日本社会党が主流をなし準主流として日本共産党が位置し、さらに新左翼諸党派が第三潮流として存在していた。社会党の場合は左右に分岐し会社側に転落した右派は連合系組合の中に生き残ったが、左派は組合つぶしによって解雇の対象とされ、企業外に追放された。日本共産党も新左翼も社会党左派とともにパージされて、企業外に追放された。

それによって、マルクス主義左翼は労働組合の内部存在であることができなくなり、影響力をほとんど失うこととなった。逆に、労働運動への影響力がマルクス主義左翼諸潮流すべてに共通する党勢の根拠であったから、組合つぶしの貫徹によって左翼パージが貫徹されたとき、左翼党派すべての党勢が衰退することとなった。とくに総評との関係において存在していた日本社会党は党それ自体の消滅的弱体化を結果することとなった。

総評系労働組合の組合つぶし攻撃に対する歴史的総敗北、それによる労働組合運動の歴史的衰退と日本マルクス主義左翼の歴史的衰退とは双方向的に因果関係をなし、一体的に進行したのである。

一言だけ注意しておく。右の指摘は、別にマルクス主義左翼の労働組合主導方針が正しかったと言っているわけではない。組合つぶしに対する歴史的敗北、就業規則法制主軸の規制緩和労働法体系を支えとした資本専制支配体制確立に対して、マルクス主義左翼がそれに対抗した点は評価されるべきだが、その対抗方針は的はずれで誤り多きものであったことも意識されておかねばならない。

(3) 労働社会の自律と自立の崩壊

総評の誕生・強化・発展を支えた第三の歴史的条件として、労働社会の自律性・自立性の確立が労働組合の強化・発展と相互補完的一体性をなして進行した事実を指摘した。

この歴史的条件もまた組合つぶしによってほぼ完全に失われた。

組合つぶしによって「命令と服従の職場支配体制」とわれわれが総評時代終期に呼びならわしてきた資本専制体制が築かれ八〇年代以降全面化するのは周知の通りである。戦後民主労働法制によって支えられてきた労働条件・労使関係協約協定主義が組合つぶしにおいてはまず最初に破壊される。例えば国労つぶしにおける現協制度破壊である。それと同時一体的に就業規則法制を土台とした「命令と服従の職場体制づくり」が強行される。「命令と服従の職場支配体制」とは別のことばで表現すれば、労働社会の自律性と自立性の崩壊のことである。

周知の通り、戦時においてさえ近世末以来の日本労働社会の自律性・自立性は「工職分離体制」としてかろうじて残存していた。(ここで工職の工は職工のことであり、職工社会＝労働社会であることはすでに述べた）国家公務員等におけるキャリア、ノンキャリア階層別人事制度が工職分離と同時代的に並存するが両者は同質である。

戦後民主変革による労働組合の奨励、それを土台に置いた経営と労働の分離は、戦前来の工職分離としてかろうじて維持され残存していた労働社会の自律と自立を一挙に全面的に再生させる。その特異なケースとして生産管理闘争(経営者の経営サボタージュに対する労働組合の自主管理闘争）も、かなりな発展をみせる。

人間は社会的動物であり、したがって、自分が生きる社会に帰属しつつ、社会によって生かされていく。資本主義社会における賃金労働者という種類の社会的人間は資本のもとに組織されている労働社会（社会的労働を紐帯として結合するチームとしての労働社会）に帰属して生きていく。産別会議時代および総評時代、労働組合と相互依存相互支援関係によって労働社会は内部規範の自律性・資本からの自立性を実現し、労働者を包摂し、帰属させることとなった。「労働社会の人」となった労働者たちは、労働社会と相互支援・依存的に一体化している労働組合の組合員となった。総評の黄金時代はそうしたものとして歴史的に存在していた。

組合つぶしによって、ほぼ完全な形で労働社会の自立性・自律性が崩壊した時、そして資本が支配する「命令と服従」の労働社会へと変質した時、社会的動物としての宿命によって、労働者という人間はその変質した「労働社会の人」となった。階級的労働組合からは脱走していった。

総評にかわって、連合が労働戦線の主流についているが、それは労働組合の問題であるよりは、本質的には右の労働社会の歴史的変容の反映にすぎない。それは連合系労働組合がその主体的労働組合運動（労働者の要求獲得闘争や主体的組織活動）によって、組合員を結集しているわけではないこと、すべては経営側の「命令と服従」の労働者支配力に寄生しているだけだという事実をみれば明らかである。われわれが「命令と服従」の職場支配と呼びならわしている状況に、日本の労働社会が置かれている限り、階級的（左翼的）労働組合やその運動の担い手となることはない。すでに、三池労組や国労等々組合つぶしに直面し、頑強に抵抗し、分裂少数派第一組合となった総評拠点労組がすべて自然消滅的衰退から逃れることができなかった事実からそれは明らかであろう。歴史という意味で、日本の労働者が資本から自立し、対抗し、自らの権利、生活を主体的に守り前進させるための労働組合運動の主役になる時代が再来するとすれば、「命令と服従」の、したがって資本専制の労働社会を崩壊させ、自律と自立の労働社会を再建する闘いを主軸にすることができなければならない。

いずれにせよ、ここでの検討課題としては私が提言した総評を生存させ、強化・発展させていた三つの歴史的要件の第三要件即ち、労働社会の自律・自立はすでに崩壊して存在しない。その崩壊によって、総評という存在そのものが消滅したのである。

「命令と服従」の労働社会への歴史的変質、裏返せば「自律と自立の労働社会」の歴史的崩壊という問題は、とうてい労働組合運動の歴史的総括という文脈におさまり切るものではない。もちろん、本稿の課題である総評の解体に関する史的分析という文脈にも到底おさまらない。他方、この論点を抜きにしては、労働運動史を十全なものとして論ずることはできないし、今後の労働運動の展望について考えることもできない。この論点は労働運動史論において不可欠なのであるが、しかし、こんにちまでごく少数の例外的専門研究者を除いて、関心を持たれたことはない。当然、労働運動実践の世界でも、ごく例外的・個性的感性の持ち主以外、この論点を視野の中におさめている人はいない。大多数の運動家は不可視の世界に押しやっている。だが、この視点・論点を共有することは今後の労働運動再生にとって不可欠である。この小稿ではこの論点に踏みこむことはできない。だが、この論点の不可欠性についてだけは強調しておきたい。

この論点にかかわって最も本質的で重大な問題を二点だけ触れてみる。視点というか、さわりというかその種のものを提示し、示唆するだけである。この示唆をヒントとして読者がそれぞれにイメージをふくらませてもらいたい。とくに「自律・自立労働社会」から「命令と服従の労働社会」への歴史的変容は、もっぱら組合つぶしを決定的契機として生ずるものであるから、組合つぶしを契機として職場と職場労働とがいかに変化したかについてのそれぞれの経験を踏まえて、感覚を研ぎ澄ましてイメージしてもらいたい。

第一点目は、社会的労働の質という側面における崩壊的劣化の進行である。事実としては例えば国労つぶしによって成立したJR会社における鉄道事故の頻発、安全の崩壊がある。JR北海道会社におけるレール幅検査・補修能力の消滅と度重なる脱線事故、車輛研修不全と度重なる車輛故障などが象徴的である。神戸製鋼における製品検査不正

（製品品質の安全基準以下的な劣化）を皮切りに東芝、日立、三菱マテリアル等々ほとんどすべての大企業製品における同様な事件の発覚、そして、それらを総合してマスコミが報道し続ける「ものつくり大国・ニッポンの落日」という状況である。

「命令と服従の労働体制」が支配的となったポスト組合つぶし時代において、労働と労働者との質的劣化が相互増幅的スパイラルをなして進行し続けている結果である。とくに総評時代組合つぶし以前の労働は、われわれが職場団交権の確立等をめざしていたように協約や協定にもとづくものであり、したがって、労働はその労働社会（したがって自律・自立社会）が経験の集積を通じてつくり出した作業手順や作業者順守規則にもとづきつつ、労働者の主体的・創造的行為としてとり行われる。

ところが、労働が資本・管理者の命令体系に従属させられると、例えば、JR西日本尼崎事故にみられるごとく、明らかに不合理なダイヤ編成（とくにスピードの強制）が行われ、命令という強制によって（とくに日勤教育という懲罰制度によりダイヤ順守が強制され）本来的に自律・自立労働社会ではあり得ない危険で劣悪な労働が強制的に行われるようになる。神戸製鋼を皮切りに日本を代表する有名大企業のほとんどすべてが長い年月にわたって、全社的に製品検査不正を行い不良製品を社会に供給しつづけることとなった。このような「命令と服従の労働社会」で生涯生き続ける労働者の労働は劣悪・危険労働の水準をこえることはできない。全社会的な意味で労働社会の変容以降の時代は、労働の質および労働をとり行う人間としての労働者の質という意味で「労働と労働者との際限なき崩壊的劣化の時代」となっているのである。そして、人間社会とは労働によって創造されるものであるから労働の崩壊的劣化は社会それ自体に崩壊的危険をもたらす。

第二点目は、労働社会に対する専権的支配権命令権を獲得して以降、資本・経営者の社会的・人間的腐敗の進行は限りないという問題である。私は総評時代の団交とこんにちのユニオンの時代の団交とを比べて経営者たちの人間的腐敗の進行、倫理観等における社会的腐敗の深化にいつも驚いている。日本国憲法を頂点とする戦後民主労働法制が生き生きと機能していた総評時代（実体的には一九七〇年代中期）までは、労使対等原則のもと、経営側も労働組合など労働者側を民主主義的な意味でリスペクトする気風を堅持していた。ところが減量経営の時代以降、三菱樹脂事件判決等々の判例法理（その法理を私は「就業規則法制」

とよぶ）によって、労働者に対する支配と命令の専制権力が付与された結果、労働者に対するリスペクトの気風などカケラほども感じられなくなっている。就業規則法制によって与えられた労働者支配の専制権力をカサにきて、パワハラ、セクハラなど権力ハラスメントのやりたい放題である。

権力は腐敗する。とくに専制権力は絶対的に腐敗する。というよりも権力が専制権力であること自体がすでに限りない腐敗である。専制権力は批判者や対抗者すべてを専制権力行使の毒牙にかけて抹殺する。そして、巨大な権力を行使して、抑制なき私利私欲の追求をむさぼるが如く行う。権力に媚びへつらい腐敗権力の強大化・民衆抑圧に手を貸す者たちが群がり集って、専制権力を悪無限的に肥大化させていく。そうして専権性と腐敗性とがからみ合うごとくに雪だるま的に肥大化していく。「ブラック企業」の形容にみるごとく「命令と服従の労働社会」に対する経営者の命令は恥知らずに腐敗を深める。その結果、日本の労働社会における自立・自律は影をひそめ、腐敗経営への従属は深まるばかりである。

以上、労働社会の歴史的変容が何をもたらしてるのか、その全容についてのイメージをふくらませてもらうためのヒントとして二点の象徴的事実を提示した。一つは労働と労働者の劣化の進行である。二つには経営とその命令（業務命令、職務命令、人事発令等々）との腐敗の進行である。

想像力を豊かに発揮していただければ明瞭と思うが、労働社会の歴史的変容こそ戦後日本労働運動崩壊の致命傷であった。そうであるとすれば、日本労働運動再建のための中心課題の一つが、「命令と服従の労働社会」状況を変革して、労働社会の自律と自立を再建することにあるのは当然であろう。

五　日本労働運動の歴史的現状と今後の歴史展望

すでに述べた通り、核心に位置する労働運動上の基本課題は、資本専制のもとに「命令と服従の労働社会」へと変質させられている状況のもとで、その資本専制を崩壊させ、自律・自立労働社会への変革をかちとることである。それを基軸として労働条件決定力を再獲得することである。すでに労働契約の主要五形態について触れた部分で明らかにしたとおり、左翼労働運動は労働条件決定力という意味では無力化されている。

そのための必須第一要件は、労使関係に関して人事権、懲戒権等々全面的に資本に専権を付与している就業規則法制を廃棄させなければならない。さらに資本専制の就業規則法制を中核に置きつつ、日本の労働者が戦後民主労働法制によって付与されていた諸権利を規制緩和と称して全面剥奪する「規制緩和労働法体系」についても廃棄しなければならない。そして、憲法を頂点に置く戦後民主労働法制がなぜ労使関係における規定的位置を失わされたのか、その点についての徹底的に掘り下げた総括を踏まえ二度と主導的位置を失うことのない形で民主主義労働法制を再生させねばならない。それを基礎として労働条件決定力ある労働組合を再生させていかねばならない。

就業規則法制・規制緩和労働法体系の廃棄と現行民主主義憲法を頂点に置く民主主義労働法体系の再生という法制度上の変革を実現する運動とはいかなるものか?格言でも明らかな通り、権利とはそれを必要とする者が自ら闘い勝ちとるべきものであって、決して他者から与えられるものではない。現実に、労働者から権利を奪い、専制的支配権を行使している資本権力（経営権力）との権利闘争が全労働者的規模、全国民的規模で発展させられない限り、ひとたび労働法体系として確立させられている就業規則法制・規制緩和労働法体系を廃絶することはできない。資本・経営者の専制的労働者支配を打破して、民主主義的労使関係を実現することは出来ない。労働者が現場労使関係において権利闘争に日常的に立ち上がるようにしなければそれは実現できない。

一九四五年八月、敗戦以降、日本の労働運動が嵐のような前進を遂げたのであるが、その前進をつくり出した二大要因をしっかりと想起しておく必要がある。歴史的二大要因の第一は占領軍権力である。占領軍権力による日本政治・社会の民主主義的変革の力である。占領軍権力は日本の法律すべての民主主義的変革をめざしたのではあるが、その中でもまず最初に手をつけたのは戦前治安立法と治安警察の廃止およびそれと一体のものとして労組法をつくったのであった。そして労働運動の発展を支えたのであった。それによって歴史的二大要因の第二、即ち、労働者大衆の闘いが下から嵐のような勢いをもって生まれてきたのであった。

右に述べた全労働者的規模・全国民的規模での、労働者の権利闘争の発展だけでは反労働者的現行労働法体系を廃棄することはできない。敗戦直後期の占領軍権力を上回る強大な民主主義国家権力を労働運動が自らの力でつくり出すことができなければ、一つの歴史的体制をなすに至った反労働者的労働法体系を廃棄することはできないし、新たに強固な民主主義的労働法体系を再生させることもできない。

即ち、上からは労働者の権利闘争の力でつくり出した民主主義的国家権力の変革力、下からは労働現場における専制的経営者権力と闘う全労働者的規模での権利闘争、その二つ（上からの変革力と下からの大衆運動の力）が一体的に融合してはじめて、それは実現できた。

一九四五年からの戦後民主変革も、嵐のような政治変革・社会変革の歴史的大事業であった。しかし、それを主導したのはＧＨＱという外国の占領軍であった。これから日本で同様の民主主義的大変革をやり遂げねばならないが、そこには外国から占領軍が送られてくるわけではない。自前で労働運動の力によって民主主義的政治力をつくり出さねばならない。したがって、戦後民主変革よりもさらに巨大な歴史変革の事業となるであろう。それこそが総評解体を成し遂げた日本の国家権力と経営者権力にうちかって、労働運動の歴史的前進を実現していく唯一の道筋である。

そのとき、日本の労働組合は再び労働条件等の主体的決定力を掌握することになるであろう。

(二) 東京総行動と争議、自主生産

小野寺　忠昭

1 東京総行動のセンス
――「自立」「共闘」「創造」

東京総行動を始めたのが一九七二年六月二〇日。オイルショックとドルショックに日本列島の経済がその瞬間に凍りついたような年であった。それから三〇年間（二〇〇二年）、年に三回から四回の行動を目途に、東京総行動は日本列島に発生したどこの争議も受け入れて、大企業や金融資本と呼ばれる背景資本や政府を相手として、一二一回（二〇〇二年一〇・二四）の総行動を展開して、二〇〇を超えるさまざまな労働争議解決の重要な役割を担ってきた。しかも日本国内の争議にとどまらずここ一〇年間は、韓国スミダ争議を始めアメリカのブリヂストン・ファイアストーン、ホテルニューオータニ争議など韓国、アメリカを始め国外の争議とも連帯しその争議の解決の手助けを行ってきた。春闘は形骸化したが、この種の総行動運動は、いまだ盛んであり健在である。

だが、その何々総行動というのは、さまざまな団体で多くの課題で取り組まれているが、運動のセンスにおいて当初の東京総行動と全く違う。東京総行動と他の総行動のセンスが異なるのは、一つの党派を中心にした結集ではなく、さまざまに色合いの違う争議団や労働組合を「統一」行動に仕立て上げ、三〇年間もの間、あきもせず継続し展開してきたことにあった。

そしてそのセンスは「首切りは許さない　権利はゆずらない」という単純明快なスローガンに示される通り、組織としての縛りや覇権を求めず、争議団、争議組合の出入り自由としたことである。どんな争議団であろうと排除することなく仲間として一緒にやってきたのであった。

また運動は必要に応じて、また闘いの責任は当該の甲斐性において持つという無責任この上ない「脱」指導によって行われてきた。「自立」と「共闘」と「創造」が東京総行動のキーワードというところであろう。基本は現場労働者が直接行動と直接交渉で相手に迫った運動であった。またトイレットペーパーや洗剤隠し、カドミ中毒やじん肺などの公害や労働災害、またロッキード汚職事件など時の政治・社会的問題と結合させ、市民と共同して加害企業を社会的に包囲していった運動であった。さらに初発においては、学生運動やベトナム反戦運動の当時の社会運動を取り入れて直接大衆行動・直接交渉と実力行動をモットーとしていた。総評が無くなってからは、どちらかというと社会キャンペーン型になっているが、労働運動の諸般の事情からして致し方ない現状であろう。

その行動を評して筆者たちは、「蝿たかり運動」などと言って、警察などの関心をはぐらかしてきた。企業に蝿がたかるようにまとわりついて、警察などが介入したら、蝿叩きで追われるように逃げ、またたかるというような行動を繰り返してきた。今も、加害企業に対して、しつこく決して諦めない、そして負けない運動として続けられている。

以上のように〝総行動の元祖〟ともいえる東京総行動は、単産や産別の労働組合による支援共闘を超えた背景資本＝反独占的な「統一」行動として展開されてきた。文字通り労働組合が総掛かりで取り組んだ運動であった。東京総行動は、労働争議運動、もっと包括的に言えば、総評枠の限界を超え、昔流にいえば反独占統一行動として展開されてきた。現在においても連合や全労連、党派などの持ち物でもない無印の運動であった。

2　法人格否認の法理をテコとして

東京総行動の社会的基盤は、とりもなおさず産業民主主義に基づいた労資自治の基盤にあった。たとえ一人争議であったとしても、労組法を根拠にして、共闘運動でその争議を労働組合における団体行動の一形態に押し上げていったことであった。それが画期的であったのは、中小企業内の労資関係を超えて日本の独占体制に迫る大衆行動戦略を作ったことにあった。この突破口となったのが全国金属の「法人格否認の法理」として後に定着する仙台川岸闘争（一九七一年）であった。そしてこの運動の有効性は、中小企業を事実上牛耳っている日本特有の寡占化体制に対してあった。

この運動のポイントは、系列下にある中小企業の法人格を否定して、労組法上における使用責任を親会社に認めさせたこと。またその法人格否認の法理を、使用者概念の拡大という運動、直接的に大衆行動に転化した運動であった。それは一九八〇年代まで、日本独占を国内で相手にした場合、時代に適った有効な争議運動であった。

そしてグローバルな資本・新自由主義時代を迎えて、一国における民主主義体制が崩されて、争議の主体も日本の労働者とは限らなくなり、相手も多国籍化してきている。それと失業時代といわれるように、雇用破壊と労働力流動化の中で、東京総行動も労働争議のグローバルな闘いや、底辺に向かう労働者の競争と平準化の中で、非正規労働者や新たな内章　東京総行動と争議について外における外国人争議との連帯など、争議運動についても、グローバルな状況の中におかれてきている。だから従来の連合や全労連の労働団体の枠を底辺から越えていく東京総行動の飛躍が求められてきているのである。

また総行動で切り開いた運動は、労働争議にこだわり続けたことによって、その個別性を突き抜けて、ある程度の普遍性を持ち、世界的な争議運動の質を獲得してきたと評価できると考える。

一国における運動に限られたものではなく、アメリカのコーポレートキャンペーン（企業倫理を問う民衆の包囲運動）、ガリバー旅行記にでてくるこびと達が巨人のガリバーを縛っていく「リリパット戦略」などと通じ合える運動でもあったのである。

3　七〇年代の争議

筆者が関わってきた一九七〇年以後の争議は、総評産別・単産の運動がこの日本的経営に絡め取られて閉鎖的になって衰退し、それに変わって地域運動（反公害闘争や反原発など）と地域労働運動が全国的に大きく盛り上がった時期であった。一九七二―八五年においては、筆者の総評オルグ全盛の時代でもあり産別運動の衰退と裏腹に、地域労働運動が全国的に盛り上がって、総評運動の後退をカバーした。大企業本社や銀行本店、官庁がひしめき合う東京においては東京総行動方式が編み出され、全国の地域共闘の中心的軸になった。この七二年を境として出現してきた地域運動は、総評底辺の中小組合、大企業の少数派組合、争議団の闘いを原動力にしてさまざまな行動が横に結び合って、地県評・地区労がこれらをサポートし総評運動の後退をカバーしたのである。

七〇年代の争議は、戦後の伝統的争議とひと味もふた味も異なっていた。日本の資本主義が再建されて、高度成長期をステップに日本の企業が大いに繁栄する中での「闇」とでも言おうか、今になって考えれば、その争議はその時々の最もユニオン的なものとしての特徴を持つことになった。この頃、党派闘争の明け暮れにうんざりした活動家が、党派闘争を超えて争議共闘運動を形成していった意義はきわめて大きかったと思える（社共の対立、社会党と民社党の対立、共産党と新左翼の抗争、新左翼間のゲバ闘争…そして党派の中の対立も見逃せない）。

その争議運動のイニシアティブをとったのは、全国金属や全国一般、東京地評に強い影響力をもっていた高野派の「社」「共」活動家グループと、地域労働運動に新興勢力として影響力を持ち始めた新左翼のグループの「共闘」であった。

この共闘は、従来の社・共共闘型の党中央優先の意思統一によって合意されたものではなく、自然発生的に運動を横媒介として形成されたのである。結果として個別争議を横に結んだ争議の直接共闘運動を作って、各党派活動家が横につるんでパッチワーク的な運動として展開されていった。タテ型権威がまかり通っていた時代、組合本部や党などの官僚から見れば、この「つるみ」は、横車、横やり、横恋慕と言われる「横」しまな運動であり、忌み嫌われるものであった。

その争議を要約すれば、党派の「階級闘争」のくびきを外して、当たり前の労働運動としての哲学や論理、そして実践に引き戻したのが七〇年代に勝利していった運動であった。

そのような党派活動家の「共闘」としての圧巻は、七八年に起こった沖電気指名解雇反対闘争において典型的に見ることができる。

沖電気資本は大量の整理解雇をまず希望退職として募集し、最終的に電機労連沖労組との合意のもとで、七八年一一月一日、指名解雇として強行してきた。その内容がふるっていた。沖電気にいた全ての党派活動家を網羅した指名解雇であったのだ。共産党あり協会派あり、新左翼諸党派あり。そして、それだけではあまりにも露骨なので、この人がなぜ解雇？と思うような普通の労働者も織り交ぜての指名解雇であった。

この指名解雇は予め企業と労組と警察が一体となった組合員に対する「盗聴活動」がなければできない「組織的犯罪対策法」の先取りといえる代物であった。だから沖電気の争議運動の鍵は、この資本の思惑を超えて、各党派活動家がいかに統一して団結することができるかにあった。その団結が創れた時、初めて沖電気争議の勝利的な解決が可能となったのである。

その当時東京を中心とした争議共闘派（東京総行動・東京争議団派）の存在がなければ、沖電気争議団内部において、その統一を実現することはおそらく不可能であった。

4 自主再建の継承と消滅

七〇年代、八〇年代中盤に発生した争議は総評崩壊後、主に国労闘争団や全都反合共闘に参加する中小単産などに、その争議思想やノウハウがさまざまな形で引き継がれてきた（『労働者の対案戦略運動』ワーカーズコレクティブ調整センター編、緑風出版、一九九五年刊参照）。

倒産争議のなかでも比較的成功した工場占拠と自主生産運動は、自主再建を果たした後、二つの道をたどった。それは組合主体の新会社としての再建と、労働者協同組合事業としての道である。前者には、組合役員が会社の発起人となり委員長などが社長になったペトリカメラや、印刷機の浜田精機・墨田機械などがあった。それらの中には、厳しい経営のやりくりで再度経営不振に陥って消えていかざるを得ない会社もまた多かったのである。後者は、日雇い労働者を組織した全日本自由労働組合（全日自労）が創り出してきた、協同組合への道である。全日自労は、政府や自治体による戦後の失業対策事業の打ち切りに対応した受け皿として、中高年事業団（地方・センター）を結成して、労働者の手による事業団運動を展開してきた（『労働組合のロマン』中西五州著）。この運動は、良い仕事（社会的有用労働）をコンセプトとして、公園、病院・ビルのメンテナンスなどの委託業務を主な柱に事業展回してきた。今日においては、農業生産、食品加工、流通部門、教育・福祉部門などさまざまな分野に事業を拡大し、日本における労働者協同組合運動のセンター的運動へと発展してきている。また、そのグループに自主再建企業が参加し、あるいはパラマウント製靴や国労闘争団事業のように、協力関係がつくられてきた。

5 経営再建の新たな手がかり

九〇年代後半からの大量企業倒産（二万件・九九年）に対し、カメラのニシダ、武井商事（シャルマン）、東亜など、新たな装いの倒産争議が再び起こり、マスコミにも取り上げられ、注目を集めている。英会話学校「トーザ」・「リープ」（大阪）経営者の夜逃げから始まった倒産騒動は、英会話教師（生産者）・ユニオンと生徒・父母（ユーザー・消費者）の協力によって、ユニークな英会話自主レッスンが開講され、市民的な支持も受けて運動が進められた。それらのルポは、ゼネラルユニオンの山原完二さんが、倒産・失業時代の現に起こっている「元気な労働通運動」として、倒産争議が何であるのかをズバリ教えていた。

筆者もトーワ（治具・機械工作）、ササゲ（パジャマ製造）、東亜（建築販売）、カメラのニシダ（DPE・カメラ販売）、シャルマン（寝具卸）、仙台のホテル瑞鳳（ホテル業）の倒産争議に関ってきて、従来の解雇撤回・雇用確保を求める闘いから、何か「労働者自らが自主的事業を求めている」雰囲気を感じてきた。それは、従来言われてきた「労働者の生活と権利を守る闘い」の前提であった雇用保障を第一義とする運動から、ごく自然に「生活の糧＝仕事起こし」へと、とくに若い労働者の関心が変わろうとしていると思えたのである。従来の企業共同体意識が微塵もなくなってきているというのが、当世労働者気質なのであろう。雇用破壊と雇用流動化の中で、雇用保障の前提そのものが崩壊し、企業との結びつきが人間関係を含めて希簿化している。その結果、倒産において責任をとろうとする経営者は姿を消し、雇用保障を求めていく社会的条件がかなり狭められてきているのが、今日の状況である。カメラのニシダ争議では、旧来では考えられなかったことだが、たまげたことにメインバンクである東京相互銀行が破綻してしまった。整理回収機構が肩代わりし、さらに東京スター銀行に経営が売られたが、この整理回収機構やスター銀行などは、雇用責任を一顧だにする余地も持っていない。失業時代は経営者無責任時代でもあり、日本にはとめどない空虚社会が広がってきている。

そのような状況にあって、競売にかかったビルを組合自らが「買い戻したい」といった発想が生まれている。カメラのニシダをはじめ自主生産組合は、組合仲間が自力で事業体を作り出していく社会的運動の一歩を踏み出している。従来の倒産争議の目標は、雇用保障を求めて、可能な限りで企業（会社）再建の条件を、運動によって作り出していくことであった。またその雇用責任をとらせるための、親会社による企業再建を援助させる闘いであった。そしてその条件が整わなかった場合は、組合が自主再建に踏み切って雇用責任を果たしていったのである。それが優等生組合の、倒産争議運動における責任と大義の建て方であった。このような反倒産・自主再建は、その自主再建そのものが、雇用関係を組合が代行していく、という矛盾を内包していた。七〇年代から八〇年代倒産争議運動は、自主再建におけるこの擬似的な雇用関係を含み込んだ矛盾が解決されない限界があった。

雇用関係を組合自らが代行した矛盾を抱えてはいたが、それらの倒産争議は、「良い仕事」や「社会的有用生産」などの新たなキーワードを提起して、労働運動理念に新たなインパクトを与えた。そして自主生産運動は、当時においては労働運動に対し、今日の大倒産時代においては社会に対してインパクトを与え続けている。ここにいたって労働組合は、従来経験した倒産争議の思想性が再び問われ、また、従来の雇用を前提とした運動の限界（消極的な側面）を超えた、反失業闘争の構築（積極的な側面）が求められている状況が到来している。

6　反失業闘争の概念破壊と再構築

日本の労働運動には、戦後、成長し続ける経済・社会にあって、失業問題を深刻に受けとめた反失業運動がなかった。七〇年代不況期においても、政府の失業対策は、雇用調整給付金を設けて、失業者を出さないように企業内部に抱え込ませたのである。

日本の反失業運動は、敗戦直後の一時期とそれ以後の全日自労や中小・民間の倒産争議、全日本港湾労働組合（全港湾）の共同雇用闘争などを除き、個別企業に「雇用を要求する」運動しか経験してこなかった。日本の労働運動は、二％前後で推移した失業率の下で、反失業イコール雇用保障として、個別企業に雇用を求めるのみの、狭い概念でしか語れない歴史的経過があった。大失業時代を迎えて、雇用を企業に要求していく雇用保障運動では決定的に間に合わなくなってきたわけで、筆者の周りでも、にわかに雇用問題の論議が起こってきた。

その議論の中での、雇用労働者の雇用闘争「概念」破壊の急先鋒は、設楽清嗣さん（東京管理職ユニオン書記長）である。設楽さんの主張は、反失業運動の前提を雇用保障から切り離したところに、従来コンセプトの破壊性があった。

設楽論は、失業者とは必ずしも雇用労働者に限定するものではないとし、中小零細経営者、自由業、潜在失業者（就職できない学生や主婦）、また不安定雇用労働者（派遣・有期雇用）についてもこの失業者概念で括って、自立した失業者運動を提起している。その延長には、失業者ユニオン（同盟）を構想して、非営利事業（ＮＰＯ）をテコにした地域年金福祉制度の再編成なども考えられている。高所得幻想の呪縛を破り捨て、お題目ではない社会的ワークシェアリング、賃金の社会的平等、社会的時短など、労働者文化革命の思いがそこにはあった。

筆者の論は、雇用保障論と自立した失業者運動論の中間に位置している。従来も、経営（経済）危機が叫ばれると、労働運動側はおよそ三つのスタンスを対置させてきた。一つは経営の民主的改革（主に官公労、全労連）であり、二つめは組合の経営参加（主に大企業組合・連合）であり、三つは労働者・組合の自治、工場占拠自主管理（中小組合）である。それらの対置は、雇用闘争として今後の反失業運動になにが有効なのかを問うている。筆者たちが三つめのスタンスで運動を展開してきたことは、まぎれもない事実であった。

経営の民主的改革と参加論は、組合の自主生産・管理と組み合わせができれば有効な戦術と思われる。だが労働組合の主体が企業と一体化している今日、経営の民主的改革や参加論は、労働者の排除と切り捨ての、体のいい隠れ蓑でしかなかった。労働組合が問われるものは、主体の質、社会性と自立性であった。労働者・労働組合の自立思想がなければ、全てがマイナス帰する論理になってしまうのだ。その意味から、新たな時代の組織に問われるのは、運動主体側の自立と社会性、さらにグローバル資本制と対抗していく世界性、それらにおける組み合わせである。「完全」雇用制時代の反失業運動の視点から見た運動経験の一つに、倒産争議運動があった。その中でも工場占拠自主生産の闘いは、従来の産業崩壊という国際資本戦争の中で、次の時代に向けて大きな意味を持っていると考えることができる。グローバリゼーション・大量失業時代における倒産争議への新たなアプローチは、「工場労働者」の一企業による自主再建運動を超えて、中小零細企業家を含めた地域空洞化に対する地域おこしという、新たな社会運動の可能性である。

7 争議労働者の自立

筆者が係わってきた争議を一言でまとめてしまえば、争議は、ポジティブに、労働者の一人立ちを飛躍的に高めたということである。ごくあたりまえのことだが、第一に、争議は経営からの攻撃に対する反抗であり、それは企業(社会)からの独立を意味した。特に解雇・倒産争議は、その事業体から雇用を断ち切られることによって、あるいは倒産することによって、労働者側の事情にかかわらず、経済的にも独立を強制された。第二には、労資関係がなくなることによる、組合(従業員)からの自立でもあった。以上二点は、ポジティブな意味では、資本からの自由、組合(組織)からの自立ということである。この二つを前提にして、第三には、日本の労働組合の伝統であった党派系列型と上部組織統制型の運動を、労働者大衆が下からの直接的な共闘によって越え、争議運動が相対的に自立できた点であろう。この争議の自立化は、既存の縦型運動スタイルを超えて、戦後労働運動史上初めて、横型の運動スタイルとして形成されたと言える。ことほどさように日本の組合では党派所属の縛りがきつかったのである。

8 争議運動の対概念

東京総行動が盛り上がった時期、全造船玉島や大分の佐伯造船など、全国各地で発生した争議が、地県評の力を借りて、東京に攻め上ってきた。それらの争議を抱えた県評は、総評本部よりも東京の全都反合共闘を頼りにしてきた。全都反合共闘は中央・東京における全国闘争を展開する回路を作り、この全国大衆行動の回路を通して、従来の対立的な関係にあった党派、単産所属の争議を越えて、幅広い横断的な全国運動として展開された。そしてこのような運動が成立した結果、労働者の「自立」と「横断的運動＝共闘」は運動体にとって「対である」という関係を作っていった。

特にこの時期における争議運動は、地域における自立と中央(東京)における共闘が、切っても切れない関係を作り、人的にも地方と東京の強い関係が作られていった。争議を通して作られた関係、自立と共闘は運動の基礎的な構造であり、同時にその運動構造は、社会性の原理的な組成の単位として、その関係を位置づけることができる。なかでも東京・東部地域の争議運動が、最も自立と横断的運動を展開してきたと筆者は考えている。全逓東部は「反共民同」

の最右翼にあった。それと最も「共産党」と言われ最左派にあった全金東部地協が、四・二八処分反対闘争と倒産争議を共に闘っていた時期があったのである。また全国においても、全都反合共闘と大分県評の佐伯造船闘争、岡山県評の玉島住友造船闘争などとが共に闘うことを通して、地域運動組織が直に交流を深めていった。公式にはあってはならないことが、実際には起こっていたのである。争議運動における絶妙の「妙」は実のところ、このように実際起こる一つひとつの隠れた出会いと創造的な共闘にあった。全金田中機械（大阪）はその当時、日共糾弾の横断幕を構内人目に掲げていたが、共産党系組合も含む東京争議団がやってくる時には、それを自ら下ろしたというエピソードがあった。さらに田中機械の指導者は、占拠中の工場では絶対禁酒であった規制を解いて、争議団員らと酒を酌み交わし、夜通しの交流が行われたのもその一つの証であった。

東京争議団風に語れば、「後ろからも横からも弾が飛んで来る」なかで、党中央や単産上部の意向に逆らって、争議戦線拡大を求めたオルグが、公然とある時はこっそりと、各地域争議拠点と東京との間で行ったのであった。

9　異端から陽気な運動へ

争議運動の自立。そこには逆境であっても普通の労働者ちの熱い仁義が育まれ、労働運動の気概があり夢があった。従来の労働者観では、労働者の夢というのは、かなり被虐的であったりして、〃暗い〃のが大方であった。だが、ここで見た夢はなかなか陽気な夢であったと思う。従来通りの被虐的なサンプルを運動のエネルギーにするのか？　新しい陽気な夢をエネルギーにするのか？　それは、それぞれの好みの問題であり、結構難しい問題には違いない。だが、もし、労働者の社会的な革命性の大道を求めれば、選択されるのは自立と協働性に基づいた陽気な運動の方であろう。

また、その運動理念（目的意識）は、それぞれ労働者の夢が一致し重なる部分が濃くなり、広がれば広がるほどに、労働者の自立した社会的ビジョンが創られるのではないか。そのような運動の堆積と広がりから共通する意識＝労働者の未来社会像が創出されるのではないかと考える。その視点から社会運動を見直せば、生協、住民、市民、ＮＰＯ、農民運動などによって創られたそれぞれの社会的ビジョンと重なり合う部分が多々あり、それらを今までに重ね合わせることができれば、すでに広範な社会的ネットワーク形成が可能であった。だが余計なお世話かも知れないが、残念ながらいまも立ち遅れているばかりか、横柄な権威を振りかざしているのがナショナルセンター本部や政党中央であると思われる。筆者は、争議運動とはこのような面において労働者の最高のエンターテインメントであると思うのである。その第一のエンターティナーはもちろんそれを闘う労働者であるが、オルグもそれに関わる全ての人たちにも、それを演じることが求められている。社会的運動の成功は、「マゾ」的な運動ではなく、苦痛や差別や惨めでいやなことを、そのエンターテインメントの無数の創意の中に包み込む運動ができた時である。

10 工場占拠と二つの運動方向

解雇・倒産争議には、それを牽引した二つの共通的運動があった。

その第一は、前述した戦後の労働法制の成果を「テコ」とじた「法人格否認」の法理の徹底化と、使用者概念拡大運動であった。解雇・倒産争議を、中小雇用主単体に対する闘いから、実質的な経営者＝背景資本・親会社・銀行・商社・通産省や政府などの外に向けた運動に転化したのは、この運勅論によってである。第二は工場占拠・自主生産運動であった。第一点が運動の外部化であったのに対して、第二点は労働者の内部へ向かう運動で、例えれば、渦巻きの中心に向かう求心力の運動であった。

何度となく述べてきたが、ふだんどんなに慎ましくぜいたくもせず生きてきた労働者であっても、手弁当で闘うことはできない。最低限度家庭が社会的な生活水準を維持するためには、通常の六割から七割の生活資金は必要であり、それは、ちょうど雇用保険の給付額相当なのである。争議生活を構築するための、争議の基本の「き」は、糧を断たれた争議者の生活再組織化と、そのための団結形成であった。その運動の展開は、当然と言えば当然だが、既存の組合観からしては全く考えられない、キテレツな発想と意識を生み出すことになった。

総行動はアメリカのコーポレートキャンペーンと類似しているし、工場占拠による新たな思想においては、世界の労働運動の水準と比べて今日でも引けを取らないノウハウを作り出している。総行動と工場占拠・自主生産の思想は、二〇年前には異端であったが、筆者の周りでは、現在きわめてあたりまえのものとなってきた。その意識は、七〇年代の工場占拠闘争から、ごく自然に生み出され、実践されていったのである。特に工場占拠は、経営者が本来支払うべき賃金（労働債権）を、現金がないために仕方なく「もの」で担保させる協定から始まって、工場の使用協定に拡大されていった。労働組合（労働者）」は未払い賃金相当の土地・建物・設備などを譲渡する協定を結んで、民法・商法上、また刑法上の対抗要件を、初めて合法的に手にいれることができた。この譲渡協定、もしくは工場使用協定が労働組合の「工場管理協定」と言われるものである。この協定を結ぶに際して、倒産しかかった社長は、金融機関には資産すべてを持っていかれてもおとなしく黙っているくせに、組合には抵抗を示し、しばしば昼夜を徹しか交渉となるのが常であった。

譲渡・工場使用協定に基づく工場占拠を徹底して内部化していく発想が、自主生産運動への出発である。いなくなった経営者に代わって、労働組合は企業（事業所・工場）の一切合財と、将来の運営をも自主管理していくことになるのである。

11　倒産争議の道義

この間、体験した倒産争議を解説すれば、中小企業における工場占拠を可能にしたのは、前述したように、労働法が使用者に厳しく労働債務を負わせていただけではない。大企業の法人格主義があまり及ばない、オーナー経営（ワンマン経営）体質に起因して倒産争議が起きるもう一つの原因があったのである。その中小企業家体質には、強いものに対しては被害者的な側面が、弱いものに対しては加害者的側面がある。その端的な倒を上げれば、金融機関と中小企業の関係である。中小企業の法人格はあってもないのと同じで、金融機関の場合、ほとんど例外なく社長個人の財産を担保に金を貸す。だから倒産になると個人の財産すべてを借金のかたに取られる。だが大企業の場合は、経営者の倒産責任は法人の範囲以上には及ばない。倒産が法に則って手続きされたものであれば、社長個人まで身ぐるみはがされることはないのである。中小企業の社長は悲しいかな、倒産という土壇場で、尻の毛まで抜かれるという恐怖から無費任になり、自殺や夜逃げをしてしまうのである。弱い従業員や一般債権者にはまさに青天の霹靂であり、たまったものではない。倒産の場合ほとんどが泣き寝入りとなる。組合が反倒産闘争に立ち上がった場合など、想像以上に関連業者から協力があり、また彼らの、倒産した経営者やメイン銀行に対する反発が強いのもうべなるかなである。

中小企業の倒産に際して、実質的な倒産責任追及の矛先を背景資本（親会社・銀行・商社・通産省や政府など）に向けた、倒産組合によるこの社会的責任の追及という正義の旗が、普段は赤旗が嫌いな一般債権者や関連業者などを巻き込み、運動への支持を拡大していった。また、銀行にペコペコしていた社長に代わり、その同じ銀行と対等に渡り介っ組合の糾弾行動は、周りで見る者たちの溜飲をも下げた。その意義は限りなく大きかったのであった。

12 ポジティブな自主生産労働者

このような社会的行動は、従来の解雇撤回闘争、労働条件・労働時間・賃金をめぐる運動領域をはみ出し、労働者に自然に備わっている、現場での発想や知恵を呼び覚ましていった。

倒産前の仕事が労働組合のイニシアティブによって再開できると、労働者は以前に増して能動的に仕事にに精を出すことを、この間の自主生産はいく例も証明した。いつも始業サイレンぎりぎりで飛び込んでいたぐうたら社員が、自分で門扉を開錠する立場になると無遅刻で出勤するようになり、すすんで点検修理に励むようになったりした。日本の労働者のこのような性格は、会社が音頭をとる「QC運動」と一見同様な性格のように見えるが、実際においては全く異質な価値に基づく性格である。「生産・仕事」を積極的に受け入れる日本の労働者の本性とも言えるこの〝勤勉さ〟の特徴は、会社のためにのみあるのではなく、運動（社会的意義）との関係の中でこそ意味と価値がある。この社会は寝ても起きても経営（生産）という言葉が氾濫しており、過労死による悲劇や過剰生産（浪費）による環境破壊も後を絶たないが、生産は「誰のための・誰による・誰の」というｆｏｒ、ｂｙ、ｏｆを明確にしたとき、「生産・仕事」だけを取り上げて論じることがいかに空疎で間違っていたかを、最近つくづく感じている。

この自主生産運動は、工場が止まっても、現場労働者が工場の機械に油をやったり器具の整理などの保守作業を普段にも増して行うなど、倒産して初めて芽生えた、職場に対する愛着と思い入れによって支えられていた。その中で組合のさまざまな営業努力やユーザーの協力によって、倒産時の仕掛かり品の仕上げや下請け部品の製造ができるようになり、最後に「自社製品」の「再」製造が始まる、という一連の流れが展開されていった。

その工場占拠、自主生産運動が再び以前の状態に達していくまでが、今までの反倒産運動の水準であった。すなわち自主再建までが自主生産運動の到達点であった。労働運動としてその水準は未踏の地であり、並大抵な努力ではなかったことも事実である。そしてその運動方式は、今後の争議団運動だけではなく、労働運動全般に量的にも拡大されなければならない。グローバリゼーション・大量失業時代における倒産争議への新たなアプローチは、「工場労働者」の一企業による自主再建運動を超えて、中小零細企業家を含めた地域空洞化に対する地域おこしという、新たな社会運動の可能性である。再建後の自主再建運動をどうするかについては、パラマウント製靴の自主再建運動に関わってきた経験だけで一般化することはできないが、ある方向性について想像することが可能であると考えている。

㈢ 国鉄闘争と東京総行動

平賀 健一郎

1 東京総行動と国鉄闘争の関わり

東京総行動は国鉄闘争のなかで､どの程度の分野を担い、その役割を果たしたのかがこの課題と言うことになる。しかし、これは当事者である国労闘争団からの視点、国鉄闘争共闘など共闘組織の視点、国労本部や各地本など国労組織からの評価、各地方で共闘を担った労組などの見方などなど、この争議への関わり方で大きく変動するのは当然と思う。ここでは東京での統一行動の受け皿となった東京総行動の担い手の立場から報告することとなる。勿論、あの「五・二八判決」から「四党合意」の過程をへて､国鉄闘争、特に共闘の形は大きく異なるものになってしまったが、国鉄闘争の始まりとその前後の闘争組織のつくりや共闘組織への取り組みなどを中心として、東京総行動など共闘運動からの視点に限定して報告することとする。

2 国鉄闘争、東京での大衆行動の担い手＝東京総行動

周知のように一九九〇年三月三一日に最終的に「解雇」となり、解雇撤回闘争を開始した国鉄一〇四七名争議は北海道と九州に解雇者の八割以上が集中、その大多数である国労組合員は各地域ごとに「闘争団」を結成、九州・北海道では国労組織と支援の共闘会議と共にＪＲ北海道・九州への争議行動を繰り返した。言うまでもなく、国鉄一〇四七名解雇撤回闘争は一九八七年の国鉄分割民営化で「清算事業団」に押し込められ、ＪＲ会社への採用を拒否され解雇された組合員のうち一〇四七名が一九九〇年に解

雇撤回闘争に立ち上がったところから始まる。もちろん、この前段で、国鉄分割民営化反対での五〇〇〇万人署名運動が総評全組織をあげて展開され、「人活センター」に隔離された国労活動家への非人間的な処遇・攻撃への反撃、不当労働行為救済の地方労働委員会闘争などが幅広く全国的に展開された。しかし、当時の中曽根首相が公言しているように、国労組織の破壊は総評の崩壊へと繋がり社会党の凋落を呼び起こすとした戦略のもと大規模で組織的な国鉄労働運動への攻撃は強化され、スト権ストの二〇二億円損害賠償、国鉄労働者は怠け者とのレッテルを貼る「ヤミ　カラ　ポカ」のマスコミ総動員のキャンペーン攻撃、分割民営化をめぐる国労への組織分裂攻撃等々を経過し一九九〇年四月一日、国鉄清算事業団からのいわゆる二度目の解雇を迎えることとなる。

国鉄一〇四七名争議は国鉄労働運動の破壊を狙う国家的不当労働行為との闘いが基本となり、政府・運輸省（国土交通省）とＪＲ会社が我々の相手となり、その対策や大衆的な行動が必要となる。各地方で勝利を勝ちとっていた労働委員会の救済命令は中央労働委員会へあがり　そこへの大衆的働きかけも大変重要なこととなる。また、北海道と九州に偏在する「闘争団・家族」の生活対策、自活体制の確立のため、首都圏での物心両面での支援体制とその組織化も重要課題となった。

東京・首都圏での国鉄一〇四七名争議の大衆的展開は以上のような理由から、東西南北・多摩、首都圏四県のようにブロック単位で各地の個別争議団を分担して、支援体制をつくり日常的支援連帯の関係を築く。それを基礎に中央での政府やＪＲへの抗議要請、中労委への要請行動などへの大衆的な動員を目指す。東京での各民間争議との連携連帯をも目指して、東京への闘争団・家族・各支援共闘の大衆的な結集を、中央の情勢変化に応じて機動的に配置する。その受け皿が一九七二年以降、東京で続けられてきた東京総行動での多くの争議・争議団との共同の大衆行動で、上京する闘争団・国労組合員・各争議と支援する労組、国労支援共闘の労組などを軸に展開された。

3　二〇一二年で一五〇〇回を超えた東京総行動

一九七一年、アメリカは一ドル三六〇円とした為替固定化を変更、一気に二割近く円相場が上昇した。ニクソンショック（今流に言えば超円高）と呼ばれた事態の中で、競争力を失った中堅専業メーカーはスクラップアンドビルド（集中と選択）を全融資本の指導の下で余儀なくされ倒産や工場閉鎖が東京・大阪などの民間中小単産の拠点地域で続発、これに対する統一した闘いが要請され、単産の枠を超えた共同闘争が組織された。

一九七二年六月二〇日に当時のナショナルセンター総評（日本労働組合総評議会）と東京のローカルセンター東京地評（東京地方労働組合評議会）が共催した「反合理化東京総行動」と命名された「東京総行動」は以来、四三年にわたり連続して組織され、一五〇回以上となる。一九七二年当時の各労組機関紙には「独占資本を震憾させた一日」「銀行や大手企業の社長はこの一日、枕を高くして寝ることができなかったであろう」などの記事が多く掲載された。上記機関誌などには闘いの展望への大きな期待が示されている。一九七〇年代には東京総行動の統一闘争方式は全国に波及、東京での中央行動には平日昼間で三〇〇〇〜五〇〇〇人の組合員の参加が続いた。こうした中、全造船住友浦賀・玉高争議、佐伯造船争議、全金浜田精機・ペトリカメラ争議、大映映画・細川活版争議、パラマウント製靴・東芝アンペックス争議・沖電気争議などなど、銀行や大手資本への社会的責任追及行動で多くの争議が解決、この東京総行動方式の有効性は定着し現在もその流れの中にあると言える。その後、大きな景気後退や首切り合理化攻勢が起こる毎に、関係する単産・労組や当事者の争議組合などが連携・協力して、その闘いを社会化しながら全国へ拡大、資本の攻勢に労働者の生活と権利の確保を掲げて東京総行動を組織してきた。一九八九年の総評解体以後、東京総行動も消滅の危機に直面するが、全国的規模で闘われていた国鉄闘争を中心に、中小の反倒産闘争、ブリジストン・ファイアストン（米）、韓国スミダ、韓国シチズンなどの外国からの争議団の来日と東京総行動への参加を得て、大衆行動を持続させ、その後、争議組合や関係労組の努力で現在まで闘いを継続させている。この総行動方式と言われる共闘・統一闘争のやり方は、現在まで様々、形を変えながら「東京総行動」にとどまらず、多くの争議・課題の共闘方式に受け継がれている。

4 東京総行動とは

東京総行動は、労働争議を闘う争議団・労組・支援組織などが闘いの経験の中から作り出してきた、争議活動や共闘関係、労働組合活動のツール（道具）であり、これを使う争議や組織の在り方によって、また、時代状況によって大きくやり方が変わることは当然である。これを前提に東京組行動の特徴を概観すると次のようなものとなるであろう。現在でも労働組合の争議は「産別自決」と言う企業連または産別組織内部で処理され横に繋がることのない形で行われている。一九七〇年始めまでは三井三池争議などの横断的な社会的大争議以外は、中小の労働組合組織のなかでも争議は内部で単独で闘うことが当たり前とされた。

　しかし、一九七一年のドルショックは一企業労組やその単産では全く対応力が不足、その中から、産業別組織、地域、企業を横断して組織・行動する統一闘争の模索がされた。総行動に参加する争議は、当時から徐々に進行してくる労働力の多様化や国際化を反映して、個人、少数労組、個別労組、「単産」、地域（国籍）など、様々な形態をとるようになり闘い方や共闘の持ち方も多様な形を持ち始め、その司令塔と目されるメガバンクや独占大企業への共通の共同した闘いが求められた。その反映として東京統一行動での争議は人数・所属労組などにとらわれず、個々の争議団・労組は平等の資格で参加する申し合わせとした。「どの争議も資本と闘っていれば同じ。来るものは拒まず、去る者は追わず」がその合い言葉となり、現在まで続いている。

　行動の様式は「直接行動、大衆闘争」「背景資本・独占に直接迫る」「元（元凶）から絶つ」を原則に、東京中央部に位置する大手銀行や独占大企業への多くの現場組合員による抗議行動を、労組・争議団・支援共闘と共に展開した。各争議団や所属する労組・共闘は他の争議と連携・調整をはかりながら相互支援連帯行動として全一日の統一行動を各々タイムシェアリングして共闘態勢と統一行動を作り上げていった。また、都心部の千代田区や中央区の地区労組織の協力で、特に春闘時には地区春闘加盟労組総出で昼休みデモを都心で大がかりに実施した。共通の相手であるピラミッドの頂点＝大手金融資本や独占大資本を共同で攻め、その中から争議への社会的合意と独占大企業への社会的包囲網を作り出すための行動を、地域共闘の支援の中で行動として体現しようとする行動様式となった。

　各個別争議が押し込められている個別課題の解決を乗り越え、各争議の持つ社会的意味・課題を全面に出すことにより、他の争議との共通点、課題を作り出しこれに向かって統一闘争を展開するこの様式は個別争議の社会化にも機能し、支援・共闘の拡大のきっかけとなった。国鉄闘争も、

ＪＲ本社への抗議行動、中労委への大衆的要請行動、政府・運輸省への行動などを民間争議団の闘いと連帯しながら、約年間四回の東京総行動の中で各地方での闘いの成果を中央へ持ち寄り、九州・北海道を中心とした闘争団の全国動員を反復し闘ってきた。

5 東京総行動での国労闘争団

当時から首都圏での争議のネットワークとして機能していた東京争議団は、一九六〇年代末の総会で、これまでの闘いの経験と結果を総括して、各争議の自己点検・チェックリストを採択した。有名な「四つの基本と三つの必要条件」である。争議の基本として現在でも、通用する内容で具体的には次のようになる。まず四つの基本であるが、①争議団の団結の強化、②職場からの闘いの強化、③産業別、地域の仲間の団結と共闘の強化、④法廷闘争の強化が争議の勝利する体制であり、三つの必要条件は、①要求を具体的に明確にすること、②情勢分析を明確にすること、③闘う相手を明確にすることが争議方針の基本であると言うこととなる。これを国鉄闘争と闘争団の闘いに当てはめ、東京総行動での運動の展開を重ね合わせてみよう。

まず、「三つの必要条件」であるが、国鉄闘争は中曽根政権による官公労働組合への「行革」「分割民営化」攻撃の中心に位置づけられた、国鉄分割民営化と国労つぶしに対する闘いであるとの方針が国労・支援共闘・闘争団での情勢分析の中心となっていた。現に総評労働運動を解体させ闘う労働運動、国民運動を弱体化させ、社会党を中心とする革新勢力の力を奪うことが目的と、当時の中曽根首相が言明している。そのような情勢の下、国家的不当労働行為のなかで解雇されたことから、政府・運輸省への責任追及、解雇撤回、ＪＲ会社への復職が具体的対象・要求であることは明白であった。そのためには首都東京での大衆運動を裏付けとした多くの運動や対策が、ＪＲ会社やその関連、国会・各政党、マスコミ、政府・運輸省関運などに必要とされ、多くの努力がなされていった。

「四つの基本」では、争議団の団結では、北海道と九州に偏在しているが全国の解雇者争議団を「国労闘争団」という名称で地域ごとに編成、各国労地方本部毎に組織的に位置づけ、闘争団・家族とも単位組織として、地方労働委員会闘争をはじめとする闘い、共闘態勢の確立、自活体制を目指して生活対策などが行われた。また、全国的な支援体制として都府県を担当地区として割り当て、支援体制の組織化や物販など生活対策をその地方の支援組織と共に築きあげていった。各単位闘争団での生活対策として、長期・持続の闘争態勢、衰退する地方・地域の町おこし・村おこしも視野に入れた自活体制確立の自主生産・販売への取り組みと持続は大きく評価されて良いものであろう。職場との連帯は、闘争団の所属地本単位での物心両面でのフォローも恒常的な支援組織としての「連帯する会」の組織化を国労内だけではなく支援共闘でも取り組み、闘争の終結まで続けた意味は大きい。また、「里親」とも言える闘争団担当、各地方での支援共闘組織と各地方の国労単位組織での担当闘争団へのバックアップも総じて親身あるもので、闘争団からの常駐オルグとの関係がそれを現していると見ることができる。共闘との関係は当初、総評の解体という大事件にもかかわらず、中央の「国鉄闘争支援中央共闘会議」（当初）、各地方での県評単位の各県共闘会議などが全国的に組織され維持された。この担当する地方単位に、前述しているように各地方単位の闘争団が配置され、闘争団の担当オルグを中心に、闘争団家族ぐるみの相互交流、カンパや闘争団の自主生産品などの物資販売を行う生活対策、各地方での争議支援や闘いへ参加要請・闘いの組織化などを遂行した。また、中央段階での損害保険の補完とも言うべき「ディール基金」の創設などは、今後の全国的な争議支援や争議団の生活面でのフォローとして示唆に富んだものであった。

総じて国労闘争での共闘の組織化や争議体制のつくりは、当を得たもので、これらの闘争態勢を基礎に、法廷闘争では重点的に「地労委闘争」を展開、各地方での「労働委員会」への不当労働行為救済申し立ての闘いが一斉かつ大衆的に展開され、各地方の努力の下、一七の地方労働委員会や中央労働委員会で順調に勝利命令を勝ちとっていた。

6　五・二八判決と四党合意以後

一九九八年五月二八日、東京地裁民事一一部、一九部は、労働委員会命令の救済命令の取り消しを求めたJR会社の訴訟を認め、JRに責任なしという驚くべき反動判決を出した。これは国鉄労働運動の破壊をめざす国家的不当労働行為が権力総出の意志であることの現れであり、「国鉄改革法」二三条を計画的に潜り込ませる策動をした司法と行政機関の暗躍の結果でもあった。これは二〇〇〇年の東京高裁、二〇〇三年の最高裁判決にも引き継がれ、「企業危機下では労働者の権利剥奪は超法規」とも言うべき「国鉄方式」が民間のリストラでも蔓延、「首切り自由」の司法反動と闘う運動などを生み出しつつも、日本航空の整理解雇まで続いていく。

この段階から国労本部は争議戦略の方向性を喪失、法廷闘争と大衆闘争の連携や関係先への対策でも、右顧左眄、迷走の状況が続くこととなる。一九九八年「補強五項目問題」、一九九九年「国鉄改革法承認」、運輸省の「話し合い解決の条件」など相手側の攻勢・工作と混乱の中で運動は停滞、ＩＬＯへの提訴を含め東京総行動での闘いも継続していたが、二〇〇〇年五月、自民・公明・保守・社民の「四党合意」をめぐって闘争団と国労本部の間に亀裂がはしった。この四党合意は「ＪＲ不採用問題の打開について」と題され、若干の金銭の他、ＪＲの法的責任は無しを条件にＪＲに再雇用を働きかけると言う内容のもので、闘争の大前提である解雇撤回や職場復帰には、何ら前提や具体性の欠けるもので、困難の中で家族ぐるみで歯を食いしばり頑張ってきた多くの闘争団員には到底、納得のいかないものであった。対立は数回の中央闘争委員会や臨時大会・定期大会で顕在化、機関の「査問」や権利停止、生活資金カンパの凍結など、闘争団員に試練がふりかかったが一方、鉄建公団訴訟原告団や国鉄闘争に勝利する共闘会議などの新たな闘いや組織が登場、再度、闘いの陣形を形成していった。

この時期、争議団の団結と職場の闘いは大きなダメージをうけ、本部方針の受け入れか反対かで闘争団は二分、ＪＲ内の国労組織との関係にも齟齬が生じ、国鉄支援中央共闘も意見が割れて機能停止という事態であった。また、最高裁への大衆的な行動も停止、運動での打開は、ＩＬＯへの働きかけや最高裁闘争の再開などが焦点となり、闘争団などの努力が続いていた。闘いを続けようとする闘争団での討議では「解雇撤回・ＪＲ復帰」の要求はそのままであるが、五・二八判決や四党合意などを踏まえて、この包囲網をどう突破していくかが情勢分析の課題となった。政府・運輸省・ＪＲが相手であることも変わらないが、高裁判決などを踏まえ政府・運輸省の国家的不当労働行為への責任追及、具体的には国鉄承継団体である鉄建公団での闘いの強化で闘う相手を明確にし、国労本部方針とは別の道であるが最高裁闘争に続き、鉄建公団訴訟を闘争団有志で原告団を結成、闘いを開始した。それに伴い、共闘組織も別立てで国鉄闘争共闘による、鉄建公団訴訟（第二陣は鉄運機構訴訟）原告団への支援連帯と大衆行動の再構築が開始された。鉄運訴訟と時期を同じくして全動労争議団、千葉動労争議団も同様の訴訟に立ち上がった。この闘いは解雇不当は認めなかったものの、「国家的不当労働行為」の認定と損害賠償を内容とする二〇〇五年の鉄建公団訴訟東京地裁判決を生み出し、二〇〇六年に判決を契機として国労訴訟も出そろい、長く続いた国労本部などとの亀裂も徐々に狭まり解決時の「四者四団体」の共闘へと続いていく。この間、東京総行動への参加は国労本体や本部方針支持の闘争団などの参加が断続的となり低迷していたが、一方、「首切り自由を許さない」をスローガンとする東京地裁・高裁を包囲する運動の拡大や、ILOへの再度提訴の運動、国鉄闘争共闘を中心に情勢に合わせ展開された大衆集会など と共に、鉄建公団や運輸省・JRへの抗議行動などを鉄建公団訴訟の原告団など当該争議団を包んで展開してきた。

7　最後に

最後に、この二三年にも及ぶ、戦後労働運動の大闘争から、これからの争議、争議を包む共闘、それに対する労働組合の姿勢と在り方に対する雑感を述べる。

国鉄闘争は、戦後、一貫として続けられてきた資本と権力による職場の労働運動つぶしの集大成とも言うべきもので、これからも続いていく資本と労働の長い闘いの画期として位置づけられる。国鉄労働運動の破壊を狙った国鉄分割民営化と国労つぶしの攻撃は五五年体制と言われた保守革新の一方の柱である総評労働運動の解体を目指すものであり、事実、様々な事情はあるものの、国労の分裂と弱体化のなかで一九八九年には総評は解散、連合の発足、地域共闘は衰弱の流れとなった。総評労働運動として曲がりなりにも保ち続けてきた賃上げや権利獲得を求める職場の労働運動、職場からの闘いで労組協定を勝ちとり、一般的拘束力への拡大を目指す様な運動を職場の多数派として全国的規模での展開を目指す労働組合組織が消えていく状況が到来したとも言える。

国鉄闘争はこのような流れに抗して、労働者の団結と闘いで生活と権利を守る、資本の理不尽な首切りは許さないという労働組合の基本的な役割を基礎に闘われた。闘い前半は労働委員会闘争、JRにむけての大衆闘争も順調に進んだが五・二八判決、四党合意で情勢は一変、内部混乱、不団結が拡大し、当該闘争団・国労のみならず、弁護団や共闘組織も団結・闘争体制・争議戦略・戦術、ひいては闘争団・家族の生活対策まで基本的な見直しをせまられた。

鉄建公団訴訟提訴の時期をはさんで国鉄闘争は新たな段階に入り、闘いの主力は鉄建公団訴訟提訴原告団と国鉄闘争共闘へと移り、大衆運動・闘いの目標も裁判所の国家的不当労働行為への言及からも政府運輸省・鉄建公団（後には国土交通省・国鉄運輸機構）へと力点を変えていく。国労本部との闘争方針の相違から労働組合員ではあるが、原告団として自らを組織し闘いを続ける闘争団・家族、それを支える国鉄闘争共闘・弁護団という陣形の組織化は国鉄闘争の従来の展闘から一歩踏み出したものであった。この闘いは裁判闘争の進展と共に国労本部支持の闘争団、全動労争議団、鉄道運輸機構訴訟団などの共感・同意も獲得、国労組織・全動労、国鉄支援共闘や全労連の支援組織との裁判・運動での合流も獲得し、四者・四団体として争議解決の主役を果たした。

国鉄闘争の発生以降、多数派を形成する労働組合あげての職場権利闘争や反首切り闘争は急減し、争議は職場の一部、多くは個人の権利侵害や解雇攻撃への反撃が多数を占めるようになる。一九九五年の日経連（経団連）の「新時代の日本的経営」に象徴される終身雇用・年功序列賃金、正社員型雇用から有期契約・派遣・請負などの非正規雇用労働者の職場への投入と職場環境の激変がその背景である。職場の個々の労働者から見れば、もはやそこの企業別労働組合は労働者個々人の面倒は見きれない、あきらめるか自ら異議を申し立てるほか無しの状況の到来であり、職場労働運動は表面から姿を消したことになる。

鉄建公団訴訟の闘いはこの時代でも団結して闘いを継続できることを示すものであり、労働者が闘えば必ず共感を呼び支援連帯の手がどこからか差しのべられることを証明したものであった。この国鉄闘争の勝利的解決は、職場の多数派を形成してはいないが、自らの権利闘争が職場の隠れた一般的な要求であるとき、少数からの闘いの始まりでもそれを持続・維持させ、社会的な広がりを獲得できる可能性を示したものである。この時代を背景とした闘いの転換点、資本の包囲網を食い破るための新たな闘いへのシグナルであるような気がする。

※『What was 国鉄闘争』ぶなの木出版二〇一三年刊から

㈣ 国鉄闘争そしてユニオンへ

関口　広行

はじめに

今年四月、小野寺さんから「セキグッちゃん、書いてくれない、文書は残しておいたほうがいいよ」などといつもの言い方に乗せられ、この文書を書き始めた。題は何にするかと色々考えたが、上記のような題と相成った次第である。

若干、自分の経歴を紹介させてもらいたい。一九七六年、地元（群馬県渋川市）の高校を卒業し、旧国鉄に入社。入社と同時に高崎鉄道学園（旧国鉄管理局内）で一週間ほどの教育を受け、筆者は高崎線の熊谷保線区（埼玉県）に配属された。学園での教育内容は全く覚えていないが、同期入社し共に学園で学んだ仲間は皆個性豊かな連中であった。学園には車で通ってくる者も少なくなく、リーゼントへヤで車高を落とした族（暴走族）のような車で乗り付けてくる者もいた。私たちの世代は車には滅法関心があり、だから機械物は自分で修理するのが当たり前の世代だ。最近の若者は車に関心が薄く、コンピュータ管理の車しか乗ることのない時代だからしょうがないのかとも思うが寂しい気もする。このような個性豊かな同期は大体、国労に残っており、いっぱしの活動家として現在も活動を続けている者もいる。

私は熊谷保線区に「臨時雇用員」として配属され、三ヶ月ほど経て「準職員」、そして半年を経て晴れて「職員」という経過をたどることになる。配属されてその日のうちに国労への組合勧誘が行われ、数日の後に国労へ加入した。当時の国鉄職場は運転士職場を除けば、殆どの職場は国労に組織されており、国労に加入するのが当たり前の状況であった。私が国鉄入社当時は「スト権奪還スト」敗北の後であり、闘いの高揚期から低迷期に入った時代であったのかと思う。それでも職場には「現場協議制」（以下、現協と略す）による職場団交権が力を持っていたのである。この「現協」は後の国鉄分割民営化攻撃の中で最大の悪慣行とされ解体されるわけだが、保線という職場は「キツイ、キケン、キタナイ」の代名詞のような職場環境であった。そのような職場環境や労働条件を改善させるためにも「現協」は重要であった。さらに「現協」はすべての職場で確立していたわけで組合が事実上、職場を支配していた構造であった。「現協」は毎月（複数回）、分会と区当局との間で開催され、その他に毎週職場の班（組合）と支区（当局）とで開催し、作業の計画や人員及び労働条件など細部に亘って協議が行われるということで組合側の規制力は大変に強かった。現在、団体交渉は本部・本社間と地方本部・支社間のみで、現場での団体交渉は一切認められてない。

当時、筆者たちが行っていた作業は今や完全に下請化し、JR側は管理と発注のみとなっている。その筆者も今や六〇歳定年を迎え、現在、JRに再雇用され下請会社に出向中、雇用は五年契約で下請け労働者と現場作業にあたっている。

1 組合活動に足を踏み入れる

ここから組合活動に一歩踏み出していくきっかけを記したい。組合活動に参加するきっかけは二〇歳頃だったように記憶しているが、分会青年部の常任委員になってからこの道に入り込んだ。熊谷保線区分会は一六〇人程の組合員がおり、そのうちの半数が青年部であった。青年部は三〇歳未満で構成されており、活動の範囲は職場・地域と結構多岐に亘っていた。分会常任委員、分会青年部長、支部青年部長、地方本部常任委員、地方本部青年部長と青年部運動をひたすら走り、二九歳の時に国鉄分割民営化＝JR発足を迎えた。国鉄分割民営化直前に熊谷から両毛線の桐生に強制配転され、五五歳の時に上越線の渋川に配属となった。渋川は地元であり、鉄道に入って初めて地元で仕事につくことになったのだが、JR会社がよく私を地元に返したなと驚きもあった。

ちょっと前に戻るが、二〇歳くらいで組合に足を踏み入れるきっかけは何だったのだろうかと振り返ると深い理由はないのだが、国労高崎青年部は元気がよかった（戦闘的だったという人もいるが）し、楽しかったからだろう。青年部集会や街頭デモでは常にヘルメットを被り、がなっているだけのようなアジ演説と機動隊に規制されつつの緊張感あるジグザグデモがなぜか、私にとってカッコよく見えたのである。ハマるきっかけはその辺だったのかと…。国鉄に入らなかったらどういう人生を送ったのかわかったものではないと自分ながら思うことがある。青年部時代のことだが毎年夏にレクリエーションの一環で海辺でのキャンプを行っていた。ある時などはロケット花火や爆竹を大量に買い込み、夜、キャンプファイヤーをやりながらロケット花火をあちこちに水平発射させ、爆竹を投げ合ったりして騒いだり、養殖と思われるサザエを大量に捕り、全部焼いて食べてしまったりとか、他の海水浴客から大変ひんしゅくを買ったと思う。今だったら即警察が駆けつけているだろうなと思うようなことばかりだった。私より少し前の先輩のころは警察官と小競り合いもあったようだが。

そんな青年部時代を経ながらいよいよ分割民営化攻撃との闘いが始まるのである。一九八二年年明けから始まった国鉄労働者悪玉論キャンペーン、そして、その年の一一月に発足した中曽根政権は本腰を入れて反国鉄キャンペーンを展開した。前述した「現協制度」を真っ先に潰し、国鉄赤字の原因を国鉄労働者に転嫁し、国鉄本社は全国の職場の中で、地方における国労組織の中心的な運動の拠点職場を「最重点職場」として指定し、指定職場は本社直轄管理にして弾圧を開始した。高崎鉄道管理局も例外ではなく、数カ所の職場が指定され、そのうちの渋川保線区には本社から東大卒の若い区長が就任し、国労の分会と激しく対立していた。当時、私は地方本部青年部長（専従）であり、同じく地方本部の執行委員（専従）であった今は亡き石田精一さんと連れだってその区長と交渉にあたった。当時、私は二六歳だったと思うが、その私と同じくらいの歳の区長であったが、生意気を絵に描いたような人で、今で言うと上から目線の典型的な管理者であった。後にその区長は家庭的な問題で本社に戻り、その後は国鉄を退職したと噂されていたが定かではない。一九八三年秋、青年部長を降りて職場に復帰すると、今度は復職した熊谷本線区もその指定職場となっていた。熊谷保線区には同じく東大卒のキャリアが区長として本社から赴任してきた。この区長は私より二つぐらい年上で、極端に高圧的な姿勢は見せなかったが連日朝の点呼に立ち会い、職場内の組合活動を強く規制してきた。余談だがその区長は後にＪＲ東日本本社の常務取締役となって二〇一六年、私のいる職場に職場訪問に来た際に再会した。一九八五年七月、中曽根政権は

「国鉄改革のための基本方針」を閣議決定した。これ以降、本格的な国鉄分割民営化への攻撃が開始されるのである。一九八七年四月国鉄は分割民営化されたわけだが、このような時代を潜るとは夢にも思わなかった。

2 国を挙げての国労つぶしと闘い

さて、ここから分割民営化との闘いに入る。一九八五年七月、国鉄再建管理委員会からの最終答申が中曽根首相に提出され、一九八六年七月衆参同日選挙に圧勝した中曽根内閣は同年一一月に国鉄分割民営化法案を成立させた。中曽根は一九八五年からマスコミを使いながら世論を味方につけ、国鉄分割民営化への突破をはかった。国労つぶしに向けた国家的不当労働行為の始まりであった。分割民営化に向けて大幅な人員削減が強行されたわけだが、その余剰人員対策、というより国労つぶしを目的として「人材活用センター」が全国の職場で設置された。私は当時、熊谷保線区の職場で「人材活用センター」に配属、当然、皆国労組合員であり現場役員や活動家であった。この「人材活用センター」の国労組合員は常に当局の監視下に置かれ、組合バッジ、リボン、ワッペンなど職場内の活動についてすべて制限された。毎朝始業と同時に点呼が行われるのだが、その点呼では毎日、管理者が「時間内の組合活動であり現認する」と注意し、処分が乱発されるという時代であった。全国の国鉄職場で同様なことが繰りかえされていた。

この国労つぶしの攻撃と並行していたのが、動労を中心とする国鉄内他労組の動きである。動労は一九八五年一〇月に開いた全国戦術委員長会議において、松崎動労委員長は「われわれの基本軸は分割反対にある」「国有鉄道として再建を考えたいが、そうはいかないから、分割反対を前面に打ち出し、幅広い世論形成をすべきだ」と述べた。そして、同年一二月の動労中央委員会において「分割反対を軸にして民営的手法の導入をはかる」との方針に転換した。動労の方針転換はこれ以前に始まっていた。臨調行革路線による国鉄攻撃が始まって以来、動労は現場協議制や職場慣行是正について当局方針を受け入れ、「骨身を削る」として余剰人員対策としての出向・派遣に組織として積極的に対応した。そして一九八六年一月、動労と当局との「労使共同宣言」の締結に繋がっていくのである。同年、動労の運動方針では「今や国鉄改革は避けて通れない」として事実上、分割民営化を容認している。この時期、国鉄官僚は分割民営化には積極的ではなく、特に分割には首脳陣の抵抗が強かった。いわゆる国鉄護持派が実権を握っていたのである。このときの国鉄総裁は仁杉巌であったが、副総裁を中心とする首脳陣の反分割の動きを仁杉総裁は押さえきれず、一九八五年六月に辞任した。この辞任は表向きで事実上更迭である。仁杉総裁は自らの辞任のみでなく、役員全員の進退一任をとりつけ、分割反対の首脳陣を国鉄から一掃する仕事を行い、総裁、副総裁、技師長のほか四人の常務理事計七人が同時に退任するという、国鉄史上最大規模の首脳陣入れ替え人事が実行された。後任には前運輸事務次官の杉浦喬也が総裁に就任した。これは自民党運輸族及び国鉄護持派ＶＳ自民党中曽根派・国鉄改革派の権力闘争でもあり、結果、国鉄改革派が権力を握った。こうした動きに合わせるように動労は一八〇度の方針転換をしたのである。一九八六年一月、国鉄当局が呼びかけて各組合のトップと杉浦総裁との会談が個別にもたれた。その席上、当局があらかじめ用意していた「労資共同宣言（案）」を唐突に示し、調印を迫った。国労、全動労を除く、三組合（動労、鉄労、全施労）は直ちに調印の意向を明らかにし、同日に杉浦総裁と合同記者会見を行い、「労使共同宣言」を発表した。当局は「労使共同宣言」拒否を理由に国労、全動労との雇用安定協約の破棄を通告し失効した。この「労使共同宣言」は日常的な組合活動や争議行為を自ら規制し、希望退職に積極的に取り組むなど分割民営化政策にひれ伏す内容となっていた。つまり「労使共同宣言」を受け入れれば雇用安定協約を締結してやるという姿勢であって、雇用をちらつかせていうことを聞かせるその筋のやり方なのであった。国労は受け入れないだろうということを前提に示したことはいうまでもない。

国労はこの「労使共同宣言」に対して次のように表明した「国鉄労働組合は、当局・三組合一体の組織攻撃を仕掛けられようとも、労働組合の基本を守り、組合員と国鉄労働者の雇用をあくまで守る立場を貫くと同時に、署名をいただいた三三〇〇万人の負託に応え、総評・社会党をはじめ多くの労働組合・民主団体の協力を得ながら、国鉄再建闘争とあわせ、雇用問題解決のため全力を傾注する。われわれはこのような当局の労働者分断策を許さず、職場・地域から一層団結し、共闘を強化することを内外に明らかにするものである」。大国労の企業内的体質を引きずりながらも労働組合としてまともだった。

熾烈な国労つぶしの攻撃は「労使共同宣言」が示される以前、一九八五年一一月に当局から雇用安定協約の再締結が拒否された時期から三組合による国労に対する組織攻撃が本格化するのである。特に動労の間接的指導を受けてきた国労東京地本内の国労内「革マル派」メンバーは動労の主張とほぼ同様に「出向・派遣に積極的に応じることが、新事業体への切符を手にすることだ」といちはやく「派遣」や「直営売店の販売員」に応じ、国労の方針を批判・中傷する言動を繰り返し、「真国鉄労働組合」なる分裂組織を立ち上げた。この時期から本格的な国労への組織攻撃が始まり、連日、大量の国労脱退が地方本部に届くのである。一九八六年七月から全国的に「人材活用センター」が設置をされ、私の職場などは職場そのものが人活センターに変わってしまうのである。このころは連日、国労脱退者に対しての国労復帰オルグに明け暮れ、旧動労の役員・活動家が、運転職場以外あらゆる職場に血の入れ替えと称して配属され、ところてん式に国労組合員は追い出されて人活センター行きの切符を手渡されたのである。一九八六年七月「労使共同宣言」を締結した動労・鉄労・施労が国労から分裂した真国労の四組合は後にJR総連となる「国鉄改革労協」を立ち上げ、国鉄当局とまさに一体となり、国労への組織攻撃を全面展開したのである。JR総連に関してはは後述、もう少し触れることにする。

人活センターは知っての通り、今までの職務を奪い雑用的な業務に就かせ、かつ管理者による監視が行われていた。管理者に反発すれば即、注意され処分対象になる異常な当局の職場支配であったため、分割民営化や国労攻撃に対する批判や表現の自由さえ奪われたのである。そして、翌一九八七年二月一六日、JR採用を拒否された国労組合員は国鉄清算事業団に収容された。いうまでもなく国鉄清算事業団送り職員は圧倒的に国労組合員が多数を占めた。本州三社は分割民営化前に勧奨退職に応じた職員が多く、高崎鉄道管理局内では清算事業団に振り分けられた組合員は数名であった。国労高崎の清算事業団の組合員は皆再就職の道を歩んだ。人活センターに配属されて以降、国労高崎では人活センター連絡会を組織し、全国の人活センターとの連携を取りながら、国労攻撃に対する反転攻勢の足がかりとした。当時は国鉄当局と改革労協との攻防、相次ぐ脱退者へのオルグなど目まぐるしい日々であった。国労を脱退する組合員が増えていく過程で思い出すのは、既婚者の組合員で脱退する理由が「家族のことを考えて」というのが大方の理由だったことで、なぜ、家族のことを言い訳にするのだろうかと思った。自分が揺れ動いていることを正直に伝えればよいことなのに、なのである。昨日まで普通に話していた組合員が翌日になると、おはようの言葉もなく、目も合わせない、多くの脱退者がそうであった。改革に乗り遅れるなとの大合唱にわれもわれもの勢いで改革という船に乗り込んだのである。人活センターが解散するのは一九八七年二月一六日、ＪＲ不採用が通知される日と同じだったと記憶している。われわれはＪＲ採用となったが、同日以降、人活センターの組合員はちりぢりとなり、様々な職場に遠距離配転を余儀なくされた。そのため人活センターに所属していた組合員のその多くは分会の役員をしており、配転に伴い職場分会機能が停止状態となったのである。さらに、普通の職場にいた組合員も大半が配転を受け、国労組合員同士の総入れ替えの様相をていしていた。筆者はこの配転で両毛線の桐生市にある保線職場に異動することとなった。職場名は「桐生施設開発グループ」（その後「桐生工務室」に名称変更）といい、われわれのためにわざわざ設置された職場で、なんていうことはない人活センターの延長職場であった。国労の組合員だけを集めたいわば「収容所」である。この日から二〇〇二年一月まで隔離された職場で過ごすのだが、この時期から一〇四七名解雇争議・国鉄闘争の本格的な争議に関わっていくことになる。一六年間、その内、下請会社への強制出向での三年間を両毛線で過ごしたが、筆者の性格もあると思うが結構おもしろおかしくやってきた。一九八七年二月にそれぞれの職場から桐生の収容所に集まってきたのが一〇名、その後一五名に増えるのだが全員が国労組合員であった。その収容所は廃墟同然の旧機関区で三階建ての建物、室内は埃だらけだったが、掃除すれば十分使えた。後に国労中央本部書記長となる唐澤武臣氏も筆者と同じくこの収容所の仲間となった。群馬県桐生市は渡瀬川が東西に延び、市の北側は山に囲われていて、桐生市街に入るには渡瀬川か桐生川を渡らなければ市街に入れない地形となっている。だから犯罪が発生した場合、それぞれの橋を押さえれば御用となってしまうと地元の人に教わった。桐生市はかつては織物業が盛んであったが、高価な絹は化学繊維に淘汰され、機織り業はいまや数件のみの営みとなっている。織物業が盛んだったころ、桐生市は足尾銅山の影響も受け、街は大変な賑わいだったと聞いた。筆者が桐生に配転されたころはまだその雰囲気が町中に残っているように思えた。われわれの仕事は当時、足尾線（現在、第三セクター経営のわたらせ渓谷鉄道）での作業で、毎日、沿線の雑木伐採が仕事であった。足尾線は渓谷を走る単線で四季折々の景色がすばらしく田舎らしくのどかであった。今となってはもう時効と思うが夏などは、上流の渡良瀬川に潜りヤマメやイワナを捕獲したり、山菜を採ったり、河原で豚汁を作って食べたり、遊び心半分の日々を足尾線で過ごした。勿論、しっかりと業務もこなした。沿線の木々が伐採され見違えるように見通しが良くなったと列車の運転士からの評判も良かった。足尾線の終点駅は間藤という駅で、駅を降りるといきなり銅採掘の古河鉱業の工場が目に飛び込んでくる。山は鉱毒の影響で山肌には草木は一本もなく荒涼とした風景が足尾の町を包んでいる感じだ。最盛期は何万人という人口で栄えていたとは思えない寂しい町の風景だ。公害の原点はこの足尾銅山による鉱毒被害であるがここでは触れずに先に進むとする。

われわれが足尾線での作業に従事して一年程して足尾線は第三セクターに移行し、わたらせ渓谷鉄道と名を変えた。この第三セクターに移行するまでわれわれと同じように足尾線の大間々駅に遠距離配転で国労組合員が配属されていた。分割民営化直前の大量の強制移転で国労の分会や支部は組織の立て直しが急がれていた。国労高崎地方本部は国鉄分割民営化攻撃に敗北した総括に立ち、これまでの職能分会から地域分会に移行するとの組織方針を確立し、それまで支部が関わってきた地域の労働組合との繋がりを今度は地域分会が支部の役目を担うという方針とした。

一九八六年七月、国労本部は第四九回定期全国大会（千葉）を開催し、「大胆な妥協」を提案した。大会は紛糾し改めて臨時大会を開くこととなった。同年一〇月に第五〇回臨時大会（修善寺）を開催した。この大会は文字通り注目を集めた。採決は無記名投票で行われ、投票総数二九八人、賛成一〇一票、反対一八三票、保留一四票で本部原案は否決、執行部は総辞職となり、新執行部（六本木執行部）が成立した。修善寺大会の前夜には反対派の集会が千代田公会堂で開催され、国労高崎も多くの組合員が参加した。集会は全国の国労組合員と支援労組・団体の参加で会場は満杯となり、非常に熱気のある集りとなったことを今でもよく覚えている。集会は勝利宣言をアピールし、集会後は大型バスに皆便乗して修善寺に向かった。修善寺の会場に到着したのは夜中だったが、周辺は機動隊の物々しい警備が敷かれており異様な雰囲気だった。夜が明け大会会場は大会防衛の組合員と反対派の組合員とが対峙、衝突こそなかったが、緊張した雰囲気であった。大会は開催予定時間が大幅に遅れたが、方針議論を経て採決となり、過半数の代議員の反対で本部原案は否決された。国労結成以来歴史的な大会となったわけで、会場の中も外も「ヤッター！」

の歓声で沸きあがっていた。

こうして「大胆な妥協」は否決されまっとうな道を歩むことになるのだが、ここからが険しい道のスタートとなるのであった。この修善寺大会以降、国労は二つに分裂し「鉄道産業労働組合」が結成されていくこととなる。分裂以降も国労つぶしの攻撃は止むことなく、一九八六年一一月に国鉄改革法が成立、一九八七年二月一六日には新会社（JR）と清算事業団への振り分けが行われ、北海道・九州を中心に七六二八名がJRへの不採用、清算事業団送りとなり、三年間の事業団生活を強いられることとなるのである。

一九八六年、分割民営化攻撃による国労つぶしが吹き荒れる中、全国的にハンガーストライキが開始された。このハンガーストライキを実行したのは青年部が中心であった。八六年九月一四日～一六日の三日間（七二時間）、高崎でもハンガーストライキを実施した。高崎では高崎駅東口駅前で、これもまた国労高崎地本青年部が中心となり三日間実行した。当時の青年部長は唐澤武臣氏、ハンガーストライキに参加したのは二〇名程の青年部員、そのハンガーストライキを防衛したのが、人材活用センターに収容された組合員を中止とする親組合員であった。当時、筆者は青年部員だったが、防衛部隊の方が面白そうなのでそちらに加わった。国労つぶし攻撃の真っ直中であったわけだったから国鉄当局も黙っていない。国鉄高崎鉄道管理局（現、JR高崎支社）の労働課長を筆頭に二〇名程の対策班がハンガーストライキへの妨害を行ってきたわけで、国労の防衛部隊も連日動員をかけ、当局の防衛部隊に対抗した。当局の妨害と挑発に対し、小競り合いもあったが、弁護団も配置し、非暴力でハンガーストライキを打ち抜いた。独自に闘った三件のハンガーストライキはその後の国労高崎の運動にも大きな影響を与えたといってよい。三日間の間、様々な地域の労組や団体からの激励があった中で、個人的にも応援に駆けつけて来る人もあった。その一人が現在、群馬県議会議員の角倉邦良氏だった。彼は当時、大学生で生まれも育ちも群馬県の吉井町という高崎市の隣町（現在は高崎市と合併）の出身で、地元の高校を卒業し、東京の大学に進学して市民運動に関わっているころだった。角倉氏はハンガーストライキ中のテントに突然やってきて「応援します！」と元気に挨拶し、カンパまで置いていった。あのころはスマートな好青年だったなというのが第一印象だ。角倉氏とは今もおつき合いがあるが、まさか県議会議員になるとは思いもよらなかった。現在、角倉氏は立憲民主党群馬連合の幹事長として活躍している。

当時、国労本部青年部が北海道の清算事業団の国労組合員激励行動を行うということで、筆者は唐澤氏（前国労本部書記長）と参加した。激励先は苗穂工場の事業団事務所であった。苗穂工場は車両の製造、改造、整備、廃車解体を行っているところで現在も存在している。この苗穂工場の一角に事業団事務所があり、事務所に入り直ぐ感じたのはまず活気がないことだった。仕事がないのだから当たり前のことなのだが、仕事を奪われるということはこういうことなのかと思った。特に鉄道員は鉄道というものに愛着を持っているし、その仕事を奪われるということは、それまでの仕事をすべて否定されることに等しい、だから怒りより空虚さが重くのしかかっているという感じを受けた。

さて、一九八九年一一月、総評が解散し連合が結成されるのだが、この時期、全国の労働委員会からはJR不採用をはじめとする様々な不当労働行為申し立てについて勝利命令が出ていた。しかし、JR不採用事件は地労委命令を不服としてその取り消しを求めてJRは中労委に申し立てた。一九九〇年三月三一日、国鉄清算事業団は労働委員会闘争の最中、無慈悲にも一〇四七名の解雇通告を行ったのである。各清算事業団では解雇通告された国労組合員とその家族による激しい抗議が行われたのは云うまでもない。

国鉄分割民営化に伴う国労組合員への差別は国鉄からJRへの経営移行後も延々と差別が続いた。まさに国労に対する根絶やしの執拗な攻撃だったのである。国鉄改革法は「旧国鉄と新会社JRは別法人であり、旧国鉄が作成した選別名簿に基づいてJRが採用したにすぎない」という理屈でJRには雇用責任は一切ないと最高裁で結論づけられたのだが、国鉄時代の経営陣がそのままJRの経営陣に収まったわけで、一人二役を法的に可能としたのが国鉄改革法だった。合法的なイカサマだと思うと今でも怒りが沸いてくる。

これ以降、一〇四七名解雇撤回闘争が本格的な争議として開始されていくわけだが、この時、争議解決に二四年もの歳月を費やすとは誰も想像しなかっただろう。

話をもとに戻すが、採用差別事件は裁判闘争に闘いの場が移っていた。一九九八年五月二八日、東京地裁が中労委命令（国労・JR双方が一九九三年一二月二四日、中労委が出した採用差別事件での命令を不服として東京地裁に提訴した事件）を取り消す判決が出された。この日、東京地裁前を埋め尽くすほど詰めかけた国労組合員と支援者は、不当判決の知らせに落胆の色を隠せなかった。国労高崎の組合員とその場にいた筆者は「こういうときこそ、即JR

と清算事業団に解決を求めて直接行動に出るべきだ」と言い放った。一緒にいた国労高崎の組合員も同じ思いだったと思う。この時の国労中央本部書記長は宮坂義久氏だったが、宮坂書記長はまさか敗訴は考えてなかったようだと後から聞いた。これ以降、中央本部方針が大きく変化を遂げていくことになる。国労中央本部は打つ手がなくなったとの判断から争議当事者であるJRと旧国鉄清算事業団に対しての直接行動はとらず、政治対策とILO対策に集中していった。そして二〇〇〇年五月三〇日、自民・公明・保守の三党と社民党による「四党合意」が突如示された。国労中央本部は「四党合意」（1．JRに法的責任がないことをみとめる。2．与党がJRに、国労と話し合い雇用の場の確保等を検討するよう要請する。3．社民党から国労に訴訟の取り下げを求める。4．与党・社民党間で和解金を検討する）について高橋執行部（高橋義則委員長は反対の立場）は臨時中央執行委員会において（賛成六：反対一）賛成多数で決定し、臨時全国大会を開催して提案するとした方針を打ち出した。中央本部は北海道や九州にオルグに入ったが、各闘争団との合意形成には到らず、そして何の交渉の進展もないまま臨時大会（第六六回臨時全国大会）が二〇〇〇年七月一日、社会文化会館で開催された。この大会を含めてその後の「四党合意」方針を掲げた大会は今でも脳裏に焼き付いている。七月一日の臨時全国大会会場の社会文化会館前は「四党合意」反対派の闘争団員、国労組合員、支援者で埋め尽くされ、騒然とした雰囲気の中で開催されたのだが、大会開始は午後一時開会予定を大幅に遅れて一七時開催となった。社会文化会館前に陣取った反対派は会場に入ろうとする執行委員に臨時大会中止の〝説得行動〟を行い会場入りさせない戦術を行った。〝説得行動〟は闘争団とその家族が中心となり、抗議も含めての行動であった。さらに、会場周辺は警視庁機動隊が取り囲み厳重な警備体制が敷かれていた。執行部への〝説得行動〟に対し、機動隊の介入もあり、逮捕者も出る程の異常な大会であった。当日の社会文化会館前は炎天下で日陰もなく、汗が吹き出す猛烈な暑さの中での行動だったが、このまま行動を続けていけば臨時大会は中止になると思っていたところ、別な場で執行部を会場内に入れるという話し合いがもたれており、釈然としない思いの中、執行部の会場入りを許した。その後、まもなく臨時大会開催の連絡が飛び込み、筆者は代議員であったのでやむなく会場前に集まっていた代議員とともに会場入りした。会場前には国労高崎の組合員も一〇〇人程来ており、檄を飛ばされ会場入りしたのである。大会は、傍聴制限もされながら緊迫した雰囲気の中、議事が進行した。ヤジと怒号が飛び交う中、宮坂義久書記長から「四党合意」受け入れ方針について提案がされた。

当事者である闘争団組合員からは「四党合意」受け入れに対して反発する声は激しく、本部方針に賛成し「ラストチャンス」を主張する代議員と真っ向からぶつかった。特に際だったのが、家族会を代表して音威子府闘争団家族の藤保さんからの「私たちの人生を勝手に決めないで下さい」との発言に割れんばかりの拍手と喝采が上がった。非常に感動した一幕だった。その後の議事は淡々と進み宮坂義久書記長の集約答弁に入りかけ、このままでは「四党合意」受け入れ方針が決定してしまうと判断した反対派は一気に壇上に詰めかけ、演壇のマイクを奪ったのである。一方、会場である社会文化会館前に結集していた組合員・家族や支援者は書記長集約に移ると同時に、会場入り口のシャッターをこじ開け、会場警備の組合員ともみ合い引きずり降ろして五階会場まで一気に駆け登り、五階の大会会場に突入して闘争団や反対派の代議員と共に壇上に登り演壇を占拠した。演壇占拠した闘争団組合員はマイクを握りしめ「四党合意は闘争団の切り捨てだ、断じて受け入れられない」と訴えた。大会は混乱の中、議長団から「休会宣言」が出され、とりあえずギリギリのところで「四党合意」方針決定を止めて先送りさせたのであった。七・一臨時大会以降、賛成派、反対派双方から主張と批判が職場内外で蒔かれた。特に反対派を敵視するような「四党合意」賛成派の代表的なチラシは次のような中身だった。文章の一部を紹介すると「組合民主主義の暴力的な大会破壊行動は許されない」との大見出しで、本文の中の「高崎地本の代議員が壇上に詰め寄るのを契機に、会場内の一部闘争団員や『支援』を名乗るグループなど傍聴者が制止する会場整理の組合員や本部役員に暴力を振るい、壇上の机やマイクなどを投げつけ、壇上を占拠する労働組合とは言えない異常な暴挙が強行されました」この文面だけが傍線で強調されていた。高崎地本の代議員とは筆者のことだ。

休会した臨時大会の続開大会は同年八月二六日に社会文化会館で開催。大会冒頭、高橋義則委員長の特別発言があった。その内容は①執行部原案の採決は求めない。②「四党合意」の賛否は全組合員の一票投票で求める。③中央執行委員会のこの間の混乱の責任は免れず、次期大会で信を問うとの提案がされ、これに代議員からの異論も出されず、十数分で大会を終えた。中央執行委員会での議論で高橋委員長も相当な抵抗をされたのだろうことが伺える提案だった。ここから「四党合意」賛成派と反対派、そして中間派がしっかりと色分けされ、全組合員の一票投票に進むのである。一票投票は九月下旬に行われ、結果は賛成五五・一%、反対三六・〇%であった。ちなみに国労高崎は七五%が反対であった。この投票過程では賛成反対双方のオルグ合戦が繰り広げられていて、この「四党合意」を巡る枠組みはその後の内部の亀裂に深く影響を落とすものとなった。

二〇〇一年一月二七日、第六七回定期全国大会（続開大会）が社会文化会館で開催された。当日は雪の降る悪天候で凍えるような寒さ、それに付け加え社会文化会館会場は警視庁による二重三重の機動隊による警備、会場の前にすら近づけない厳戒態勢が敷かれるという異常な中で大会が開催された。代議員も代議員証を警備の機動隊員に見せないと入れない始末、なんで自分らの組合大会ために会場に入るのに機動隊に身分証を見せなければならないのかと皆怒っていた。この大会で本部方針を賛成七八票、反対四〇票、無効二票、白票一票の投票結果で「四党合意」方針が決定される。警察警備に依拠してまでも「四党合意」を受け入れようとする国労中央本部を見たときに「国労は終わったな」と感じた。高橋執行部は組織混乱の責任を取り総辞職、新たに委員長に高嶋昭一氏、書記長に寺内寿夫氏が選出された。大会後、直ちに闘う闘争団有志が結成され、闘いへの結集が国労内と共闘関係に呼びかけられたのである。その後、「解雇撤回・地元ＪＲ復帰を闘う闘争団」が正式に結成されることとなる。闘いの立て直しと争議解決に向けて新たな一歩を踏み出したのであった。国労中央本部はこの動きを「解決を阻害する反組織的行動等に対する国労の見解と対応について」などとの文書を出し、「一部闘争団の勝手な行動」「国労の運動とは無縁」などと非難した。二〇〇一年一〇月に社会文化会館にて開催した第六八回定期全国大会においても本部はあたかも解決に向けて動いているかのような答弁を繰り返したが、結局のところ「四党合意」方針を再確認することしかできない大会であった。第六六回臨時大会以降、解決に到るまでの全国大会は大会警備に動員された組合員（主に東京地本）が会場の通路を塞ぎ、反対派の動きを規制するこれまた異様な対応が取られてきた。

大会では「四党合意」賛成の本部派の代議員が反対派の数を上回っているわけで、必然、闘う闘争団と支援者を批判する発言も多く、特徴的には「いやなら国労から出て行け」などという心ないヤジもあった。こうした発言には反対派から一斉に批判が加えられたのである。

闘う闘争団は大会終了の翌日、「本部方針がどのように決定されようとも、引き続き闘う」と態度表明を行い、闘争団一人ひとりを原告として鉄道建設公団を被告とする新たな訴訟を準備していることを明らかにした。一方、時を同じくして「四党合意実現は厳しい、国労運動は終演した」などとして秋田地本執行委員会を中心に新井修一元中央執行委員を委員長に押し立てて、新たな分裂組合「ジェイアール東日本ユニオン」が結成された。ただ、この組織はその後、東労組から分裂した組合と統一したがその組織は拡大しなかった。

二〇〇二年一月二八日、闘う闘争団組合員・遺族二九八人が鉄道建設公団を当事者として訴訟を提起、自立した争議当事者として闘いを開始した。国労高崎が支援してきた北見闘争団もこの訴訟に参加しながら、高崎と一心同体で解決まで闘ってきた。同年二月三日に開催した第一二七回中央委員会で「組合分裂の中心となった組合員」と「鉄建公団訴訟組合員」への査問委員会設置を決定した。分裂組織と鉄建公団訴訟を同列視して査問委員会にかけるとしたのである。同年四月一六日、国鉄闘争支援中央共闘会議から脱会した二瓶氏（オリジン電気労組）や星野氏（東京清掃労組）らを中心に闘う闘争団を支援する「一〇四七名の不当解雇撤回・国鉄闘争に勝利する共闘会議」（略、国鉄闘争共闘会議）が結成された。

当時、国労本部は自民党側の窓口である甘利副幹事長から「裁判で敗訴したら雇用はゼロ、解決金もゼロ。闘って名誉の戦死をするか、人道的和解でプラスアルファを取るかの選択肢となる。ＪＲが自主的にやるのだから、何千万の和解が出るとか全員の雇用補償とかにはならないし、そのような幻想を言ってはならないと再三申し上げている。四党合意で走り出した以上、三分の一の反対が組織に残っていることはあり得ない」と断言された。高嶋執行部は後にも下がれず、前にも進めない八方ふさがりの状態になった。結局、高嶋執行部は鉄建公団訴訟原告闘争団への生活援助資金凍結と物資販売活動の支援の除外を各地方本部に指示し、二〇〇二年一一月の第七〇回定期全国大会で査問委員会から分裂組織とされた闘う闘争団一五名に対する除名処分とする決定が報告され賛成多数で採決された。ただ、この処分は実行には移されなかった。その翌月には与党三党から「四党合意」からの離脱が社民党に対して通告されたのである。二〇〇三年四月～五月には北海道・九州で鉄建公団訴訟原告に対する査問委員会からの事情聴取が行われた。この査問委員会の事情聴取には国労組合員を弁護人として立て、北海道・九州で行われた事情聴取に手分けして現地に飛んだ。この行動は「国労に人権と民主主義を取り戻す会」（略、取り戻す会）に賛同参加している国労組合員が主体的に取り組み、筆者も北海道での事情聴取に参加した。二〇〇三年九月に開催した第七一回定期全国大会で辞任した寺内寿夫前書記長は大会後、国労北海道本部の一部役員らとともに新たな労働組合を結成という分裂策動が判明した。査問委員会に答申するのは本部であるが、その査問委員会の責任者は書記長である。つまり統制処分について付託する側とされる側に形式的に分かれているだけで同一人物が行っているのだから公平さを欠くことは言うまでもない。こうした人物が「や〜めた」と言って分裂組合（JR北海道労働組合・JR連合傘下）を立ち上げた。恥も外聞もなくである。

取り戻す会は一〇四七名の解雇争議だけでなく、JRの安全問題や信濃川取水問題にも積極的に関わり、現地関係者との交流や行動を進めてきた。機関に縛られない自立した運動を実践してきたといえる。こうした行動委員会運動が争議解決の一翼を担ったのだということをどれだけの人たちが意識しているだろうか。

同年一二月二二日、最高裁は中労委・国労の上告を取り消す不当判決が出された。判決は三対二の多数決によるもので、二人の裁判官は「JRの使用者責任」を主張した。判決は改革法二三条によりJRの使用者責任は逃れたものの、不当労働行為があったとすれば旧国鉄が負うとされ、この争議は国鉄を継承した鉄建公団（後に鉄道運輸機構）に移ったのである。鉄建公団訴訟は二〇〇五年九月一五日、東京地裁で判決が出された。いわゆる難波判決である。この判決は負けにはならなかった判決だが、極めて不十分であることから原告である闘争団は控訴（鉄建公団も控訴）し闘いは東京高裁に移った。

話は変わるがこの年の四月二五日、JR西日本福知山線（尼崎）で列車の脱線転覆事故が発生した。筆者は職場の仲間と昼休憩でテレビをつけたところ、この事故のニュースが飛び込んできた。死者一〇七人、重軽傷者五六二人という悲惨な事故だった。ニュースを見た段階で大変な事故が起きたと誰もが思ったと思う。大きな車両が水あめのようになり、マンションの壁にへばりついている状況を目の当たりにした時、唖然としか言いようがなかった。事故の翌年四月二三日、ノーモア尼崎キャンペーン集会と追悼デモが現地で開催され筆者も参加した。列車が突っ込んだあのマンションはひっそりと静まり返っていたが、マンションの一階壁の傷が何かを訴えていたように見えた。周辺にはスーツ姿のＪＲ西日本社員が献花への案内をしていたが、何か虚しさを感じた。この事故に関し、井出元社長を含む歴代三社長が起訴された裁判は二〇一七年六月最高裁で「事故は予見できなかった」として全員無罪となった。事故の原因はＪＲ発足以降、私鉄との激しい競争で「稼げ、稼げ」の方針で、一分一秒を争う社員教育、これを「日勤教育」と言ったが、そのプレッシャーが事故の主たる原因であったことが明らかであった。しかし、歴代社長の責任は一切なしとした判決が確定。非常に腹立たしい限りである。原発事故同様、企業も国も責任を問われない社会にゾッとする。

3 紆余曲折を経て解決へ…
解決までの道のり

東京高裁ではＪＲ東海の葛西敬之会長まで引っ張り出して証人尋問し、審理は進んだものの二〇〇九年三月二五日に出された判決は不当判決であった。そして闘いは最高裁へ。二〇一〇年六月二八日、最高裁からの和解あっせんにより二四年目にして和解が成立した。ここに至るまでは紆余曲折があったことは誰もが承知している。

一〇四七名解雇撤回争議で特に闘う闘争団の鉄建公団訴訟に主たる闘いが移ってから裁判傍聴は、何時も抽選だったことを見ても支援関係者の関心が高かったことが伺えた。機関ではなくて個々人が主体的に訴訟に参加し、主役は当事者自らだという自覚が芽生えた事と機関に依存しない主体と闘いを形成することの重要さがはっきりした争議だった。本気度が試されたのだといっていい。闘争団の自活態勢と争議の両立は厳しいものがあったわけだが、国労高崎と争議解決に向けて共に闘って来た北見闘争団は事業体「(有) 北見ユニティ」を争議中から設立させ、自治体から清掃事業を請け負い、地域の労働者の雇用の受け皿としての存在になりつつ現在も事業を継続している。北見闘争団は成田雄一氏を争議当初から群馬に派遣し、国労熊谷支部事務所を成田氏に提供し、そこを拠点に埼玉・群馬・栃木にオルグに入り支援網を広げた。争議中から熊谷地区労にも深く噛んでおり地域運動にも積極的な役割をはたしていた。今日まで成田氏とは永い付き合いになったのである。

地区労で思い出したが、国労高崎地方本部の組織は埼玉・群馬・栃木の三県（以前は長野も含んでいた）に跨っていて、それぞれの地区労に常任幹事として派遣されて中心的な役割を果たしていた。そうした地区労幹事の殆どが分割民営化前の強制配転で遠隔地に配転されたことを考えると地区労運動に対しても政府と国鉄当局の地区労運動つぶしの意図はあったと思うのである。

職場規律の是正が言われだしていたころの一九八六年当時、国労本部は「小集団学習」の取り組みを各地方に指示していた。国労高崎では当時、石田精一執行委員（故人）が担当していて、熱心に取り組んでいた。どういう目的なのかというと職場分会毎に活動的な組合員を集め、外部からの講師を招いて提起してもらい討論するという活動である。これは当局のＱＣなどの「小集団活動」に対抗する組合側の「小集団活動」であり、活動家の育成でもあった。国鉄当時は毎月給料日になると決まって行きつけの安い飲み屋に行き、酒を交わしながら先輩後輩にこだわらない議論をしたものである。時には怒鳴りあいになることもあったが、それがコミュニケーションの場だったし、仲間づくりの場だった。分割民営化攻撃はこうした仲間と仲間の関係、人と人の関係をも断ち切ろうとしたわけだ。

ＪＲ発足後も国労つぶしの攻撃はやまなかった。特に会社側との癒着構造にあったＪＲ総連・東労組との攻防は延々と続いた。ＪＲ総連は国鉄当時、松崎率いる旧動労が分割民営化反対の旗を降ろし、急転直下分割民営化路線に積極的に協力する方針に転換、旧民社系の鉄労などの他労組を引き込み改革労協（のちの鉄道労連）を結成､その後、ＪＲ発足に伴いＪＲ総連と改称し「改革」という名の分割民営化＝市場競争に突き進んだのである。ＪＲ総連は分割民営化を通じて国鉄当局＝ＪＲと文字通り一体となって国労組織の切り崩しをはかった。いまでこそなりを潜めているが、国労への誹謗・中傷はそれこそ許し難いものがあり、国鉄当局＝ＪＲが行ってきた国労への不当労働行為や人権侵害は当然許せないが、その攻撃に全面的に手を染めたＪＲ総連の行動・言動はまさに犯罪的であった。今日に至るまでＪＲ会社とＪＲ総連を相手に対峙してきた国労の現場組合員は自らが差別されつづけた事実を生涯忘れることはできないだろう。高崎鉄道管理局、現在のＪＲ高崎支社は全国的にも特異な存在だった。とくに労・労問題（国労と動労）では激しいぶつかり合いが続いており、動労との組織対立は動労の拠点職場における新規採用者や新人運転士への加入オルグと称した集団的な嫌がらせが行われていた。双方ともその最先頭で行動していたのは青年部であり、当然、手が出たとか、肩がぶつかったとかの些細な小競り合いはよくあった。一言で言うと動労の体質は非常に陰湿である。旧動労が実権を握っているわけだからＪＲ総連及び東労組はその体質（党派性）をそっくり継承している。それは現在も変わらないが、そのＪＲ総連・東労組は二〇一八年二月以降、壊滅的な状況に瀕している。それは二〇一八春闘においてストライキを打ち出したことで会社側から猛反発を買い、締結していた「労使共同宣言」を破棄され、会社側からの恫喝で東労組組合員が大量脱退するという事態に至った。ＪＲ総連のことで紙面を割くのは勿体ないので詳細は避けるが、ＪＲ総連組織の脆弱さの末路だということだろう。

話を元に戻そう。国鉄闘争の解決に至る紆余曲折は「四党合意」を巡って国労内が二分割した状況の中で、二〇〇五年九月一五日の判決（鉄建公団の損害賠償責任を認めた）を契機に当事者である鉄建公団訴訟原告・国労闘争団・全動労争議団・動労千葉争議団の四者と国労・建交労・中央共闘会議・国鉄共闘会議の四団体共闘が実現した。これまでの経緯は色々あるが、その経緯は横において争議解決の一点で手を握ろうということであった。このきっかけを作ったのが、二〇〇六年二月一五日、上野のレストラングリーンパークとういところで開催した「中村宗一さん・山田行雄さんを激励する会」である。中村さんは当時、国労高崎地方本部の前委員長であり、山田さんは国労高崎地方本部前書記長（高崎市議会議員、故人）ということでそれぞれ役職を退任した両名であった。この激励会の趣旨は単に両名を激励するということではなかった。国鉄闘争における当事者たちが団結して争議の解決を目指そうという大局に立つきっかけを作ろうという目的があった。出席した人たちは後の四者四団体の面々である。国労本部を含む全ての四党合意推進派と対立しつつも、争議解決のための団結に向け、国労高崎がその接着剤になろうということで企画した。結果的にうまくいったということだ。

国労中央本部は未だ国鉄闘争の総括をしていないが、国労高崎地方本部は「解決」した二〇一〇年の一〇月の定期地方大会で以下のように提起した。

【国鉄「分割・民営化」の闘いの総括】

戦後最大・最長の規模で闘われた国鉄闘争は、雇用獲得出来なかったものの、当事者・家族を中心とし、弁護団、全国の支援者の二四年の闘いで金銭的（解決金、年金相当額、事業体支援金）には政府権力・官僚・ＪＲ側の思惑を打ち破り、画期的な成果を獲得し、最終的には闘争終結を図った。

一〇四七名の解雇撤回の闘いは、本部の「闘う闘争団」排除という二〇〇〇年の「四党合意」と、その組織混乱の中で、まさにゼロからのスタートであり、困難な中ではあったが原則的に闘い抜くことで画期的な「政治解決」を勝ち取った。雇用確保という勝利的内容には至らなかったものの、持てる組織と運動を尽くし、最終的に政府やＪＲ、また国労の弱体化を狙った「分割・民営化」推進勢力をギリギリまで追い詰めた闘いであった。闘争団は最後になって、「ＪＲに膝を屈してまで雇用を願うことを拒否する」として、苦渋の決断ながら不当なＪＲには屈しないという労働者としての生きざまを貫いた。

鉄建公団訴訟を軸とした支援の広がりによって勝ち得た二〇〇億円という事業体支援金を含めた「政治解決」は「四党合意」当時から見れば快挙であり、運動で勝ち得た財産であることは言うまでもない。ただし「解決」を見ずに志半ばで倒れていった原告闘争団の無念、ＪＲ雇用断念の苦渋の決断など、原告闘争団・家族にとっては全く満足のいく解決ではない。しかし、二四年の国鉄闘争が地域共闘運動へ広がり、新たな次なる闘いへ継承・発展できる形で終結させた意味は極めて大きいと言える。

一方、国鉄「分割・民営化」は二四年の歳月の中で、尼崎事故に象徴されるように収益第一主義が公共性や安全性を大きく脅かし、さらに信濃川違法取水事件に見られるように、企業としてのコンプライアンスが崩壊していると社会的に指弾されている。

そして長年に亘った特定労組との癒着した労務政策は、今なお職場底辺で蔓延し、不当労働行為を引き起こしている。国鉄闘争は「一〇四七名の解雇撤回」の闘いで終わりではなく、「国鉄分割・民営化」の未解決な部分も含め、労働者、市民、利用者の立場にたって新たな闘いを起こしていくことが急務な課題である。

我々は改めて多くの支援共闘の仲間、弁護団、関係者の多大な尽力に感謝すると共に、国鉄闘争で培った地域連帯を新たな財産として労働運動の活性化に結び付けていかなければならない。そして「改憲」を標榜する政治勢力の台頭を断じて許さない闘いに繋げ、働く者の権利や雇用が大きく侵害されてきた八〇年代後半からの労働運動つぶしの流れに歯止めをかけ、転換させるターニングポイントに結び付けていかなければならない。

4 産声をあげたユニオン

筆者は国労高崎地方本部の委員長をやりつつ、国労事務所を拠点にして交通ユニオンでも活動している。交通ユニオンは国鉄闘争の最中、二〇〇四年二月に結成されたのだが、このユニオンの結成に際してユニオンの必要性を提起されたのは小野寺さんである。ちょうどその頃、JR東日本では技術系統で大規模な委託合理化があり、私を含めて国労の組合員が大量に下請け会社に強制出向させられた。元請け会社で働く労働者や二次下請けで働く労働者と接する中で、過酷な労働実態を目の当たりにし、ユニオンの必要性を強く感じ、結成に至ったのである。一方、ぐんま労働安全衛生センター（中村代表）も同事務所である。この安全センターは二〇〇五年四月に一〇七名の犠牲者を出したJR西日本の尼崎脱線転覆事故をきっかけに、二〇〇六年四月に結成、以降、交通ユニオンと連携しながら労災問題等の相談や企業交渉を取り組んでいる。また北関東ユニオンネットワーク（埼玉・栃木・群馬）にも関わりながら活動している。二〇一〇年から「カルテがないC型肝炎訴訟原告団」事務局も交通ユニオンで受け、事務的な作業から裁判闘争、製薬会社・厚生労働省交渉、全国各地裁での提訴等を支えてきた。薬害C型肝炎問題は労働問題ではないが、頼まれたら嫌と言えないのがウチラなので事務局を引き受けることになった。薬害C型肝炎は国と製薬会社が起こしている問題であるが、薬害を発生させている製薬会社内部から残念ながら闘いが起きていない。薬害C型肝炎問題は二〇〇八年に成立した特措法（救済法）によって薬害C型肝炎患者は救済されたと思われていたが、実は「カルテがない」圧倒的多数の患者はその救済の対象にはならなかった。

現在、裁判を闘っている全国原告団事務局長の佐藤静子さんも救済法成立前から患者として新潟を拠点に活動をしており、救済法から対象外となった一人だ。なぜ、カルテがないという理由だけで救済されないのかと悶々とし、諦めかけていたとき、どこかに救いの手はないのかとふと思いついたのが、東京に在住していた頃、知り合いだった小野寺さんを思い出し、なんとか連絡先を探し出してダメもとで窮地を伝えたところ、まずは支援者が必要だということで早速、交通ユニオンに「囁き」があって、それこそ何もわからないまま、事務局を引き受けることとなり、今に至っているのである。折しも国鉄闘争が解決した直後という絶妙なタイミングになにか「宿命」というものを感じる思いだった。

ユニオンの活動において色々苦労はあるのだが、一番は言葉の壁であろう。昨今、外国人労働者は増え続けている傾向にあるが、労働行政の末端である労働基準監督署に様々な言語に対応できる通訳を常駐させていないのが現状だ。人手不足、少子高齢化で今後益々、外国人労働者が増え続けることは間違いない。しかし、政府は外国人労働者の受け入れを推進している一方で移民政策ではないと言っているがこれは詭弁に過ぎない。外国人労働者の権利を守るのも企業の外にあるユニオンでしかないわけで、相談が急増するとも考えられる。交通ユニオンは国労高崎の活動家有志により結成され一四年となる。一〇四七名の解雇撤回闘争で被解雇者の闘争団組合員の中には地域ユニオンに関わっている人もいるが、国労全体をユニオンに作り変えるという発想までには至ってない。筆者は全国組織が健在なうちにユニオン運動に移行する組織に変えるべきだと思うし、筆者は幾度か国労の公の会議の場でそう提起してきた。一〇四七名の解雇争議も終え、国労はその後、何をすべきかということを考えたときに、ＪＲの関連企業で働く労働者の組織化を真剣に取り組むことであり、そうでなければ国労の存在価値はないと考える。この考えは交通ユニオンを結成したときから変わっていない。したがって人件費の抑制をさらに推し進めることになる。人件費削減に置き換えられるのが、業務の外部委託である。現在、業務の委託化は進んでいるが、さらにスピードアップするであろう。委託労働者の労働環境は決して良いとは言えない。ましてや二次下請けになればさらに過酷な条件と低賃金で働いているのが実情で、みな非正規労働者である。国労は企業内の組合であり、中央機関にいけばいくほどピンとこない役員も多いだろう。しかし、安穏としていられる事態ではない。国労は「四党合意」問題以降、内向きの運動スタイルに逆戻りしているが、それでも全国的には若い組合員が増えてきている。しかし、今のような内向きスタイルでは若手組合員の感性が台無しになってしまう。思想信条は自由でいいが、派閥的な囲い込みをしている状況では労働組合運動として中心的な活動家も育たなくなる。労働組合の活動はこんなに自由なんだ、楽しいんだというスタイルにしていかないと離れていく。楽しいことばかりではないのだがユニオン運動は多種多様な企業の労働者、国籍を超えた労働者との関係が生まれるので、知恵と工夫が必要になってくる。国労組織はユニオン運動に投資し、人や財政面から支えていくべきだと考える。

ユニオンの活動で思わぬような事態や事実に遭遇することがしばしばある。例えば某私立大学に勤務していたユニオンの組合員に対するパワハラ・セクハラ問題やその大学の元総長から受けている損害賠償請求訴訟、その闘いの過程で見えてきた闇に隠された「外国人留学生」の労働問題。このような闘いの場合などは様々な対策が必要になってくるのだが、それには常日頃の人脈が必要だ。そして小さい組織であれば小さいなりに応援を要請し、柔軟な闘いを組織すればいい。ユニオンのスタイルは色々あっていいし、組合員の個性を尊重する運動や闘いが必要だ。

国鉄労働組合に身を置きながら、ユニオンの活動を続けている一人として思うこと。それはまずは始めて見ることだ。理屈より行動してみることだ。俺ができるんだから誰だってできるのだよと言っている。世の中を変えようという志とまでは言わなくても、まともな社会の実現をと、肩の力を抜いてユニオン運動に関われば見えてくるものがあると確信する。

以上長々と思うところを交えて記述した。現在、安倍政権の下で政権や大企業に都合の良い法案が、数の力で次々に成立してしまっている。まともな議論もせず、無責任な政治が当たり前のようになっている。恥を恥とも思わない政治、この政治で犠牲になるのは言わずと知れている。諦めず、抗って行こうとあらためて思うのだ。

＊国労関係の出来事については国鉄労働組合七〇年史を参考にした。

(五) コミュニティユニオンがめざしたもの

小畑　精武

1　コミュニティユニオンがめざしたもの

「ふれ愛、友愛、たすけ愛」「みんなは一人のために、一人はみんなのために」をモットーに「誰でも一人でも入れるユニオン」として江戸川地区労が全国に先駆けて立ち上げた江戸川ユニオン。結成は一九八四年三月、三七人からだった。

結成の背景には七〇年代後半からのパートに代表される新たな不安定雇用の誕生と増大、組織化の立ち遅れ、企業内本工組合の行き詰まりがあった。他方運動的条件として総評地域労働運動の高揚（地域最賃闘争、労働相談、パート一一〇番）と継承があった。その後全国各地にユニオンは広がり、毎年開催される総評主催「地域労働運動を強める全国集会」が地域ユニオン（コミュニティユニオン）の交流の場となり、新たにユニオンが誕生する場となった。だが総評は労働戦線統一＝連合結成により解散となり、「地域労働運動を強める全国集会」は一九八八年奈良集会を最後に打ち切られることになる。

奈良集会に参加した江戸川、大阪東、神戸などの地区労は、次年度から独自にコミュニティ・ユニオン全国交流集会を開くことを確認。翌一九八九年に青森県弘前市で約一〇〇人が参加して初の全国交流集会が独自開催され、九〇年大分集会で正式にコミュニティユニオン全国ネットワークが発足、二〇一八年一〇月の岩手県盛岡集会で三〇回目の全国交流集会を迎えるに至った。

当初「労働組合ではない」とまでいわれたコミュニティユニオンだが、私は当時江戸川地区労事務局次長で江戸川ユニオン書記長、全国ネットワークの事務局長としてコミュニティユニオン運動の特徴を以下のように考

えていた。（「ユニオン・人間・ネットワーク」第一書林、一九九三年）

①「もっとも労働組合を必要としている層」の労働組合（ユニオン）

②「地域を雇用の場・職場とする」労働者のユニオン

③交渉機能とともに「相談、たすけあい、交流」の重視

④女性活動参加の推進

⑤全国ネットワークの志向と地域市民団体とのネットワーク・協力

⑥「インキュベータ」「触角」「アンテナ」としてのユニオン

象徴的にはオイルショック以降のパートに象徴される新たな不安定雇用の増加があった。

一九九五年に日経連が「新時代の『日本的経営』」で提言した日本的経営の見直しのなかで、終身雇用、年功序列賃金などを特徴とする日本型雇用が「長期蓄積能力活用型」「高度専門能力活用型」「雇用柔軟型」と分けられていく。その中で「雇用柔軟型」はその後「非正規雇用」として一般化し、もっとも労働組合を必要としている層を代表するユニオンとしてその組織化に切り込んだ。

ユニオンは今日地域コミュニティにとどまらず職種・職業ユニオン、階層ユニオンへと広がっているが、すべてのユニオンは労働相談活動とその解決のための活動を展開している。労働相談を通じ個人でも入れる組織化が企業別労組にはない新たなユニオン運動の最も大きな特徴である。パートから始まり、女性、外国人労働者、派遣労働者、請負労働者、管理職、フリーター、青年さらに「名ばかり管理職」、高齢者、さらに雇用関係があいまいな労働者、フリーランス、個人請負など、その時代の最先端の労働問題がまっさきに労働相談として持ち込まれてくる。解雇、賃金不払いから、セクハラ、パワハラと問題も多岐にわたっている。「誰でも一人でも入れる」ユニオンに加入することによって一人でも団結権を自らのものとすること、日本国憲法で保障された団体交渉権を実現することが可能となった。団体交渉と団体行動の実践を通じて対企業交渉のなかで具体的な解決をはかっている。同時に、新たな労働問題に対する社会的、政策的、制度的な対応を求め、社会に政治にその問題を発信してきた。もっとも労働組合をつくり易いといわれる日本の労働法を活かした組織化運動であった。

パートという不安定な雇用形態の労働者の増加のなかで生まれたユニオンは、あらかじめその組織対象を中小企業

という「企業の規模」に限定するのではなく、「雇用形態の不安定さ」から起こる問題を重視した。全国一般に代表される中小労働運動とは別次元の非正規雇用労働者の組織化運動として、新たな地平を切り拓くことになったのである。

2 ユニオンの運動の発展と現状

①コミュニティユニオン全国ネットワーク

現在の全国ネットワーク加盟は三二都道府県、七八ユニオン、約二万人、共同代表：柿本清美（札幌地域労組）、上山史代（武庫川ユニオン）。事務局（事務局長岡本哲史：すみだユニオン）は東京・下町ユニオンに置かれ、北海道から鹿児島までのネットワークの運営、ホームページ開設、ニュースの発行、統一的なホットライン、全国的な争議支援、全国キャラバンなど全国キャンペーンを行っている。集会開催地のユニオンはじめ地域の連合、地区労センター、市民団体などが協力して毎年三〇〇〜五〇〇人が参加し講演会と一〇〜一五ほどの分科会に分かれて交流討論を行っている。二〇一八年は岩手県盛岡市で三〇周年記念集会として JILPT（労働政策研究・研修機構）副統括研究員呉学殊さんが「全国交流集会・三〇年コミュニティユニオンに期待すること」を講演した。分科会は、①メンタル・パワハラ労災認定、②労災職業病の企業責任追及、③女性と労働、④公務パート、⑤組織運営、⑥参加型活動家育成、⑦有期雇用、⑧団交拒否、不誠実団交を打開するために、⑨団体交渉の進め方、⑩「働き方改革」に抗し、過労死をなくし、長時間労働・過重労働の社会を転換させよう、⑪東日本大震災を働く者の立場から検証する、の一一分科会がもたれた。分科会は成果とともに悩みが交流討論され、組合員が元気になる場でもある。

コミュニティユニオンは、パート、派遣、委託、契約などの不安定な雇用形態とともに女性、青年、高齢者、管理職など階層コミュニティによる新たなユニオン運動を生み出してきた。女性のユニオン運動は一九八七年におんな労働組合（関西）が結成され、一九九〇年には神奈川の「みずら」の女のユニオン・かながわ、一九九五年女性ユニオン東京、さらに北海道や新潟へと女性ユニオンの結成と運動が続いた。青年層においてもユニオン運動は首都圏青年ユニオンの結成（二〇〇一年）、フリーター全般労組（二〇〇四年）などが続いている。高齢者、熟年者についても各ユニオンで比重を高め、全国集会では分科会が設けられた。

最近では、アスベストユニオンが結成され、アスベスト労災に対する企業補償を求め、裁判闘争も闘って、勝利的判決を得ている。最高裁で退職者の団交権を認めさせる成果もあげている。最高裁は、二〇一一年一一月住友ゴム事件でアスベストによる疾病が三〇年から五〇年の長い期間を経て発症するので、退職後に症状が出てくることを認め、雇用関係がなくても会社は退職労働者と団体交渉をする義務があると「ひょうごユニオン」の主張を認めた。原発関連労働者ユニオンの結成も呼びかけられている。（労働情報、二〇一八年七月、原発労働者「命食う現場の実態共有新たなユニオン結成へ」）

このようにしてユニオンはパート、地域コミュニティにとどまらず、階層、職業、職種、雇用形態など様々な「コミュニティ（共同体）」に基づくユニオンとして、アメーバーのように全国へ広がっている。いずれも「一人でも入れる、個人加入の比率が高い、団体交渉権を活用する」というユニオン運動の特徴は共通している。

二〇〇二年には連合の構成組織として全国コミュニティユニオン連合会（約五〇〇〇人）が結成された。全国ユニオンは派遣切りに対する闘い、年越し派遣村をはじめ、非正規雇用労働者の先頭に立って運動をすすめてきた。とくに派遣労働に対する取り組みは、日雇い派遣の禁止、はじめ派遣法の抜本的改正を求める流れをつくってきた。

ユニオン運動は全国ネットワーク以外にも広がり、産別重視の連合においても労働相談活動と連合地域ユニオンの組織化が一九九六年からすすめられ、ほぼ全県に県ユニオンが設置され組合員数は約一五、〇〇〇人に及ぶ。全労連は二〇〇二年にローカルユニオン結成方針を決め、二〇〇四年からはオルグ配置も行い、二〇〇九年で一三五ユニオン、一万人余に成長している。

②労働NPOとユニオン

ユニオンは団体交渉権を活かした労働者主体の労働組合としてだけではなく、専門的な知識や経験を生かす市民との協働組織として労働NPO（団体交渉権を持たないが労災、労働教育、女性、外国人労働問題などに取り組む市民・労働者団体）を立ち上げ、あるいは協力・連携している。

一九九一年に結成された派遣労働者ホットラインから派遣問題に取り組む派遣労働ネットワーク（代表中野麻美弁護士）はその走りである。派遣労働ネットワークの特徴は、弁護士、専門スタッフ、労組活動家などによるＮＰＯ組織が独自の活動をすすめるとともに、ユニオンと協力・協働の関係を築いて派遣労働者の権利確立、労働条件改善、組織化に取り組んだことである。派遣労働ホットラインやスタッフアンケートに取り組み、その結果を政府や業界団体との交渉、国会議員対策に持ち上げて、制度政策の運動をつくりだしていることも、これまでの企業別組合では取り組めなかった運動といえる。こうしたなかで派遣スタッフが加入する健康保険と年金のための健康保険組合がつくられていった。数量的には小さいとはいえ、派遣労働者の声を「スタッフアンケート」を媒介にして代弁する「代表性」を社会的に認知させることに成功している。

パート労働問題においては、総評時代から各地で「パート一一〇番」が取り組まれ、やがてユニオンの労働相談活動として定着していった。一九九三年のパート法制定時には「適正な労働条件の確保」を法に盛り込む運動を展開し、二〇〇〇年の「均等待遇二〇〇〇年キャンペーン」から二〇〇四年には「均等待遇アクション二一」が結成された。総評は地区労のパート一一〇番などの運動についてはは認めたが、ユニオンづくりには消極的であった。

コミュニティユニオン運動にとってなくてはならない労働ＮＰＯに労働安全衛生センターがある。労働ＮＰＯの老舗中の老舗である。センターの一員にもなっている地域の診療所は労働と生活が近接しているコミュニティユニオンにとって頼もしい協力者でもある。さらに労働相談の中から「いじめ　メンタルヘルス労働者支援センター」が独自事務所を持つ組織として二〇一〇年一一月に設立している。

このようにユニオン運動の発展は同時に労働する市民による労働問題にかかわるＮＰＯ（認定ＮＰＯとしての法人格はない団体も含む）の結成と展開でもある。労働ＮＰＯは企業との法的交渉権限を有するユニオンと協働して、労働相談にあらわれた新たな問題の個別解決をはかるとともに社会に問題を提起し解決を求めている。市民との協働による社会運動ユニオニズムの展開である。

③自治体労働運動との協力

二〇〇八年三月「人間を入札するな」と兵庫県尼崎市の住民票入力業務に携わる武庫川ユニオンの女性五人が市役所前公園にテントを張り、市に直接雇用を求めてストライキに立ちあがった。「安ければ安いほどよい」という論理で競争入札を通じて様々な公務労働が民間委託化され、委託労働者の賃金、労働条件は低下していった。これに対し「雇用継続、リビングウェイジ（生活賃金）」などの条項を自治体と受託企業との間の公契約に盛り込む公契約条例制定運動が地域のユニオンと自治体単組の協力により広がっている。

3 ユニオン運動の可能性と展望
――地域社会における市民と労働との協働、ユニオンの代表性と公益性の獲得

①「雇用・労働と生活の場としての地域」

二〇〇八年の年越し派遣村でユニオンの仲間は終始頑張った。湯浅誠村長は二〇〇九年五月「実現しよう今国会で！　派遣法抜本改正日比谷集会」で「派遣村はあれこそほんとうの労働運動です。組合員でない人の生存の権利を支える運動、労働運動をやっている人たちと現場の運動が共有されたのです。生活保護や住宅問題など生活ができなくなっている人たちが闘えるようになるための場所をどうつくるか、労働運動と一緒につくっていく場が必要です。」と挨拶をした。

江戸川区は職住近接の地域でパートの多くは主婦で昼食を家に帰って食べる。職場が違っても共にユニオンに加入する夫婦もいた。家賃が払えないと駆け込んできた組合員もいた。江戸川ユニオンでは「ふれ愛基金」をつくってそうした組合員の生活資金とした。

八〇年代後半から外国人労働者が増えはじめた。ユニオンのパート組合員が働いている町工場にもパキスタン、バングラディシュやフィリピン人労働者が目立つようになりユニオン組合員にもなった。解雇、労災、病気、住宅などの相談が寄せられた。ボヤ騒ぎもあった。「衣食住」ならぬ「医・職・住」の問題への対応がユニオンに迫られた。日本語教室もつくった。一九九七年には移住労働者の権利を守り、その自立への活動を支え、多文化・多民族が共生する日本社会をつくることを目標にかかげた「移住労働者と連帯する全国ネットワーク（通称：移住連）」が結成されている。ユニオンみえはシャープ亀山工場関連のシャープピノイユニティに働くフィリピン人労働者二百数十名を組織化している。

一九九五年阪神淡路大地震にはコミュニティユニオンのメンバー六〇人が全国から駆け付け「阪神大震災労働・雇用ホットライン」を開設し、被災労働者ユニオンを立ち上

げ雇用保険の獲得をすすめた。とくにスーパーダイエイの六三〇人パートへの退職強要と闘い、「優先雇用」を勝ち取った。二〇一一年の東日本大震災では残念ながら全国的取組みは十分にできていない。規模があまりにも大きすぎるのと宮城・仙台にコミュニティユニオンがないため、全国ネットワークとしては全労協全国一般の宮城合同労組との共同の相談活動に止まっている。

住宅ではフリーター全般労組が二〇〇九年に新宿近くに若者と女性のための「自由と生存の家」を開設した。コミュニティユニオンにはあらためて、労働相談とともに地域の働く人の切実な生活問題の相談と解決への取組みを強めることが求められている。反貧困ネットワークへの参画はじめ、医療・介護関係者、共同保育所などの地域福祉運動、教育関係者、不動産屋を含む住まいの関係者、ホームレス支援団体などとコミュニティユニオンとのネットワーク形成は地域が貧困から抜け出していくためには不可欠になっている。

「共通する雇用と生活の場」を基盤に「ゆりかごから墓場まで」相互に要求を持ち寄り、その実現に連携して取り組む「コミュニティ春闘」が構想されてもよい。

②地域における公益性ある活動

労働政策研究・研修機構の研究員呉学殊さんは、この間コミュニティユニオンについてユニオンに丁寧に密着しながら調査を続けている研究者で、その結果を「労使関係のフロンティア－労働組合の羅針盤」（二〇一一年）にまとめている。呉さんは「コミュニティユニオンは、企業内で解決できない労働紛争という社会的な問題を解決している。行政機関でも解決できない労働紛争を処理するケースもある。」さらに「労働法の周知・遵守」「使用者への労働法学習の提供」「不特定多数の労働者からの労働相談」「労働問題の情報提供」などの役割を果たしており、こうした「公共的な働き方に対して何らかの形で公的な支援があってもよいのではないかと思われる。」と、コミュニティユニオンの労働相談とその紛争解決を「公益性」ある活動と評価している。

これまでも、労働者への権利教育について国は二〇〇九年「地域における講座やセミナー等の開催は重要な役割を果たしている。地域公共団体や労働組合等が実施する労働法講座に対する支援等を充実することが望まれる。」との報告書を提出し、学校現場、企業、家庭や地域社会における労働教育の必要と支援をあげている。

北海道では「ＮＰＯ職場の権利教育ネットワーク」（北大道幸哲也教授代表）が二〇〇七年に設立され、学校におけるワークルール教育への専門家の派遣、資料、テキスト、研修、労働相談を事業としている。道幸教授は「権利教育は、民主主義の担い手を養成するという市民教育であることも強調したい。」と位置づけている。ワークルール教育の取り組みは、現在東京でもすすめられ、神奈川では高教組がLabor Now（労働ＮＰＯ）と連携して高校生を対象とした権利教育活動をすすめている。

労働教育からさらに、「ＮＰＯ労働と人権サポートセンター」の活動が大阪で二〇一一年三月から始まっている。熊沢誠さん（研究会「職場の人権」代表）はじめ弁護士、大学教員、野宿者、障がい者の運動をすすめてきた人が呼びかけ人となり、現場での運動を担っているユニオンを含む活動家たちが準備してきた。活動は、①社会の不条理に対する告発、キャンペーン、②労働と人権の尊重に関する学習会の開講、アドバイス、オンブズ活動、③地方自治体や議会に対する公契約条例、社会的弱者のセーフティネットづくりの提言や実現を行う。

地域における労働者の権利教育、自己学習活動、人権確立は、労働相談とともに地域における「公益性」ある活動である。行政からの補助や委託など公的支援とともに、連合や単組、労金、全労済、さらに一般市民、労働者からの寄付や支援を直接であれ、間接で求めていくこともユニオンの課題になっている。

③地域・職種・職業における代表性

かつて熊沢誠さんは「企業社会、職業社会、一般労働者社会」という「三つの労働社会」について語られた。ユニオンは地域の企業の外に位置する都市一般労働者組織として仕事・労働、深刻な生活問題の解決に取り組んできた。「地域を職場」と考えるユニオンはそうした労働者の代表者として企業や自治体との交渉を展開し、地域づくりに参画する。コミュニティユニオンがある地域では不条理な解雇は許さない、失業中の職業訓練と生活支援が保障される地域づくり、家族もいっしょに生活できる最低賃金（リビング・ウェイジ）が払われる地域、公契約条例により委託労働者にも雇用安定とリビング・ウェイジが保障される地域、こうした目標を実現する運動を起こすことは都市一般労働社会を代表するコミュニティユニオンの課題であろう。

さらに地域の同一職種・職業・階層の労働者についても、

すでにみてきた女性、外国人、アスベスト、原発関連にみられるように、その〝共同性（コミュニティ）を代表するユニオン〟の運動が広がりつつある。

4 コミュニティユニオンの課題

呉さんは前出書で「コミュニティユニオンは、個別労使紛争解決における存在意義を今後も持ち続けることができるかどうか」とユニオンの課題の第一に労働相談とその解決をあげている。たしかに労働相談はユニオンのみの専売特許ではなく、労働審判制度にみられるように司法でも個別労使紛争解決が制度化されてきた。だが、現行の労働審判制度はユニオンが代理人になることはできない。弁護士しか認められていないからだ。しかし、未払い賃金などでは二〇万円以下の和解金もあり、弁護士料を払うとほとんど残らないこともありうる。代理人にコミュニティユニオンはじめ労働組合が可能となれば、相談者、申立人へのメリットは大きくなるはずだ。大きな病院よりもコミュニティユニオンには「町医者」の役割が求められ、よりよい解決がはかれるネットワークが今以上に必要になる。ここでもお金にならない小規模の相談と解決機能を「公益性」がある活動として社会的認知を得ることが課題となる。これまでのともすれば解決金頼みを克服しなければならない。

呉さんは課題の第二に「リーダーの確保・育成、財源の確保、組合員数の拡大」をあげている。この点はコミュニティユニオンの現在のリーダーたちも自覚している多くのユニオンがユニオンを設立した世代から、若い世代への交代が課題になっている。他方これまでユニオンを担ってきたリーダーと組合員が定年になって、ボランティアとして活動に参加している例も少なくない。さらに最近、これまでの個人加盟とは別に、複数組合員による小さな分会が増えている。今後はこうした地域に根ざした小零細事業所での分会づくりも重視されよう。あらためて職場で人権を守るユニオンの眼を光らせることも重要だ。

個々には小さくても大きなネットワークがユニオンの特徴である。二〇一八春闘期には、折からの安倍政権による「働き方改革」に向けて、中小労組、労働NPOなどが共同して、北と南から三七県、四四か所を廻る「労働法制改悪阻止！　全国キャラバン」を展開している。四月二〇日に北は北海道帯広、南は沖縄を出発、五月二一日に東京・

日比谷音楽堂に集約された。こうした取り組みは最賃闘争についても全国的ネットワークの取り組みとして始まっており、地域共闘を基盤とする「交渉力」「代表性」と「公共性」を有する運動として発展が期待される。

最後に、労働者の権利は憲法が保障する表現、集会、言論、結社、出版など市民的自由の権利が土台になっていることを忘れてはならない。時代は「労働する市民」のユニオン運動を求めている。

【参考】

『コミュニティユニオン宣言――やさしい心のネットワーク』コミュニティ・ユニオン研究会（第一書林一九八八）
『ユニオン・にんげん・ネットワーク　コミュニティユニオン宣言Ⅱ』コミュニティ・ユニオン全国ネットワーク編（第一書林一九九三）
『あなたの街の外国人』ＣＡＬＬネットワーク（第一書林一九九一）
『大震災でクビを切られた』被災労働者ユニオン（第一書林一九九五）
『公契約条例入門』小畑精武（旬報社二〇一〇）
『個人加盟ユニオンと労働ＮＰＯ――排除された労働者の権利擁護―』遠藤公嗣編著（ミネルヴァ書房二〇一二）

コラム column

友愛と仁義と

――ブリヂストン・ファイヤストン代表の来日をめぐって

小野寺　忠昭

(1) サンチェスタイフーン

九五夏から秋の変わり目に一五号台風が関東沖を吹き抜けていった。日本の米軍基地の報道によれば、この台風を「サンチェス」と名付けたとのこと。またこのサンチェスという名は、九月二日から、九月二〇日までハリケーンのように吹き抜けって行ったアメリカの一二〇〇人の解雇と闘うブリヂストン・ファイヤーストン日本代表団の団長の名前でもある。

盆があけてから一ケ月間、私たちはこのアメリカのハリケーンのようなBS日本代表団一五人の来日をめぐって、「ある労働者遠の一つの明日」を賭て、勝負することになってしまったのである。

「ある労働者遠の一つの明日」とは、この話のキーワードにして最後までとっておきたい。さて、この勝負の発端は、六月の中旬頃の何気ない平賀氏との会話から始まる。

「寺ちゃん。六月二八日午後時間とれない。労働情報の江藤さんが、鎌田慧氏からの直々の依頼で、BSストーン争議の代表が日本にきたがってるんだけれど、面倒見てくれないかという話なんだけど」

「しぇーアメリカが。何で連合に行かないで僕らに頼むの？アメリカの労働運動てビジネスユニオンなんだろ。日本の企業に四〇〇〇人も首切られているんじゃ、ただではすまないなぁー。まあやるのもおもしろいんじゃない」ということで、六月二七日、国労会館で、デビット・カプラン氏と鎌田氏の友人と僕らが初めて出会って、その人達と、ことを始めるにあたって、最初の信頼関係を持ったのであった。

デビット・カプラン氏は、日本のやくざというドキュメントを書いたアメリカの著名なジャーナリストであり、そして、この会合の目的が後にわかったことだが、USWA（全米鉄鋼労組）が調査を委託したアメリカの民間調査機関の意を受けての僕たちの首実験であったのだ。

オルグ稼業とは、もちろん崇高な理屈も必要だが、なによりも相手の意図することを理解することであり、あるいは、相手自身が分からない場合に、その意図を引き出すことである。そして、具体的な事柄を通してその核心を相互が掴んだときに、信頼関係がそれなりに生まれるものなのである。

「日本には連合という八〇〇万の最大の労働組織がある。全労連二〇〇万もある。私たちが関わっている組織はせいぜい四〇万に満たない。なぜ連合に行かないのですか?」

「連合は、私たちの闘いの支援の依頼に対して、何度も戸をたたいて打診したがノーコメントだったのです。我々の十分配慮した結論によると、連合はBSの争議の支援を歓迎していません。あなた達と信頼を持つことがベストだと考えたからです」

「アメリカの現場の労働者と日本の現場の労働者が一緒になって、大衆的な行動をやるために日本に来るなら私たちは大歓迎します」

「政府や財界などと取り引きするための日本訪問だったら私たちは最も不適当だと思います」

「ご承知のことと思いますが、日本では七年有余、一〇四七名の解雇と闘っている国労・闘争団の闘いがあります」

「おそらく世界一の四〇〇〇〇人の解雇と闘っているBSの労働者と世界二位の国鉄闘争の労働者が手を結ぶことは、労働運動にとってもビックなニュースとなるでしょう。」

デビット・カプラン氏は目を輝かせて私たちに握手を求めてきた。さわやかな笑顔が印象的であったことを思い出す。

(2) 日米経済戦争と両国労働者の原点

人生は山あり谷ありだが、それから一ケ月かけてBSFS支援連帯委員会の準備会をやっとのことで終えた七月十七日の次の日。

ワシントンの日本大使館に対するBS支援デモを報道した毎日(一八日の夕刊)、朝日新聞(一九日朝刊)は、センセーショナルな見出しが踊り、私たちは愕然となってしまった。

「日本に再び原爆を!日本大使館に過激な反日デモ」

「エノラゲーをもう一度!」

記事は見出しと関係ない、ブリヂストンファイヤストンの争議の記事なのに見出しがまるで違っていた。

私たちは直ちにことの重要性を検討して、一三時間遅いワシントンに、英語の達者な森谷アニイと相談して対策を練ったものである。

　言うまでもないことだが、七〇〇人のデモ行動の中で、一つでもそのようなプラカードがあったとしても、私たちは見過ごすわけには行かない。支援する側の筋目というものである。日米経済戦争の折り、高失業状態にあるアメリカ労働者の日本的経営に対するそのいらだちと鬱積は全く分からないわけではないが。皆殺し兵器である原爆を日本に落とせとはどういう了見なのか？　また原爆問題を民族問題にすり替えることは、労働者間の友愛を否定することになり、強いては過去の過ちを再び繰り返すことになる。日本の報道機関（共同通信、朝日、毎日、テレ朝）についても問題がおおありなのは承知の上だが、ＢＳ日本代表団において訪日のさいは、必ず広島に行ってほしいことなどの主旨を丁寧に理解を得るためのファックスを送ったのであった。

　返信は担当オルグのリアンさんのファックスとＵＳＷＡベッカー委員長の公文書が送られてきた。彼らを受け入れるに足りる返書であったので、とりあえずは一見落着したのであった。しかしこの原爆問題は限りなくやっかいな問題なのだ。

　戦後五〇年にあたり、アメリカの世論は「エノラゲーをもう一度」に対して、インテリを中心として反対が三〇パーセント、賛成は七〇パーセントに及んでいるとのこと。したがって労働者層は日本に原爆を落としたことを賛成する方が圧倒的なのだ。日本の原水禁運動に対して連合はノータッチと聞いているが、それはそれとして、毎年行われる原水爆禁止の世界大会の意味はいったい何だったのかと思うのだ。

　海外代表も毎年一〇〇名は下るまい。原水禁や平和問題を労働者次元での連帯に置き換える運動こそ狭くなっていく地球の中で捉え返す必要に迫られているのである。この五〇年の運動の決算ではないが、日本の運動でも僕は常々感じていることであるが、従来の運動の全てが、蛸壷化しそれぞれが己の穴に閉じこもっ

ているように思えてならないし、ダイナミックな民衆の回路を求めようとしないのは、従来の社会運動家といわれる人達の共通項であり、なぜなのか不思議でならないのだ。

(3) 日本の組合は労働組合ではない？

私たちは、このあともう一つ困難な山を越えることになろうとは夢にも思わなかった。

連合が陰に陽にBSの代表団の来日を巡って懸命に「いんぼう」を、ごく私たちの身近な人を通じて、またAFL―CIOの上層部に対しておこなっていたのである。八月二五日、八月二六日にかけて私たちはそのおおよその全容を知ることになった。連合は国際局の担当者名でファックスをAFL―CIO本部宛に送る。

およそやくざまがいの下品な恫喝なのである。そのファックス文を要約すれば以下の通りなのだ。

一、連合も機関でBSの受け入れを決め、国際産別の日本支部もまたそれに同意した。

二、連合の日本社会に対する影響力は絶大。したがってBSの受け入れは連合しかない。

三、BS連帯会議と称するものは、連合と敵対（緊張）関係にある。クリスチャンの行動グループも、そのことを知って会から抜けた。

そして国際電話やファックスで様々なデマをアメリカ側に流して、八月三一日、先発隊の来日は延期され、その延期されたことが代表団の中止と連合の担当者は思いこんで、束の間、彼らはほくそ笑んだことであろう。

経過を追って見れば連合のBS代表団に対する意図が明らかとなる。連合は明確にBSを支援連帯する委員会と手が切れなければ、アメリカ代表団の来日阻止に動いたのである。

連合が今度のBSの来日をめぐって執拗にこだわった理由の背景は、国際的な労働運動の変化と様々な思惑が交差して、ぐしゃぐしゃな対応になったと推察することが出来る。

第一は連合の鷲尾事務局長（IMF―JC代表）徳本（トヨタ労組・多国籍労組会議日本代表）をはじめ連合のボスが、このことでへたをすれば国際産別組織から顰蹙《ひんしゅく》をかい相手にされなくなるということ。

第二は、不買運動に対応するトヨタとブリヂストン資本の思惑の違い。

第三は当該の組合の反対を押し切ってまでも、企業別組合の組織原則を崩すことの産別・中央との軋轢。

およそ争議を闘っている労働者にたいする友愛主義とは全く無縁の連合ボスの思惑が、日本的労資関係と結びついているのだ。

さて来日後の詳しい事情や評論については、労働情報が三回に亘って特集を組んでいるので、ぜひ友愛主義の観点からも今後労働情報をひいきにしてほしいことをつけ加えて、最初のキーワードである「労働者達の一つの明日」の結論部分に話を進めたい。

もう分かったと思うが、国際労働運動、とりわけ本家本元のアメリカ側の世界自由労連の立場から見ても日本の連合は、労働組合だとは見られなくなってきているのである。隣の韓国の労働運動も民主労組という五〇万組織を結成し、彼らの問題意識も連合のようになってはいけないと若いリーダー達は考えているのである。老舗のヨーロッパなどは、連合に対して「なにをかいわんや」であろう。

地球が挟まり、資本主義全般が衰弱して、大失業と金融不安の時代を迎えて、労働運動においても、その底流で大激動の時代を迎えているのである。

ちまちました組織と自分の立場を守っているだけの活動で日本の労働運動はいいのだろうか？激動期には激動期に見合った闘いと心の準備をしておかなければならない。それは理論武装して組織＝蛸壷にはいるのではなく、大胆に外との結合を求めて運動をネットワーク化していく外へ広がる思考が求められている。

海を越えてきたフレンドシップ＝友愛主義と日本労働運動、特に労働争議が育んできた労働者の仁義とは、メダルの裏表のようなものなのだ。労働者階級の歴史貫通的な友愛主義と日本の仁義の再構築運動を「労働者達の一つの明日」に繋げるためにオルグは見果てぬ夢を追い、現場労働者・市民とともに資本と勝負するにふさわしい時代が、ＢＳ・サンチェスハリケーンが日本に持ってきたものなのであろう。

※ぶなの木出版『ひとびと』五八号
（一九九五・五）

第三章　企業別労働組合から社会的労働運動へ

【写真上】日比谷野音から労基法反対デモ（1997 年）
【下】東京地裁が JR に採用やり直しを命じた中労委命令取り消し判決（1998 年）　撮影：今井　明

㈠ 現代企業別労働組合批判と「関生型労働運動」

要　宏輝

はじめに

「昔、春闘は経済ドラマの主役だった／一九七六年から公労協の統一ストがなくなり、春闘〇連敗が語られなくなり、春闘の産業間の足並みが乱れ、企業間の賃上げの開きが普通になり、一九九五年からは私鉄の中央統一交渉もなくなった／一九八九年、総評がなくなって、連合（労戦統一）が生まれる／二〇〇一年、労働省が厚生省に吸収されて厚労省に、労政局長のポストもなくなり、労農記者もいなくなった／経営側も統一行動の必要がなくなり、二〇〇二年、日経連が経団連に吸収されなくなってしまった／春闘の原風景は消え去り、そして、二〇一四年から『官製春闘』がはじまった」……春闘をめぐる労働世界の変遷を時事エッセイ風にまとめるとこんなところか。

1　現代の企業別労働組合
――労働運動の構造問題

（1）「日本には労働組合（トレード・ユニオン）がない。あるのは企業別労働組合（企業単位組合：カンパニー・ユニオン）だ」と言われてきた。国際基準は、個人加盟の職業別・産業別労働組合で、現在、それに該当するのは全日本建設運輸連帯労働組合関西地区生コン支部（関生支部または関生と略す）の他には海員組合があるだけだ。労働運動理論の先駆者である清水慎三氏は、その時代を主導した民間大手組合の特質を解析・区分し、「企業別労働組合三段階論」を唱えた。その第一段階は〈一九四〇年代後半～五〇年代初期〉の「戦後初期型」組合で、この原形を保っていたのは三井三池に代表される炭労や民営化以前の国労等であった。第二段階は〈一九五〇年～六〇年代前半〉の、生産性に協力し、成果配分にあずかる「協調主義型」組合。第三段階は〈一九六〇年代半ば～一九八九年労戦統一前後〉の「経営の末端職制と組合が融合した」組合。さらに筆者は、第四段階として〈一九九〇年代～今日まで〉の、グローバル競争下で「組合機能が溶融（メルトダウン）した」組合を加え、「四段階」とする。第四段階の主導的労働組合の多くは、会社に忠誠を誓い、生産性を高めるよう最大の努力をするwilling slaves（自発的奴隷）の構造を企業社会のなかに完成させた。

日本では、単組（単位労働組合つまり企業別労働組合の略称）は会社に対して弱く、上部組織である産別（「産業別労働組合」を僭称し、単産・産別とも略称）に対して強い。単組は御用組合であるほど会社に弱く、組合員の多い大単組であるほど単産に強い発言力を持つ。また単産は大単産であるほどに上部団体であるナショナルセンターやローカルセンターに影響力を行使できる。本来、まともな単組は上部組織の作為（指導）を求め、御用組合は不作為（指導忌避）を求めるのが企業別労働組合の習性だ。労働運動とは企業内に限って行うべきと心得、社長に憎まれ、上司に睨《にら》まれるような職場の労働運動はしない。産別運動とは上部組織の会議に出席する程度としか認識していない。

（2）日本労働組合総連合会（連合と略す）は構成組織（産別）に対して「産別自決でやりなさい」、産別は単組に対して「単組で対応しなさい」、つまり「好き勝手にやってよろしい」といった、傘下の産別や単組に何の指導力・規制力もない融通無碍な相互関係に堕し、北欧のように強力な、政労使のネオ・コーポラティズム体制も構築できさえない。筆者は、会社＞単組＞上部組織（産別）＞上部団体（連合）といった、「運動上の下剋上」の組織構造、この、文字通りの「構造問題」の最たるものを改革せよ、「連合評価委員会報告」（二〇〇三年）や「連合行動指針」（二〇〇五年第九回大会決定：企業や使用者による不正や不公正を見逃すことなく、その社会的責任を全うさせる運動を推進する、ほか）を実践せよ、と訴え続けてきた。しかし、連合や産別は方針では「企業別組合主義の克服」をうたいながらも、実際には企業別労働組合の組織運営にコミットしない、できない相互関係になっている。建前と実態との乖離を「偽装」し続け、「身もフタもない」のが連合運動の本質だ。

「顔合わせ、心合わせ、力合わせ」が、連合結成時に唱えられたスローガンだった。「ただ酒」「ただゴルフ」(注1)で顔合わせはできても、心合わせ、力合わせができえない。この三〇年近くで失ったものは大きい。分裂と統一の歴史を検証し、反省することなしにやり過ごした。責任の所在、自己批判もなく、それを曖昧にしたままでは「攻めの運動」(本当の心合わせ、力合わせ)ができるべくもない。結果、連合によって、労働運動の「御用化」「ノン・ポリ化」が進んだことは、労働者にとって不都合な真実だ。

2「法外組合」としての企業別労働組合——自主的団結体といえるか

(3) 総評四〇年の歴史の内、前三〇年間は産別が力をもっていたが、今は廃《すた》れてしまった。企業の力が勝った結果だ。一企業の利益よりも労働者全体のことが大事とする「階級闘争」派が刈りとられてしまった。労務管理(査定・内部昇進制など)によって、活動家という「異分子」が駆逐されてしまった。企業内の組合員意識の世界では、企業＝イエ意識つまり自分の企業がもうかれば月給も上がるという考えの方が勝ち、企業を超えて連帯して闘って賃金を引き上げる(「労働は商品でない」＝カルテル規制の適用除外)という論理と運動が敗北した。そして、会社が処遇・労働条件を個別労働者ごとに決定する「個別化」、労使交渉や労働条件の決定が企業レベルに移る「分権化」が進む、かくして、組合役員は会社の人事処遇のレールに乗せられる。かくして、企業別労働組合はカンパニー・ユニオンと化し、競争と格差の編成原理を担う。企業別労働組合の実態が、法的救済が受けられない「法外組合」であっても何一つ不自由しない、というより、このような組合は裁判や労働委員会に会社を訴えることは絶対にあり得ない。現行労働法の政策的要請は、集団的労使関係の世界ではマッチングしなくなっている。

組合役員選挙への会社関与は人事・労務の通常業務で、XYZ論(有名な、三池労組の組織論)を逆手に、Y(会社派)を使い、Z(中間派)を取り込んでX(組合派)の切り崩しは、まだ「正攻法?」だが、法外組合(御用組合)のおぞましい事例を列挙する。①幹部の買収の常態化、総評vs同盟時代に見られたことであるが、中小の同盟系では組合費あるいは上部団体費(総評系の侵入を防ぐ保険料)を会社が負担・拠出/②三六協定のための、組合印を会社の総務課に預け放し/③組合留学制度：人事・労務の若手を執行部に「留学」させ、将来は会社側の対策要員に/④

組合役員の人事処遇化：考課や人事で優遇（鉄鋼大手Ｓの資格制度は「会社が期待する活用方法に基づいて資格区分に分類する」とうたい、単組トップは課長職扱い、連合・産別のトップ役員経験者は子会社役員に天下りが慣行化）、など枚挙にいとまない。

3 企業別労働組合をどう改造・整形するか

（4）「企業別労働組合をどう改革するか」は、左・右を越えて、一九四五年労働法が企業別労働組合を法認して以来の七〇年余の課題である。現在、改革の道は二つ提起されている。一つは組織原理（法改正などを含む）からのアプローチ、もう一つは行動原理（「同一価値労働同一賃金」ほか）からのアプローチである。

筆者が、この改革課題を「仮説」扱いとしているのは、企業別労働組合の根本評価（論争）が、とりわけ「左」の運動世界でも決着していないからである。企業別労働組合の評価・役割をめぐる、有名な戸木田嘉久・中林賢二郎論争がある。「巨大企業別労働組合の主導権を階級的・民主的潮流が握ることになれば、独占資本の管制高地は、たちまち労働者階級の巨大な城塞に転化する」とする戸木田と、企業別労働組合否定論者で「企業別労働組合の組織的弱点の克服」という幻想すら持たなかった中林との共産党系学者内の論争（本の泉社、宮前忠夫著「企業別組合は日本の『トロイの木馬』」に詳述）。筆者のよく知る下山房雄氏は中林論に与《くみ》した。戸木田「戦略論？」の背景には、共産党の「七〇年代の遅くない時期に民主連合政府の樹立！」という大方針があり、そのためには共産党は、「中小企業」を民族資本として擁護し、さらには「教師＝聖職者論」、「公務員＝全体奉仕者論」、「（暴力）ガードマンにも職業選択の自由の自由がある」（注2）など、国民ウケする労働政策を次々と打ち出した。そして、鼎立する連合・全労連・全労協の三つとも組織を減らしている現状においてすら、肝心の企業別労働組合の「評価」論争はいまだ決着していない。

（5）なぜ、「現代」の企業別組合は「諸悪の根源」なのか。それは労働者が企業から自立して団結すること、その団結を階級的に強め、横に連帯することを困難にする組織形態であり、使用者と癒着しやすいから。しかし、昔は「強い」産業別労働組合の存在自体に意義があった。企業別労働組合はその行動原理（統一要求・統一闘争・統一妥結）を企業の外の産別に求め、運動を高揚・発展させてきた。つまり、産別方針を建前に、団交で、力のない単組役員でも駆け引きができた。「この低額回答では、本部オルグが団交に入る」と一言いえば、回答の上積みそして妥結が簡単にできた。集団交渉と統一ストが産業別統一闘争のダイナミズムの仕組みだった（それも総評四〇年史の一九八〇年まで）。……今は、その建前も闘いも消えてなくなり、一発回答（会社の指し値回答）が罷《まか》り通る時代になってしまった。

（6）どう、企業別労働組合の組織形態を脱却するか。そのアプローチは始まっている。一つ目は組織原理の改変だ。①職域・地域・産業レベルの組合への個人加盟方式、二重加盟方式を改めて法認すること（「幅のある代表制」の公認）。現状でも個人加盟、二重加盟は実態としては存在しているし、「違法」ではない。憲法や労組法で「思想・信条の自由」は認められ、どこの企業別労働組合も組合規約で「人種・宗教・性別・門地または身分によって組合員たる資格を奪われない」とうたっているが、実態は異にする。例えば、関電労組のケース。原発反対の声は上げられないし、政党支持の自由もない。共産党員らは「赤ちゃん」と蔑称され、尼崎火力発電所内の「赤ちゃん収容所」に強制配転、収容された。自殺者も出し、最高裁まで争われたが、億単位の解決金で和解する事件となった（大谷昭宏「関西電力の誤算」、旬報社、二〇〇二年）。

②労組法の改正（二条但書：使用者の利益代表者の厳密な排除／七条三号：使用者からの便宜供与の厳正禁止／〇条：共同決定権のある労働者代表制の新設。（注3））大きくは①・②の二つ、細かく言えば五つほどの組織原理の改変が極めて重要である。企業別労働組合の自力改革はもう無理、組合員のパワハラ被害や賃金差別の苦情についてすら「個人と会社の問題」と逃げをうち、「労働者保護」の最低の役割をも放棄している。そんな企業別労働組合を改造・整形し、非組合員の救済・組織化にもつなげる。ほとんどの企業別労働組合は団結権にもとづく自主的団結体ではなくなってしまっている。

（7）二つ目は複数組合主義への踏み出しだ。現代の企業別労働組合は「正社員クラブ」に蟄居《ちっきょ》し、右はともかくとしても左（良心的組合ふくむ）も、なぜ非正規を排除し、せめて非正規従業員だけの組合（支部・分会）すら作ろうとしないのか。（注4）「一企業一労組」という古いドグマ、ユニオンショップ協定が災いしてきた。「正社員クラブ」が分裂し、非正規が少数組合でも作れば、「一企業一労組」・ユニオンショップはいとも簡単に崩れてしまう。意識は存在に規定されるというが、まずはあるべき姿・形に組合を変えるべきチャンスではないか。正社員の地位と労働条件は非正規労働者の存在なしには成立しない。二〇〇〇万人にのぼる非正規[注5]の領域を組織化の不毛地帯とみるか、運動対象の沃野とみるか。

4 関生型労働運動と業種別・職種別ユニオン運動

（8）日本の産業別労働組合の実態は、企業別組合の超ゆるやかな集まりだ。単産〈単組、という力関係の根拠は単組の自治権（執行権・財政権・人事権）、とりわけ財政（組合費）の大部分を単組が握っていることにある。連合会費は一人当たり八五円（七五円の東京を最低として、その二倍以内の会費を原則としている）、単産会費は一人当たり数百円～一千円超、単組組合費は一人当たり四～六千円といったところか。関生支部は、個人加盟方式を原則として単産〈単組、国際基準の産業別労働組合の構造になっている。だから、産業別統一闘争を十全に展開でき、国際基準の同一価値労働同一賃金も実現できている。関生の業種別・職種別賃金は、企業間格差のない統一賃金を維持し、（筆者注：すでに一〇年前に）平均年間所得は七五〇万円から七八〇万円ほどのレベルに到達している（「世界」二〇〇八年一月号、武建一「貧困＝格差を乗り越える労働運動」）。

　戦後、新生労働組合は、企業単位産業報国会から社長・重役・臨時工らを排除し、「〇×株式会社産業報国会」の看板を「〇×株式会社労働組合」に書き換えた企業別労働組合からスタートした。運動の曲折を経て、日本的経営の「三種の神器」のなかで唯一、企業別労働組合はカンパニーユニオンと化して生き延びている。「日本的雇用慣行」が崩れ、非年功＝非正規労働者の領域が広がっている。この状況下、関生支部の存在と「関生型労働運動」のインパクトは大きい。業種別・職種別ユニオンの展開は、「組織原理の改変」「複数組合主義への踏み出し」によっても大きくひらける可能性がある。

　また、関生は組織化に熱心かつ有力な労働組合の一つだ。協同組合運動で培った相互扶助の精神で「関生型労働運動」の全国化を目指している。しかし、二〇一八年八月から始まった刑事弾圧は、八事件・逮捕者延べ五六人にのぼり、委員長ら役員の勾留は七カ月余、共謀罪の「リハーサル弾圧」の様相を帯び、なお継続している（二〇一九年三月現在）。

（9）そこで視野に入れてほしいのが、日本以前に超格差社会が深刻化しているアメリカで一九九〇年代から台頭している「社会運動ユニオニズム」を担う、新しい労働組織と労働者運動（ワーカーセンター、労働者協同組合、職業相談・斡旋・訓練をおこなうNPO、そして労働組合が織りなすネットワーク）だ。伝統的な労働組合が労働者を組織するモデルはもはや壊れ、企業と労働組合双方の外におかれた労働者の拠り所をつくっている。筆者には「関生型労働運動」と重なって見える。〈資料・新しい労働組織の五類型〉を見て明らかなように、「関生型労働運動」は、すでに「③企業外を基礎として企業内を視野に入れる」を基本スタンスとしながら、整理解雇された場合の「優先雇用協定」（アメリカのセニョリティ＝先任権よりも確かなもの）や広域協同組合内での「共同雇用」、「斬り込み型」の組織拡大運動、[注6] 政策のともなった協同組合実践、労働学校、そして多彩な政治社会運動を展開しており、広く、「①企業内重視」〜④企業外重視」のネットワークの触媒となる「⑤中間支援組織（主に労働組合が役割を担う）」の原基を作りあげている。

　ちなみに、③グループのワーカーセンターは労働組合ではないが、実質的に団体交渉の機能も果たしているし、最も発展している④グループの、中核組織であるワーキングアメリカは三五〇万人（二〇〇三→二〇一〇年）を数え、「企業外重視」を徹底化させたCHCA（在宅介護労働者協同組合）は介護施設やレストランを、食品商業労働組合はスーパーマーケットを経営するに至っている。

（10）一つの企業に長い間、安定的に雇用され、男性が稼ぎ頭となってきた社会は日本も同じように崩壊している。企業と組合の関係の外に置かれた労働者の数も拡大の一途だ。「労働に生活を包摂する」から「生活に労働を包摂する」組織が誕生するのは当然の結果だ。長期安定雇用のもとで賃金と社会保障が守られる労働者もいるが、その数は絞り込まれてきている。そこにとどまる限り、労働者の権利や組合の役割を議論しても不毛だ。平たく言えば、分断された人々の「絆」をどうやってつなぎ合わせるのか。企業と組合双方の外に置かれた労働者の拠り所を地域コミュニティに作る。それは、誰か有力なリーダーが為すわけではない。当事者を見出し、自発的な参加を促すオーガナイザーの存在が大きい。人々の絆をつなぎ、関係当事者の間に立って利害を調整するコーディネーターをどう計画的に作るか。その供給源は労働組合員、学生、社会福祉関係者、宗教関係者など様々だ（遠藤公嗣・筒井美紀・山崎憲「仕事と暮らしを取り戻す―社会正義のアメリカ」（第四章「支え合う社会を復活させる―ソーシャルネットワーク化する組織」、岩波書店）。

また、先のアメリカ大統領選では社会民主主義の台頭（サンダース旋風）に驚かされたが、社会民主主義が「社会自由主義」に変節したと酷評された「ヨーロッパ主義」の系譜のなかには、ドイツやスウェーデンのように職場、企業、産業、学校、自治体、国家などの様々なレベルで、市場経済を規制・調整する制度や組織を作り、高水準の平等と効率の組合せを実現している事実にも着目すべきだ。

（11）企業別労働組合が上部組織や地域との連帯を分断し、連帯意識の形成を阻む役割を果たし続けている。階級連帯が後退し、見えなくなっているのはそれを阻んでいる様々な「構造問題」が横たわっているからである。企業と運命を共にしている企業別労働組合はいかに強固に見えてもそれは普遍的ではないし、微細な存在でしかない。日本の労働運動は、わずか戦後二世代で活動家が払底してしまった（労働界の「二〇〇七年問題」）が、「まだこのレベル」とみなすこともできる。為すべきことに不足や過ちはなかったか。連合結成が本当によかったのか、連合が社会的役割を果たし得なければ、「統一は分裂の始まり」になり、リセットされるしかない。

【注】

（1）「疑獄、汚職事件もただ酒をご馳走になる習慣から起きる」（一九五四・京大瀧川学長の式辞）、「ただ酒には大きい落とし穴が、ただゴルフも大変危険であることを肝に銘じ、けじめを失うな」（一九九七・京大井村学長の式辞）は、けだし金言だ。

（2）一九六〇年代後半から七〇年代にかけて、「特別防衛保障」という暴力ガードマンが、まずは大学紛争の鎮圧、次いで労働争議介入に投入された。屈強な体育系出身の右翼思想の若者で組織されていた。本山製作所、報知新聞、那珂湊市役所、宮崎放送などの争議に介入し不敗を誇っていた。大阪では、一九七一年の港合同の細川鉄工などに介入し、手甲《てっこう》をはめ乱闘服に身を包み、こん棒と楯《たて》で武装したガードマンは、暴力団以上に公然と暴力を振るったので闘いは肉弾戦となった。当時はガードマンには何ら規制がなく、野放しだった。これが警備業法制定（一九七二年）となり、現在、民間警備会社（民警）はセコム、アルソックの大手を中心に五〇万人を擁する。自衛隊二三万人、警察官二四万人の合計を上回る業容だ。この暴力ガードマン事件は、二〇一七年暮れから始まっている「関生つぶし」に介入してきた右翼レイシスト集団の事件に重なる。

（3）共同決定権のある労働者代表制：一九八九年、西谷敏教授は、過半数代表制の形骸化は法目的に反する事態をもたらしているとして、「共同決定権のある労働者代表制」「常設の労働者代表委員会の設置」を提案した。四半世紀以上が経過したが、この間、過半数代表の機能が一層肥大化する一方で、制度改革が全くなされていないために事態が一層悪化。①労働組合の組織率の低下とともに、過半数組合が存在しない事業場が増えている。②非正規の急増（四〇%超）にもかかわらず、非正規の声を反映する仕組みが形成されていない。正社員組合の意見を聴取すればよいというのは奇妙な事態である。③労基法二条一項の宣言する労使対等決定原則に背馳し、（筆者注記：「働き方改革法」で明らかなように）労働者保護よりも使用者保護の役割を果たしている。新たな労働者代表制の確立が急務である。

（4）複合産別のゼンセンは流通業界の非正規を七〇万人ほど組織化し、連合内トップの一六〇万人。しかし、労使一体の上からの組織化方法は不当労働行為と認定され、チェックオフした第二組合の組合費相当額をパート労働者に返還せよとの救済命令がなされた（二〇一七年一二月一一日大阪府労委「サンプラザ事件」）。なお、第一組合は、自治労・全国一般大阪のサンプラザ労働組合。

（5）「居酒屋から消えた貧困層：日本社会は貧困層を居酒屋から追い出し、社会を分断しかねないところまで格差を拡大させました。社会学は日本の社会構造を、会社経営者らの資本家階級、自営業者らの旧中間階級、管理職や専門職の新中間階級、現場で働く労働者階級と四つに分類してきました。ところが二一世紀に入って非正規雇用が増え、正規雇用との間に相当な格差が生じた。その結果、アンダークラスが新たに生まれました。首都圏調査では、この層の四九%が酒を飲まない、ひときわ酒代を節約しているという結果が出ました」（二〇一八・六・九朝日新聞・耕論「せんべろ　軽く一考」、橋本健二早大教授）。

（6）「斬り込み型」の組織拡大運動：通常の組織拡大は未組織労働者の労働相談や駆け込みといった「受け身」の契機だが、関生の組織拡大はプロジェクトチームを作り、ターゲット（職場）にむけてのアプローチを計画的に行い、公然化の成果を上げてきた（関西地区生コン支部闘争史「風雲去来人馬」p四一〇）。しかし、その組織化手法はゼンセン方式とは真逆のものだ。

＜資料図・新しい労働組織の五類型＞

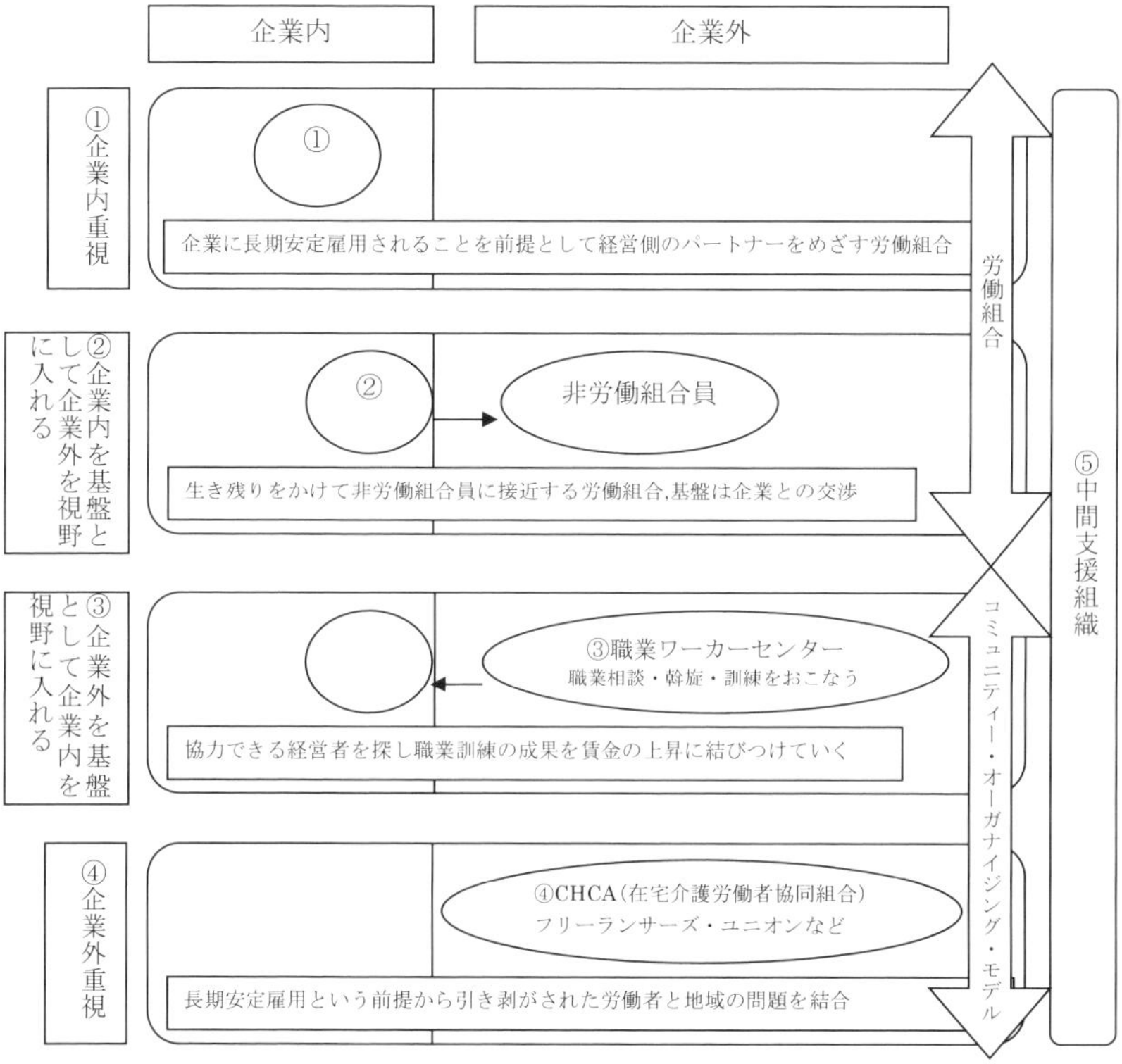

(前掲書「仕事と暮らしを取り戻す—社会正義のアメリカ」P122)

㈡ まっとうな移民政策を　――労働者が労働者として移動する社会へ

鳥井　一平

1 沸騰する受入れ論議

　現在、政府内において急ピッチで外国人労働者の受入れのための在留資格新設の検討が進められている。二〇一八年秋の国会に法案上程をするためである。

　二〇一八年二月二〇日、経済財政諮問会議が「専門的・技術的分野における外国人材の受入れに関するタスクフォース」の設置を決定し、二月二三日に第一回が開催された。以降、異例の早さで会議（幹事会）が四月一二日までに計八回開催された。これに合わせて日本商工会議所が四月二六日に「専門的・技術的分野の受け入れに関する意見～新たな在留資格『中間技能人材』の創設を～」発表、四月二七日には自民党特命委員会が「外国人材の活用」を示し、そして五月二九日、第二回タスクフォースにおいて、「制度案の方向性」を出すに至った。これらを受け、六月五日の経済財政諮問会議で、「新たな外国人材の受入れについて」、骨太方針の原案が承認され、六月一五日の骨太方針閣議決定となった。なお、この直前の六月一三日には、「新たな外国人材の受入れについて「愛知県要請」が、在留資格「産業人材」として発表されている。

　その後、七月二四日に外国人材の受入れ・共生に関する関係閣僚会議が開催され、法案提出に向けて着々と準備が進められている。

　この一連の動きに対して、新聞各社、メディアが一斉に、年初から外国人労働者の受入れ拡大と報じて、論議が沸騰している。また、アジアの送り出し各国でも大変な「騒ぎ」となっているようである。

　この受入れ論議の直近のきっかけは二〇一三年秋のオリンピック・パラリンピックの東京開催の決定であろう。しかし、いわゆる人口減少社会、「人手不足」の構造的要因はずっと以前に起きていたことであり、事実何度か受入れ論議が行われ、なし崩し的、その場しのぎ的な外国人労働者受入れ策（制度）は行われてきてきた。政府が「移民政策はとらない」、「移民政策と異なる」と強弁するのは、とりわけこの三〇年間の実態として行ってきた日本政府の移民政策（受入れ政策）の歪み、誤りを覆い隠すためであるともいえる。

2 どこから「受入れ論議」は始まったのか

ニューカマーの登場

今、日本における外国人を大きく二つのカテゴリーに分けて議論されている。

①オールドカマー　戦争を前後してむりやり連れてこられた、あるいは来ざるを得なかった人たち、その子、孫、子孫であり、在日と言われる人など、おもに国籍としては中国、朝鮮、韓国の人々である。②ニューカマー　一九八〇年代にバブル経済を背景に急増した人々。おもにイラン、南アジア、東南アジア、アフリカ、南米、中国、韓国出身の人々である。

本文書で外国人労働者と表現する場合、おもにニューカマーを指して述べていることを承知してほしい。決してオールドカマーの人々に人権、生活権に問題、課題がないわけではない。とりわけ在日コリアンへの差別攻撃である近時のヘイトスピーチ問題は、この社会全般の行く末に関わる課題であることは論を待たないが、ここではニューカマーに焦点を当てて述べていくこととしたい。

日本における移民（外国人）労働者

日本社会における移民労働者の時代区分を以下のように分類する。

▼前史　戦争、植民地支配と強制連行など
▼一九八〇年代「バブル経済」ニューカマーの登場
イラン、南アジア、アフリカ、韓国などから観光などで入国
▼一九九〇年　日系（定住ビザ）施行
おもにブラジル、ペルーなど南米からの日系労働者
▼一九九三年　外国人技能実習制度創設
▼二〇一〇年　在留資格「技能実習」施行
▼二〇一八年　「新たな外国人材受入れ」

オーバーステイ容認政策と外国人春闘

一九八〇年代後半からニューカマー外国人労働者が、バブル経済を背景にダイナミックに日本社会に入ってきた。一九六〇、七〇年代に先進的学生運動や人権活動家によって闘われてきた戦後入管体制は人権抑圧の頑強なものとされてきたが、実に「簡単に」「粉砕」された。オーバーステイ労働者が三〇万人を超えて、おもに中小零細企業の工場や建設現場などで働いていたのである。この事実を法務省入管当局が知らないわけがない。しかし、経済的要請はそれを上回ったのであろう。経営者たちの「庇護の下」でオーバーステイ労働者は活躍した。この時期の外国人労働者の登場と活躍がこの日本社会に与えた影響は多大なものであった。私自身が外国人労働者の労働相談に関わる中で実感した「一〇〇の相談に一〇〇の物語」(注1)について、ここでは詳述できないが、外国人労働者たちによる経済活動や地域活動の活性化はもちろんのこと、外国人春闘に見ることができるように、労働者の権利拡大、人権意識の昂揚など、この社会への貢献の足がかりをつくってきた。

ようやく始まった外国人労働者問題としての論議
四つの報告と提言

なし崩し的受入れとしてのオーバーステイ容認政策と日系ビザの創設、外国人研修・技能実習制度は、様々な労働問題、人権侵害を引き起こしてきた。賃金未払い、解雇、労災の多発など労働基準を壊し、社会規範・倫理も歪ませてきた。地域においては生活慣習、宗教、文化の違いによる摩擦も生まれてきた。同時に医療、福祉、教育問題など生活全般への施策も行われずにきた。一九九三年の外国人春闘以来取り組まれてきた省庁交渉において、移民外国人労働者問題に対応するべき省庁が不存在であることが問題とされてきた。形式的には外務省外国人課であるとされていたが、当然にも日本社会における外国籍労働者・住民への対応ができるわけもなかった。私たちは繰り返し、縦割りではなく省庁間の横断的対応を求めてきた。そのような状況下、ようやく二〇〇一年に経済産業省（社会経済生産性本部）が「少子・高齢社会の海外人材リソース導入に関する調査研究　報告書」を発表し、翌二〇〇二年に厚生労働省が「外国人雇用問題研究会報告書」、二〇〇四年に日本経団連が「外国人受け入れ問題に関する提言」で「多様性のダイナミズム」「外国人受け入れの三原則」を示し、同年外務省が海外交流審議会答申として「変化する世界における領事改革と外国人問題への新たな取り組み」において、外国人問題への省庁横断的取り組みの必要性を示した。

沸騰した「受入れ論議」

少子高齢、人口減少社会の警鐘が打ち鳴らされ、二〇〇五年一二月から外国人労働者の「受入れ論議」が以下のように沸騰する。

規制改革・民間開放推進会議（第二次）二〇〇五年一二月／日本経団連 規制改革要望 二〇〇六年六月／法務副大臣プロジェクトチーム二〇〇六年六月／副大臣会議プロジェクトチーム「外国人労働者の受入を巡るとりまとめ」二〇〇六年六月／外国人労働者問題関係省庁連絡会議二〇〇六年六月／骨太方針二〇〇六年七月／自民党外国人労働者特別委員会二〇〇六年七月／規制改革・民間開放推進会議（第三次）二〇〇六年一二月／日本経団連「外国人材受入問題に関する第二次提言」二〇〇七年三月二〇日／経済財政諮問会議 労働市場改革専門調査会第二次報告二〇〇七年九月二一日／「外国人労働に関わる制度改革について〜研修・技能実習制度のあり方を中心に〜」衆議院調査局厚生労働調査室二〇〇七年一一月／「外国人労働者問題 〜外国人研修・技能実習制度を中心に〜」／規制改革会議二〇〇七年一二月二五日「規制改革の推進のための第二次答申」

そして、二〇〇八年一月に国立国会図書館による「人口減少社会の外国人問題」と題する総合調査報告書が出される。この一連の「受入れ論議」のとりまとめとして、自民党国家戦略本部 日本型移民国家への道プロジェクトチームにより、「人材開国！日本型移民国家への道 世界の若者が移住したいと憧れる国の構築に向けて」（座長：木村義雄＊自民党外国人材交流推進議員連盟二〇〇八年六月二〇日）が発表され、同日、厚生労働省は「研修・技能実習制度研究会報告書」（二〇〇八年六月二〇日）を出した。翌七月には、自民党国家戦略本部外国人労働者問題プロジェクトチームが「『外国人労働者短期就労制度』の創設の提言」（座長・長勢甚遠 事務局長・河野太郎 筆頭幹事・塩崎恭久 二〇〇八年七月二二日）を発表し、「国際貢献」名目ではなく外国人労働者受入れの新たな制度が提起された。

ただ、その後、リーマンショックと政権交代によって「受入れ論議」は一旦頓挫する。これは民主党政権に外国人労働者受入れについての議論が醸成されていなかったことによる。しかし、民主党政権下において、「日系定住外国人施策に関する基本指針」（二〇一〇年八月三一日）、「日系定住外国人施策に関する行動計画」（二〇一一年三月三一日）として、「日系定住外国人」に特定したとは言え、生活領域に踏み込んだ施策を行ったことは評価できる。

再び沸騰した「受入れ論議」

二〇一三年九月に、二〇二〇年オリンピック・パラリンピックの東京開催が決まり、二〇一四年年明けから、メディアが次々と「人手不足」の大合唱を展開する。以下、二〇一七年までの主な動きを示す。

自民党日本経済再生本部 労働力強化・生産性向上グループ（主査：塩崎恭久）「労働力強化に関する中間とりまとめ」二〇一四年三月二六日／「建設分野における外国人材活用に係る緊急措置」四月四日／第六次出入国管理政策懇談会・外国人受入れ制度検討分科会「技能実習制度の見直しの方向性に関する検討結果（報告）」六月一〇日／第一二回経済財政諮問会議 第一八回産業競争力会議（第六回経済財政諮問会議・産業競争力会議合同会議）「日本再興戦略改定二〇一四」六月二四日閣議決定／外国人介護人材受入れの在り方に関する検討会一〇月三〇日／技能実習制度の見直しに関する法務省・厚生労働省合同有識者懇談会一一月一〇日／第六次出入国管理政策懇談会報告書一二月二六日／技能実習制度の見直しに関する法務省・厚生労働省合同有識者懇談会報告書二〇一五年一月三〇日／外国人介護人材受入れの在り方に関する検討会中間まとめ二月四日／介護→在留資格新設検討、家事労働者→特区／外国人建設・造船就労者受入事業四月一日／外国人技能実習法案上程二〇一六年／ 外国人介護人材受入れの在り方に関する検討会報告書三月七日／経済産業省 製造業外国従業員受入事業 三月一五日／自民党・労働力確保に関する特命委員会 五月二四日／外国人技能実習法施行二〇一七年一一月一日／外国人建設就労者受入事業見直し一一月一日／介護職、技能実習に追加一一月／国家戦略特別区域農業支援外国人受入事業一二月

そして、冒頭述べたように、本年（二〇一八年）、本格的「受入れ論議」となっている。

3 労働者を労働者として

偽装する政府、私たち、私たちの社会

政府の歪んだ移民政策は、在留管理としては、二〇一二年の外国人住民票の導入を経ながらも、戦後入管体制を引き継ぐもので、依然として外国人を監視、管理の対象とするものである。そして、受入れ策としては以下のような流れを経てきている。

一九八〇年代　オーバーステイの容認
一九九〇年　日系労働者の導入
二〇一〇年　外国人技能実習制度の固定化、拡大

受入れ策は、基本的には「期間限定労働力」＝「外国人使い捨て」というべき政策に終始してきた。とりわけ二〇〇五年以降の「受入れ論議」の中心は一貫して外国人研修・技能実習制度であり、二〇一〇年以降は外国人技能実習制度に純化し、拡大させてきた。これはデータ、数字、あるいはこの三〇年間、頻発する労働問題、人権侵害が事実として如実に物語っており、国際社会から、人身売買構造、奴隷労働として厳しく指摘されてきた(注2)一五八〜一六七。

外国人労働者を労働者として受け入れていないこの社会の実態は《次頁グラフ》に示されるように、外国人労働者総数約一二八万人の内、労働者としての入国者（在留）は全体の一九％に過ぎず、技能実習生と留学生で四〇％を超えていることに表れている。産業別にみると、農業では七九％、建設では六六％が技能実習生となっている。

また、地方においては、外国人労働者の大半を技能実習生が占めるというこれもまた歪んだ現象《次頁表》がある。今なおある技能実習制度存続論は、「技術移転」や国際貢献とは縁もゆかりもなく、この実態を反映しているに過ぎない。

昨年来、「偽装難民」キャンペーンが行われているが、難民受け入れの正面からの議論の大切さを踏まえつつも、外国人に偽装させているのは私たち自身であることを自覚しなければならない。技能実習に偽装し、留学に偽装し、労働力補充を行っているのは私たちの政府であり、この社会である。留学の事前研修として大手コンビニが送り出し国でレジ打ち研修を行っている偽装ぶり、欺瞞を直視しなければならない。

外国人労働者の労働問題や人権侵害について、ブローカーなど送り出し国の取り締まり強化の論調があるが、重

ねて強調したいのは、偽装しているのは送り出し国ではなく私たちなのであり、全ての要因はこの社会にある。

私たちが求める移民政策、受入れ政策

《グラフ》外国人労働者雇用状況　厚労省 2017 年 10 月

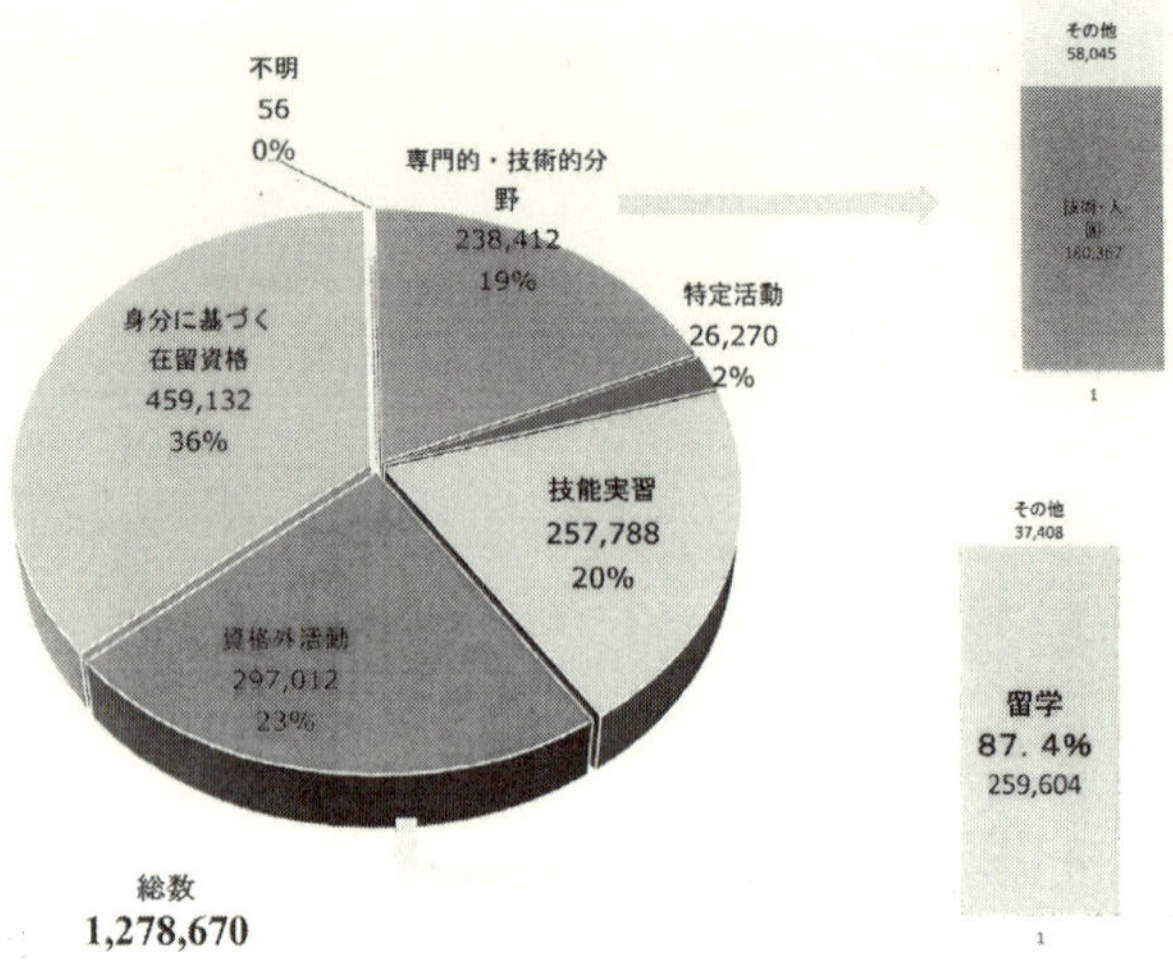

《表》外国人労働者数に対する技能実習生比率
厚労省 2017 年 10 月

愛媛	5,324	47.9%
徳島	2,381	43.3%
香川	4,734	41.9%
宮崎	2,141	39.9%
熊本	4,796	38.5%
岩手	2,471	38.3%
鹿児島	3,164	37.8%
佐賀	2,049	37.1%
青森	1,568	31.9%
高知	1,206	29.2%
鳥取	1,200	28.9%

産業別・農業では
79.2%
・厚労省2016年10月
農業・林業23,776人・
JITCO白書2017年版
2号移行申請者数
9,979+8,856

産業別・建設では
66.3%

私たちが求める外国人労働者受入れ論議は、この三〇年間の労働問題、人権侵害の事実を直視し、すでに移民外国人労働者がこの社会を支えている事実に立脚したものでなければならない。

「オーバーステイ容認政策」時代から外国人労働者問題はその家族を含めて、実は、この社会の労働基準の実態、医療福祉の水準、人権の水準の鏡であり、教育、文化のあり方、地方自治のあり方、防災の視点を映し出すものであり、私たちの社会に地球規模の社会規範、スタンダードを意識喚起させるものであった。すでにニューカマーの二世、三世が活躍しはじめ、とりわけスポーツの分野ではメディアでの登場も増えている。あえて言うならば、オリンピック・パラリンピックの東京開催もこの三〇年の移民の受入れとともに環境醸成されてきたのである。

移民外国人労働者とその家族が、職場の一員、地域の隣人として活躍する一方で、労働者としての受入れ拡大の必要性を認めざるを得なくなった今日の情勢においても、未だに政府は「移民政策と異なる」と事実に目を背ける偏狭な考えを捨てないでいる。この政府は、三〇年間の「教訓」をねじ曲げてとらえているのであろう。定住化させずにいかに期間限定の使い捨ての労働力受入れを行うかに力点がある。

ただ、経済財政諮問会議でさえ、民間議員が「外国人材を安い労働力として考えるのではなく、人として受け入れることがとても大切。」との指摘をしている。ここに表れている社会からの要請に、七月二四日以降は「外国人材受入れ」に「共生」を追加した。このことを弥縫策にさせないようにしたい。

私たちが求める受け入れは、簡潔明瞭である。労働者が労働者として移動できるということに尽きる。フィラデルフィア宣言など国際規範、基準に則り、労使対等原則が担保された「受入れ制度」でなければならない。移民外国人労働者とその家族はこの社会の基盤をともにつくる仲間、隣人としてすでに活躍しており、この社会の展望の可能性を大きく広げている。重ねて言うが、この三〇年間、移民外国人労働者とその家族はこの社会に大きく貢献している。

移民外国人労働者のエネルギーは、闘う力

すでに「不法就労は犯罪の温床」や「外国人犯罪キャンペーン」、「雇用競合論」が全く事実でなく的外れであることは数字が明確に示している。善意ある見誤りを含めて「日本人と外国人」という二分化ではなく、この社会を共に構成し、共に生きていく働く仲間、地域の隣人として移民外国人労働者とその家族の社会参加がある。移民外国人労働者が定住を望むような社会、それに見合った制度にしたい。労使対等原則が担保され、「違い」を尊重しあう多民族・多文化共生社会へすすむための「受入れ論議」、移民政策こそがこれからの社会設計に求められる。

4 「新たな外国人材の受け入れ」政府の新方針

二〇一八年一二月、出入国管理法の改正案が国会を通過し、二〇一九年四月一日から施行となる。

改正案は、外国人労働者の受け入れ拡大へ新たな在留資格として「特定技能一号」「特定技能二号」を設け、これまでは受け入れを認めてこなかった未熟練労働分野で働く労働者を合法的に受け入れる政策転換である。

これまでの「技能実習制度」が外国人労働者の人権を踏みにじり、労働災害や、最低賃金違反の奴隷労働を強いてきた批判を受け、「在留期間五年」「職業選択の自由」などを盛り込んだ改正内容になっている。しかし、今回の改正でも、外国人労働者を「商品」としてとらえる考え方は変わっていない。「外国人人材」という言葉が端的にそのことを示している。

そして、現在「技能実習」で三年以上の経験があれば、「技能と日本語能力試験」を受けなくても特定技能一号へ資格変更ができる。そして最大五年間の滞在が可能となるが、家族帯同は認められない。「特定技能二号」は「熟練した技能」が必要で、期間五年で更新ができる。家族帯同も認められ、事実上の移民となるが、安倍首相は「移民でない」と言い張っている。すべての外国人労働者に家族帯同を認めることは人道に反する。

これらの新たな「特定技能」在留資格は一四業種、最大三四万千人。内訳は介護六万人（介護施設での入浴、食事、排せつ介助など身体介助が認められたが、個人宅を訪問するホームヘルパー『訪問介護』は認められない）外食五・三万人、建設四万人、ビルクリーニング三・七万人、農業三・六五万人、飲食料品製造業三・四万人、宿泊業二・二万人、素形材業二・一五万人、造船業一・三万人、漁業九〇〇〇人、自動車整備業七〇〇〇人、産業機械製造業五二五〇人、電氣・電子情報業四七〇〇人となっている。これらの労働者にはこれまで技能実習生として位置づけられてきた。人権侵害を惹き起こしてきた技能実習制度はただちに廃止すべきである。

5 今こそ！　包括的な移民政策を

現在までに一二八万人の外国人労働者が働いている。今回の入管法改正により三四万人の新規在留資格労働者の増加が見込まれ、そしてこれまでの在留資格で働く労働者の今後の増加を考慮すると、これらの労働者を含めた「包括的な移民政策」が必要であることは言をまたない。労働現場においても地域など生活の場においても多文化共生は喫緊の課題である。

昨年一〇月三一日に「守ろう！外国人労働者のいのちと権利」の院内集会が参議院議員会館で開かれた。主催は、移住連はじめ、連合、在日ビルマ市民労働組合ＦＷＵＢＣ、ものづくり産業労働組合ＪＡＭ、外国人技能実習生問題弁護士連絡会、日本労働弁護団、外国人技能実習生権利ネットワークによる集会実行委員会。

続いて一一月二一日にも「今こそ、包括的な移民政策を！政府が進める『新たな外国人材の受入れ』を問う」院内集会が移住連の主催で開かれた。最後に、一〇月二五日に私が代表理事を務める移住連が表明した「『出入国管理及び難民認定法』及び『法務省設置法』改定案の骨子」に対する意見――今こそ、包括的な移民政策を――示し、まとめとしたい。

「『出入国管理及び難民認定法』及び『法務省設置法』改定案の骨子」に対する意見
――今こそ、包括的な移民政策を！

二〇一八年一〇月二五日

二〇一八年一〇月二五日、外国人材の受入れ・共生に関する関係閣僚会議で、来年四月からはじめられるとされる「外国人材の受入れ」に向けての『出入国管理及び難民認定法』及び『法務省設置法』の一部を改正する法律案」の骨子（以下「骨子」）が公表された。そこで示された案に対して、移住者の権利と尊厳の保障を求める立場から、以下意見を明らかにする。

1　新たな「外国人材」の受入れについて

(1)　「外国人材」ではない！

「成長戦略」を掲げる第二次安倍内閣の発足以降、「外国人材」という表現が政府内で用いられている。このことは、労働力を「商品」として捉え、その有用性のみを「活用」しようとする、現政権の姿勢を端的に表している。労働者・生活者としての権利を保障し、同じ社会で共に生きる「人間」として迎え入れるという大前提のもと、「外国人材」という用語の使用はやめるべきである。

(2) **外国人労働者に家族帯同の権利の付与を！**

骨子では、「深刻な労働力不足」に対応し、日本社会の「経済・社会基盤の持続可能性」に寄与するために、外国人労働者——すなわち「相当程度の知識又は経験を要する技能を要する業務に従事する外国人」（在留資格「特定技能一号」）と「熟練した技能を要する業務に従事する外国人」（在留資格「特定技能二号」）——を新たに受け入れることが示されたが、前者の外国人労働者に対しては、家族の帯同が認められていない。最長五年間、家族が離れ離れになる可　能性があることは人道的に極めて問題であり、見直しを強く求める。

(3) **技能実習制度の廃止を！**

骨子では、技能実習制度において技能実習二号を修了した者が、新たな在留資格として設けられる、「特定技能一号」へ移行することが可能とされている。技能実習制度は、途上国への技能等を移転することを本来の目的としながら、実際には人手不足対策に利用され、さまざまな人権侵害を引き起こしてきた。「技能実習」から「特定技能」への移行は、現状追認であり、技能実習制度が「労備力補充システム」であることを認めたことを意味する。技能実習制度は、ただちに廃止されるべきである。

(4) **雇用の調整弁として外国人労働者を利用すべきではない！**

新たに受け入れる外国人労働者の雇用形態について、骨子では原則として直接雇用としながらも、分野の特性に応じて派遣形態も可能となっている。外国人雇用状況の届出（二〇一七年一〇月）によれば、外国人労働者の二一・四％が間接雇用であり、日本全体の三％程度と比較して間接雇用比率が高くなっており、そのことが、外国人労働者の就労の不安定さの原因にもなっている。したがって、新制度における受入れは、直接雇用に限るべきである。

さらに、骨子では、人手不足の状況の変化等に応じて「分野別運用方針の見直し又は受入れ停止・中止の措置を講じる」ことが示されている。これは、新たに受け入れる外国人労働者を雇用の調整弁として利用することを容認するものであるので、見直しを強く求める。

(5) **外国人労働者への「支援」は国や地方自治体が行うべき！**

受入れ機関や登録支援機関に、新たに受け入れる外国人労働者に対する一次的な「支援」を担わせるべきではない。受入れ機関と登録支援機関の役割は、技能実習制度における企業単独型の実習実施者、及び団体監理型の監理回体のものに類似している。技能実習制度において見られたような「支援」の名を借りたブローカーの介在を許してはならない。そのためにも、「支援」は「支援」として国と地方自治体が行うべきである。

新たに受け入れる外国人労働者に対する「生活のための

日本語習得の支援」についても、受入れ機関や登録支援機関にまかせるのではなく、国や自治体など公的機関が責任をもって行うべきであり、そのためには必要な予算措置を講じるべきである。

(6) 悪質な紹介業者の介在を排除するしくみの構築を！

骨子では、「保証金等の徴収がないことを受入れの基準とする等の防止策を講ずる」とあるが、技能実習制度の経験が示唆するように、民間の送出し機関に頼っていては、悪質な紹介業者を実質的に排除することは不可能である。したがって、新たな外国人労働者の権利を保障するためには、技能実習生や留学生の送出しと切り離し、公的な送出し機関と国レベルで契約することが求められる。

2 法務省は司令塔的役割を果たすべきではない！

二〇一八年六月一五日に閣議決定された「骨太の方針」には、「外国人の受入れ環境の整備は法務省が総合的調整機能を持つ司令塔的役割を果たす」とあるが、骨子で示された法務省設置法の改定案では、法務省の任務は「出入国及び在留の公正な管理」とされている。そして、当該任務を担うことを目的として、法務省の外局として「出入国在留管理庁」が設置されることで、管理強化が進行することが懸念される。

外国人労働者の新たな受入れにあたっては、「管理」よりも「支援」や「共生」が優先されるべきであることから、「総合的調整機能を持つ司令塔的役割」は、既存の省庁においては「内閣府」が担うべきである。内閣府において対応が難しい場合は、専門的省庁が別途設置されるべきである。

外国人労働者とその家族は、すでにこの社会において、事業の担い手、産業の担い手、地域の担い手として活躍している。この事実を直視した移民政策こそが求められている。

外国人労働者の「受入れ」とは、「人間」の「受入れ」である。移住者とその家族をはじめ日本社会に生きるすべての人々が対等な立場で社会に参加し、主体的に議論することで、まっとうな移民政策を確立していかなければならない。そのためには、出入国管理及び難民認定法だけでは不十分であることは、少なくともこの三〇年間に引き起こされた外国人労働者とその家族の人権問題、労働問題等の事実から明らかである。これらを教訓とし、よりよい多民族・多文化共生社会に向けた、包括的な「移民基本法」と実質的な差別解消を担保する「差別禁止法」を制定することをあらためて提言する。

3 他民族・多文化共生社会へのユニオンアプローチ

(1) 参加型の自主対応労働運動

外国人労働者問題に全統一労組として取り組みはじめて三〇年になる。その頃の全統一労組では、本部集中とオルグ代行主義が組合の活力を失わさせていた。その弱点を克服するために「参加型の自主対応労働運動」を提起した。特に、労働の安全と衛生が無視されていること、とりわけ増加しつつあった外国人労働者の権利と安全に着眼し、取り組みを急いだ。

これは全統一だけではなく、全国一般南部支部や神奈川シティユニオンなどと「外国人労働者春闘」を展開、省庁交渉などを取り組んだ。全国の安全センターや神奈川労災職業病センター、東京亀戸ひまわり診療所などの協力もあり、一九九七年に「移住連（移住者と連帯する全国ネットワーク）」を結成した。この取り組みの大きな契機になったのが、外国の会議に参加したことだ。そこで、「国際基準がキーポイントになる」と思った。それは「市民社会の一員としての労働組合活動を展開すること」だ。

(2) 市民社会の一員としての労働運動

ヨーロッパやアメリカでは、労働運動は労働組合だけの運動ではない。市民・市民社会が何を目ざしているのかを考えながら労働者、労働組合と市民が共に闘わなければならない、という視点を持っている。そこでは、手弁当で駆けつける市民の力や、研究者の力も借りてはじめて前進する。労働組合はいわば一つのツールであって、その活動は社会を反映し、社会に反映するものでなければならない。労使対等という原則は、民主主義社会を支え、多民族・多文化社会を支えるものだ。労働力を高く売る、差別を許さない、労働者の安全を守る、これらを社会に反映しなければならない。そこでは目ざす社会のあり方を、市民社会と共に考えることで成り立つ。

労働組合運動は、メインストリームではなく、市民社会の一員であり、大きなツールであるという指摘には「そう？」という意見もあるだろう。だが、さまざまな社会運動、そして目ざすべき社会、他民族・多文化共生社会にむけたユニオンアプローチとして、考えていかなければならない。

NPO法人 移住者と連帯する全国ネットワーク（移住連）

【注】

（1）「外国人労働者権利白書」生活権利のための外国人労働者実行委員会、「移住者が暮らしやすい社会にする三〇の方法」合同出版、「命の差別」労働安全衛生センター全国連絡会議、「興行ビザ」による人権侵害など。

（2）アメリカ国務省人身売買年次報告書二〇〇七〜一八・国連自由権規約委員会勧告二〇〇八／一〇／三〇・国連女性差別撤廃委員会総括所見二〇〇九／八／七／国連女性と子どもの人身売買特別報告者勧告二〇一〇／六／三・国連移住者の人権に関する特別報告者勧告二〇一一／三／二一／・国連自由権規約委員会勧告二〇一四／七／二五／国連人種差別撤廃委員会勧告二〇一八／八／三一

㈢ 地域ユニオン運動の可能性 ――社会福祉施設の自主管理

嘉山　将夫

1 地域ユニオン運動の現状

埼京ユニオンは埼玉県を中心に活動している個人加盟の地域合同労組です。また、北関東ユニオンネットワークに参加していて、数年前はブラジル人労働者への相談活動などで一時は毎週埼玉から群馬の大泉まで通っていました。その頃は一年間で一〇〇名以上の日系ブラジル人労働者が埼京ユニオンに加盟し、その企業も数十社に上りました。社会保険加入が彼らの要求なので、うちに加盟すると各会社との交渉ではほぼ一〇〇％加入がオーケーになることで、芋づる式に彼らはどんどんやってきました。今まで社会保険加入がなかなか出来なかったことが、埼京ユニオンに入ればすぐ実現出来るので、埼京ユニオン加盟した人たちをゲバラグループと呼んで、俺なんか革命家「ゲバラ」に見られてどうしようもなく忙しかったものです。

最近の地域ユニオンをめぐる情勢を一言で言えば、「職場はほとんど無法地帯」ということでしょうか。埼京ユニオンでは毎年労働局交との交渉を行ってきましたが、埼玉労働局の報告では、何らかの労基法違反企業は六八％にのぼります。サービス（不払い）残業と長時間労働の蔓延で、中小企業はほとんどが労基法違反の無法地帯となっています。しかし監督行政も後退していて、監督官の数は、本来六〇〇〇名のところ現状は二〇〇〇名です。伊勢崎・佐野労基署は廃止となり、監督官代行で社会保険労務士採用の動きがあります。

一方で非正規労働者はどんどん増える一歩で、労働組合の組織率は下がる一方です。これは、一九九五年に日本経団連は「新日本的経営」の新しい雇用形態を提唱して、労働者を①高度熟練型で正社員、②専門性中心の正社員・非正規、③必要な時の労働力非正規社員の三つに分けましたが、それ以降のグローバリズムの進展と規制緩和の流れによって、全体の雇用者数六〇〇〇万人のうち正規雇用は三六〇〇万人非正規は二四〇〇万人と、全労働者の四割は非正規労働者となり、そのうち有期雇用労働者は一四八五万人、うち五年未満一〇四七万人、五年超が四三八万人いて、臨時、契約、パート、派遣など雇用の多様化と年収二〇〇万円程度の低賃金層が増加しています。そして、労働組合組織率は一七・三％です。

最近の労働相談事例でいいますと、さきほど「職場はほとんど無法地帯」と言いましたように、会社はほとんどブラックで、職場の無法地帯化の進行によって労働者は殺されるといった状況です。

一つめは、ヤマニ屋物流サービスの例です。相談してきたのは五四歳のコンテナ海運送ドライバーの方で、昨年一〇月四日に脳梗塞で緊急入院して、左半身不随で入院治療になりました。仕事は「茨城県古河市にある本社に深夜一時に出動→二時出発→四時三〇分に東京大井埠頭に到着→横浜本牧ふ頭→茨城常陸那珂埠頭→二一時帰宅→その後深夜一時に出勤」の繰り返しで、熟睡できるのは三時間、一日二〇時間労働です。この殺人的長時間労働のカラクリは、労基法は「運転時間＋手待ち時間＝労働時間」と規定していますが、ダジタコで労働時間を管理して、待機時間はすべて「休憩時間」と打刻、手持ち時間もすべて休憩時間とされます。さらに会社は「高速は使うな！」との指示で、自宅に帰れない場合は自腹で高速代を支払わされ、それでも帰宅困難な場合は車中泊です。労災申請と長時間労働の抜本是正と未払い賃金を請求して、労災認定と同時に未払い残業が発生しましたが、経営者は「ユニオンが怖い」と言って団交出席を拒否し、東京青山の弁護士と地元の社労士と団交を行っています。人柱労務政策の変更がポイントで、労働時間管理と殺人的長時間労働の廃止が必要ですが、働き方改革の時間外一〇〇時間未満も運輸・建設は五年間適用除外、休日も除外とされています。

二つめの例は、大熊製作所で研修中の女性に重大労災発生の件です。女性は海外営業で採用されましたが、不必要なプレス作業の研修中に鉄片が右目眼球を直撃して緊急入院しましたが、右目失明となりました。しかし労基署は「有期雇用は労基法一九条適用は除外」と認定しましたが、労災は認定されました。その後、その後、会社は有斯雇用期間満了で女性を解雇しました。研修生は、労基法一九条適用除外の有期雇用労働者とされるわけですが、この大熊製作所はキャリアアップ助成金を悪用しているといわざるをえません。

三つめの例は、イラン人労働者の労災隠しとの闘いです。来日二五年、勤続一〇年のイラン人男性労働者、二〇一五年八月に頭に二〇キログラムのチェーンブロックが落下しましたが、救急車も呼ばず→三日後には出社→二〇一六年八月にユニオン加入し→治療を再開して労災申請→労基署は一年前の事案で調査が必要とのこと。二回にわたって労災課と交渉し、二〇一七年一月に支給が決定されました。二〇一七年三月に症状固定（治癒）、握力の低下と神経症状の後遺症障害が残り、元請けと会社に対して損害賠償請求となりました。

2 地域ユニオン運動の可能性

ユニオン活動のベースには相談活動があって、そこにはこれまで述べましたように労働組合もなく無権利状態のままにおかれ、労災事故にあったり、解雇を強要されたりした主に非正規労働者や研修生や外国人労働者たちが相談に来ます。私たちはそれらにひとつひとつ対応するわけですが、現在の戦後労働法制の改悪と規制緩和によって非正規労働者が増える中で、それはいたちごっこと言うよりは、労働組合の組織率は下がりつづけるという後退戦にもあるわけです。しかし、そんな中でも埼京ユニオンに結集した仲間は、分会に結集して展望を切り拓こうとしている。そんな分会を紹介したい。

まずは埼玉県教育委員会に雇用されている臨時教員、非常勤職員と臨時実習助手〇〇名のうちの一五名でつくる埼玉県臨時教職員グループです。非常勤職員は四月一日採用で翌三月三一日で終了、臨時教員は四月一日採用で翌三月三〇日終了で、きわめて不安定な雇用形態で、臨時教員は法的に団交権はありませんが、特別職の非常勤職員は特別職で団交権とストライキ権があります。そして臨時教員の不当解雇で組合を結成して埼玉県教育委員会を相手に年数回の団交と県庁前ビラまき等を継続し、それ以降は解雇なしの安定雇用になってほぼ雇用継続を実現しました。さらにその後、①従前は五〇歳であった臨時教員の定年が六五歳に延長された。②正規採用試験の条件が大きく緩和された。③組合結成後に七名の組合員が正規教員を勝ち取った。④臨時教員と非常勤職員の継続雇用は一〇〇％実現、という大きな成果を勝ち取りました。

次に、労働組合による高齢者介護の福祉施設における自主管理について報告します。これは埼玉県F市にある一〇〇床をもつ特別養護老人ホームで、デイサービス、ショートステイ等も行っており、入所者一三〇名、従業員一四〇名、の綜合福祉センターです。二〇〇六年に埼京ユニオンF分会を組合員二〇名をもって結成し、最大時四五名いましたが、現在は二〇名です。分会結成後に施設の実質的経営権をもつF市と定期的な団交、話し合いを実施し、さらにF市役所前での横断幕掲げた抗議行動など活発な活動を行い、福祉施設の施設長と事務長に埼京ユニオンの元組合役員が就任して、実質的なユニオンによる運営を実施して、定期昇給と夏と冬の一時金のほかに年度末手当ての支給など労働条件の改善も実現しました。

そしてこのことは、たんにユニオンの分会が出来たから賃金条件が改善されたということ以上に、労働運動にとっての意義をもっていると思います。二〇一六年七月に相模原市の知的障がい者福祉施設で、多数の入居者が元職員によって殺害されるという凄惨な事件が発生しました。戦後最悪の大量殺人事件として日本社会に衝撃を与えました。犯人は「障がい者はこの世に必要ない」といった内容の自供をしているようですが、この世に役に立だない人間は必要ないという考え方、これほど恐ろしい考え方はありません。私たちユニオンの分会が運営している施設に入居、利用しているお年寄りは、必要ない人たちなのか。いや違う。どれだけ多くの人を救い、入居後も職員に温かい心を分けているのかを私は知っています。残念なことに、高齢者施設でも事件は発生しています。すべてとは言わないが、その原因の一つに劣悪な労働条件があることが指摘されてます。ユニオン組合員が働く高崎市の介護施設の賃金水準はなんと夜勤勤務を一月五回やって手取りで一六万円であり夜勤がなければ手取りは一四万円です。限りなく最低賃金に近い水準であり、生活保護世帯の保護費と大差ない低賃金です。どうしてこうした低賃金になるのか、その理由は簡単だ。経営者らが過大な報酬を得ていたり、そもそも福祉でお金儲けを考えているからです。つい最近に負債総額は約五四億円で倒産した首都圏で有料老人ホームなど三七施設を運営する「未来設計」など、倒産直前でも創業者は年三億円、過去八年間で創業者に支払われた報酬の総額は計二二億円にのぼるそうです。要は、高齢者介護という極めて公的性格の強い仕事が新自由主義的なもうけ仕事の対象となって経営者には私服を肥やす者が出て、その一方でそこに働く労働者はハードな介護施設での労働にもかかわらず低賃金とされての格差が職員のストレスを産む原因になっていると言えます。こうした状況を改善するためには、なんと言っても職場にきちんとした労働組合が必要であることは明らかです。ユニオンF分会では春闘の賃上げと夏冬の一時金とは別に三月末に年度末手当という年度末賞与が支給されました。ユニオンF分会で出来ることが、他の介護施設で出来ないことはありません。なぜならばどこも介護施設の収入は基本的に決まっているからです。私たちはユニオンF分会の取り組みを他の介護施設の職場に波及拡大していこう、そこにはこれからのユニオン運動の可能性があると考えています

3 まだゲバラはやめられない

最近、ニッサンのゴーン会長の逮捕が話題になっています。私は日産自動車の川口工場で働いていましたが、塩路一郎が組合長であった日産自動車労働組合ではない労働組合を立ち上げて、会社と組合からずいぶんいじめられました。仲間がリンチにあったときなど、どうしようもないから一一〇番するんですけど、警察は「わかりました」と言ってなかなか来ない。リンチしている者達が一斉にいなくなってから、覆面パトカーがやってくるんです。「嘉山さん何かあったの？」と言う調子でね。あれは会社、警察、組合が完全にできてるって感じました。私が本を書くと言うことを職場の支部長がどこから聞いたのか分からないけど社員食堂で並んでた時、後ろで「嘉山さん本を出すんだって」と嫌らしい笑い方をするんだ。それからゾッとすることが分かりました。細かく記していた日記帳が自宅からなくなっていたので、それで「やられた」って、ぴーんときたんです。仲間もひとり殺されました。誰が殺したのかは分っています。後にある会合で塩路一郎とばったり出会ったことがありました。塩路一郎は日産自動車労組組合長、自動車労連会長、同盟副会長を歴任した人で、日産の社内では「塩路天皇」と呼ばれていました。しかし私が「ここで会ったが百年目」みたいな顔でせまると、青くなって逃げ出しました。ゴーン会長はグローバリズムと新自由主義を代表する強欲な経営者ですが、ニッサンの経営者も五十歩百歩でしょうね。ニッサンも変わらないなというのが印象です。

最初に書きましたように、埼京ユニオンは北関東ユニオンネットワークの仲間と一〇年以上共同行動し、連帯して

きています。北関東エリアでは二〇一八年末の入管法改正によって、今後はさらに外国人労働者が増えるであろうし、ブラック企業と非正規労働者も減ることはなく、労働組合の組織率だけは下がっていくといった傾向もつづくだろうと予想されます。しかし外国人労働者が増えればまだゲバラもやめられないだろうし、かつてはカメラのニシダなどで試行錯誤した労働者自主生産も、先に書きましたように福祉施設の労働組合による自主管理をとおして、少しずつ手ごたえと展望が見えてきました。末永くがんばりたいものです。

㈣ 韓国の労働運動から学ぶこと
――労働尊重社会の実現のための合同労組運動を目指して

須永　貴男

1　韓国の民主労組運動の歴史
――反労働の政策と闘い続ける民主労総

韓国の労働運動は第二次大戦後大韓民国成立以来、その姿を変えつつも経済成長を国家目標として反労働の政策を推進する政権と闘いながらその力を生み出してきた。時には労働組合自身が非合法とされ、生存権さえ認めない過酷な労働を強いられるところまで追い込まれながら、その都度同じ攻撃にさらされている労働者の中から共に生きようという叫びが上がり連帯が拡大してきた。政府の反労働の政策とそれに戦い民主労組運動から全国的な民主労総の運動へと発展してきた韓国労働運動の歴史をたどってみたい。

2　大韓民国成立と李承晩政権（一九四八―一九六〇）下の労働運動

一九四五年大日本帝国の崩壊の中で進駐したアメリカ軍政は、反共、民族分断統治をおこなう。一九四八年、アメリカ軍政を引き継いで成立した大韓民国李承晩政府は、憲法に労働三権を明記するが、朝鮮戦争が勃発する中、労働法の成立を遅らせた。その後一九五三年労働法は成立したが、この時の労働組合は反共を掲げる大韓労総で与党を支える基幹団体だった。李承晩政権は独裁を強め不正選挙をきっかけに起こった四・一九学生革命によって退陣する。

3　クーデターで成立した朴正熙政権（一九六一―一九七九）下の労働運動

李承晩に代わって一九六一年五・一六軍事クーデターで朴正熙軍事政権が誕生した。朴政権は一九六三年に民政移管するが、その後は自分を終身大統領とする維新憲法を作り独裁を継続した。体制内の対立で暗殺されるまでの一八年間「先成長後分配」の経済政策を掲げ国家主導の急速な経済開発を進める一方、労働運動に対しては厳しい統制を加え労働争議の禁止、労働団体解体の政策を進めた。クーデター後金融機関を国有化し、民政移管後もコントロールして六〇年代には軽工業化、七〇年代には重工業化が急速に進められる。クーデター当時の人口の八割が農民だった。労働力を安価に抑え競争力を作るため繊維、衣服雑貨などの軽工業で外貨獲得を目指した。その後投資が重工業化に移っても軌道に乗るまでは外貨を獲得し、投資に振り向けなければならなかった。この犠牲となったのが農村からソウルに出て働く若い女工たちだった。低賃金、一日一六時間にもなる長時間労働、栄養失調で命を奪われる劣悪な労働環境に置かれていた。これに対して闘いに立ち上がったのがソウルの平和市場で裁断工だった二二歳の青年チョンテイルだった。彼は勤労基準法の存在を知り独学で学びながら、彼女たちの実情を知らせようと陳情に走り回った。この中で仲間は一〇人程に増えたが官公庁からかえってくるのは冷淡な言葉と警察による排除だった。彼は最後の手段として焼身を選び、一九七〇年一一月一三日自分の体に火をつけ苦痛の中で叫んだ。

「勤労基準法を遵守せよ！」「我々は機械ではない！」と。その事件が社会と歴史に投げた衝撃は大きい。チョンテイルの焼身の中で発せられた言葉は同じ境遇にある労働者とその境遇に心を痛める市民や学生たちの心に届いた。学生たちの中には自ら労働者の中に入り夜学を開き労働者の労働環境について教える者があらわれた。七〇年代八〇年代を通して現場から生存をかけて共に連帯する労働運動が全国に広がるきっかけになった。御用組合に代わるこの労働運動を民主労組運動という。パクチョンヒ独裁政権は経済成長の中で拡大する市民学生の民主化運動に対しても厳しい弾圧を実施したが、これが体制内部に亀裂を生じ一九七九年暗殺によって終焉する。

4 再びクーデターによる全斗煥軍事政権（一九八〇—一九八七）下の労働運動

混乱の中、一九八〇年再びチョンドファンの軍部がクーデターを起こして政権を奪い全国に戒厳令を敷きソウルの民主化運動を封じる。さらに戒厳令を全国に拡大し韓国南部で続いていた光州市の民主化運動を暴動に仕立て上げ、暴動鎮圧の名目で弾圧し民主化運動拡大への見せしめとする作戦を実行する。全斗煥の軍部はひそかに空挺部隊を送り込み光州市全体を包囲し報道管制を敷き、警察に代わり学生の集会やデモに突然発砲し、市民にも無差別的な弾圧を加え多くの学生、民衆を虐殺する。これに対して光州市の労働者、民衆が総力で抵抗し、一時は光州市内から軍隊を追い出す。この抵抗は光州抗争として労働者民衆の心に刻まれその後軍部独裁打倒の精神的支柱になる。

血の弾圧で成立したチョンドファン政権はパクチョンヒ政府の労働統制政策を一層強化した。しかし、チョンテイルの焼身が起爆剤になり全国に拡大した労働争議は共に生きるために連帯した全国的な大衆闘争の形を取るようになり、企業を越えた民主労組運動へと発展していく。民主労組は①産業別、地域別に連携を図り、全国的な政治闘争を始める。②労働統制撤廃③労働者の社会的地位向上④公平な成果分配などを掲げて全国的な運動を展開した。

これに対して、チョンドファン政府は一九八七年労働法を改め労働運動を厳しく規制した。複数労組禁止の原則を明示し、労働運動の政治活動、第三者の介入などを禁止した。

一九八八年ソウルオリンピックを控える中で、一九八七年六月大統領直選制を求める反政府学生デモが広がり、弾圧でこの局面を乗り越えようとするチョンドファン政府との攻防が続く。これは六月抗争と言われ、ソウル大学生拷問致死への抗議と大統領直選制の改憲を求める六月一〇日の国民大会で始まった。それから二六日の「民主憲法争奪国民平和大行進」までの一〇数日間サラリーマン、ＯＬ、主婦、商店主、あらゆる階層の人たちが街頭に進出し軍隊に対峙した。この日、全国では三四の都市で一〇〇万人以上が参加する大行進になった。

5 全斗煥から盧泰愚（一九八八―一九九二）金泳三政府（一九九三―一九九七）へ そして民主労総の創立

この民主化運動の広がりに動揺した全斗煥大統領は、同じ軍人出身の盧泰愚を後継に指名し、「六・二九民主化宣言」を出させる。しかし、七、八月になると、民主化運動に代わって、今度は労働現場で厳しく統制されていた労働者の争議、デモが全国的に噴出した。七月五日の現代エンジン労組の結成を発火点に七、八月の二か月間で三三一一件の労働争議がおこり一二〇万人の労働者が参加した。この七、八月労働者大闘争は争議の規模の大きさ、新規労組の大量結成（一三〇〇余り）、重化学工業部門の男子労働者が紛争の主役として登場した点で画期的な出来事だった。

このような民主化運動の高まり、労働運動の爆発の中で全国化し、規模を拡大した民主労組運動は全国的な運動組織の形を整えていく。一九九〇年一月、ソウル、テグ、プサンなどの一四の地域別労組協議会と一一の業種別協議会が統合して全労協（全国労働組合協議会）が設立される。前者は製造部門の基幹産業労働者を中心としていたが、後者は主として言論、病院、金融事務などのホワイトカラーや技術専門職からなっていた。全労協は新たな民主労組のナショナルセンターを標榜し、現在の民主労総の母体となった。創立以来、非合法的な労働組合の上級団体の役割を果たしてきた全労協は一九九五年より、広い労働者の参加と産業別労働組合の建設という課題を実現するため発展的に解体し、民主労働組合総連盟を結成することとする。一九九五年一一月一一日、民主労働組合総連盟が創立された。創立当時八六二の単位労組が民主労総に加入し、組合員数は四二万人あまりだった。

創立宣言文　〝民主労総に結集した私たちは人間らしい暮らしと尊厳性を維持できる労働条件の確保、労働基本権の獲得、労働現場の非民主的要素の根絶や産業災害の追放と男女平等の実現に向けて苛烈に闘争する。ひいては韓国は社会の民主的改革を通じて、全体国民の暮らしの質を改善するとともに、祖国の自主、民主、統一を繰り広げるために苛烈な闘争を展開する。これと共に、我々は国境を越えて全世界労働者の団結と連帯を強化して侵略戦争と核兵器の終息を通じた世界平和の実現に向けて努力する。〟

一九五五年創立されたが民主労総は依然として非合法

だった。盧泰愚大統領は、労働運動に対して治安政策を維持した。さらに一九九三年文民政府として登場した金泳三政府も世界市場の競争激化に直面し、グローバル化に対応する競争力強化こそが最優先課題だとし、財閥に手を付けぬまま農産物市場開放や労働者のリストラ合理化を推し進めた。一九九六年には、雇用主に整理解雇や非正規職労働者の雇用を許す新たな労働法改正が行われた。これに対して、民主労総と韓国労総が合同で三〇〇万人規模のゼネストを闘う。この闘いの過程で民主労総は合法化されることになる。そして、一度は御用組合化していた韓国労総は時には政府と協調的になりながらも労働運動の全面統制などに対しては民主労総と共同闘争を組むようになり、民主労総とともに現在韓国の二大労総を形成している。

6 市場の世界化、競争力強化を至上とし、財閥に従う新自由政府と労働尊重社会実現のために闘う民主労総の労働運動

金泳三政府の後、軍事政権でなく選挙で選ばれた金大中政府（一九九八―二〇〇二）、盧武鉉政府（二〇〇三―二〇〇七）、李明博政府（二〇〇八―二〇一二）、そして朴槿恵政府（二〇一三―二〇一七）と変わったが、その政策の反労働の政策は、強まりこそすれ、弱まることはなかった。以下で財閥と企業の競争力をつけるために、政府を通して出される新自由主義経済のもとの反労働の諸政策に対して民主労総をナショナルセンターとする労働運動がいかに戦ってきたのかを見てみよう。

金泳三政府の末期にアジア通貨危機が韓国にも波及し、経済成長率はマイナス五・八％、失業率も八・六％という経済危機に追い込まれる。大手三〇に数えられる財閥企業グループや系列会社からも倒産が発生する。金泳三政府は、ＩＭＦに緊急融資を求め、その管理体制の下で構造改革を進めることを約束するが、その処理は金大中政府が当たることになった。金大中政府は構造調整を進めるために労働者のリストラを進める整理解雇制度を導入する。

さらにその後を引きついだ盧武鉉政府も反労働政策にストライキで闘う労働運動に対しては公権力を使って厳正対処するとともに、企業には損害賠償を請求させた。そして盧武鉉政権は労働者を分断し、賃金を抑制するために非正規労働が請負制で大企業内へ入れるようにした。この後の李明博政府も自由主義政策を推進したが、ふたたび

二〇〇八年世界金融恐慌の中で大企業をはじめとする倒産が増加。李明博政府が不法争議に対する法治の確立を掲げ介入したため多くの争議が起こった。

7 双竜自動車争議の中から生まれた指導者ハンサンギュン

この争議の中の一つ、双竜自動車の整理解雇に対する工場占拠・ストライキの労働者の戦いは社会的に大きな衝撃を与えた。この闘いで後に民主労総委員長になり、朴槿恵政府の反労働政策に民衆総決起で挑み、市民によるろうそく革命のきっかけを作ったハンサンギュンが双竜自動車支部長として登場する。ハン・サンギュンは二〇〇九年四月八日、双龍自動車が二六四六人をリストラする経営正常化対策を発表すると、正規、非正規の区別なく共に生きようと五月二二日、リストラ計画の撤回を要求しながら平沢（ピョンテク）本社正門など全ての出入り口をコンテナで封鎖して工場内座り込みに入った。これに対して救社隊と傭兵を使った会社の暴力的排除作戦、それに続く警察の排除作戦は熾烈を極めた。

八月六日、七七日間座り込みの末、四八パーセントは無給休職、循環休職、営業職に転職する方式で救済して、残りの五二％は希望退職と分社などを実施することで会社と合意した。ハンサンギュンはしかし、座り込みを主導した疑いで拘束起訴され、一審で懲役四年、二審と三審で懲役三年を言い渡され、二〇一二年までに満期服役した。この争議の過程で二二人の労働者が自ら自殺を選び、整理解雇の犠牲者となった。

8 朴槿恵退陣闘争の先頭に立ちろうそく革命への道を開いた民主労総

李明博政権の政治腐敗が明らかになる中で、経済民主化を掲げて朴槿恵政府が取って代わるが、政策の中身は財閥企業のための公企業改革すなわち民営化と労働市場改革という反労働政策だった。民営化に対して朴槿恵政府は収益性のある韓国鉄道に狙いをつけ、ＫＴＸの民営化を実行しようとした。しかし、鉄道労組は、これに全面的なストライキ闘争で立ち向かった。二〇一二年一二月九日から二二日間の長期ストライキに入り「安全な運転を売り渡すな」

という世論を味方につけ闘い抜いた。警察はこのような闘いを主導した鉄道労組指導部九人に逮捕状を出し、民主労総の本部に令状なしに突入し、労働者だけでなく市民の憤激を引き起こした。この中で、民主労総は二〇一三年一二月朴槿恵政権の退陣を求める行動に入るとゼネストを宣言した。それにもかかわらず朴槿恵政権は財閥を中心とする企業の競争力を強めるために労働市場改革を強行しようとする。賃金ピーク制と成果年俸制で賃金上昇を抑え、労働法改悪による優しい解雇のガイドラインを推し進めようとした。しかし、このような状況に対して劣悪な環境で期間の定めもなく低賃金で長時間働く非正規労働者の事業所での正規職化を求める闘い、解雇の撤回を求める闘いが広がる。あちこちで非正規労働者が広告塔や煙突に上り高空で座り込みをする闘いが広がった。

二〇一四年一二月二六日民主労総で初めての直接選挙が行われ、ハンサンギュンが二〇一五年下半期にゼネストで朴槿恵政府を退陣に追い込むことを公約に掲げ出馬して当選を果たし、二〇一五年一月から三年の任期をはじめる。そして朴槿恵政権の労働改悪阻止のための四・二四スト、朴槿恵政権退陣を掲げた一一月一四日一三万民衆決起を主導したが、これが騒ゆう状態を引き起こしたとして指名手配され一二月一〇日に拘束された。

しかし、一一月一四日の民衆総決起で起こった事実は次のようなことである。警察はこの日の青瓦台へのデモ申請を不許可にし、さらに警察車のバリケードを作りデモの進行を妨害した。その進路妨害車を除去しようとしたデモ参加者に対して無差別に殺人的な高圧放水銃を発射した．これがたまたま前面にいた農民ペクナムギさんを直撃し、水圧でくの字のように倒れそのまま意識不明の重体となり意識を回復することもなくその後死亡した。警察による殺人的弾圧が行われたのだ。朴槿恵政府はこのような暴挙を隠ぺいするために、ハンサンギュン委員長を拘束した。

委員長を奪われた民主労総は、二〇一六年もゼネストと民衆総決起で朴槿恵政権を退陣に追い込む闘いを継続する。九月、一〇月になるとマスコミが「チェスンシルが朴槿恵政府の国政に介入しミール財団・Kスポーツ財団の設立に関与してその財団を私物化し、チェスンシルの娘チョンユラが特恵を受けるなどし、国政を壟断した」と断片的に報じ始める。民主労総はゼネストと民衆総決起を繰り返しながら、二〇一六年一〇月二九日、ソウル都心の清渓（チョンゲ）広場で「集まろう！怒りましょう！来なさい朴槿恵（パククネ）市民ろうそく」を民衆総決起闘争本部が主催して開催して三万人が集まった。これがろうそく集会の始まりだった。この集会はその後市民運動家たちによる退陣行動に引き継がれ、光化門を埋め尽くす一〇〇万ろうそく集会となり、朴槿恵は退陣し、拘束される。労働者が前に出て、それを市民が引き継ぎ朴槿恵を断罪したのだ。まさに歴史的なろうそく革命が市民の静かな怒りを集めて実現された。

ハンサンギュンは三年の刑が確定し監獄に入り獄中でこの知らせを受け取る。そして民主労総委員長の三年の任期を獄中で終え、前委員長として二〇一八年五月二一日に出所した。

以上みてきたとおり、民主労総の運動の中には、労働尊重社会の実現を目指し、力を一つに集めて政府と闘うという労働者精神がしっかりと受け継がれているのだ。

9 私たち群馬合同労組が目指す社会連帯の合同労組運動の前進に向けて

二〇〇二年、私は群馬県のある化粧品会社の製造工場で人生で初めて三ヶ月更新のアルバイトとして働き始めた。その頃工場が急速に変わる時期だった。正規職を管理者と呼び替え、パートや派遣を入れて社員を減らし、製造単価を減らし始めた。本部の役員が月に一度東京から来て行う月例集会では、正規社員ばかりでなく、パート、派遣、アルバイトまで集めて「皆さんがいい製品を安く作らないと皆さんの生産ラインは東南アジアや中国にうつります」と激をと飛ばし始めた。

そして二〇〇五年ごろ三か月更新の契約で継続して働いていたアルバイト労働者に対して突然査定なるものが行われ、一〇〇名ほどのアルバイトのうち、二〇名が一斉解雇を通知されるということが起こった。私が働き始めてこんなことは一度もなかった。正規職の組合があり、支援をしてくれと申し入れたが、雇止めの対象になっているアルバイトは組合員でないので、直接会社と交渉はできないと断られた。ちょうどこのころ国鉄分割民営化と戦ってきた動労千葉を支援していたグループから「今非正規職の労働者が、組合もなく労働者の権利も主張できないで苦しんでいる。誰でも入れる合同労組を作りたい。」と声をかけられ、群馬合同労組の結成に参加した。化粧品会社では、雇止めの当事者を組合に獲得できなかったが、団体交渉を群馬合同労組として行い、労働組合運動をスタートさせた。それから一三年、手探りで闘いを進めてきたが、最近はインターネットで参加を呼び掛けている。相談に来るのは、零細企業の労働者、特に運輸で働く労働者、そしてチェーン展開するコンビニ、飲食店などで働く労働者、派遣労働者などが多い。有期雇用で不安定な非正規雇用の労働者だ。

非正規労働者は派遣会社や求人広告などを通して、完全に分断されて、孤立化して管理され職場に配置される。そして非正規の労働者はすでに労働人口六〇〇〇万人の四〇パーセントに及び、これからも確実に増加していく。私たちが目指すのは、分断され、団結の機会をうばわれているこの労働者と団結し連帯し、政府の反労働政策を打ち破り、労働尊重の社会にしていくことだ。これをどう実現していくのかそれをすでに日々実践しているのが、これまで紹介した韓国の民主労総の運動だ。

動労千葉は民主労総ソウル本部と交流し、韓国鉄道公社の民営化と闘う鉄道労組を支援し、毎年、日比谷野音で開く一一月労働者集会には民主労総から訪日団を呼び、一一月ソウルで開かれるチョンテイル烈士精神継承労働者集会には、訪韓団を送り、デモ行進に参加し、国際連帯を強めてきた。群馬合同労組も毎年訪韓し、民主労総のデモに参加して交流してフェイスブックなどを通して、日本のアサヒガラスが韓国に進出し設立した韓国アサヒガラスによって解雇され街路に放り出されても解雇撤回をもとめ、工場前に坐り込み場を作り戦う労働組合に出会う。

それは韓国・旭ガラス非正規職支会労働組合だ。ガラス業界世界トップと自任する日本の旭ガラスは二〇一五年、慶尚北道及び亀尾（クミ）市と「投資協定に関する覚書」を締結し「一五年間の地方税減免、三四万㎡の土地の五〇年にわたる無償賃貸契約などの特待を受け、グループ会社韓国旭ガラスを設立した。韓国旭ガラスは、社内下請け請負会社に多数の非正規労働者を雇用させた。その社内下請け会社の一つＧＴＳの労働環境は劣悪だった。最低賃金ぎりぎりの賃金で、土日も休めない。昼食時間は二〇分、ミスをすると懲罰で赤いチョッキを着せられる。文句を言おうものなら、解雇が待っている。労働環境を変え、人間らしく生きるために二〇一五年五月二九日、今まで労組のなかった韓国旭ガラスの中に、非正規職の民主労組入力請負会社ＧＴＳ非正規労働者一七〇人のうち一三八人が加盟した。しかし、これに恐怖した韓国旭ガラスは、結成一か月後、請負会社丸ごとメール一通で全員の解雇を行った。非正規職支会は民主労組抹殺の攻撃に対して、闘争！の声を上げ工場前に籠城テントを作りそれを拠点として、全国の闘争事業所とともに解雇復職の共同闘争を開始する。

また直後の七月、動労千葉に連帯を要請。旭ガラス本社に本社の責任を追及する闘争を行った。群馬合同労組はこの戦いをきっかけに、国外に進出する国際企業が不当労働行為を行い、日本に富を集積していることを知った。

旭非正規職支会は、個別事業場に閉じこもることなく、二〇一五年一〇月からソウルに籠城テントを作り、光化門で一〇か所の闘争事業場とともに「整理解雇撤廃！非正規職撤廃！民主労組死守！民政破綻の朴槿恵政権退場のための闘争事業所闘争」をはじめた。そして朴槿恵退陣の後、二〇一七年四月一四日から五月一〇日まで光化門広告塔の上で、「整理解雇撤廃、非正規職撤廃、労働三権獲得」などを掲げて高空断食籠城に突入した。群馬合同労組は、ソウルでの一一月労働者闘争に参加して、連帯を深め、高空断食闘争にフェイスブックなどを通して、支援の声を送った。二〇一六年三月韓国の中央労働委員会は、社内下請け会社GTSの契約は、不当労働行為だという判定を出した。しかし、韓国GTSは裁判に持ち込み、解決の引き延ばしを図っている。

この中で、二〇一八年三月二日、旭非正規職支会は、二度目の本社抗議のために来日。この戦いに連帯した動労千葉国際連帯委員会の呼びかけで今回旭正規職支会支援共闘会議が結成された。非正規撤廃！共に生きよう！という願いは、国境を越えた労働者の願いだ。国境を越えた労働尊重社会を作るために共同した連帯闘争を作ることは私たち群馬合同労組が目指すところだ。旭ガラスの国際的不当労働行為を終わらせるため、私たち自身の課題として取り組むことを決意している。

㈤ 介護労働運動を社会的労働運動の中軸に！

中村　登

はじめに　――問題提起

①「神戸介護ユニオン」はホームヘルパー、ケアマネージャー、施設介護職員、相談員等の介護労働者の労働組合で、自治労兵庫県本部・公共民間協議会に加盟している。結成は二〇一三年一二月。組合員は現在約三〇名。中心は神戸市にある訪問介護事業所「神戸ケアセンター」の介護労働者である（私もそこの一員である）。東は尼崎市から西は高砂市まで、兵庫県下の介護労働者を広く、薄く(?)組織している。

組合費は、常勤一〇〇〇円／月、登録（パート）五〇〇円／月、非就労三〇〇円／月（三〇〇円は自治労共済費）。主な活動は、毎月の交流会「ホットタイム」（悩み相談、生活相談、仕事相談、愚痴の出し合い）、自治労兵庫県本部の活動参加、それと自主的な学習会、宣伝活動である。

②組合結成は神戸ケアセンター・所長（当時は社長も兼務）である私が呼びかけた。呼びかけた理由は以下である。

訪問介護事業を起業した私の実体験から言えば「人材確保・育成」は絶対条件である。一般企業なら企業理念の徹底、人事考課（＝差別化、今風に言えばキャリアアップ）の実施であるが、起業したばかりでは余裕もなかったし、そもそもからしてこのようなやり方を社会的事業に導入したくはなかった。

当時、昔の「『革命的労働運動』の闘士」から「自分で事業所を起ち上げて労働者を雇い『搾取』しながら労働組合をつくるのは矛盾も甚だしい」と言われたものである。しかし私は、それまでの自治労・神戸市従の経験から「労働者の自主性」は「『自分達で自分達のことを考える』ことから生まれ育つ」こと、それは労働組合活動にあること、に〝確信〟をもっていたから、迷わず組合結成を呼びかけた。みんなは労働組合に入るのは初めてで「社長さんが組合づくりを勧めてもいいんですか?」という〝反応〟であった。「いいんや。でも絶対に〝竹槍〟で突っつかんといてな」という〝やり取り〟をしたことを思い出す。

③実はこの〝やり取り〟のなかに日本の労働者・労働組合・労働運動の過去―現在―未来のすべてが凝縮されているのではないだろうか?

私の問題意識を率直に言えば、「(擬似的)成熟社会」の日本にあっては「革命的労働運動」の時代は終わり、社会的労働運動の時代に突入していること、このことを労働現場から具体的・実践的に解きほぐしていくこと、である。そして近い将来、「社会的労働運動とは〇〇である」「〇〇をめざすのが社会的労働運動である」「社会的労働運動が労働運動の主流である」と堂々と言えるようになりたい、と考えている。このことを私は介護労働運動をとおして追求していきたい、と考え、老体に鞭打ちながら日々奮闘(?)している。

1 介護労働者・労働組合・労働運動は「革命的労働運動」を放棄しよう!

①敢えて〝刺激的に〟呼びかけたい。「介護労働者・労働組合・労働運動は『革命的労働運動』を放棄しよう!」と。これは私なりの問題提起である。もちろん〝名うて〟の革命潮流―党派、活動家―からの非難・批判は十分に承知の上である。いわば〝確信犯〟である。

②しかし何と言われようとも介護労働者・労働組合・労働運動が「『革命的労働運動』とは相容れない」ことは、実践的にも状況的にもまた論理的にも明らかだ。

まず第一に、介護事業の事業主は―余程の悪徳事業主でない限り―「介護労働者を搾取している」とは言い難い実情がある。なかには介護労働者の賃金以下の役員報酬で奮闘している事業主も少なくない。理由は人件費の財源は、政府・厚労省が定めた介護報酬以外ないからである。ここを突破する以外に介護労働者の賃金を上げることはできない。政府・厚労省は、介護報酬に「処遇改善加算」を上乗せする〝方式〟を打ち出して、若干は改善しているが、根本的改善にはなっていない。

このようななかで「事業主をとっちめろ！」などと介護労働者を煽り、「革命的労働運動」を気取ってみても何も解決しない。ただ単なる〝自己満足〟以外の何ものでもない。

第二は「労働対象が人である」ということである。極端だがストライキ権を考えたい。一般的事業でもストライキでは〝緊急事態〟に直結する部門は、いわゆる「保安要員」の労働者を配置する。

例

・病院の入院病棟、救急外来、人工透析等

・動物園の飼育／実験動物の飼育

・浄水場／下水処理場

この意味から言えば、介護現場―とりわけ障害者の―は、最初から〝緊急事態〟であり、介護労働者は全員が「保安要員」である。あえて言えば「ストライキ権は持っているが行使しない」ないしは「ストライキ権は放棄する」ということになる。つまり介護事業には「革命的労働運動」の大前提が成立していないのである。

③我々は、介護労働者・労働組合・労働運動として、介護労働および介護事業をどう考えればよいのだろうか？　どう位置づければよいのだろうか？

〝答〟は介護事業成立の社会的背景・歴史的経過にある。介護事業においては社会的背景・歴史的経過を抜きに「事業主―労働者」関係ないしは「賃労働―資本」関係―「革命的労働運動」の大前提である―を直接持ち込むことはできないからだ。

2　介護労働者として介護事業をどう位置づけるか
―当事者・労働者・事業者の三位一体で考える

①介護事業は「介護の社会化」によって生まれた。今日では障害者総合支援制度、介護保険制度として日本社会に定着している。この背景には障害者解放運動の壮絶な闘いがあり、それが制度化されてきた歴史でもある。

重要なことは「障害当事者・労働者・事業者は三位一体である」ということだ。「介護の社会化」以前には、介助者は家族・友人・知人、ご近所、障害者解放運動の活動家、良心的ボランティア等であった。それが事業化にともなって〝一挙に〟介護労働者（＝介護事業所に雇用される労働者）になった。これは事業主にも言える。「介護の社会化」以前には、事業主は家族、篤志家、宗教家、障害者解放運動の活動家であり、それが事業化にともなって〝一挙に〟事業主（＝介護労働者を雇用する事業主）になった。つまり介助者と事業主は〝任務分担〟に近い状態であったものが、事業化したとたんに「事業主と労働者」という〝対立関係〟―「革命的労働運動」的に言えば―になるのであるが、「革命的労働運動」では何も解決できないことは明らかである。

②このような社会的背景・歴史的経過から言えることは「介護事業は当事者・労働者・事業者の三位一体で成り立っている」ということである。つまり、この三者がそれぞれに想いと信念を持ち、それぞれの〝力〟の相互作用によって介護が成り立っている。これを私は〝当事者性〟とネーミングしているが、このなかからどれか一つが〝突出〟し他の当事者性を封殺すれば、介護は成り立たなくなる。三者がお互いの当事者性を尊重し緊張関係を維持しながら発展させること、このことが「介護の大前提」である。

③我々には問題が端的に示されている。介護労働に労働者・労働組合・労働運動は成立するのか、より極端に言えば「介護労働者は労働組合をつくるのか」（「介護事業者は労働組合を認めるのか」）である。また、成立するとして、どんな労働運動を展開するのか、である。

3 介護労働運動を社会的労働運動の中軸に！

①率直に言えば、私は「二つの誤り」が介護労働者・労働組合・労働運動に持ち込まれている、と考えている。

第一の誤りは、最初に述べた、政治革命派による「革命的労働運動」の持ち込み、である。政治革命派は、介護労働者に「四不（不平・不満・不信・不安）の煽り→圧縮→爆発→政権奪取」という〝方程式〟を当てはめたい、ということであろうが、全く現実性をもたない。

第二の誤りは、宗教系、左翼系事業者による「当事者、労働者の自主性を〝代行・代弁〟する「自己完結理念」の持ち込み、である。

宗教系事業者は自らの慈悲理念によって、また、左翼系事業者は自らの「協同労働理念」によって当事者と労働者の自主性を〝代行・代弁〟している。

私が特に問題にしたいのは左翼系事業者―「労働者協同組合（ワーカーズコープ）」「高齢者生協」、「生活クラブ生協」等―である。なぜ左翼系事業者は労働者の自主性を〝代行・代弁〟しようとするのか？

それは、

（ⅰ）「労働者の自主性」を認めれば、労働者は労働組合を作り「革命的労働運動」を始めてしまう

（ⅱ）だから認めない

（ⅲ）その代わり、自分たちが「労働者の自主性」を〝代行・代弁〟してあげる（↓だから作るな！）

という〝屁理屈〟（＝古臭い固定観念）である。これが「自己完結理念」の〝正体〟である。

②これら「二つの誤り」は〝コインの裏表〟である。つまり左翼系事業者は「労働運動＝『革命的労働運動』」と考えており、自分が労働者のときは労働組合および「革命的労働運動」を主張し、事業者になれば労働組合を否定し「革命的労働運動」を否定する。この〝おかしさ〟を解決するためには「事業者が労働者の自主性を〝代行・代弁〟するしかない」という訳である。ここからは「労働者の自主性」は生まれないし、育たない。また「三位一体の社会的事業（論）」は永遠に獲得することはできない。ましてや「『革命的労働運動』に代わる新しい労働運動」など思いもよらない。

③ここを突破する唯一の道は、労働者・労働組合・労働運動の側が「我々は労働組合を作るが、絶対に『革命的労働運動』は展開しない（＝放棄する）」ことを一方的に〝宣言〟することである。

労働者・労働組合・労働運動はどのような労働運動を展開すべきか？　それは「社会的労働運動」―社会的主導権確立の社会運動―である。

4　社会的労働運動とは何か？

①「社会的労働運動とは何か」を考える観点は「労働運動（という社会運動）は『社会に果たす役割』をもっている」ということである。

この観点から「革命的労働運動」をみるとそれは「資本主義打倒の実行部隊」であり、この対極にある「協調的労働運動」は「（健全な）資本主義の推進部隊」となる。

②では、社会的労働運動の「社会に果たす役割」は何なのか？　私の尊敬する小畑精武氏（江戸川ユニオン）は、公契約条例、リビングウエィジ等々を提唱している。これは最賃制を含めた「労働者の生活権の確立」であり、生活保護、生活困窮者支援、ベーシックインカムも含まれる、と考えられる。

③私は、これに「労働者の社会的主導権の確立」を加えたい。つまり労働者はただ単に「生活する人」ではなく「社会を構成する人・動かす人」（＝主人公）である、ということである。

こうなれば労働者は「労働力商品の売り手」（↓「賃金奴隷」）だけでなく「自らの労働に社会的責任を持つ」（＝「労働の社会性」）という〝領域〟に踏み込まざるをえない。実はこれはこれまで何度となく〝浮上〟しては〝沈没〟させられてきた考え方である。「それは事業者・経営者が考えることだ。労働者が考えることではない。労資協調に巻き込まれるな！」という〝批判〟が「革命的労働運動」の側から浴びせられてきたからだ。

④今、労働運動は〝最後の一線〟を越えなければならない局面にさしかかっている。戦後復興期、高度成長期には労働者・労働組合・労働運動は「労働力商品の売り手」（↓「賃金奴隷」）だけで運動を展開してきた。

しかし成長が飽和状態になり、「（擬似的）成熟社会」になると、人々の社会的価値観が多様化・多元化し、「企業の社会的責任」が問われるようになり「商品の社会性」が問われようになってきた。こうして事業者・経営者は労働者に「労働の質的向上」を要求するようになってきた。「革命的労働運動」は労働者・労働組合・労働運動に「労働の社会性」が問われているとは捉えず「経営者の労働強化」と捉え、反対運動を展開してきた。

低レベルの例

※病院や入所施設の夕食時間の問題では「労働時間は九時～五時まで」という〝理由〟で、調理師は夕食を四時までに作り、四時半に配膳していた。「あまりにひどい。せめて六時に」という当事者からの要求は「労働強化だ」としてはねのけた。

※保育士の「六時までの延長保育」問題では、お母さん達の「せめて六時まで延長を」という声に対し、新社会党系の活動家の保育士は「労働強化だ。我々は五時で退所する」と一方的に退所し、残って保育したのは非活動家の保育士だった。

⑤賃金を政府に決められても（「官製春闘」）、働き方を政府に決められても（「働き方改革」）、労働者・労働組合・労働運動は正面切って反対できていない。「社会を構成する人・動かす人」（＝主人公）として「労働者の社会的主導権の確立」を疎かにしてきた〝つけ〟が、今一挙に「ブーメランのように」自分たちに向かってきている。

⑥私は介護労働運動をとおして「社会を構成する人・動か

す人」（＝主人公）として「労働者の社会的主導権の確立」を追求していきたい。まずは生活四領域（医療—介護—保育—教育）の労働者・労働組合・労働運動との連携・連帯である。

㈥ 社会的有用生産・労働の復活

都筑　建

1 自主生産労組の闘い

⑴ 突然の会社解散

昔、トアムコ闘争という闘いがあった。トアムコ（TOAMCO）とは東芝アンペックスの略称である。一九六四年創業だが、一九七〇年代には六〇〇名ほどの中堅の企業であった。米国シリコンバレーの磁気テープ関連企業と日本を代表する東芝との合弁会社で、東芝にとって次期主力製品の家庭用テープレコーダーの開発製造の基幹部門を担うと期待されていた。

そのトアムコが一九八二年九月一五日の朝日新聞経済欄トップでトアムコの会社解散を唐突に報じた。内部留保一二億円を有する優良企業の実績だったにもかかわらずであった。それは企業内組合のトアムコ労組への新聞紙上からの宣戦布告でもあった。トアムコ労組は一九七一年に従業員代表制度から当時の電機労連傘下の全東芝労協に参加することを条件に組合となった平均年齢二五歳の若い組合で、親会社の東芝労組のお墨付きのいわば会社御用達の組合のはずだった。

御用組合のはずの組合を会社解散という偽装工作までして、つぶし去ろうとしたのは家庭用テープレコダーの製品化失敗による人員整理・合理化に対して①当たり前の組合、②組合員の全生活を網羅した組合活動という「素朴な基本理念」で対応した組合の思いがけない強固さにお手上げになったことを示すものだった。東芝労使一体となって組合潰しのプロ集団の「扇会」を使い、組合乗っ取りを画策し、揚句は強引な組合分裂で「第二組合」までつくったが、それでも多数派を取れなかった。そして「偽装倒産→活動家切捨て選別雇用→労組解体→東芝へ分散吸収」という資本がよくやる最終の非常手段である。「扇会」は近年東芝が米国の原発補償で多額の負債を出し深刻な会計偽装を行った時も東芝の体質として取り上げられ、現在は名称を「自己啓発の会」と変えている。

偽装会社解散に直面して組合がとった方針は「職場存続」・「全員の雇用確保」の単なる雇用確保でなく、③団結の守れる雇用確保、だった。この方針は①、②の基本理念につながる第三の基本理念だった。先進的でもあり根源的でもある。いずれも労働組合運動の中でなじみの薄いテーゼであり、トアムコ闘争の実績と強さを理解するには欠かせない視点である。

トアムコ闘争は一九八二年〜一九九〇年の八年間継続した「ハイテク自主生産争議」といわれる。多くの労働運動の専門家を戸惑わせた「団結の守れる雇用の確保」というテーゼには今までの職場の存続が必然だ。しかし職場のビルや工場は東芝資本の所有である。東芝が最初に仕掛けてきたのは裁判所を介した工場に残っていた機材搬出処分命令であり、強行だった。この執行の現場対応がその後のトアムコ闘争の大きな分岐点だった。

不測の事態を考慮して無抵抗（組合弁護士も犠牲を考えて最初は望んだ）ならその後に控えている「工場への立ち入り禁止仮処分」（「立禁攻撃」という）で工場明渡となり、五八人が路頭に迷い、勝負ありとなる。

機材の一点一点を命令書の内容と照合し不備があれば搬出不可とさせる実力行動を厳しく・執拗に全員で行い、六割の機材を残すことに成功した。それだけでなくあまりにも安易な裁判官判断に対しても大衆的な厳しい裁判官追放抗議行動を行った結果、担当裁判官の罷免を引き出し、さらに当事者同士で和解交渉を行い、結論の着くまで工場敷地の六〇〇坪（全敷地の三七〇〇坪の残りは凍結したまま）の組合使用となった。合法的工場占拠の始まりで、闘争終結まで続いた。後は三つの基本理念をより確固とする「自主生産」の完成度だった。

(2)　突出した自主生産

トアムコ労組は闘争の手段として最初は有限、のちに株式会社を立ち上げて、確保した元の工場で、「日本の争議史の水準を突破した自主生産」と『労働情報』の樋口篤三元編集長にいわしめる実績を上げている。《次頁表1》は累計で二〇億円を越える収入を得た八年間の自主生産品一覧である。「自主生産では全国唯一の最先端技術分野」の製品が並んでいる。実際はこの倍の種類の品目を生産して

	主要開発・製造・業務内容			主要開発・製造・業務内容	
1	放送・通信	(1)40インチハイビジョンモニター開発・製造(84年)	5	その他のエレクトロニクス・メカトロニクス関連	(27)多項目入力装置コードセレクター開発(83年)
		(2)多機能電話機開発試作(84年)			(28)精密エアーフィルターの組立検査(86年)
		(3)投射型ハイビジョンコンバーター開発製造(85年)			(29)ミニトランジスター自動選別機開発・製造(84年)
		(4)画面分割多重テレビ会議システム開発(86年)			(30)精密プロッターの組立検査(86年)
		(5)防災システムインターフェース開発・製造(86年)			(31)米水分自動測定計開発・製造(86年)
		(6)国際通信用クロック警報装置開発(86年)			(32)電子タコメーターシステム開発(87年)
		(7)テレビ電話(動画コーデック)開発(87年)			(33)共同通信方式漢字キーボードシステム開発(87年)
		(8)テレビ会議・静止画入力装置(87年)			(34)シールド工法変位位置検出装置開発・製造(87年)
		(9)入退室識別ビデオエングレバー装置開発(87年)			(35)集中電力制御エアコンコントローラー開発・製造(88年)
		(10)銀行貸金庫管理システム(87年)			(36)バーコード用全自動オフセット印刷システム開発(88年)
		(11)路側交通通信装置開発(88年)			(37)磁気軸センサー試験機開発・製造(89年)
		(12)ITV監視装置開発(88年)			(38)花壇用情報ガイドシステム(89年)
2	環境	(13)自動排ガステスター開発・製造(84年)	6	ソフトウェア	(39)対話型個別学習機用ソフト(88年)
		(14)燃焼管理テスター開発・製造(84年)			(40)医療用レセプトソフト(84年)
		(15)環境体温計(試作(86年)			(41)ノイズテスター用ソフト(84年)
		(16)R-DAN(放射線検知器)(87年)			(42)プラント管理(パルプ・セメント等)ソフト(86年)
		(17)DAIGOROスピーカーシステム開発製造(87年)			(43)市役所情報管理システムソフト(86年)
		(18)火災温度検査機開発(88年)			(44)運転免許試験場合格発表システムソフト(88年)
3	教育	(19)学習機用グループアナライザー開発・製造(85年)			(45)横浜博向製粉(パン)プラントコントローラーソフト(88年)
		(20)教育機器システムCラボ開発・製造(87年)	7	保守・サービス	(46)心臓医療用システム保守(84年)
		(21)AV電子黒板コントローラー(87年)			(47)車両監視システム保守(85年)
		(22)日本語教材制御システム開発・製造(87年)	8	その他	(48)メロディーカード(84年)
		(23)ラボシステム合併化装置開発(88年)			(49)ロストワックス法金型(84年)
4	医療	(24)耳管機能測定器開発・製造(83年)			(50)各種テクニカルマニュアル作成(85年)
		(25)RCBF(アイソトープ)測定機開発(83年)			(51)建築電気設備図CAD入力(89年)
		(26)脊柱側弯検査プロフィライザー開発・製造(86年)	全体は180種、()内は開発・製造開始年		

《表1》　トアムコ労組（タウ技研）自主生産（1982～1990）

いる。

自主生産の内容の解説を加えると、「1放送・通信」では、①四〇インチハイビジョンモニター開発・製造（84）があるが、翌年の一九八五年「映像の万博」と言われた「つくば科学万博」に国内最大手の家電メーカーM社の目玉製品として出展された。これを機にテレビがハイビジョン時代に入った。まさに最先端の開発商品である。組合の赤旗の残る工場へ大阪から忍ぶように製品の開発検証に幹部が来ていた。

②多機能電話開発試作（84）はまだ移動電話の時代だったが、世界的なS社の次世代携帯電話機の開発試作である。スマホになるまでの同社の主力製品となっていた。

④、⑦、⑧のテレビ会議システムは現在も企業専用の高機能テレビ会議システムとして使われている。

「3教育」、「4、医療」も最先端の試作を兼ねた製品が並んでいる。

「5その他エレクトロニクス・メカトロニクス」では、㉙ミニトランジスター自動選別装置(84)はトランジスター工場の量産ラインのロボットである。

㉞シールド工法位置検出装置（87）は地下鉄や水道管の穴掘りマシンで、導入されたばかりのもので、建設現場ま

で運び納入した製品。

「6ソフト開発」や「7保守・サービス」は最新のものが含まれるが全員で取り組める内容のものだった。

「8その他」の㊾ロストワックス法金型は精密な加工技術を求められる試作段階の金型で付加価値も高かった。機材搬出を免れた大型金属加工機で製造した。

(3) 自主開発で社会的有用生産・労働

「2環境」の⑯R‐DAN（放射線検知器）（87）は、工場の近くの生活クラブ生協付属の生協学校（準）「共学舎」の学生達から一九八六年四月に起きたチェルノブイリ原発事故で自分たちの有機農園の放射能汚染を測りたいとの申し出に、㉕RCBF（アイソトープ）測定器開発（83）の中で培った技術があり、理科研や慶大の専門家を交えてガイガーミューラー（GM）管を利用した機器を開発。学生たちに喜ばれた。

話はそれだけに終わらず反・脱原発運動が大きく盛り上がり、五感では検知できない放射能への恐怖もあり、国内の原発現地の「放射線を自分達で測りたい」や、事故時に「逃げる時の検知器」がほしいなどの要求が寄せられ、量産すると共に測定・監視する運動組織R‐DAN(Radiation Disaster Alert Network：放射能災害監視ネットワーク）を立ち上げ、検知器を運動体と同じ「R‐DAN（アールダン）」の名称にし、その事務局をトアムコ労組に置いた。

日本全国の原発立地の活動家や都市部の脱原発活動団体や個人が有料で購入し、一〇〇〇台以上の「R‐DAN」が原発を取り囲み、それまでデータ開示を拒んできた当局に穴をあける結果となった。市民が主役の原発・放射能監視網の出現である。

この検知器は普段の自然放射能の強さ（放射線の数）と異常時の時の相対差を検知して異常と設定した量を超えた時にアラームを鳴らす検知法である。市民に如何にデータを開示し共有するか、さらに生活にあった方法を構築するかに知恵を絞ることが「市民科学者・技能者」を生み出す。

データを有用にするにはいい部品を選ぶだけでなく、検知器の較正や測定の標準化などを整え・共有するのが必需である。「ネットワーク利用」と「相対値利用」を理解してもらうには大きな努力を要した。これらの準備をして市民や労働者たちが「集合データ」を「ネットワーク」で生かすこと自体が先駆的な試みだった。

「市民による環境の見える化」の先駆けであり、二〇年後の二〇一一年の三・一一の福島原発事故で全国に測定グループが四〇以上、輩出して重要な役割を果たしているが、R－DANはその原型であり見本でもあった。

社会的に求められるものを自分達で設計し、小規模だが量産ラインの製造部門を作り、安定的雇用の形態となり、さらにその販売を反原発運動や社会的変革を求める協働の組織「R－DAN」が「共感」のR－DANを自分達の社会的使命として担うという体制を作ったことは、市場価格に比較して破格の市民・労働者価格にすることができ、当然闘争資金にも寄与しながら、社会的有用生産・労働の体系を実現させたことを意味している。

これらの放射能機器は国内だけにとどまらず、一九九一年八月に行った情報開示の極端に少ないチェルノブイリ現地被災合同調査でも大きな役割を果たした。

ワーカーズコレクティブ（以下ワーコレ）調整センターで東大の放射能測定研究者とつながりこのチェルノブイリ調査の準備から、より測定精度を上げ、移動しながらの測定に耐えられるNaI（TI）シンチレータの測定器「タンポポ」と食品放射能測定器も開発製品化した。自主生産にとって研究者・科学者との連携が重要であると同時に研究者たちにとっても国策原発協力研究ではなく「市民にあった研究成果」を作れるハイテク自主生産の場を得ることは納得の研究成果に繋がるものでもあった。

自治労などの労組から合同調査に合わせてR－DAN二〇台と「タンポポ」が寄付として被災現地の保健所等に贈られた。この調査にはトアムコ労組も参加し、高性能のNaIシンチレーター「タンポポ」で、車で移動しながら一〇秒毎の測定間隔で放射能汚染の激しい広大なベラルーシ現地の生々しい状態を測定し数値化することができた。

R－DANは特別に自分達を誇示していない。測定グループが輩出してくるとそれを統一しようとする動きになるが、指導や参加をしていない。ネットワークで情報共有をすることは必要なことだが、地域で自立的に創ってきた独自性が削がれないようにすることをR－DAN運動を始めるときに特に留意し、今もその姿勢は変わらない。労働運動もそうだが運動体として幾重にも集合離散して疲弊して自立性を喪失していくことへの示唆に富む内容である。

米国へ招待された折、スリーマイル原発現地を訪れ交流したが、ここにも放射能測定運動「スリーマイル（3M）アラートネットワーク」が存在し、活動していた。ヒッピーの街として米国最大の「ザ・コミューン」の電気保守グループが独立して作ったメルコム社が同じようにガイガーカウンターをつくり、ここでは「測定器」として供給していた。

他の米国原発反対運動の現地でも同じ動きがあった。ちなみに、チェルノブイリ原発周辺ではすさまじい汚染だったが、市民不在の地ではこのような自主測定の動きは皆無であった。

さらに⑮ＤＡＩＧＯＲＯスピーカーシステム（87）は車輪付移動型で音量だけでなく音質も明瞭だった。自分たちが街頭デモをやる時にいい品質の物がなく、集会者や通行人にアピールが届きにくいことを解消させようと、ハム無線に強いメンバーも加えて本格的に開発したものである。他の闘争団に使用されるよりも革新政党の選挙運動の街頭宣伝に多く使われた。

Ｒ－ＤＡＮ、ＤＡＩＧＯＲＯともに一九八七年開発のトアムコ労組が世に出した典型的な社会的有用生産物である。

⑷「ルーカスプラン」との出会い

「社会的有用生産」という概念はトアムコ闘争で独自に生み出したものではない。一九八七年一〇月に英国から国営軍需航空企業のルーカス・エアロスペースの民営化に伴う反合理化・人員整理闘争リーダーのマイク・クーリー氏が自治労の招聘で来日した。クーリー氏が注目されたのは合理化で人員解雇縮小される事態に対し軍需生産に代わる、社会的な有用な生産を目指す斬新な闘争を展開し、生産点でのもう一つの技術「オルタナティブ・テクノロジー」の実現を目指し、資本家的合理化・産業空洞化と大失業に対しての民衆的対案を打ち出した先駆性は「社会的に有用な生産」の具体的な「ルーカスプラン」戦略を示して実行したことである。

表題が『「もう一つの社会」への労働者戦略　ルーカスプラン』、ヒラリー・ウェインライト／デイブ・エリオット共著、緑風出版として翻訳本がある。軍需航空産業の対抗戦略の製品として「ヒートポンプ」や「道路・軌道兼用車」や「福祉器具」などイラスト入りで紹介されている。

東大の労働運動研究者集団なども積極的に関わり「マイク・クーリー氏を囲む会」が「技術と社会」、「新たな労働運動戦略」をテーマに東大で行われた。丁度トアムコ闘争の自主生産が形になり、食べる為だけでなく社会的な意味を込められるモノづくりの「対案戦略」の欲求が生まれてきた時期と合致した。

翌年一九八八年二月に「『社会的な有用生産』を具体化するには」という労働運動関係者との交流会が持たれた。集まったのは東大社研の森谷文昭さんをはじめとする大学研究者、自主生産のパラマウント製靴労組やトアムコ労組、地評・地区労オルグ、現代技術史研究会メンバー、生協・生協総研、労働情報編集部やその他労組関係者のメンバーだった。この交流会が「ワーコレ調整センター」となり、日本における労働者の対抗戦略を育てるユニークな活動を担った。

資本側の一部でも同じような動きが平行して行われていた。NTTデータ通信（株）のシステム科学研究所を事務局に人間中心システム研究会が定期的に講演会を行い、最初のシンポジュームの基調講演はマンチェスター大学客員教授の肩書のマイク・クーリー氏で、タイトルは「テクノロジーは文化である～科学技術信仰の誤り～」だった。ここでクーリー氏は「生産現場から労働者を排除するのではなく、彼らが参加できるシステムを設計しなければならない」と説いている。資本側も現代社会に危機感を抱き、その解決をルーカス闘争で「対案戦略」を果敢に掲げたクーリー氏から得ようとするものだった。先端的な資本による労働者のオルタナティブ技術の取り込みである。

「社会的有用生産」を基軸にした「ワーコレ調整センター」はトアムコ闘争の自主生産の将来のあり方を客観的に討議する場と確信することになった。そして次の国際連帯へともつながって行った。

(5) 国際連帯から見えてきたこと

ワーコレ調整センターの森谷文昭さんの取り計らいもあり、自主生産のトアムコ闘争報告を米国の労働者へ伝えるために「LAVORTECH」と「LAVORNOTES」の二つの会議へ参加し交流を行った。

LAVORTECH

「ハイテク技術を労働運動へどのように先駆的に適用するか」の国際会議である。米国のテレビは「パブリック・アクセス・チャンネル」がある。市民が自発的に運用し、市民や労働者の活動を伝え合うことができる。サンフランシスコ市では二チャンネルが開放されており、現地のLAVORTECHメンバーがその放送機器を自分達で操作し、東京から来た自主生産闘争のトアムコ労組へのインタビュー番組を実演放送していた。チャンネルが市民に開放されていない日本からすると大きな驚きである。

トアムコがハイテク企業であったこともあり、一九七〇年後半に対決色を強めていたトアムコ労組が「組合員の全生活を網羅した組合活動」の一環として組合員教育としてパソコンの前身であるワンボードマイコン（TK80やZ

80）を教材にマイコン技術講習会を行ったことを紹介し参加していた技術課でないサービス課の若い組合員がのちの自主生産のハイビジョンTV開発をやり遂げたことや、このような下地から会社解散された後も五〇数名が残りハイテク自主生産を長期に維持し高度な製品を開発製作できたことを報告した。この会議からハイテク技術の運動への積極的な活用の重要性を再認識し、のちの運動へ活かすこととなった。現代においてもメディア戦略やAI活用は企業や政府だけでなく労働組合・協同組合・NGO／NPOでも重要性が非常に大きくなっている。

日本に戻って「国際メディア交流91」シンポジューム（一九九一年一二月、渋谷勤福）を開いた。LAVORTECHの主催者のゼルツアー氏や米国鉄労働者二名（国労闘争支援を兼ねて）とさらに、ペーパータイガーTVの女性活動家（一九九一年一月に勃発した湾岸戦争で、大手メディアがそろって戦争を支持したことを批判した反戦運動などを報じる番組を唯一流し続け、全米にその名を知られた）の四名を招待して開催した。一〇〇名を超える集会参加者にはメディアの活用の重要性が新鮮なアピールとなった。この集会の事務方を担い、国内で広範囲に闘う民衆の姿をビデオで追い、伝え続けている「民衆のメディア連絡会」（代表：松原明氏）の立ち上げの出発点ともなったシンポでもあった。

LAVORNOTES

トアムコ闘争解決後の一九九一年一〇月にカナダのバンクーバーで開催された二年に一回のLAVORNOTES総会での交流だった。米国の大労組で支配的なビジネス・ユニオニズム（職場内のテーマだけを扱い社会的課題に手を出さない組合指導）に対してコーカスと呼ばれる組合内改革派がLAVORNOTESという労働情報誌を媒体として米国・カナダに跨って活発な活動交流する総会に招待されてトアムコ闘争の報告をした。

この会議の主テーマは「日本的経営・チーム方式」であった。一九八〇年から一九九〇年にかけて米国労働運動、特に全米自動車労組（UAW）などにとって「日本企業」と「日本的経営」は最大の関心事であり、克服すべき相手であり、ハンマーを振りかざして日本車を打ち壊す憎悪の対象でもあった。（トランプを番狂わせで大統領に当選させたラストゾーンはこの時代から始まっていた）。

米国の基幹産業であり、GMなどの自動車メーカーのビッグスリーなどの労働者を組織して絶大な力を持って民主党を支えていたUAWだったが、トヨタをはじめとする日本の自動車会社はUAWの経営への介入を嫌がり、中南部の州に工場を建てて、労働権法下の従業員投票で組合の交渉権を認めず組織化を排除し、工場で「カイゼン」や「チョウレイ」や「看板方式」などの「日本的経営」を進めたためUAWの組織化が大きく揺さぶられていた。

米国労働者には日本の労働運動の右傾化が進んでおり、労働者が経営者に従順になり「日本的経営」が幅を利かせ、米国の労働者の地位や職を脅かす結果となっている、との強い非難の思いがあった。しかしトヨタに匹敵する日本を代表する東芝と八年間も工場を占拠して闘い勝利した報告は一〇〇〇名を超える米国の「活動的な改革派」の労働者に刺激的で、驚きであった。人生で初めてスタンディングオベーションを受けた。それも二回も。一度目は闘争に勝利したことに対して。もう一度は自主生産品として放射能検知器「R-DAN」を映像と共に紹介した時だった。拍手の量と長さは明らかに後者が大きく、総立ちであった。

シリコンバレーのベンチャーであるアンペックス社や東芝の筆頭株主のGEが絡みながら東芝と裁判・労働委員会闘争をやり抜きバックペイと新工場を得たことも驚きであり、八年間も？　その上、ガイガーカウンターというハイテク製品を占拠した工場内で堂々と作り、日本全国の原発現地の反原発の市民に供給し、ソ連の五年目のチェルノブイリ原発事故調査と支援にも活躍させ、それを売上収入とし闘争資金にしてきたことは信じられないという。

この驚きは新横浜の闘争中の工場に調査として訪ねてきた英国のロンドン大学の世界的な経済社会学者のドナルド・ドーア教授がヒアリングを終わった後の感想として、「敷地も機械も大半が東芝の物なのに、その使用権を法的に認めさせ、メンバーが結構当たり前の給料が貰えるぐらいの商売はしている。資本所有者が絶対的に強いイギリスから来た私は『やはり日本の資本主義は違うなあ』と思いました。」（岩波書店の月刊誌『世界』一九九〇年四月号対談「自主生産を通して人間が見える」、及び同じ岩波書店一九九四年刊「日本との対話―不服の諸相―」に収録）と述べていることと通じている。

多国籍企業に見るように資本が故郷を越えて跋扈している現状の中で、労働者側、特にLAVORNOTESのような改革派の国際的な労働者間の交流・共闘の必要性を痛感させられた。

2　ワーカーズコープで社会的有用生産をすること

(1) ワーカーズコープとしての出発

トアムコ闘争後については自主生産がある程度、軌道に乗り出した闘争五年目の一九八七年あたりから、「自分達で出資をし、一人一票の共同運営とオープンな分配をする生産協同組合方式」を全組合員に提示していたが、そこへ収斂するには難しい反応が続いた。同時期に生活クラブのワーカーズコレクティブ（以下ワーコレ）の立ち上げに協力し、中高年事業団の「協同を問う」集会などに参加・交流し、ワーコレ調整センターの世話人として活動も平行して行ない、熱い期待が注がれていた。この内と外の乖離は微妙な影を落としていた。

トアムコ闘争は自主生産闘争であるがワーカーズコープの運営ではない。しかし、実質はワーコレの理念を表明しながらの生産である。どんなに厳しい状況であっても、「勝利」解決までは意見を異にする組合員が居ても、一緒に闘うことを最優先してきた。そして一九九〇年一二月の最終調印でトアムコ労組はバックペイも解決金も代替え地もさらに新しい工場建屋も獲得して終わった。自主生産闘争でこれだけの実績を挙げて「勝利」した闘争は労働運動の中では前後を見てもない高い水準のものだった。

経過は省略するが、労働争議の中で待ったなしの自主生産で労働し、運営してきた経験をもとに、雇用されることを脱して、自らの意志で生産事業と社会的活動を協働の仲間と一緒に行う「ワーカーズコープ（労働者生産協同組合）」を掲げて、新たに出発することにしたメンバーが、闘争を支援し、協同労働に共感したトアムコ労組以外のメンバーも合流して出発したのは一九九三年九月だった。ハイテク生産協同組合として国内唯一のワーカーズコープ（以下ＷＣｏ）エコテックの誕生である。これまでは自主生産闘争の概要とそれを支えた三つの基本理念と「社会的有用な生産」について紹介してきた。ここからは、闘争の経験を生かしてワーカーズコープとして社会の課題と変革に取り組んでいる概要を述べていく。

(2) ＷＣｏエコテックの「対案戦略」

生産協同組合を規定する法律がない。悩んだ末に事業上は株式会社エコテック（資本金一〇〇〇万：参加者の原則平等出資金）とし、同時にＮＧＯ ＷＣｏエコテック（Ｎ

ＰＯ法人化は二〇〇三年）を併存させて立場を明確にし、労働者生産協同組合原則を堅持することとした。最初はトアムコ闘争中の自主生産品の継承を模索したが、社会的有用生産に直接つながるＲ－ＤＡＮ運動や石けん運動と関わりつつも、改めて現代社会の中で市民や生活者が求めているものは何か?を考え、討論を重ねた。

「日本列島改造論」などの高度成長の歪やグローバル化を伴う新自由主義による格差拡大などの政治経済状況の中で現出していた社会的歪に対する社会運動として、①環境保全運動、②合成洗剤追放のせっけん運動、③大気汚染公害運動、と一九七三年、一九七九年の第一次、二次石油ショックに対しての④エネルギー改革問題と⑤地球温暖化問題、さらに⑥通信・交通などの民営化問題などへの（生活者・労働者の）ワーカーズコープとしての「対案戦略」が求められていると分析し、新しいメンバーで対応可能な「社会的有用な生産」に取り組んだ。その結果として七年後の二〇〇〇年時点では以下のものを事業化していた。

《表２》のエコテックの社会的製品の追加説明をすると、Ｂ環境測定事業の「簡易型大気汚染（ＮＯ２）測定器：エコアナライザー」は、川崎、尼崎等全国で二〇〇万人が参加している大気汚染監視運動の測定器として、《表１

	製品群		製品
A	自然エネルギー関連コンサルタント	1	設計、施工、メンテナンスのコンサルタント
		2	セミナー、講習会
B	環境測定事業	3	簡易型大気汚染(NO2)測定器
		4	放射線測定器
		5	太陽光・風力発電用測定システム
C	環境関連機器	6	廃食油せっけん製造機
		7	業務用生ごみ処理機
		8	合併浄化槽
D	自然エネルギー開発・製造・施工	9	太陽光発電システム
		10	風力発電システム
		11	小水力発電システム
		12	バイオガスプラント
		13	小型太陽光発電セット
		14	太陽光発電付随製品
		15	太陽光発電応用製品
		16	蓄電池セット
		17	雨水利用システム
		18	真空式太陽熱温水器

《表２》　ワーカーズコープ・エコテック製品一覧（2000 年時点）

一七六頁》の2環境の⑬自動排ガステスター装置開発・製造（84）をもとにこれまで群馬大天谷元教授を中心に行われていた監視測定の高度化のための設計製造をエコテックで行い、R‐DANと同じように運動体としての「環境監視ネットワーク」を形成し、事務局もエコテックに設置し、普及販売を行った。

D自然エネルギー開発製造施工は、一九八六年のチェルノブイリ原発事故は市民の中に深刻な危機意識を抱かせ、あわせて一九九二年にあったリオサミットの地球温暖化問題の提起は市民活動を世界的に活発にさせた時代だった。おのずと「社会的有用生産」を志向するワーカーズコープの取り組みも代替技術（オルタナティブテクノロジー）に向かうのが必然だった。

一九九二年全国の電力会社の社長会で再生可能エネルギーからの逆潮流を認める方針が示され、一九九四年に家庭用太陽光発電の補助事業が電力会社の協力を得て国として行うことが発表された。真相は、このころから世界的に激しくなった電力自由化を嫌がった電力会社が、それを遅らせる代償として出してきた政策だった。

DIYで太陽光発電や風力発電をコツコツと取り組んでいたエコロジーな市民やNGOグループには大変な朗報だった。ハイテク自主生産からワーカーズコープとなって自然エネルギーに取り組む姿勢を表明していたエコテックもそれらの一五のNGOグループと連絡を取り合い、共同仕入れと情報交換を行う「自然エネルギー事業協同組合レクスタ」を直前の一九九四年に結成して共同事業を進めた。

(3) ワーカーズコープの全国展開と協働者達

WCoエコテックへのメンバー参加は増加し、東京、中部（名古屋）、関西（京都）、九州（福岡）にそれぞれ事務所を開設し、全国ネットと成り、構成メンバーも最初のスタート七人から途中退職も含めて三〇名を越えるメンバーが係わるようになった。会計上も立ち上げの二年を省いて黒字を一貫して維持し、定期的な全員参加会議での事業方針や具体的な運営を決め、さらに分配決定を業績に合わせて行ってきた。残念なことだが、国内でハイテク事業のワーカーズコープはエコテックだけであることは最初から今も変わっていない。

「地球温暖化問題対処」と「再生可能エネルギー普及」が一九九七年地球温暖化防止京都会議COP3の高揚と二〇一一年の三・一一東日本大震災とフクシマ原発事故を挟んで日本社会自体がWCoエコテックの事業と製品を求

め、社会的有用生産・労働として合致する段階へ進んだ。

(4) ワーカーズコープと先進的な人々やグループとのコラボレーション

エコテックの社会的有用生産(物)を共有する(購入する)のは不特定多数ではない。ワーカーズコープを明確に表明していることから原発問題や環境問題などで改革を共にするメンバーが互いに求め合って事業共有を実現している。訪問販売と真逆の関係である。例えば①反原発グループとのコラボとして、原発などの建設反対を行っているメンバーが原発への対抗として住宅用太陽光発電を五軒、一〇軒単位で選択し、地域で建設導入する動きがあり、設計施工は同じ思いのハイテク技術のエコテックにおのずと依頼が来た。芦浜原発、巻原発、祝島原発、大間原発それぞれのエネルギー問題をテーマにした勉強会を開いて、個人だけでなく地域とも共有する形で実現してきた。同じように、②環境保全運動グループ、③生協・農民連、④再エネ普及グループ、⑤学校、研究所、⑥第三世界と共有が進んだ。さらに、セミナー、講習会、相談窓口を設け、建設するときも建設依頼者も施工の初歩的な部分への参加を工夫し、自然エネルギーを創る喜びを共有してきた。高度な技術部隊として数多くのコラボを実施し、再エネ普及を実体化していくことで業界の中でも信頼を得るようになった。

自然エネルギー推進市民フォーラム(以下REPP)と行った、「エネルギーシフトシリーズ」という先駆的なキャンペーン講座をまとめた「エネルギーシフト」都筑建著旬報社(二〇一〇年)を刊行し、三・一一前にエネルギーシフトを提議していたことでWCoエコテックの役割はさらに重みを増し、文字通り先導・飛躍することを求められた。

特別なコラボとして原発推進の電力会社と脱原発のNPO・ワーカーズコープの「対立軸のあるコラボ」を社会実験の意味を込めて行った。自主生産を闘い、高度な技術と事業体を持っていることからできる試みであった。この試みの裏付けとして、米国の地域電力会社SUMDの調査研究レポートである、『脱原子力社会の選択』(長谷川公一著、新曜社)が非常に参考になった。一九八九年六月に電力会社SUMDも係わり、住民投票を行いランチョセコ原発を廃炉にし、DSM(デマンドサイドマネージメント：需要者側運用)を最大限活用して、少なくなった発電量を、実質補うような先駆的な施策を行っていた。電力会社自体が脱原発を行うことは非現実なことではないことは励みになった。このコラボから多くの太陽光発電パイオニアが生まれ、グリーン電力基金・証書取引が生まれることになった。

⑸自然エネルギーパイオニアの大集合と市民共同発電所建設運動

一九九七年一二月に京都で開かれた「地球温暖化防止京都会議」（ＣＯＰ３）は世界にとっても日本にとっても、そしてＷＣｏエコテックにとっても大きな転機であった。世界の国々が集まり「地球の気候変動枠組み条約」が締結された。世界の共通の最重要課題として地球環境問題が取り上げられ、その取り決めの大枠と目標が定められたことは画期的だった。日本も温室効果ガスの削減目標をマイナス六％と世界に約束し、その後の国内の政治経済を決める大きな外圧となった。

この国際会議は、ＮＧＯ／ＮＰＯの役割が大きかった。その果たす姿が日本の一般の人たちばかりでなく、ＮＧＯ／ＮＰＯ自身にとっても自分達の活動の効果・影響力を実感できた。市民抜きに世界の政治経済が決められないことをＮＧＯ／ＮＰＯの責任の大きさも同時に強く要求され、これまでの運動と大きく違った国内の環境運動の盛り上がりと広がりにつながった。ＷＣｏエコテックもこのＣＯＰ３には積極的に参加した。「気候フォーラム」にも運営委員を出し、本会議と平行して開催したＮＧＯの幾つかのイベントを中心的に担った。

ＣＯＰ３会議に参加した各国の代表団の中のメンバーと国内の自宅に太陽光発電などの自然エネルギーを設置したメンバーとが互いに実践報告を行った「国際自然エネルギー発電所長フォーラム」をＣＯＰ３国際会議のサイドイベントとして開催した。四〇〇名を越える参加者で文字通り熱気一杯のフォーラムとなり、この会議を起点として国内のグループが各地にでき、日本の太陽光発電（自然エネルギー）パイオニアの原点となった。

またこの会議の報告の中の一つに琵琶湖湖畔で建てられた市民共同発電所建設の実証報告がなされた。地域のメンバーが出資し合ってグリーンな共同の発電所を持つという地域共同運営の運動は多くの共感を呼び、エコテックの望むところでもあり、全国に率先して市民共同発電所建設のプロジェクトをつくり、建設を進めた。現在では、市民共同発電所の数は一〇〇〇を超えているがその一割はＷＣｏエコテックが地元のメンバーと協働して建設した実績（最大）となっていて、社会的有用生産を地域に広げてきたことを意味している。太陽熱利用、小水力発電や省エネについても先駆的な事業として取り組んできた。

3 社会的有用生産・労働をより有効に――NPO活動に羽根を広げて

エコテックは事業もNPO活動も創立の当初から自然エネルギーの普及に携わり、特に日本の太陽光発電の設計施工をする企業の中でも最古参となっている。ただ高齢化と後継者不足で主力の方向をNPO活動との融合へ向けている。これまでの自主生産での基礎となった三つの基本理念と「社会的有用な生産」がワーカーズコープを経てNPO主体の活動が社会変革に生かされた取り組みとなっている。

(1) 大衆組織としてのPV・Net

WCoエコテックが母体の一つとなって一九九七年にREPPが、そして二〇〇三年にNPO法人太陽光発電所ネットワーク（略称PV・Net）が発足し最終的にはWCoエコテックを引き継ぐ受け皿となった。REPPの活動も重要な内容が含まれているが、ここでの報告はPV・Netの活動に絞ることにする。

PV・NetはエコテックとREPPが設置に係わった太陽光発電（以下PV）設置者も含んで構成される会員が二四〇〇名の全国組織で厳しい審査で認められた認定NPO法人としての活動を行っている。会員の会費と寄付と公的な助成事業とグリーン電力証書事業などの自主事業を資金源として完全に独立した活動をしている。

市民はもちろんだが、全国の公官庁やPVメーカーや研究機関などと太陽光発電の普及を進めるための市民の立場からの厳しい提言・調査や共同事業を行っている。ここでもトアムコ労組の「自主生産」やエコテックの「ワーカーズコープ」の評価軸としてきた「社会的有用生産・労働」は生かされ、多くのNPOの中でも、より地域性と社会性を強めた活動となっている。

エコテックの場合は日常的には株式会社として外と対応している。その時は普通の施工・設計。監理事業者である。ワーカーズコープを前面に出すのは〝協同〟が「売り」になる場面であり、「労働者」や「市民」との共生を共有するときでもある。

それに比べてNPOは鼻から市民であり生活者として登

場し、相手の顔を自分達の主張や要求に向けさせることが定常の関係として日本でも定着しつつある。地球温暖化問題の場などのＮＰＯの存在は大きくなるばかりである。国際会議では国の代表団の一員となって政策にかかわっている。社会的課題を広範な領域で国や企業と対等に渡り合っている。

ＰＶ・Ｎｅｔは自然エネルギーと省エネルギーを合わせて、その普及を進め「市民の手にエネルギーを」という開かれたグリーンなエネルギー社会の実現を目指している。直接的なイデオロギー色はないが、このような理念の実現を自宅に小さな発電所を所有し、継続的に最大限の出力が出るように運用している発電所長たちが着実に積み上げていくことによって、現状のがんじがらめの垂直統合のシステムで社会を牛耳ってきた体制を変えていこうとしている。エネルギー社会が変われば社会全体も変わる。地域会員の自主的活動を基盤にしながら活動を積み上げている〝本物〟の大衆組織である。

労働組合や労働者だったらどうだろう。企業の中や組合の中にいて、なかなか顔が見えてこないのが日本の現状だ。組合指導部が社会的問題を無視して職場内に関連することだけに力を注ぐことを「ビジネス・ユニオニズム」と欧米ではいい、改革派コーカスのＬＡＶＯＲＮＯＴＥＳが批判活動していることは「１⑸国際連帯」の項で見ている。

ＮＰＯをもっと社会的に自立したものとすると同時に、労働組合や生産協同組合がより活性化するには市民性はもちろんだが自立的で多様性を重んじるＮＰＯとの連携を意識的に進めることが重要であり、労働組合の再生を求めている社会の要求とも合致する。

⑵ プロシューマーが主役になる

早くから情報化社会の進展を見据えて梅棹忠夫（『情報の文明学』一九六三年）やアルビン・トフラー（『第三の波』一九八〇年）などが、消費者であり生産者でもあるプロシューマーの出現を預言してきた。二一世紀に入ってインターネットやＡＩの普及が本格化して、社会の仕組みや思考そのものの大変革が進んでいる。

前出のＬＡＶＯＲＴＥＣＨが現在、主題のひとつにしているのが「ギグ経済（Gig Economy）」である。「gig」は、ジャズライブハウスなどでミュージシャンがその場限りのセッションを組んで演奏することを言う。産業において、その一度きりの関係となる単発の仕事をインターネットを通じて請け負う産業＝「ギグ・エコノミー」が興り、その中で働き方は携帯のアプリなどで仕事を見つけ、好きな時間に好きなだけ働けるという、雇用関係が希薄で、自立的なスタイルに魅かれて欧米では広く定着しようとしている。

その一方、賃金が低かったり、病気の際の補償がなかったりと待遇の悪さが指摘され、新しい仕事から生まれる負の面に対してLAVORTECHは取り組んでいる。

「ギグ・エコノミー」は「シェアー産業」ともよばれ、日本でもシェアーハウスや宅配業やタクシーなどネット世界では深く浸透している。労働運動でも無視できないだけでなくこれからの時代の主題になることも予想される。

さらにPtoP（ピュアtoピュアといわれる個々同士の直接取引）のブロックチェーン技術が金融の世界だけでなくエネルギー、流通、運輸などなどの世界で中央の管理者を要しないシェアー世界を作ろうとしている。反資本主義の人には願ってもない世界の出現だが、格差拡大などの混乱が同時に起こってくることも必然と思われる。

現代のNPOは非営利性、市民性、自主性に加えて環境（グリーン）性が求められる。エネルギー分野への取り組みは強弱があるが、大多数のNPOは自分達の目的活動にグリーンエネルギーを繋げて活動するようになっている。今後もこの傾向はより強まることになるだろう。

PV・Netはグリーン性のある自然エネルギーのNPOとして「市民の手にエネルギーを」のパイオニア団体であればよかった。しかし、世界の流れに抗しきれずに全面電力自由化時代に入り、日本の土台骨をなしていた電力会社が通信（NTT）に続いて自由化と分社化に進むことブロックチェー技術の進展などで小さな家庭用太陽光発電設置者が文字通りの発電所の所長＝発電事業者（＝プロシューマー）となって市場参加することになる。（仮想発電所など）利益を会員に分配せず団体の目的を実現させる活動＝事業に使えるNPOの展開は多くの可能性を持っている。「ワーカーズコープのエッセンス」と「プロシューマー性」を引き継いでいるPV・Netが「市民性」に加えて「労働者性」と「事業者性」を活かすように「社会的有用生産・労働」のコンセプトを浸透させ復活させるかが大きなカギとなるだろう。

ここまで、大資本とのし烈な陣地戦を闘い、その中で数多くのハイテク製品を生み出し、その経験をワーカーズコープで引き継ぎ、活かし、社会性のある製品とそれに付随する社会的仕組みづくりを全国レベルで実践し、より社会的実現を達成させるためにプロシューマーのNPOを組織、運用してきた過程と現在進行形を一九八二年から現在までの三六年間の活動を「社会的有用な生産」というキーワードで紹介・要約・検証してきた。紙面の都合で多くのことを省略し、真意が必ずしも伝わらない部分があるが、ご容赦願いたい。

(3) エコテックのファジー理論

最後に、理論や制度だけでは協同の運営が必ずしもうまくいかない、生の現実があるという意味で次のような理論を紹介したい。

エコテックのファジー理論

エコテックはワーカーズコープを名乗っているので「一人一票性」の原則は持っている。理念や原則を大事にすると共に、一つの概念では救えないものが必ず内包されている。白黒に区別できないものも結構ある。そんな時は〝いい加減さ〟でやり過ごしている。これも立派な理論である。明確に割り切れない「揺らぎ」のような問題が数多く存在する。

役割分担、賃金査定、個人能力差、共同性への協調、相性、生活感覚、仕事感覚、合意の度合い、緊急性との兼ね合い、情報伝達の方向性と同時性……。

ワーカーズを遂行するうえでこれらのどれもが単純ではない。官僚主義に陥らずに、拝金主義に走らず、ぶら下がり待望者を作らず、やっていくのにファジー理論がいる。社内の中での階級制がない分､この考え方は大事であるが、すべてをあやふやでいいという訳ではない。

この話は労働組合や企業にも当てはまるが、ことに公平性を大事にするＮＰＯにも当てはまる。大衆性が強ければさらに高度なファジーさが必要である。

㈦ 生協の労働組合 ―組合員パートさんの組織化へ

岩元修一・大場香代

1 私が生協労組でできたこと、できなかったこと

――岩本 修一

労働組合の統一と生協の合併

私は、一九八〇年二五歳の時に江東区のたつみ生協に就職しました。生協本部の隣の児童館でボランティアをしていた縁でした。大学を中退して困っていたところを理事長が正規職員として拾ってくれたのです。その時は分かりませんでしたが、辰巳団地生協から地域生協として本格的に地域展開しようとしていた時期でした。はじめての正社員の定期採用で、同期は五人でした。最初は生活協同組合は公務員の一種くらいに考えていましたが、年商一五億円、組合員七〇〇〇人くらいで、当時の地域生協としても大変規模の小さな生協でした。

働きはじめてだんだん実体が分かってきました。仕事を教えてくれた先輩が次々と退職していきます。別の先輩からは「新卒を採用するために自分たちは非正規に契約変更された」とい言われ、なんだかとんでもないところに就職してしまったのではないかと次第に不安になってきました。仕事が終わった後に同期の仲間三人と寮に集まって不安を語り合うようになりました。それが翌年の労働組合結成へとながりました。東京合同という小さな地域合同労組の指導を受けて三人での労組結成でした。当時パートさんも合わせて五千人くらいの職員がいましたから、今から思えば下手くそな労組結成でした。仲間を増やす努力はほとんどしませんでした。うまくやれば全員加盟の労組を作ることもできたはずです。

最初の団体交渉のテーマは「生協に労組は必要か」でし

た。理事長はこれから生協を本格的に東京東部で地域展開しようとしていた矢先で、寝耳に水だったに違いありません。後に人づてで聞いた話ですが「飼い犬に手をかまれた」と言っていたそうです。私達は、「生協人である前に労働者だ、生協にも労働組合は必要だ」として一歩も譲りませんでした。最初のボタンのかけ違いが尾を引き、配置転換や労組の拠点だった寮からの退寮をめぐって労働委員会で争う事態になり、労使関係は悪化しました。一時たつみ生協には、江戸川ユニオン、職員評議会、私たちと三つの労働組合が存在していました。一九八六年にはなんとか大同団結することができました。これが私の経験した一回目の労働組合の統一です。

二回目は一九八九年です。一九八八年にたつみ、あけぼの、江戸川の東部の三生協が合併してEコープになったのをうけ、それぞれの生協の労組も合併しました。この時に上部団体は総評・全国一般東京地本南部地協にそろえました。以来パルシステム東京労組は一貫して全国一般に所属してます。現在は全労協全国一般東京労組所属です。

三回目の統一は一九九八年。一九九六年に二三区のEコープと多摩のJOYコープが合併したのにともない、全国一般のEコープ労組と生協労連のJOYコープ労組が組織統一しました。上部団体や体質の違い、赤字問題などがあり組織統一まで合併後二年もかかりましたが、上部団体に二重加盟することでおりあいました。

パルシステム東京は一一の小さな生協が合併を重ねて今の規模になりました。合併の度に配送センターやセットセンターなど重複する事業所の統廃合、リストラが実施されました。生協の労組の歴史は移転統廃合との闘いの歴史でもあります。東京だけでなく連合会の労組＝職員評議会も相模原セットセンターの閉鎖問題で一〇〇人の労組員を組織して闘ったこともあります。また合併の度に賃金・人事制度や休日など労働条件の統一と格差是正に取り組んできました。

たつみ生協以来正規と非正規がともに加盟する労働組合でした。難しい理屈ではなく、一緒に働いているから同じ労組という発想でした。正規職員と非正規職員が一緒に賃上げ交渉をすると利害が一致しない局面もありましたが、労組結成以来三七年間正規と非正規が一緒にやっています。

委託の組織化が課題

委託については二回組織化の経験があります。一回目は

Eコープ労組の時一九九〇年頃に、配送センターにドライバーとして派遣されていたKさんの契約解除と闘いました。全国一般のオルグには反対されましたがKさんに直接Eコープ労組に加入してもらい、派遣元と団体交渉を行いグループ生協の正社員として雇用を確保しました。

二回目は物流会社コープアイのドライバーの組合結成を支援しました。

そのほか二〇〇〇年前後には、組織化を前提に委託会社の賃金・労働条件をパルシステム労協（グループ労組の連絡会）として研究会を作り調査しました。しかしその後は、配送センターにできた委託会社の分会を支援したことがある程度です。

現在委託労働者も非正規労働者としてとらえる考え方があるようです。労働組合も生協に直接雇用されている労働者の問題だけでなく、雇用は生協ではないが同じ生協の配送センターで働いている労働者の問題にも取り組むことが避けられない時代になってきました。先に述べたように委託労働者の問題について全く取り組んでこなかった訳ではありませんが、現状では生協に直接雇用されている非正規労働者の問題に取り組むのが精一杯で、委託労働者の問題には取り組めていません。

三七年間の労組活動を振り返ると、同じグループ生協、関連子会社の労組結成や支援・交流には取り組んできましたが、委託労働者については取り組みが不十分でした。派遣法の関係で指揮系統や部屋が別であることも関係しているかもしれませんが、同じ職場で働く仲間という視点が弱かったことは否めません。今後は委託労働者の問題にも取り組んでいきたい。またこの視点を後輩たちにも伝えていきたいと思っています。

2 私にとって労組とは

——大場　香代

改めて考えてみても、未だにはっきりとした答えが見つからない。ただ、労組に入ったお陰で世代、職種を越えた仲間が一気に広がった。

私は福祉の仕事をしている。パルシステム東京のような大きな組織の中で、新しい事業で特殊な分野だと思う。福祉以外の仕事をする方との接点は今まではなかったが、労組に入ったお陰で団交に出るようになり、様々な現場の生の声や苦悩を肌で感じる事が出来た。

団交に参加する機会も労組に入り初めて体感することが出来た。

普段はすれ違うことも、顔を合わせる事もない経営者の方と直接話す機会が持てる。それも私にとってはとても新鮮な事だった。要求ばかりでなく、経営者の方に団交で直接感謝の気持ちを伝える事も出来た。それも私にとっては嬉しい出来事だった。

労組に入って分かったこと

現場の声を直接伝える事が出来る団交には多くの現場の職員に参加して欲しい。ただ、その資格を持つ労組員の新規加入に苦戦している現状がある。何で労組に入らないのか?労組に入らない方に直接聞いてみた。

「目の前の仕事で精一杯。労組で活動する気持ちの余裕がない。」

「お金だけ取られてどんな活動をしているのか見えてこない。」

「入ってもあまり意味がない気がする。」

様々な意見があった。実際、入らないと解らない事がたくさんある。それは、要求を通すための準備、通した時の達成感いろいろあるが、私は世代を越えた、職種を越えた横の繋がりこそが労組の醍醐味のような気がする。

誰も一人にさせない。誰かの話に耳を傾け、寄り添い、共感する。みんな現場の中で日々闘っており、悩んでいる。孤独に潰されそうな職員もいるだろう。でも、そこには労組がある。話を聞いてくれる、受け止めてくれるだけで頑張れる事がある。現場では話しにくい話も、労組なら遠慮なく話せる。

みんなびっくりするくらい、いろいろなアイデアや発想を持っている。それを言える場所が無いだけ。気持ちや思いはそれぞれの胸の中に熱く灯っている。それを話せる語れる場所が労組には確実にある。では、私に何が出来るか?

労組なしの仕事人生は想像がつかない

まだ、労組を堅苦しい組織と想像している職員はたくさんいる。実際、私もそうだった。でも、実際は違った。そのイメージを払拭させたい。敷居が低く、みんなに目線を合わせ、悩みに寄り添い、誰ひとり一人にさせない仲間達が居る労組。今はＳＮＳでニュースを流したり、ポスターや職場会議での和気あいあいとした写真を、労組の掲示板に掲示している。秋にまた労組のイベントを企画している。今はそれを楽しみに仕事を頑張っている。

そこで絆が深まり、ますます労組が愛しくなり、仕事を頑張れる原動力にもなる。人は一人では何も出来ない。特に私の仕事の場面ではチームケアが必要になってくる。

誰かが見守り、支えてくれる。それだけで日々の気の持ちようが随分と楽になる。

これから労組なしの私の仕事人生は想像がつかない。これからも微力ながら、先輩達のアドバイスを受けながら、私に出来る事を少しずつ進めていきたい。そんな私の、なくてはならない居場所を作って下さった先輩方に感謝の言葉しかみつからない。先輩方の気持ちを大切に紡いでいきたい。私はこれからも労組と共に頑張っていきたいと思っている。

コラム column

労働基準監督官から見える労働問題

井谷　清

高橋まつりさんの自死に端を発した株式会社電通の労働基準法違反事件の報道などで高まった強い社会的関心の中で、平成三〇年に労働基準法が大きく改正され、昭和二二年の労働基準法制定以来初めて、労働時間に係る本格的な罰則付き上限規制が誕生した。従来から、労働者に一日八時間まで、かつ一週間四〇時間までという法定労働時間を超えて労働させる場合には、使用者は労使協定（いわゆる三六協定）を締結して労働基準監督署長に届出る等の手続をしなければならなかったが、今回の改正によりその労使協定で定める時間外労働の限度時間数に上限が設けられたのである。

ここで私たちは、労働時間記録の改竄などによって新法が守られない事態を想定するかもしれない。しかし、現実はもっと深刻である。そもそも三六協定を届出ている事業場がどのくらいあるのかというと、平成二八年時点で全体の四割に満たない。もちろん、法定労働時間が守られている事業場は三六協定を必要としないが、そのような事業場はそれほど多くない筈である。実は、私たちは、従来からある労働基準法の労働時間制度そのものが使用者の間で十分に知られていないという現状からスタートしなければならないのである。

(1) 履行されるべき最低労働基準の現実

本来、労働基準法、最低賃金法、労働安全衛生法等に定められている最低労働基準は当然のように履行されていて、その上で、労働者、労働組合、労働市場、事業者団体、安全衛生委員会等の働きによって労働条件がさらに向上されていくという状態が実現されていなければならない。しかし、全国に約四一二万の事業場が存在するのに対して労働基準監督官の数は約三〇〇〇人に過ぎないため、平成二八年の『労働基準監督年報』に掲載されたデータを元に計算すると、各事業場が監督指導を受ける頻度は平均して約二四年に一度（建設業を除けば、約三一年に一度）となっており、その結果法違反の是正指導はおろか法令の周知さえゆきとどかず、労働者や労働組合が最低労働基準の履行を求める闘いを強いられるという事態さえ生じている。

(2) 陽の当たらない労働災害対策

このように限られた人員をもって労働基準行政が最も多くの労力を注いできたのは、労働災害の防止政策である。三六協定制度が知られていないのなら、労働災害防止のための労働安全衛生法の各種規制はもっと知られていない。昭和の高度成長期にピークに達した労働災害発生件数は、産業構造の変化や安全意識の定着により減少してきたものの、現在でも、毎年、労働災害により命を落とす労働者は約一〇〇〇人（うち約二〇〇人は交通事故）、労働災害により四日以上休業する労働者は約一二万人に達している。

ここで、典型的な労働災害とその防止対策について若干の具体例を挙げてみたい。

金属、木材、食品その他のものを加工する産業機械は、家庭用のものより駆動力が強く、はさまれ・巻き込まれにより手指や腕を失うことも珍しくない。日本では製造物責任法による製造者に対する責任追及が低調で、「機械を取り扱う者が注意すれば良い」という風潮が根強いこともあり、特に産業分野では危険性の高い機械がかなり多く流通している。このような機械については、使用者のみならず製造者にも構造面での本質安全化や安全装置の付加等による安全化を図るよう指導しなければならない。

建設現場においては、通路等での転倒、高所からの墜落、重機への接触、溶接火花が易燃性建材に引火することによる火災等による労働災害が発生しやすく、年間三〇〇人の命が失われている。非定常作業の多い建設現場では危険源の除去が本質的に難しいため、元請業者の統括管理の下、安全な作業計画を策定し、作業員を適切に教育し、管理するとともに、墜落制止用器具や保護帽等の使用を徹底させることが重要となる。

有機溶剤などの有害化学物質については、様々な職業病を引き起こすおそれがあるが、曝露から発症までに時間を要し、有害だという認識を持ちにくいため、局所排気装置、防じん・防毒マスク等による曝露防止対策の実施は低調となっている。これは、社会運動を経験した石綿、じん肺、放射線等の問題が大きく取りあげられるのとは対照的である。労働基準行政は、文字通り微力ながら、事業場への臨検監督等によりこれらの労働災害防止対策について指導し、時には重大・悪質な法違反事件の立件・捜査を行ってきた。

しかし、昨今、世間では過重労働対策などが話題になる一方で、労働災害防止政策は殆ど顧みられていない。それは、現在、これまで労働災害防止対策に費やされていたリソースを大幅に減らして、過重労働対策に投じるという結果を生んでいる。

(3) 埋もれている重大問題

戦後、労働基準法（及びこれから分離した労働安全衛生法等）は、労働組合法に比べ、あまり活発に研究されてこなかった。ボトムアップ的民主主義の象徴である労働組合法に比べ、単なる使用者規制法である労働基準法は、学術的関心を集められるものではなかったのかも知れない。しかし、労働基準法が労働者に及ぼす影響の大きさはいうまでもない。

高度プロフェッショナル制度の導入に際しては、世間一般でも侃々諤々の議論が交わされたが、他方、農業と畜水産業に従事する労働者には従来から労働基準法の法定労働時間、休憩及び休日に関する規定が適用されておらず、実は高度プロフェッショナル制度の適用を受ける労働者よりもずっと保護が弱いが、この事実は話題にもされなかった。

殆どの国家公務員は労働基準法の適用を受けず、中央省庁では際限の無い長時間労働が行われている。

地方公務員については労働基準法のうち殆ど全ての規定が適用されるが、非現業職員や教育職員などに関する労働基準監督は、労働基準行政ではなく地方公共団体の長（人事委員会がある場合はその人事委員会等）が行うこととなっている。これは言わば自分で自分を監督するようなもので、実効性に乏しく、実際には殆ど監督がなされていない市町村もあるようである。

家事使用人（各家庭が直接雇うものに限る）は多くの労働法から適用除外の憂き目にあっていて、殆ど何の保護もないが、今後日本で外国人家政婦が増加した場合どうなるのか懸念を覚える。

建設現場においては、一人親方や中小事業主も作業員として労働者と同じように危険な作業に従事しているが、法的には事業主であるとして十分な保護がなされているとは言えない（平成二八年に建設工事従事者安全健康確保推進法が制定され、漸く小さな一歩が踏み出されたところである)。

(4) 今後の課題

私は今、明治時代の農商務省が編纂した『職工事情』の精神に習い、私たちが、日本の最低労働基準の問題を網羅的に調査し、体系的にまとめ、研究することの重要性を強く感じている。各種問題についてシングルイシューを以て取り組むことも重要であるが、ある程度分野を画したあとは網羅的に把握して体系化することの重要性もまた強調したい。労働基準法や労働安全衛生法の条文を分析していくだけでも、今まで気づかなかった規制の漏れや抜け穴が見つかる筈である。

また、望ましい労働条件そのものだけでなく、それをどのように実現するのかということも考えなければならない。今の労働基準法は、基本的には使用者に義務を課し、それに違反すれば罰するという単純なものであるが、それで十分なのだろうか。例えば、労働者を雇用するにあたり、自動車運転免許のごとく免許がなければならないとしたら、使用者は今より労働法を必死に学ぼうとするだろう。免許制であれば、悪質事業者を事業停止や事業廃止にする仕組みも作りやすい。また、中小企業や小規模の市町村に対して本格的な労務・安全衛生管理を代行するようなサービスを提供し、効率的な労働法の運用を図ってもよいかもしれない。

さらに、労使関係を超えて力関係の分析を行うことも必要である。労働基準法違反のある企業の経営者の素顔が、労働者よりも疲労しているということは少なくない。使用者が、労使関係以上の力関係に巻き込まれていることも非常に多いのである。例えば、元請と下請けの関係、荷主と運送業者の関係、フランチャイザーとフランチャイジーの関係、消費者と事業者の関係などがそれである。これらの中で不当な支配関係が生じ、取引の公正さに悪影響を及ぼした結果として、労働基準法違反等が生じていることは珍しくない。

最低労働基準の問題は、結局、産業を担う者のうち誰が弱者で、その弱者をどのように保護し、どのような社会秩序を形成すべきかという問いに抽象化され、普遍化されていくのかもしれない。その研究の重要性は、グローバル化等の社会構造の変化により商取引に新しい力関係が生じている現代においては、一層高まっていくと思われる。

第四章　新しい労働運動の構想

【写真上】日比谷公園で年越し派遣村（2008年12月31日～2009年1月5日）
【下】派遣法抜本改正を訴える派遣労働者（2008年）　撮影：今井　明

㈠ 次は何か

小野寺　忠昭

1 企業内組合の似て非なる二つ

私は先輩オルグから日本の労働組合とは、一口で言えば、組合の字のごとく組と合・愛なのだと教わってきた。組はやくざや博徒の組のことであり合・愛は力を合わせる合と友愛の愛のことなのである。その労働組合がこの三〇年の間に著しく力を失ってから久しい。その日本の労働組合運動の重要な総括的ポイントは、企業内組合と一般的に言われてきたが、それは正解ではなく、職場労働組合としてみることを私は様々な機会を通じて主張してきた。労働運動の盛衰を貫いて、この職場労働組合を巡った労・資の攻防とその変容こそ、この国の労働組合の戦後の在りようだったと私は結論付けている。

総評解散以後この職場労働組合の時代は、国鉄争議をアンカーとして幕を閉じた。この職場労働組合にとって変わったのが、日本的企業内組合であった。ヨーロッパでいう御用組合をはるかに超えた労働組合なのである。ここではその内容に踏み込まないが、連合に代表される大手企業の組合がそれに当たる。職場労働組合から資本側の組合つぶしを経て第二組合として登場してきたのがこの企業内組合であった。日本に於ける企業別労働組合として似て非なるもの――職場労働組合と企業内組合が、日本的労働組合の原型である。

さて今日の労働組合の衰退を乗り越えるには、この二つの企業別労働組合に取って代わって新たな組合の主体を創っていく以外にないと考える。すでに実質的には数パーセント台に落ち込みさらに減り続けている組合組織率を見ればそのことは歴然としているのである。さらに五五年体制と言われた福祉国家（産業民主主義・完全雇用制・累進課税制）の離脱が、経団連の「新時代の日本的経営」戦略を起点としてこの三〇年の間に明らかになり、その体制を支え実現してきた日本国憲法、とりわけ労働保護法制、平和と民主主義法制が骨抜きにされ、改憲の動きが風雲急を告げている。帝国アメリカのグローバル資本主義体制に自民政府が追従し移行してきた現在なおさらの感がする。職場労働組合・総評解散が、脱戦後社会・改憲と勤労者の大きな不幸の始まりであったこと、はそう多くの人々に理解されているわけではない。

2 総評なき後の九類型

この時代の新たな労働運動の主体形成と言う視点からつらつら思いつくままに綴ってみたい。

私は「地域ユニオンコラボレーション論」、「what was 国鉄闘争　そして次へ」と言うタイトルで国鉄闘争に関わってきた人々と協同で二〇一三年四月二六日にその本を出版した。私は戦後労働運動とりわけ総評運動の総括をかねて、『争議としての国鉄闘争そして次は何か』という部署を担当した。その文章の中で新たな労働運動の主体形成として戦後労働運動の九類型をポジティブな遺伝子・DNAとして以下のように整理してみた。

その一類型は、少数組合になったとは言え、職場労働組合とそこの活動家が様々な運動を今でも担っていることを先ず前提として以下を指摘しておきたい。かつては、全国一般労働組合もこの組合の力によって発足したのである。前提と言うよりもあらゆるタイプの労働組合を生み出した母胎であると言っていい。

その二類型は、国労高崎地本が立ち上げた交通ユニオン。全造船関東と神奈川シティユニオンや横浜ユニオン、ユニオンヨコスカもこの類型に入る。（職場労働組合プラスユニオン類型）

その三類型は、関西生コン、全国一般であり、内容的には中小職場における職場労働組合と個人加盟方式の合同労組が合体した組合。全統一、東京南部労組、東京東部労働組合や北関東における埼京ユニオンはその典型的組織。

その四類型は、地区労、地区労センターをはじめとした地域の共闘運動組織。

その五類型は、個人加盟の地域ユニオンおよび、冠（東京管理職・女性等）ユニオン。

その六類型は、四〇周年・一五〇回行動を重ねてきた東京総行動（けんり総行動）を初めとした争議等を　総ぐるみで闘う総行動方式の組織。

その七類型は、中小労組政策ネットワークや北関東ユニオンネットワークなどの広域の地域共闘。

その八類型は、国労闘争団の事業体や労働組合の自主生産・再建企業の生産する労働組合（ワーカズコレクティブ・アソシエ）。また各地域における労災職業病安全センターなどもこの類型に入る。

その九類型は、平和・護憲・原水禁・脱原発・地域交流など平和センター運動組織。昨年の総掛かり行動　実行委員会はその発展形態。

3 生産現場の変貌

以上の九類型はグローバル時代の生産現場が大きく変容してきたことに意味を持っている。

現在の自動車工場など名だたる大企業の工場は、系列化と子会社化されていて、そこで働く労働者は特に北関東では六割を超えて外国人労働者・有期雇用労働者が占めているのである。数年前までは労災問題と解雇問題（今も継続されているが）、今日では日系労働者に限らず、幸せを求めてやって来た外国人労働者達は、日本に家族ごと定住する志向が強くなっているので社会保険加入が優先課題になってきている。彼らは一九六〇年代高度成長時代に農村から出てきて無我夢中で働いていた、かつての日本の労働者とよく似た面もあり、もっともバイタリティーに富んでよく働きもするが権利意識も旺盛なのである。もはや、かつてあった職場・生産点における実労働、すなわち物づくりそれ自体の物質的労働を担う労働者は、外国人労働者・有期雇用労働者　（派遣労働者）が多数を占めているのである。

その反面、生産される商品は固められた物質的労働をベースにして、デザインやカラーや情報ソフトとの結合など精神的な付加価値の商い非物質的な労働によって支配され製造されて製品となり、商品となって世界的に流通されるのである。

欧州においてもアントニオ・ネグリとマイケルハートが「帝国」と「マルチチュード」で述べている、非物質的な労働が支配的傾向となった二一世紀の生産現場の変容は、日本が一番進んでいるかもしれない。また利潤を最大化するその搾取の現場は従来の本工によって構成されていた本社工場よりも、その周辺、縁辺の下請け工場等に移行しているのである。因みに「マルチチュード」で、欧米の産別労働組合の興味深い問題点を指摘しているので要約する。

第一に、旧い労働組合は失業者や貧者を代表することが出来ないし、また短期契約で雇われた移動性・柔軟性の商いポストフォーディズムの労働者（非正規・パート・派遣、フリーター、外国人、研修生・実習生労働者など日本では三分の一強：挿入筆者）を代表することが出来ない。

第二に、旧い労働組合は工業生産の全盛期に生産物や職務の種類に応じて定められて区分（鉱山労働組合、配管工労働組合、機械工労働組合など）され、賃金、労働条件や労働関係がますます同質的・一般的なものになりつつある今日、こうした従来の区分（あるいは新しく生まれた区分でさえ、この指摘は意味深である。：筆者）はもはや無意味であり、障害にしかならない。

第三は、旧い労働組合は純粋に経済的組織となり、政治的組織ではなくなっている。社会的・政治的要求を放棄し、労働条件や賃金などの経済的な争点と引き替えに、合法的・合憲的地位を与えられている。非物質的パラダイムにおいては生産が生政治的な性格を強めるなか、経済的問題だけを個別に扱うことの意味は失われていく一方である。

（筆者註）ここでいうこの本の生政治的の意味とはこの論理のキーワードの一つであり、以下の通り本文第一部一六四頁から抜粋する。

「生政治的」＝今日の支配的生産形態はその（経済的生産）支配形態を他の領域にまで及ぼししつつ、アイデアや知識、コミュニケーションの形態、様々な関係性といった「非物質的財」を作り出す。非物質的労働においては、生産はこれまで経済的とみなされてきたものの枠を超えて、文化・社会・政治に直接関わるようになる。そこでは物質的な財だけではなく、現実的な社会関係や、生の多様な形態が生産され、その生産物がいかに全般的なものであり、それが社会的生といかに直接的に関わるものであるかを強調するために「生政治的生産」と呼ぶことにする。

この項目ではこの三つの現状認識を踏まえ、「労働組合を近年出現してきた強力な社会運動と合体させて『社会運動組合主義』ともいえる形態を創り出し、それによって労働組合を他の領域に開放していくことである」と結論づけている。

以上のように全世界各地で非正規労働者が最も高い利潤の土台を造っているのである。その様な職場生産点と労働者の働かされ方において、私たちが係わってきた労災職業病問題はクッキリと両極に分離されている。非正規・外国人労働者の労災職業病は単純労働・重労働・長時間労働の反復積み重ねによる腰痛症・頚肩腕症候群を初めとして、騒音性難聴障害、嗅覚障害等物質的・身体的な障害などが多数を占めている。日系ブラジル人の場合など一日一八時間労働もざらなのである。

が、日本人労働者の場合はいじめ・パワハラを初めとした精神的な長時間労働による精神疾患による過労死と労災問題が多数を占めている。そしてその精神・神経障害は職場の人間関係の服従的な退廃の典型であり、いじめる側もいじめられる側も最悪の人格的障害を来している。私はその状態を過剰な労働の貧困時代ではないかと考える。宇宙まで届いている大経営の眩い光の中心に二一世紀はその闇が広がり始めている。

そしてこの先十年から数十年の間に日本人労働者は低く見積もっても六〇〇万人以上減少が見込まれ、他方で外国人労働者は一八〇〇万人が増えていくと経団連などは予測している。また正規労働者は三割を切るとも推定されている。

結論すれば、限定的ではあるが七〇年代まであった職場生産点の横断的な労働のされ方は、また有り様は、分断系列化・下請化され、さらに正規社員・本工労働者に取って代わって派遣労働や有期雇用等が多数を占めることになっているのである。かつてあった物質的労働が支配的な職場生産点は非横断化され、系列下と下請化、そして派遣労働などの導入によって分断的重層構造に変貌・変容している。

私が論じてきた職場労働組合の土台にあった職場生産点の構造変化であり、その風景は極少数の職場にしか今は残っていないのである。

4　戦後労働運動の意識の転換を

以上のような歴史的経過を考慮して新たなユニオン運動の展開を考えると運動主体の意識上の克服は二つである。かつての職場生産点の補完的な在り方、言い換えれば労働者・労働組合としての補助的な位置にあった全国一般や合同労組、ユニオン等の組織を、主流的な意識性と労働者本体意識性に自らの意識を高めることである。即ち労働運動における企業別労働運動に代わって、総評亡き後の九類型を新たな歴史的運動の組織主体としての責任を持とうとすること。限りなく責任を持とうとする事こそ、現にある労働組合の限界を少しでも超えていくことになるのである。

そのツールとして九類型の中からボランティアで色々な非正規労働者が集まってユニオン「非正規労働者同盟」などを構想するのも一考であろう。そして最も肝心なことはその労働者が「新ユニオン友愛主義」のオルグになることが運動主体を前に進めることになる。私の経験からしてオルグになるということは、個々の労働者がおかれた個別的な限界を越える主体的な目的意識性に自らを高めることでもあるからなのだ。非正規労働者のオルグに成るならば、非正規労働者の境遇、そこから発する個々の千差万物の問題点を非正規労働者の問題として類型化し、また総合化してその問題を背負い込むこと。

企業別・産別労働組合の時代は終わり、新たな運動の山が動き始めている。かつて総評を誕生させたのは、敗戦の時代状況と職場労働組合のリーダーであった民主化同盟のオルグ・活動家たちであった。それと同様にこの時代においても、その運動総体をコーディネートするオルグが必要となってきたと考える。武委員長の今後一〇〇年の覚悟に見るように、関西生コンはその最大の根拠地になるのではないかと思っている。

次の組織自体を造っていく新たなオルグの時代なのである。次の労働運動の主役はその時代の山の中から生まれ、オルガナイザーもその中や周辺から必ず生まれ始めてくると私は考える。戦後労働運動の遺伝子・DNAを受け継ぎ全国的な、いや世界的な視野で、また生き残った職場労働組合のリーダーも、その歴史的な労働運動の転換点をしっかりと踏まえる時代に入ったのである。オルグ稼業を長年やってきた私としては今後の様々な運動の可能性にかけるオルグ集団を直近で誕生させ、またすることであると考える。

5　労働運動の新たなアジェンダ・労働社会の再建

イギリスで生まれた労働組合は当初は未分化で労働組合も政党も協同組合も一緒の組織体であったと聞く。私流に解釈すれば、当初の組合は日本的労働社会と酷似したヒトとモノとコトであったと考える。言ってみれば働き人たちの生存協同体組織であった。日本の労働運動の期成会など先駆者達は、ヨーロッパの労働組合を知識人特有の啓蒙思想で捉え労働祖合産業別思想を直輸入したと思われる。労働組合は労働社会を土台に成り立つと考える。

労働組合の原点をその様な視点から捉えれば労働社会の在様に行き着くのではないか。その様な視点から関西生コン運動の五〇年を見ると協同雇用保障闘争や業種別賃金闘争や中小零細企業の協同化運動やアソシエ運動など、労働組合の当初の原点であり今後の労働運動のアジェンダの示唆に富んでいると思われる。労働組合は組と合・愛なのである。

(二) 時代は〝市民運動ユニオニズム〟
——労働NPO、市民運動ユニオニズムの可能性

小畑　精武

はじめに

「働き方改革」が裁量労働制や高度プロフェッショナル制度の導入により「働かせ方改革」としての本質があらわになってきた。裁量労働制は厚労省のずさんな調査によって政府は法案を撤回せざるをえなくなったが、今回も日本の労働組合は有効な反撃を加えることができなかった。目立ったのは、夫や我が子を過労死で失った妻であり母親たちであった。肉親を失った悲しさと悔しさの会見が続いた。

それでも、確実に死の恐怖に落としこまれるアスベスト労災については当事者と各地のユニオンや労働安全衛生センターなど労働NPOとの協力した運動が成果をあげてきた。労働者が自ら立ち上がり、労働者同士はもちろん、家族も含め市民とも手をつなぎあって「労働問題」に取り組み、共同の力で解決をはかっていくことが始まっている。

さらにフリーランスや「個人請負」など「雇用によらない〝労働〟」がもたらす問題はすでにコミュニティユニオンへの相談に持ち込まれている。「働き方改革」によって、これまでの「雇用＝従属労働」を前提とした「非正規雇用」から「雇用によらない働き方」による「不安定な労働」へと拡大が始まっている。

非正規雇用労働者の賃上げ・労働条件の改善は、正規従業員の組合に任せることでは解決しない。雇用関係があいまいな働き方に対する「権利」「労働条件」の確立も任せることはできない。「おこぼれ」（トリクルダウン）ではなく、こうした働き方のもとでの人権と権利、労働と生活を守る運動と組織づくりが必要になっている。さらに、市民

や自治体が自らの生活や地域にかかわるコミュニティサービス、地域公共サービス、地場産業などの「労働」を課題とする、次の時代の「労働—市民運動」を考えていきたい。

1 「労働する市民」のユニオンとしてのコミュニティ・ユニオン

(1) 一人一人の労働基本権を活かす

「誰でも一人でも入れるユニオン」への加入により「労働する一人の市民」は憲法で保障された団結権、団交権、スト権の行使が可能となる。ユニオン運動は世界で最も労働組合がつくりやすいと言われる日本の労働組合法を活かし、一人一人の労働者が団結権を自らのものとしてユニオンに加入し、職場で一人でも憲法で保障された団体交渉権を行使してきた。ユニオンによる団体交渉を進め、団体行動の実践を通じて具体的解決をはかっていった。コミュニティ・ユニオンの「使用者側との団交で紛争が解決した自主解決率」は七四・五%にのぼっている。連合地域ユニオンが六七・四%、全労連ローカルユニオンが四八・九%なので、他のユニオンに比べて高い。解決できずに終わった数はもっとも低い。[注1] 同時に、新たな労働問題に対する社会的、政策的、制度的な対応を求め、社会に政治にその問題を発信してきたと総括できよう。中小労働運動、合同労組が「企業規模」に依拠してきたのに対して、ユニオンは「雇用形態（不安定雇用、非正規雇用）」に着目し、依拠してきたのである。[注2]

(2) コミュニティユニオンと労働NPO

コミュニティ・ユニオンは労働相談や労働セミナーなど、地域に開かれた「公益的活動」をすすめている。この点、一企業の従業員をメンバーとして内側に固定している企業別従業員労組とは正反対に地域の労働者、市民に開かれている。「労働者」を「一市民」としてとらえ、相談—解決を地域で果たしていることになる。つまり、この点は非営利の労働NPOと重複し、ともに「公益性」ある組織と位置づけることが可能となる。

これに対し、労働NPOは労働組合の社会的影響力の低下と並行する労働組合への「疎遠化」[注3]により周辺（市民社会）から労働問題へのアプローチが行われている。日本における労働NPOの運動は、各地方での取り組みがようやく始められている段階にある。その数も社会的影響力もまだまだ小さい。本稿においては日本の労働NPOの活動分野について《表1　二二六頁》においてに概観し、《図1　二二五頁》と《表2　二二七頁》ではコミュニティ・ユニオンとワーカー・センターの比較を試みる。さらに、日本に比べ圧倒的な力を有するアメリカ社会における労働NPOについての直接インタビューを紹介し、日本での労働NPOのあり方を検討する。

2　アメリカにおける労働NPO

(1)　市民社会のなかの労働NPO

一九九五年に当時のAFL・CIOスウィーニー会長は「アメリカ労働運動は社会の片隅に追いやられている」と訴えた。こうした状況下、労働者の新たな組織と運動が草の根から起こってくる。NPO活動では日本のはるか先行しているアメリカにおいて、労働NPOの活動は、既存AFL・CIOの運動とは異なる次元で活動をしている。労働者の権利確立、法律相談、職業訓練、労働者協同組合、地域経済社会の調査研究、労働運動強化など活動分野が広い。その一つに日本のコミュニティ・ユニオンに似た、草の根の「ワーカー・センター」がある。両者を比較したのが《表2》である。その主体は移住労働者、日雇い労働者、家事労働者等これまで主流労組からは無視され、労組法からも排除されてきた労働者であり、地域コミュニティのなかから形成されている。そして社会運動ユニオニズムが展開される。その一つが一三七ヶ所（二〇〇五年）に展開されているワーカー・センターである。アメリカの「強み」は既存の労働組合は力を落としていくが、新たな労働者組織が市民社会の中から形成されていることだ。労働者が主体となっている組織だけではない。私が名づける「市民運動ユニオニズム」がリビング・ウェィジ条例運動にみられるように市民自らが立ち上げ、労組とも協力し、地域の労働問題に取り組んでいる。地域の低賃金問題は、同時に「地域の貧困問題」でもあるからだ。

(2)　コミュニティ組織としての労働NPO・ワーカーセンター

海外への資本・企業進出と引き換えに、アメリカへの移住労働者が八〇年代に一〇〇〇万人を超え、資格外労働者だけでも三五〇万人を超えていた。移住労働者のコミュニティが大都市に形成される。言葉（英語）は不十分、だがきつい肉体的仕事に従事していた。

一九八〇年代に日雇い労働者が道端で雇われるのを待っている現状に耐えかねてデイレイバー・センターというものが作られた。労働者も安全、雇用主もこのセンターに来ている労働者を迎えにくることもできた。また技術を学んだり、英語を学んだりすることもこのセンターで可能になり、いろんな所にできていった。二〇〇八年には四〇を超えるデイレイバー・センターが全国にできている。

それぞれの地域ごとにワーカーセンターの違いがあるが、研究者の Janice Fine は以下の特徴をあげている(注4)。

①サービスの提供――「未払い賃金回収への法的代理人の提供」「英語教室」「労働者の権利教育」「健康診断の利用」「銀行口座の開設とローン」

②アドボカシー――「低賃金産業の調査と公表」「法律の改正と制定へのロビー活動」「モニタリングと不満の改善へ政府機関との協働」「雇用主を訴える訴訟」

③組織化――「継続的組織化」「労働者が経済的政治的変革のために自ら行動を起こしていくためのリーダーシップの開発」

共通点としては以下があげられている。

①職場単位ではなく地域単位で活動。労働組合と異なり、職場での多数派を形成しない

②職業別や産業別ではなく、民族・人種別に組織化、民族間の差別に主な関心がある

③リーダーの育成と民主的な意思決定を重視し、労働者参加を促す

④ワークショップや講座、訓練などの教育を重視し、批判的な思考を養う

⑤外国の労働者との連帯意識を持ち、特に移住労働者の出身国との交流を中心に行う

⑥労働問題を中心的な課題とするが、移民の抱える様々な生活問題にも対応する

⑦労働者が会員になる際には講習を受けて会員資格を満たすといった方法をとる

3 アメリカ労働NPOの活動

(1) 権利擁護・賃金・労働条件改善

NDLON(全国日雇い労働者ネットワーク)、DWU(家事労働者組合)、NYTWA(ニューヨークタクシー労働者連合)、ROCNY(レストラン機会センター・ニューヨー

ク労働）ＫＩＷＡ（コリアンタウン移住労働者連合）などは、事実上の労働者組合として運動している。日本ならば労働組合法の適用を受けるだろう。だが労組法上の労働組合ではない。アメリカの労働組合法では職場、職種など交渉単位で過半数の労働者の賛同がなければ労働組合として法的に承認されないからだ。また、家事労働者、タクシードライバー、港湾トラック運転手などは、個人請負・自営労働者として扱われ公正労働基準法の対象労働者にもなっていない。しかし、これらの労働者団体は組織的にはＮＰＯの認証を持ち、寄付金の税金控除、郵便料金の軽減などの対象になっている。

　このなかでロサンジェルスのＫＩＷＡはコリアンタウンにある。スーパーの労組結成に失敗しても、団結権、団体交渉権、スト権がなくてもリビング・ウェイジをスーパーで勝ち取った。「労働組合としての団結権はないけれど〝結社の自由〟はあります。団体交渉権はないけれど店前でのピケやボイコット運動などをして会社を〝交渉〟に引っ張り出すことができます。ストライキはできないけれど〝表現の自由〟はあります。解雇されていればストライキは意味がありませんね」（インタビュー、二〇〇九年一月、ロサンジェルス）

　ＫＩＷＡは市民が活動する「労働団体」だが、コミュニティ・ユニオンの活動と変わらない。こうした草の根の運動もＵＣＬＡダウンタウン・レイバーセンター[注5]やＬＡＡＮＥ[注6]などとともに「アメリカ労働運動の新たな高揚」の一角をしめている。こうした労働者の人権を守り貧困問題に取り組む市民の運動は社会正義、経済正義を実現する運動でもある。アメリカではシュプレヒコールも「Justice! Justice!」だ。労働運動が社会運動として市民と労働者の協働によってすすめられている。

　ニューヨーク州はマクドナルドなど外食産業労働者の最賃を「二〇一八年末までに段階的に時給を一五ドルに引き上げる条例」を可決している。

(2) ＤＷＵ（家事労働者連合）が有給休暇を獲得

　ニューヨークの下町にＤＷＵ（家事労働者連合）の事務所がある。

「私たちは、①力をつける組織づくり、②個人の尊敬、③公正な労働基準の確立、④仕事への尊厳を目標に活動し、会員は二三〇〇人います。今年（二〇〇九年）から年会費を取りはじめ六〇ドルです。私たちは時給一四ドルを求めています。ニューヨークのブルックリンでは娯楽なしの生活でも一四ドルは必要です。州の最低賃金法（時給七・五ドル）は適用されますが、労働基準法は適用されません。現在ニューヨーク州に対して有給休暇など労働基準法の適用を求める『権利の章典』の成立をはたらきかけています。労働基準法が適用されないと労働組合法も適用されないからです。民主党が州議会多数派になったので成立する可能性がでてきました。」（インタビュー、二〇〇九年一月、ニューヨーク）

翌年二〇一〇年、州議会で「権利の章典」が成立、有給休暇が認められるようになった。アメリカの労働NPOの対議会活動（ロビーイング）は巧みである。このような議会に向けた活動が「アドボカシー」である。自治体の建設工事や委託事業の最低報酬額を定める日本の公契約条例はようやく三八自治体を超えた段階にあるが、一九九四年に始まったアメリカのリビング・ウェイジ（生活賃金）条例は一三七の自治体に広がっている。

ニューヨークでは、タクシードライバーのワーカー・センター（NYTWA）も自治体を動かし、労働条件改善を実現している。この他にも九・一一から立ち上がったレストラン関係のROC—NY、生活保障（共済）を土台としたフリーランサーズ・ユニオン、ホームヘルパーの労働者協同組合など、ワーカー・センターを超えたさまざまな労働NPOがある。それらを新しい労働組織として「権利擁護」「職業訓練・職業紹介」「社会保障と相互扶助」に分類し、遠藤公嗣明治大学教授が紹介している。(注7)

(3) 労働課題を取りこむ地域住民・市民運動

住宅立ち退き問題からリビング・ウェイジ条例運動へ、「テナンツ&ワーカーズ支援委員会」（Tenants' and Workers' Support Committee）」はアメリカの首都ワシントンDCの郊外、アレキサンドリア市にある。地域の労働組合が力をなくすなかで、住宅問題が地域運動として盛り上がり、さらにリビング・ウェイジ条例制定へと発展していった。

「この団体は二一年前、高級マンション建設のために強制退去を迫られた二〇〇〇のアパート、八〇〇〇世帯の低所得の『テナンツ（借家人）』の運動からスタートしています。構成は七五％がラテン系、二五％がアフリカ系と少数の低所得の白人で、立ち退きに対して市へ公的住宅の確保を求めるデモや運動を労働組合や教会の支援を得ながら展開しました。結果として立ち退き料や入居の権利を獲得し、テナンツを守る三〇〇室の賃貸アパートを持つ住宅協同組合も設立しました。

労働者からの相談が増えて労働問題に取り組みはじめ、リビング・ウェィジ運動を展開しました。最初はリビング・ウェィジに賛成してくれる議員は一人もいませんでした。労働組合も休眠状態でした。運動のなかでAFSCME（自治体職員労組）やSEIU（サービス従業員労組）が活性化し、ビル清掃労働者の労働組合もできたのです。三年間の運動によりリビング・ウェィジ条例制定へ八名の議員全員が賛成に回ることになりました。

住宅問題を取りまとめるグループ、ホテルで働いている女性たちのグループの二本立てで活動を開始しました。九〇年代半ばから後半にかけてリビング・ウェイジ運動を始め、教会や労働組合などの協力を得て共闘のなかでそれぞれのグループがリビング・ウェイジをまとめていきました。オルグ活動の成果です。」（二〇〇九年一月インタビュー）

事務所があるコミュニティ・センターは、自治体や連邦政府から補助金を得てTWSCが建設した。そこには会議室とともにHERE（ホテル・レストラン労働組合）の事務所、タクシー運転手の労働者協同組合事務所が入っている。さらに、移民のための教室や一〇〇万円を超えるような高額医療費をタダにしたり、安くしたりする運動も展開し、まさに地域社会運動の「デパート」だ。

(4)「CBA（地域社会利益協定）」の運動

カリフォルニアでも市民社会の中に労働を課題とするNPOやコミュニティ・カレッジが生まれている。ロサンジェルスのLAANE（新しい経済のためのロサンジェルス連合）はNPOの中間組織として地域の再開発に対し、その地域の労働者家族の生活を守る活動を展開している。その一つが「地域社会利益協定（CBA・Community Benefits Agreements）」で再開発事業のなかで関係する地域住民、労働者、運動体が協力して連合体をつくり、低所得の労働者や住民の利益になるような地元雇用、開発事業にかかわる労働者へのリビング・ウェイジ（生活賃金）や住宅、保育、環境問題を開発業者（自治体も含む）と交渉して結ぶ協定である。関係する住民や地域団体がバラバラに交渉していては開発業者のほうが強い。だが団結すれば市民・労働者は対等に交渉できるというわけだ。サンフランシスコの対岸には同じような組織としてEBASE（持続経済のためのサンフランシスコ湾東岸連合）がある。

(5) コミュニティ・カレッジでの労働者教育

労働者教育をすすめているのが、UCLAレイバーセンターの支援を受けているロサンジェルス・コミュニティカレッジ（地域の公立短大）だ。カレッジは一八歳から五〇歳ぐらいの労働者がよりよい仕事を得るために通う大学で、九つのカレッジからなり学生数一三万人のマンモス大学だ。二〇%がUCLAなどの大学に進学する。研究所のスタッフは二人で、労働運動の理解を深め、労働者の階級意識（この言葉が出てきてびっくり!? アメリカでも消えている言葉らしい）を広めることを既存の講義の中ですすめている。

ロサンジェルスの労働運動の新しい高揚の基盤にはこうした労働組合と市民との協働がある。日本にもかつて総評時代には「地区労働運動」として地域の労働組合が主動力となり様々な地域組織や運動体が協力していく運動があった。地域春闘、反戦平和運動やコミュニティユニオンの運動もそうした中から生まれた。企業別組合の弱点を補い、地域に開かれた労働組合として革新自治体の土台にもなっていた。だが、あくまでも労働組合が機関車役だった。工場が海外に移転し国内ではサービス産業が増え、ラテン系をはじめ移住労働者が増加し低賃金労働者が増えるアメリカ、その象徴でもあるロサンジェルスでの新しい労働運動の高揚は地域市民団体とともにすすめる地域社会運動として注目される。

4 自治体・市民が労働のあり方を考える

(1) ロンドンオリンピックに地元雇用とリビング・ウェイジ（生活賃金）

二〇二〇年の東京オリンピックにむけて、ILO（国際労働機関）と東京オリンピック・パラリンピック競技大会組織委員会は二〇一八年四月に「ディーセントワーク（働きがいがある人間らしい仕事）を推進するための協力に関する覚書」を締結した。そこには「社会的責任ある労働慣行を通じて、多くのより良い仕事の創出を促進し、全ての人に対するディーセント・ワークの達成に寄与することを目指すものであり」と目的が明示され、国際労働基準の尊重が公約された。だが、すでに二〇一七年七月に新国立競技場建設現場の若き技術者が月間二〇〇時間を超える残業時間の末に過労自殺している。上記覚書を活かす具体化が求められる。

二〇一二年に開催されたロンドンオリンピック事業においては、リビング・ウェイジの遵守（時間給八・三ポンド、一〇二一円）と地元雇用の拡大が実行された。その協定の住民側の主体がＴＥＬＣＯ（ロンドン東部地区地域組織）だ。

ロンドンオリンピックはロンドン東部の「地域再生」がテーマだった。マルクスやエンゲルスの時代、港湾や造船労働者の街だったイーストロンドンはオリンピックを通じて一新された。オリンピック実行機構（ＯＤＡ）は中小企業にもオリンピック関係の調達を広げる活動をすすめた。公契約に求められる通常の条件やリビングウェイジに加えて、移民が多い地域での開催のため失業者が多い地元での雇用確保、中小企業・地域振興、オリンピックの物品やサービスの調達は社会や環境への貢献が求められた。調達の原則は「持続的な調達、デザインの質、ベストバリュー」などと並んで、「ロンドンのリビング・ウェイジ（生活賃金当時：時給八・三ポンド、一〇二一円）」「地元雇用（九〇〇〇人のうちの二〇％）」「環境への配慮」「従業員の代表制」「公正で道義的な雇用供給」「職業訓練」「地域貢献」「健康と安全への配慮」などである。さらに、ＯＤＡはアフリカ系、アジア系など外国系少数住民にも入札と契約の機会を保障し、できるだけ開放的で透明なものにしていった。

『シチズンズＵＫ』は低賃金労働者、移住労働者が多いイーストロンドン地区でＴＥＬＣＯとして一九九六年に地域住民の組織化活動を開始。その手法はアメリカのＩＡＦ（産業地域振興事業団）を設立したソウル・アリンスキーの地域民衆組織化手法で、多くのアメリカのコミュニティの組織化に使われ、今ヨーロッパにも広がっている。

『シチズン（市民）ＵＫ』は、ロンドン、バーミンガム、カーディフ、ミルトンケインズの地域コミュニティ組織化団体の力強い連合です。私たちは教会、モスク（イスラム）、ユダヤ教会、学校、カレッジ、大学、労働組合、シンクタンクと住宅協会、年金者、慈善団体と移住団体が協力し、共通の利益のため活動しています。」と自らのホームページでその性格を明らかにしている。

二〇一二年のオリンピック以降もロンドン・リビング・ウェイジ（生活賃金）運動を継続している。現在、ロンドンのリビング・ウェイジは時給一〇・二ポンド（一四七九円）と全国最賃二五歳以上七・八三ポンド（一一三五円）一八～二〇歳五・九〇ポンド（八五五円）を大幅に上回っている。

(2) 韓国ソウル特別市「労働尊重」の試み

お隣の韓国の首都ソウル特別市は「市民の人権を守る労働政策」をすすめている。朴元淳市長は市民と市職員に以下のように二〇一六年の年頭に挨拶をした。

「(略)すべての成長の目標は、人を対象とすべきです。すべての成長の結果は、人の幸せであるべきです。(略)二〇一六年は『労働尊重特別市ソウル』が定着するでしょう。『労働者の権利と利益の保護』『模範的使用者の役割の確率』など、市民の労働基本権が保障される環境が構築されます。経済と社会の根幹を安定化させる。人への投資も一層強化します。生存するための最低賃金にとどまらず、人間らしい生活を保障する生活賃金制度を民間分野にも広げ、二〇一七年までに非正規雇用の正規雇用への転換を一〇〇%完了させることにより、労働の常識を取り戻し、雇用の質が大きく改善されるソウルを目指してまいります」(注8)

韓国でも日本と同様に「労働行政」は国が行う仕事とされ、地方自治体が積極的に労働行政を展開することは限られていた。ソウル市は、朴市長になって地方自治体としてはじめて、労働政策専門部署として労働政策課を置き労働補佐官や労働協力官などのポストを設置、労働組合、使用者、学者、女性団体、青年団体などと協議を行い、独自労働行政を始めた。

その役割として、上林さんは以下の三点をあげている。①事業主としてのソウル市で、直接雇用の非正規労働者だけでなく、業務委託されたソウル市の事業に従事する労働者も、ソウル市が間接的に雇用する非正規労働者と捉え、直接・間接雇用の正規職化事業に取り組んできた。②地域最大の経済主体としてのソウル市で、生活賃金条例の制定と、業務請負契約などの入札改革などを通じた、生活賃金水準に基づく質の高い公契約規整である。③労働政策主体としてのソウル市で、労働者としてのソウル市民の権利と利益を保護する施策を次々と実現している。(注9)

二〇一五年一月に制定されたソウル市生活賃金条例は、アメリカで広まったリビング・ウェイジ条例を範としたもので、対象者は、市および市の出資・出捐機関の直接・間接雇用者だ。

条例は、国の最賃制度の問題点を補完し、適用対象労働者たちに最低限の人間らしい生活を保障する水準の賃金支払いを規定している。

水準は、二〇一七年で国の法定最賃が時給六四七〇ウォン（六七〇円）であるのに対し、ソウル市生活賃金は時給八一九七ウォン（八二〇円）で、その後二〇一八年に九〇〇〇ウォン（九〇〇円）→二〇一九年に一〇〇〇〇ウォン以上（一〇〇〇円）に上昇する制度になっている。

こうした「労働尊重都市ソウル」を建設する運動は「市民社会運動」と呼ばれている。朴市長が所属する団体は「参与連帯」と呼ばれ、市長になる前の一九九四年九月に朴元淳ソウル市長が中心になって二四四人で結成。目的として「政府の暴走を監視、大財閥中心の経済を規制する市民参加の運動を通して、民主主義社会の基礎を固め、人らしく生きることができる社会の実現をめざす社会運動」（リーフレット二〇一七）をうたっている。

監視、代案、参画、連帯を基本的活動原則とし、司法、議政、行政、公益監視センター、公益、労働行政、福祉、平和軍縮、租税など専従事務局員を配置する専門委員会を有し、政策調査、提言など活発な活動を繰り広げている。そのなかで、「労働社会委員会」は差別のない労働を実現するため労働政策の代案提示する役割を担っている。

最低賃金は、二〇〇一年に全国九地域で最賃調査を行い、韓国女性労働組合が中心になって、他の女性団体、市民団体、労組などと最賃引き上げの共同キャンペーンを展開し、二〇〇二年からは民主労総、韓国労総、韓国女性団体連合会を含む二二団体による「最低賃金連帯」を発足させ、今日まで継続している。(注10)

⑶　公契約条例の制定

日本では自治体の公契約に公共工事建設労働者や委託労働者に独自に最低賃金（報酬額）や継続雇用を求める公契約条例運動にも市民の主導・参加がみられる。二〇〇九年九月全国に先駆けて制定された千葉県野田市の公契約条例は「低入札価格の問題によって下請けの事業者や業務に従事する労働者にしわ寄せされ、労働者の賃金の低下を招く状況になってきている。」と前文で謳い、「労働者の適正な労働条件を確保すること」を目的にかかげている。(注11)すでに三八を超える自治体が公契約条例における最低賃金を制定している。

参考にしたのが、アメリカのリビング・ウェイジ（生活できる賃金）条例制定で、ワシントンDCに近いボルティモア市条例として一九九四年に制定された。その動機は「市の公園清掃で働いている人が日曜日の教会のフードサービスに並んでいたよ」「どうして？　市の給料で食べていけないの？」から始まった。教会関係者、地域の労組、環境団体などから人が集まり、連邦最賃では低くて生活できない。生活できる賃金を自治体委託業務の労働者に適用させるリビング・ウェイジ条例制定運動が展開された。運動は広がって一三〇を超える自治体が条例を制定することになる。

日本では労働者に対する市民の感情は概して良くなかった。しかし、この間の介護、過労死、長時間労働など搾取企業の横行や公共サービスの民間委託の拡大にともなう問題によって、サービス提供者の労働条件への関心が高まってきた。

高齢化社会をむかえるなかで「高齢社会をよくする女たちの会」（樋口恵子代表、二〇〇五年設立）は介護の質を確保するために介護労働者の適正な賃金労働条件を求めている。生活クラブ生協の組合員は「市民労働」を追求し、市民自らが介護、保育、製パンなどの生活サービスの働き手になる「ワーカーズ」（労働者協同組合）を組織してきた。そのなかで保育のワーカーズは「年収三〇〇万円達成、三五〇万円目標」「常勤、短時間の同一時間給」などを実現している。[注12]

京都では、社会保険労務士、研究者、教員、労働者、市民が〝自立と協働の勤労者・市民ネットワーク〟「NPO法人あったかサポート」を組織し、労働に係る情報発信、労働教育、労働相談、就労支援に取り組む運動をすすめている。

(4)「公共サービスに従事する労働者が貧困であってはならない」

アメリカのニューメキシコ州の州都サンタフェ市長は「公共サービスに従事する労働者が貧困であってはならない」とリビング・ウェイジ条例を公契約の範囲に留めず、市内全体の最賃へと適用対象を広げている。サンフランシスコも同様の地域最賃を条例化している。シアトル市では数年かけて時間給一五ドル（一五〇〇円）の地域最賃を実施していく条例を全会一致で採択している。ニューヨーク市でも外食産業の時給一五ドルが条例制定されている。残念ながら日本においては、東北の大震災復興事業においても、東京オリンピックにおいても、リビングウェイジを定める公契約条例（特区では法）の動きがみえない。

5 「市民運動ユニオニズム」の組織化

⑴ コミュニティ・オルガナイジングの手法

アメリカの草の根における一九八〇年代からのワーカー・センターの組織化においても、また地域環境、街づくりの中でリビングウェイジはじめ「労働」を包摂するCBA（地域利益協定）においても、注目すべきはその組織化手法である。なんとその手法の原点は一九三〇年代にシカゴでソウル・アリンスキーによって開発された市民運動のコミュニティ・オルガナイジングにある。(注13) 彼はその手法を当時台頭してきたCIO（産別会議）の工場内座り込み、スト、ボイコット、ピケットなどの戦術などから学び、地域市民運動に取り込んだ。一九四〇年にはIAF（工業地域協会）を設立し、今日もIAFは地域での活動を続けている。株式会社に乗り込む市民株主運動も彼が編み出した。オバマ大統領は大学卒業後シカゴでコミュニティ・オルガナイザーとして三年間活動し、ヒラリー・クリントンも卒論にソウル・アリンスキーを選んでいる。そして今や二〇〇八年を皮切りに大統領選挙でもコミュニティ・オルガナイジングの手法が使われているという。

アリンスキーの訴えと手法は今日にも通じるものがある。彼はアメリカのラディカルが「労働組合組織というゆりかごのなかに深々と眠りながら、おちつかず、寝返りを打っている。」と批判し、「組合を、特定産業の特定職種に従事している人々のみの組織と考えるのではなく、アメリカ市民の組織として、すなわち、労働者やその家族を悩ませるあらゆる破壊的勢力を征服するために団結した市民組織として、組合を見直すようになるのである。その時、『高賃金と労働時間短縮』という労働組合の伝統的要求は、多種多様な目的の一つとなるであろう。」と述べ、「組合は、その本質としてあらゆるものと対処しようとする思想と攻撃精神をもつ、広く一般的な民衆組織（People's Organization）の建設に助力しなければならない。もっと簡単に考えれば、この民衆組織は、組織的な団体交渉の原則と実践を、現在のように工場内にとどめておくのではなく、それを広く拡大していくものである。(注14)」と、労働を包摂した市民運動の展開を打ち出した。生活、税金、教育、人権、医療、福祉、環境、平和などの問題に関し、国や自治体に対する国民や市民の交渉権を認めさせていく試みでもある。

彼がモデルとしてつくった民衆協会（People's Organization）の規則では、その目的として「本組織は、人種、皮膚の色あるいは信条のいかんにかかわらず、地域全住民の福祉を増進するために、いかして、全住民が民主的生活様式を通じて、健康、幸福、安全をみいだす機会を持つために、地域内のあらゆる団体を統一する目的をもって設立される。」を明確にしている。会員は団体と個人からなり、副会長四名は労働組合、教会、実業家団体から各一名、奉仕・社交・親睦・民族およびスポーツの諸団体から一名とされている。彼の著書の日本語題名は「市民運動の組織論」だが、原題は「Reveille for Radicals（目覚めよ！ラディカル）であることに注視したい。(注15)

コミュニティ・オルガナイザーの育成、リーダーの養成、民衆の教育・学習、労働と市民を結ぶネット中間組織とネットワークの形成、座り込みなど直接行動、ボイコットなど多様な手法を展開してきた。

(2) 市民運動ユニオニズムの検討

「市民運動ユニオニズム」とは《図2　二二五頁》にあるように、主として非正規雇用労働者を主体と考え、労組法を活用し組織化を進めるコミュニティ・ユニオンや労働に焦点をあて労働組合の経路とは別の視点から労働問題に取り組む労働NPOとも異なる次元にある。「市民運動ユニオニズム」は市民社会において独自のドメインを有する。市民運動の主体は市民である。取り組む課題は「労働」に限らない。地域の生活、環境、医療・福祉（介護・保育など）、まちづくり、教育など様々だが、「労働の視点」を重視し、「労働」自体を地域社会の主要な課題とする。労働者一人一人の人権を尊重し、公正な労働基準、適正な労働条件（ディーセントワーク）を目的とし、雇用の安定、リビング・ウェイジ（生活賃金）、安全で健康な労働環境、均等待遇を課題とする「労働する市民」の運動である。リビング・ウェイジ条例運動や「権利の章典」条例化を進めているニューヨーク州・市や労働尊重のソウル市が見本になる。

現在、非正規雇用増大による雇用不安や生活できない低賃金が、殺傷事件や毒物混入事件の要因とみなされ、日々社会不安が高まっている。労働者を搾取するブラック企業が跋扈している。介護や保育においては「民営化」がすすみ、女性労働への差別による低賃金化が進行、施設・サービスの不足と共に、サービスの質への不安が生じている。年々拡大する公共サービスの民間委託と「官製ワーキングプア」問題も同様である。安全安心、健康で快適な市民生活をおくるために、今やこうした公共サービス、コミュニティ労働の担い手の労働環境を市民は直視しなければならない。市民は公共サービスの消費者であるとともに、公共サービス労働者の賃金となる税金を払う「使用者」でもあるからだ。

公共サービスに限らない。本も、酒も、生協の品物も身近なサービス社会のなかで便利で安価な注文・宅配の網が築かれているが、それを支える労働現場がどうなっているのか、ブラック企業のような労働実態になっていないか、利用する市民としてのチェックが不可欠だ。サンフランシスコ市では一四年に「小売労働者の権利の章典」を条例化し、警備やビルメンの請負労働者を対象に細切れ雇用の抑止をはかる内容になっている。

(3) 市民運動ユニオニズムの時代へ

労働運動の側からだけでなく、地域の市民運動と組織の中にコミュニティ・ユニオンを包み込むユニオニズムが必要に思う。「市民運動ユニオニズム」といえる。

だが、市民運動の中での労働課題の追求はようやく緒についたばかりだ。市民社会の課題として「労働の尊厳」を柱として据えることが求められている。職場からの企業別労組の運動、地域における非正規雇用労働者の人権確立・ディーセントワークをめざすユニオン運動とともに、時代は「労働する市民」の労働ＮＰＯと「市民運動ユニオニズム」の協力した運動、組織づくりを求めている。春闘期に、地域の労働組合、ユニオンから保育、教育、介護労働者、高齢者、環境、障がい者などの団体・個人が総結集して、役所を包囲する『コミュニティ春闘』が構想されてもいい。

【注】

（1）呉学殊「労使関係のフロンティアー労働組合の羅針盤」（労働政策研究・研修機構、二〇一一）

（2）「中小労組を中心とした『合同労組』は中小企業における正規従業員の組織化と集団的労使関係づくりに役割を果たしてきた。しかし、中小の場合も大勢は企業別組合原則の〝中小労連型〟に落ち着き、したがって大企業構内下請け工には手が出ず、臨時労働者から内職・パートにおよぶ二重構造底辺部門全体への社会的代表力・交渉力の拡充という方向へはたどらなかった。」（清水慎三「戦後労働組合運動史論」編著、日本評論社、一九八二）

（3）小関隆志「労働ＮＰＯの特質―個人加盟ユニオンとの対比・関連において―」（遠藤公嗣編著「個人加盟ユニオンと労働ＮＰＯ―排除された労働者の権利擁護―」所収、

ミネルヴァ書房、二〇一二）

（４）Janice Fine「Worker Centers」（Cornell University Press、二〇〇六）

（５）ＵＣＬＡレイバーセンターは、カリフォルニア州立大学ロサンジェルス校のもとにあり、地域の労働組合、労働NPOなどと協力し、労働問題調査・研究、労働者教育、労働政策の提言に取り組んでいる。

（６）ＬＡＡＮＥ（Los Angels Alliance for a New Economyの略、ロサンジェルスを中心に環境、医療介護、リビングウェイジ、街づくりに取り組むＮＰＯ、一九九三年設立）

（７）遠藤公嗣、筒井美紀、山﨑憲「仕事と暮らしを取り戻す―社会正義のアメリカ」（岩波書店、二〇一二）

（８）（９）上林陽治「市民の人権を守る労働政策」（「ソウルの市民民主主義」白石孝編著、朴元淳ほか著、二〇一八、コモンズ）

（10）金美珍「韓国における女性非正規労働者の組織化―韓国女性労働組合（ＫＷＴＵ）―」（「個人加盟ユニオンと労働ＮＰＯ」遠藤公嗣編著所収、ミネルヴァ書房、二〇一二）

（11）小畑精武「公契約条例入門――地域が幸せになる〈新しい公共〉ルール」（旬報社、二〇一〇）

（12）介護労働処遇条件のあり方研究会「魅力ある保育労働への三つの提言」（市民福祉サポートセンター、二〇一三年）

（13）（14）（15）アリンスキー、長沼秀世訳「市民運動の組織論」（未来社、一九七二）

《図１》 コミュニティ・ユニオンと労働NPOの関連

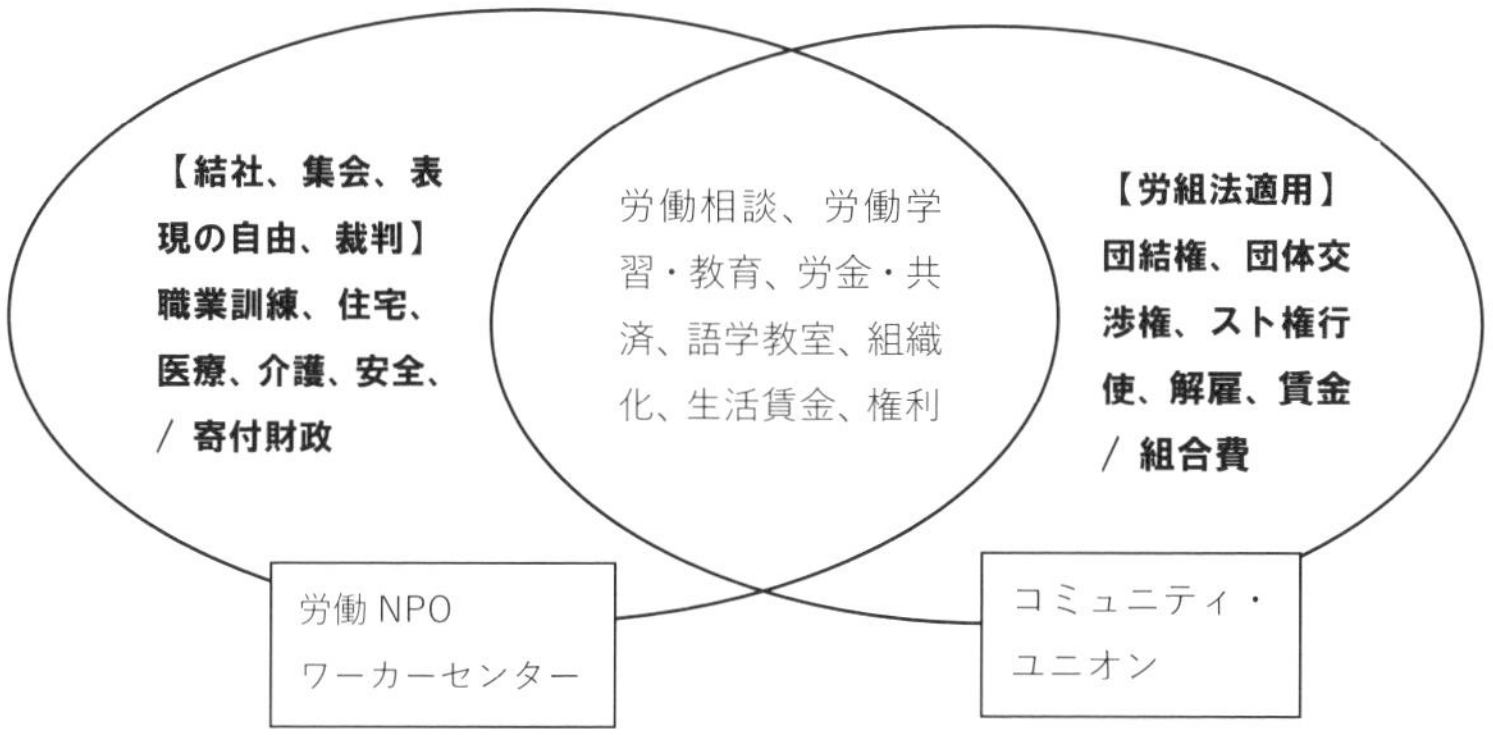

《図２》 市民運動ユニオニズム

-労組と市民社会-

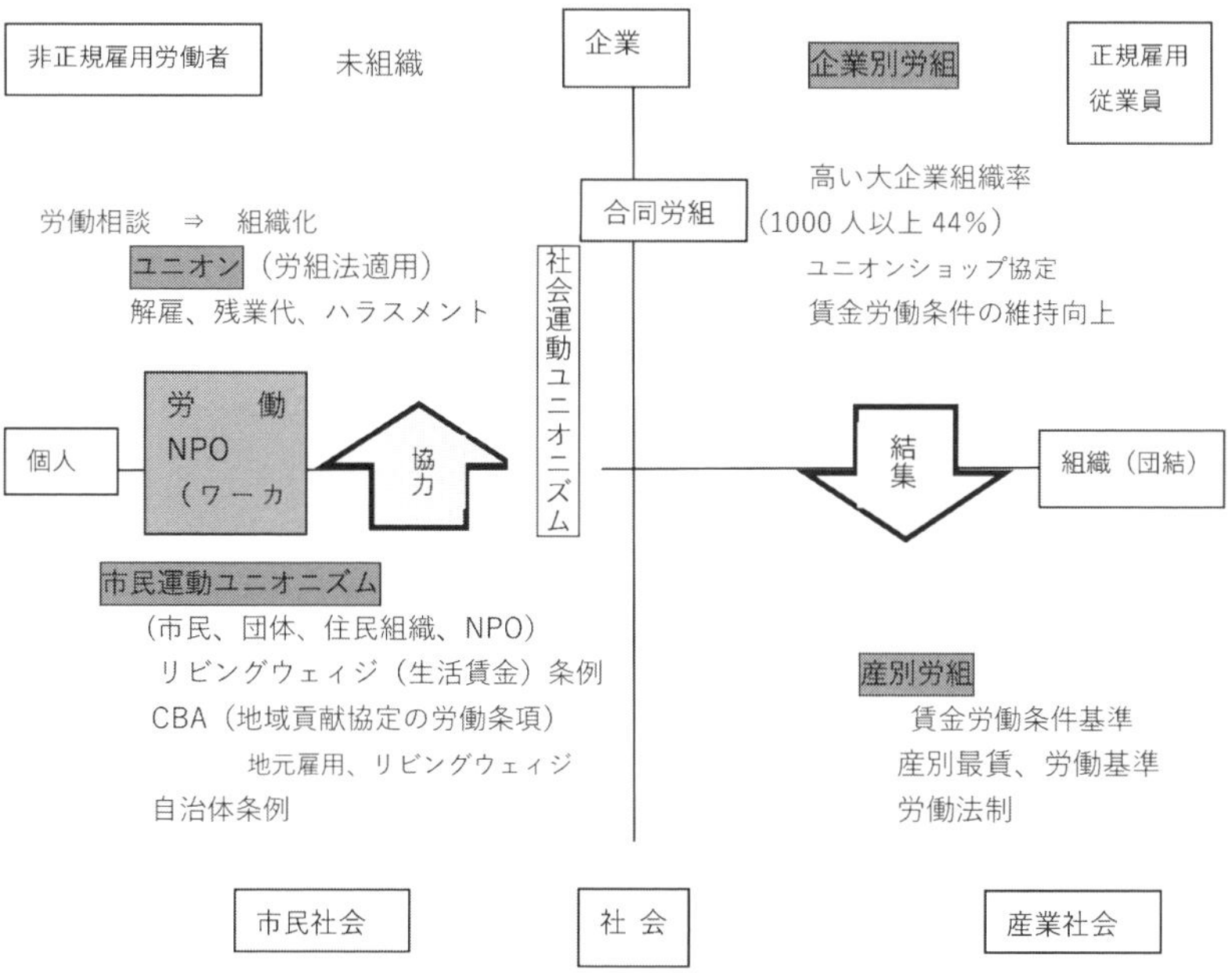

（表１）　　　　　　日本における労働 NPO の活動分野と内容

	分　野	活動内容	事　例
1	労働（法律・人権）相談	賃金、解雇、職場のいじめ、人権など様々な労働相談にのり、解決を支援	NPO 労働相談センター、POSSE、労働と人権サポートセンター大阪
2	失業者救援	失業者に対して職業あっせんや仕事づくりなど	
3	外国人労働者支援	外国人労働者（出稼ぎ労働者、移住労働者）の労働相談、生活相談（在留資格、離婚など）日本語教室、医療、就職支援、アドボカシー活動など	移住労働者ネットワーク、カラバオの会、OCNet、KAMEIDO
4	女性労働者支援	女性労働者の労働相談、セクハラや DV の相談、カウンセリング、カウンセラーの養成、均等待遇、アドボカシー活動	働く女性の全国ネットワーク、均等待遇アクション 21、みずら
5	派遣労働者支援	派遣労働者の労働相談、労働相談への組織化 派遣労働者に関するアドボカシー活動（出版、シンポジウム、署名活動、政策制度など）	派遣労働ネットワーク
6	労働安全衛生対策	労災認定、職業病予防、アスベスト規制、職場の労働安全対策、労働安全衛生学校の学習会や講座開催、いじめ、メンタルヘルス、セクハラ対策	全国・地区労働安全センター、いじめ・メンタルヘルス支援センター
7	過労死対策	過労死に関する相談、過労死の労災認定・企業補償、労働基準法違反事例の告発、過労死予防対策、サービス残業の電話相談など	過労死対策会議
8	法律相談・訴訟支援・労働法学習	労働者からの法律相談受付、労働法の講座や討論集会、講師派遣、労働裁判、労働判例、法制についての調査・提言など	労働弁護団
9	労働者教育	勤労市民、未組織労働者、ユニオン組合員への労働法、労働者の権利などの教育	職場の権利教育ネットワーク（札幌）、あったかサポート（京都）
10	職業訓練・研修	ほとんど日本では NPO の事例はない（労組でもないが、全建総連が技術者養成をしている）	全建総連(労組)
11	リーダーシップ、オルガナイザー養成	NPO、ユニオンなど社会運動の指導的担い手、オルガナイザーの養成のセミナーなど	はたらく女性の全国センター、Labor　Now
12	共済	団体保険を活用した組合員の助け合い、アドボカシー	フリーランサーズ・ユニオン（アメリカ）

（注）小関隆志「労働 NPO の特質」（遠藤公嗣編著「個人加盟ユニオンと労働 NPO」ミネルヴァ書房、2012）をベースに筆者が加筆しました。

（表２）　コミュニティ・ユニオンとワーカー・センター（USA）

<table>
<tr><th></th><th colspan="2">コミュニティ・ユニオン</th><th colspan="2">ワーカー・センター</th><th>備考</th></tr>
<tr><td>構成主体</td><td colspan="2">地域を職場とする非正規雇用労働者</td><td colspan="2">地域を基盤とする低賃金移民労働者が設立した割合が高い（78%）</td><td>建設日雇い 25%、ホテルレストラン 19%、農業 16%）</td></tr>
<tr><td>団結権（組織）</td><td rowspan="3">労組法の適用あり</td><td>労組（憲法・労組法）</td><td rowspan="3">労組法の適用なし</td><td>NPO など（結社の自由あり）</td><td>家事労働者連合（DWU）フリーランサーズユニオン</td></tr>
<tr><td>団体交渉権（交渉）</td><td>あり（拒否の場合不当労働行為となる）（労働委員会、裁判で判断）</td><td>なし（社前集会、キャンペーン、裁判の活用→実質的交渉へ）</td><td>ボイコットにより地域スーパーとリビングウェィジ協定（KIWA）</td></tr>
<tr><td>ストライキ権（団体行動）</td><td>あり（ただし解雇の場合には使えない）（社前集会）</td><td>なし（社前集会、ボイコット、実質的スト）</td><td>個人請負タクシー運転手（NYTWA）</td></tr>
<tr><td>相談</td><td colspan="2">労働相談→対企業交渉（団交権の活用）</td><td colspan="2">労働、法律、生活相談→法的救済へ法令・裁判所活用、政策提言</td><td>NELP（全国雇用法 PJ）</td></tr>
<tr><td>対企業交渉</td><td colspan="2">相談からの交渉・解決</td><td colspan="2">対企業（社会的キャンペーン、訴訟）</td><td></td></tr>
<tr><td>賃上げ</td><td colspan="2">賃上げ力は弱い</td><td colspan="2">企業を通さない賃上げ力あり</td><td>NYTWA、リビングウェィジ条例</td></tr>
<tr><td>政策、提言</td><td colspan="2">対政府交渉（年１～2 回）</td><td colspan="2">提言、政策立案（「権利の章典）</td><td>家事労働者連合（DWU）</td></tr>
<tr><td>対自治体</td><td colspan="2">要請行動（今後の公契約条例制定）</td><td colspan="2">条例制定（リビングウェィジ条例制定）</td><td>TWSC（テナンツ＆ワーカーズ）</td></tr>
<tr><td>労働者教育</td><td colspan="2">組合員学習会</td><td colspan="2">英語教育、法令教育、職業訓練、リーダーシップ</td><td>ROC-NY（レストラン営業と職業訓練）</td></tr>
<tr><td>支援者</td><td colspan="2">地域の労組、元組合役員退職者、弁護士</td><td colspan="2">弁護士、市民団体、宗教者、大学、学生インターン</td><td>MRNY、UCLA</td></tr>
<tr><td>組織規模</td><td colspan="2">小（CU；73U、平均 205 人、連合；67U、232 人、全労連；171U, 62 人）</td><td colspan="2">比較的大きい（55%が 351 人以上）</td><td>移民が多い（中南米；73%、東南アジア；15%）</td></tr>
<tr><td>スタッフ</td><td colspan="2">少ない、高齢男性が多い</td><td colspan="2">多い（6 人以上 38%）、女性が多い</td><td></td></tr>
<tr><td>財政</td><td colspan="2">組合費が主、解決金</td><td colspan="2">会費少ない、財団寄付金、補助金</td><td></td></tr>
</table>

データは、ユニオン関係は呉（注 1）、ワーカーセンターは J.Fine（注 4）

㈢ 健常者と市民社会と労働力商品化を止揚して

堀 利和

はじめに

我ら障害者は
社会的弱者・サバルタンである
しかし
それだからこそ
我ら障害者は
社会を変える
社会変革の主体者でもある

障害者は人類史を通して疎外された存在ではあったが、しかしそれも一時的には畏怖の念をもって「神」的に崇められた例外的存在でもあった。

ところが近代資本主義以降の社会にあっては、イギリスの救貧法、ドイツのワイマール憲法、そしてそれらを経てさらに福祉国家において生存権保障の下にその存在は、人権の観点から救済政策の対象になった。今日では特に先進諸国にあって一般的に福祉と社会保障の政策対象にまで至った。しかしながらその一方で、生産局面と消費局面、生産手段と生産者の分離、したがって労働力商品化の経済社会においては、共同体から家族が、その家族から個人が分離・アトム化され、そのため、障害者の存在は格差と排除の周辺に追いやられて、つまり現代社会は、「社会が『人』を障害化する」社会であると定義づけることもできよう。

以上のことを念頭に、健常者社会と労働力商品化の止揚の観点から、本論考をまとめてみたい。ちなみに、本論考の殆どはすでに執筆した拙著の中からそのエッセンスをまとめたものである。

1「共民社会」へのイマジン

私が四〇数年来障害者問題に取り組んできたのは、自身が障害者だからというのではなく、むしろ障害者「問題」にはまってしまったからである。そこには人間の、社会の本質が見え隠れしている。

こうした私の問題意識は当然現代社会に向けられる。資本主義はもとより、社会主義にもである。そこから、資本主義も国家社会主義ももはや行き詰まりをみせている世界史的閉塞状況の中にあって、しかし今なおそれらにとってかわるオルタナティブな社会システムが見いだせていないのが現状である。I・ウォーラーステインが『近代世界システムIV』の中で指摘しているように、資本主義が行き詰まりを見せていてもいまだ新しい世界システムが見いだせていないとしているのも、その通りである。

そこで国家社会主義にとってかわるのが、私の言うところの「共生社会・主義」である。その経済は当面「社会連帯経済」ということになる。なぜなら、国民経済は公的部門、民間部門、そして社会連帯経済の三部門から成り立っているからである。社会的企業育成法や協同組合基本法を制定している韓国では、国民経済を政府部門、民間部門、社会的経済の三部門という見解を示している。また、一九七九年に始まったホメイニのイラン革命では、『資本論』の影響を受けたバキールデュ・サドルの『イスラーム経済論』（原本『われわれの経済』）を基礎にした財政経済について憲法第四四条には、「イラン・イスラム共和国経済は、公的部門、私的部門および共同部門の各部門を基礎に置く」となっている。

しかも、イスラム経済は市場をウンマ（共同体）の中に埋め込むとし、カール・ポランニーは離床した市場を社会に取り戻すとしている。いわば、市場（等価交換）と非市場を組み合わせた経済ということになるのではなかろうか。だから、肝要は、GDPベースでどれだけ社会連帯経済の部門を押し上げることができるかにかかっている。日本ではヨーロッパなどと比べて社会連帯経済はまだまだ認知度も低く、残念ながら市民権を得ているとは到底言い難い。

さらには、アントニオ・グラムシの政治社会の市民社会への再吸収であり、またポランニーが「マルクスにおける『ある』と『あるべき』」の中で次のように述べている。

「マルクスが『市民的』の代わりに『人間的』社会を望

む……」

「マルクスの全著作は、人間が人間になることを許さない市民社会に対する唯一の有罪判決であった。資本主義経済とその法則に対する彼の批判は、市民的世界の一断面に即してその本質的な品位のなさ、その非人間性を証明しようとする唯一の試みであった。」

「法則が全ての個々人の生活を支配する社会状態には、自由が欠けている。」

「労働者だけでなく資本家も、マルクスが見たように市場法則に隷属しており……」。

（『市場経済と人間の自由』大月書店）

つまり、私が言うところの市民社会に代わる「共民社会」、市民に代わる「共民」である。近代ブルジョア資本主義の下で生成・発展してきた市民社会は、それをアウフヘーベンした「共民社会」にとって変わるのである。概念的イノベーションである。世界史は市民社会から「共民社会」にとって変わるであろう。ただし、経済法則の廃止と労働力商品化の止揚が、必要十分条件とならなければならない。ちなみに、資本主義から社会主義への歴史的移行が必然ではないように、市民社会から「共民社会」への移行もまた同様に必然を意味するものではない。

いずれにせよ、障害者は、すなわち、人間解放の最後の存在者・サバルタンであるといえる。「共民社会」とは、非人間的不等価交換の資本主義的経済システムから、そして実質的等価交換の経済、さらに人間的不等価交換の経済社会のことであって、それによって障害者は初めて人間として解放される。その時、平等がなぜ等価交換でなければならないのかが問われる。純粋贈与、純粋共生、「共民社会」は形式的不平等の人間的不等価交換でなければならないことになろう。

そのことの可能性を次に労働の交換論から分析・検討してみたい。

2 オーエンとポランニーの労働の等価交換論

それでは次に、丸山武士著『オーエンのユートピアと共生社会』（ミネルヴァ書房）から紹介する。

ロバート・オーエンは、一八二五年から「ニュー・ハーモニー村」のユートピア建設に取り組んだが、三年後に挫折した。その挫折の原因はいくつもあるが、ここでは本論稿に関連した問題をとりあげる。

一八二六年一月二六日には、平等の共同体のための「ニュー・ハーモニー平等共同体」の憲法草案作りに入った。二月五日に新憲法が制定され、平等の共同体が設立された。

憲法は、共同所有の原理に基づく平等の共同体への帰属を促し、私有財産制度、個人主義、自由競争などを否定し、共同と人々の福祉を実現することを宣言している。ところがその直後からも多くの問題が整理できず、対立と分裂を引き起こした。

オーエンと行動を共にしたマクロアは、一八二六年五月一七日、このような危機の中で個人の労働の質や能力の相違を考慮しないことに問題の原因があるとして、提案を行った。

「現行の制度は、各人の労働時間を記録する個人的記録を作り、それに応じて消費物品を引き出すことができるというものだが、各人の労働の質や能力を判断することがむずかしい。ある人の一時間労働のほうが他の人の四時間労働よりも多くのことを行う場合があるように、現行では不平等が生じている。（中略）各部門か職業は共同村に必要な生産量に応じて、各人の労働量を調整し、生産すべき総量を決めるべきである。」


この提案に対して、オーエンは前向きに受け入れた。その後のオーエンの労働評価をうかがうと、ウィリアム・モリス、E・B・バックスの共著『社会主義』（晶文社、二〇一四年）によると、「一八三二年には、〈ロンドン中心部の〉グレイス・イン通りに、労働と労働が等価で交換できる交換所を設立。」とある。

オーエンのこの労働の等価交換については、実は、ポランニーも同様の見解をもっている。たしかに常識からみても、あるいは批判者の主役が「不等価交換」であるから、少なくとも等価交換にするのが妥当かつ正当性をもつのが当然であろう。ところが、労働現場における労働の人間的不等価交換を理念として実践してきた私が代表を務めているNPO法人共同連にとっても、また私にとってもそれは分が悪い。そのことの問題性が、等価の分配なのか、それとも贈与の関係なのかということである。

3　労働包摂型社会的企業、すなわち社会的事業所

社会的事業所を英語でどう表記するか、時々聞かれることがある。社会的事業所を、一般的にソーシャルエンター

プライズ（社会的企業）、ソーシャルファーム（社会的企業）と表記しても必ずしも正確ではなく、また、社会的企業の一分野であるＷＩＳＥ（ワーク・インテグレーション・ソーシャルエンタープライズ）といってもなかなか的を射ない。

それではそれをどう表記し、社会的事業所をその概念に即してより的確にどう表現すればよいのかということになる。ちなみに日本語でも、私は「共働・社会的事業所」と表記することもある。そこで、先ず、『社会的企業への新しい見方』（ミネルヴァ書房　二〇一七年五月）を参考にしたい。

この本は、東大の大学院の修士論文で名古屋のわっぱの会を調査研究した米澤旦氏（明治学院大学准教授）が、その後も共同連とのかかわりを持ちながら更に研究を進め、サードセクター論、社会的企業の概念整理をする中、ＷＩＳＥを「労働統合型社会的企業」としてそれを「支援型」と「連帯型」に定義づけ、社会的事業所を連帯型としたのである。

支援型には「風の村」の「ユニバーサル就労」が定義づけられている。私は、きょうされんも支援型とみている。というのも、作業所の職員が、利用者である障害者（仲間たち）を制度通りに支援しているからである。

これに対して現行の制度はともかく、共同連がめざしている社会的事業所は、障害（社会的排除）がある人ない人が対等平等に自らの労働能力に応じて働き、賃金ではなく「分配金」としている。それはいうまでもなく、支援する・される関係をアウフヘーベン（止揚）した「共働」そのものである。これがまさに連帯型であり、就労を通したソーシャルインクルージョン、コミュニティインクルージョンの実現である。

米澤氏がいうこの連帯型を私なりにもう少し短絡化し、英語の表記を簡潔にすると、「労働包摂型社会的企業」すなわち「ワーク・インクルージョン・ソーシャルエンタープライズ」ということになるのだが、インテグレーションの「Ｉ」を、インクルージョンの「Ｉ」に書き改めた。労働統合型のＷＩＳＥから労働包摂型のＷＩＳＥ、すなわち社会的事業所となる。

一九九四年の「サラマンカ宣言」では、インテグレーション（統合）の限界を乗り越えてインクルージョン（包摂）とした。概念を発展させたのである。障害者権利条約でもインクルージョン（包摂）、ただし外務省では「包容」と訳している。

ちなみに、私は、インテグレーション（統合）とインクルージョン（包摂）の関係を比喩として次のように説明する。化学反応でいえば、「統合」は砂糖と水をまぜた砂糖水（混合）、これに対して「包摂」は $H_2+O=H_2O$（化合）となり、質的変化、すなわち社会的変化である。健常者は健常者のままではいられない。健常者も変わらなければならない。ましてや、障害者の健常者化ではない。社会変革である。

※共働・社会的事業所の七原則

1（形態）　福祉制度は法の対象となる障害者だけにサービスを行い、就労の「場」一ヶ所に障害者だけを集め、その対象者に対して少数の職員が支援するサービス形態となっている。これに対して社会的事業所は、社会的に排除された人を三〇％以上含みそうでない人と共に働くという構成員の「形態」。

2（寛容性）　労働はそれぞれの能力と特性に応じ、かつ事業の役割において働く相互の「寛容性」。

3（対等性）　民間企業では人間関係が上下の縦型、福祉施設では職員と利用者の関係となっている。これに対し、共働は相互に対等平等な横型の人間関係に置かれる「対等性」。

4（制度）　必要経費等以外の純収益を、それぞれの生活の実態と状況にあわせて分配する分配金「制度」。

5（保障）　事業所に働く者すべてが労働者性を確保した身分として労働法制の適用を受ける「保障」。

6（民主制）　事業所の運営は原則全員参画を前提にした「民主制」。

7（戦略）　公的および社会的支援を受けつつも、可能な限り補助金や寄付に頼らない事業収益を確保するための経営「戦略」。

※社会的事業所に関する社会原論

社会的事業所に関連して三つの社会様式について提言すれば、社会参加、社会統合、社会包摂の三段階論となる。それは一般就労としての社会参加、就労支援としての社会統合、そして社会連帯としての社会包摂である。なかでも、社会包摂は、社会参加と社会統合をアウフヘーベン（止揚）した社会様式である。

アウフヘーベンとは、ヘーゲル哲学の弁証法論理学であって、「否定の否定」、すなわち参加と統合を止揚した概念である。つまり、社会包摂は普遍性を獲得し、社会総体が高次元のレベルにまで達することを意味する。したがって、現段階における現状分析としては、社会的包摂としての社会的事業所の存在は例外的、特殊的な異端者にならざるをえない。それを絶えざる社会変革により普遍性にまで高め、もって、普遍主義の地位を獲得するための運動であるとも言い換えることができる。

それらを意味するのは、経済学において、労働の形式的等価交換・実質的不等価交換、労働の実質的等価交換・等労働量交換であり、そして労働の人間的不等価交換・不等労働量交換である。すなわち、それは、「否定の否定」の弁証法によって社会参加、社会統合、社会包摂という社会様式の発展的三段階論であることに他ならない。

仕事に障害者を合わせるのではなく、障害者に仕事を！

新聞を破ろう――私が出会った少年、H君へ――

目を細めて
「精薄児」と呼ばれても
少年はきっと
彼らを
「超人」とも「賢者」ともよばないだろう

少年は新聞を破ることが好きな
「精薄児」ではない
少年は新聞を破ることが好きな
「超人」ではない
少年は新聞を破ることが好きな
少年である

新聞は
印刷されて
配達されて
読まれて
破られて
一生を終える
新聞は「超人」も「精薄児」も意識しない

少年よ
きみが好きな
新聞を破ることは
職業ではない
けれども少年よ
それを職業に変えることはできる！
もし彼らが「超人」や「賢者」であるなら

新聞を破いていいよう
彼らが成長するまで
それまで
だから少年よ

この詩は、一九七九年に三一書房から出版した『障害者と職業選択』に掲載したものである。当時、私は都立城南養護学校のスクールバスの添乗員をし、そこで出会った重度の知的・身体障害の中学部二年生、新聞を破るのが好きな少年についての詩である。

また、アメリカの地方都市のことで最近聞いた話であるが、はさみで紙を切ることが好きな知的障害者（自閉症）の青年がいて、彼が、コミュニティマガジンの残部処理の仕事としてはさみで切って、それで賃金をもらっているというのである。

五年ほど前、私は、第四回アジア障害者就労国際交流大会で台湾に行った際、庇護工場・社会的企業を運営している勝利財団が新北市で経営しているファミリーマートを訪ねた。従業員は一六人のうち九人が障害者で、品物を運んだり陳列するのは知的、精神障害者、レジ等は身体、聴覚障害者であった。

ところで私が驚いたのは、店に入るとすぐ、女の人が大きな声で話しかけてきた。中国語なので何を言っているかわからなかったが、それは接客挨拶であるという。説明によると、中度の知的障害をもつ女性であった。それがどれほど売り上げに貢献するかはわからないが、勝利財団ではそうしているのである。

経済は何のために？経済のための人間なのか、それとも人間のための経済なのか。カントは、人間は手段であると同時に目的である、と説いている。

4　資本主義も国家社会主義も超えて

「理論と実践の統一」ということがしばしば言われるが、しかしその両者を安易に統一するのは合成の誤謬を招きかねない。実践（現実）が理論（原理）にあまりにも引きずられると原理主義に陥り、逆に、理論が実践に引き寄せられてしまうと現状主義に流される。だから、理論と実践はひとまず切り離して考えるのが賢明であろう。と言って、理論と実践の根本的関係の関係性を見誤り、同時に、国家社会主義がなぜ資本主義を乗り超えることができなかったかは、資本主義経済の原理とその矛盾を本質的に理解できなかった証左でもある。

たとえば、スターリンは『ソ同盟における社会主義の経済的諸問題』の中で、社会主義の建設にあたって、経済法則を自然法則とみなしてそれを利用することができると主張した。これに対して、宇野弘蔵は、生活全般に共通の経済原則と商品経済に特有な経済法則を混同し、社会主義にも経済法則を適用できるとしたスターリンを批判した。経済原則と経済法則の差異を理解できなかったといえる。

こうした基本認識から私たちの障害者問題とその運動を分析してみると、少なくとも次のことが言える。

ソ連などの社会主義諸国家が後進国革命であったために歴史的現実と歴史的限界の下で、残念ながら西洋の民主主義、基本的人権、そして市民社会の成熟を経ないままに今日に至ってしまったということである。そのことが、障害者の人権や労働を軽視する結果につながったと言わざるをえない。私たちの障害者運動は欧米から多く学ぶことがあっても、社会主義圏からは学ぶものは殆どなかった。日本の障害者運動もそこに関心を持たなかったといってよいであろう。

そのようなことをこんなふうに言い換えることができる。障害者権利条約が国連で審議されていた際、世界の障害者たちは、「私たちのことを私たち抜きに決めないで(Nothing about us, without us)」と言った。だから、「社会主義のことを障害者抜きに決めないで」と私は言いたいのである。

さて、ここで、重度障害者の「労働」について簡単に述べておきたい。それは、私が、そして私が代表を務める共同連が「労働」を重視・強調しすぎているのではないかという指摘、あるいは、労働に参加できない重度障害者の存在を「否定」してしまっているのではないかという批判である。確かにそのような誤解を与えているかもしれない。

重度の障害者は「生きている」「存在している」、それだけで十分価値なのだ、あるがままに「存在」することにこそ価値があるというもので、それはそれで至極当然である。が、ただ、それは労働観というものを人間の本質的存在様式の文脈においてどう理解するかにかかっている。つまり、人間が創っている社会がどうあるべきかに言い換えることもできよう。

「働かざる者は食うべからず」と初めて言ったのはレーニンだと誤解されているが、それはそれとしてその言葉はブルジョアジーに向けられたものである。本当は、それはルッターの考えからでたものである。その意味は、マックス・ウェーバーの『プロテスタンティズムの倫理と資本主義の精神』に書かれている。エイトスとしての職業労働は、また安藤昌益の「直耕」にも通底している。昌益がなぜ仏教を批判して無神論の立場から僧侶を批判したかは、農民の「直耕」すなわち労働に価値を見出したからに他ならない。ただ未来に宿題として残された不確実性の問題は、生産労働、サービス労働、知的精神労働（専門職）の変遷過程において、肉体労働と知的精神労働の価値評価をどうみるかにかかっていると言える。

その上で、レーニンの誤解された言葉通りの「働かざる者は食うべからず」というのではなく、人間と労働との本質的関係性を、私は問いたいのである。当然今の資本主義あるいは国家社会主義の下では「働けない」、また働くことが「困難」な存在、それを問うている。換言すれば、経済社会のあり方を問うている。社会が「人」を障害化するというのは、そういう意味である。

そのことは取りも直さず、資本主義という経済が歴史的にはいたって特殊な経済であって、雇用（賃金）労働を原理としている。雇用労働とは、簡単に言って、所有関係において生産者（労働者）と生産手段が分離された状態で、労働力が民法上の契約に基づいて売買されることである。つまり、形式的にもかつ社会的にも経営者と労働者が対等平等な立場の関係にあって、労働力が「商品」化される。経営者は、労働者の労働力を買い、労働者は自らの労働力を経営者に売る。このような労働力商品化の下では、労働者には搾取は経験的に認識できない。なぜなら、一日八時間労働の中で必要労働（賃金に相当する額）と剰余労働（賃金以外の利潤等の額）の区別がわからないからであり、剰余労働が剰余価値として利潤に転化することなど、まさに経験的には理解できないからである。要するに、八時間を契約通り必要労働の賃金額と見なしてしまうからである。いずれにしても、本来商品にはなじまない人間労働を「商品」にしてしまう、特殊な「商品」にしてしまう。それが歴史的に特殊な経済であるということである。ちなみに、奴隷は「身体」そのものが商品にされてしまった。

以上のことを障害者の労働問題に即して言えば、雇用労働の労働力とは「健常者の平均的労働能力」「社会的平均労働量」であって、また「等労働量交換」ということになる。したがって、重度の障害者が雇用の対象にならないのも、推して知るべしである。ゆえに、労働力の商品化の止揚が問われることになる。だからこそ、障害者の労働を社会の中に埋め込む、ワーク・インクルージョンが必要となる。

誤解のないように繰り返すと、障害者は「働かなくてもいい」という声は否定しない。それもまた現実社会に対抗する意味で一つの真理だからである。ただ、小林秀雄が、今の若い者は世を捨てたというが、そう言っている前にすでに世の中から捨てられているのだ、とどこかに書いていた。これは興味深い指摘である。私は、だから、「働かなくてもいい」という声は労働者のストライキと同じ意味と理解する。

以上の私の考えは、死んだマルクス主義ではなく、生きたマルクス学だと思っている。

㈣ 新しい労働運動のいち構想

白石　孝

1 荒川区職員労働組合の経験から

「新しい労働運動の構想」というお題だが、定年退職した二〇一一年三月に荒川区職員労働組合（以後「荒川区職労」）書記長を退き、その後後継役員へのサポートのため、二年数カ月嘱託として勤め、二〇一三年六月に完全リタイアしてすでに五年、現役の労組役員からは完全に「足を洗って」しまった。なので、どう構想すればいいのか戸惑うことしきりだ。

労組引退の後に取り組んだのが「NPO法人」の設立だった。その経過と意図の説明から始めよう。

荒川区職労書記長になったばかりの二〇〇一年、区役所内の格差を是正するという目標を初めて挙げた。きっかけは、組合役員選挙で職場回りをしている時、選挙権のない職員が増え、また、長年労働金庫と連携してボーナス日の朝に宣伝チラシ配布をしていたところ、ボーナスをもらえない職員が増えていたことに気がついたことだった。職場でも同じ係で仕事をしている職員の雇用形態が多様化、常勤の係長と職員、常勤OBの再任用に再雇用、そして非常勤、派遣、臨職などが席を並べるといった光景があちこちで見られるようになった。

まず手がけたのが、当事者の組合作りだが、そう簡単に出来るわけではなく、〇三年の結成までに二年を要した。平行して〇二年一一月、特別区の一般職給与が初めてマイナス勧告となり、妥結後、「当初予算の人件費は前年並みとなっているのだから、このままなら年度末に不用額となり、基金に積まれてしまうことになる。それなら、役所内非正規の賃上げ原資と地域雇用対策費に充当を、という要求を掲げないか」と執行委員会で提案した。これに対して同じ役員の中から「賃下げ容認の提案」との批判も出たが、その内容を盛り込んだチラシを地域配布したところ、「公務員バッシング的」抗議電話もなく、それどころか自営業者など保守系地盤の住民から一定の評価を受け、以降の議会対策につながる大きなきっかけとなった。

常勤職の組合員が組合事務所に来て「組合に入っていない人たちに組合費を使うのはけしからん」と抗議され、「非正規は私たちが休暇を取ったり、負担軽減のために入れたのだから、今の待遇で十分」とまで言われ、船出は難航の連続だった。それでもしつこく機関紙に毎号わずかな記事でも非正規課題を掲載し、執行委員会や組合員向け集会で繰り返し取り上げた。その後、図書館と敬老施設の二職場で労組法に基づく労組を結成、区職労と三労組共同でアンケート調査を実施、改善要求を出した。もともと雇用年限を設定していない区なので、三〇年を超える長期勤務者もおり、主な目標は収入アップと休暇制度などの処遇改善だった。

○二年　区職労主催で非常勤職員対象の学習会を開催
○三年　非常勤二労組結成。年休繰越など当然の要求実現。その他「統一要綱」「勤務条件説明書」「異動意向調査」「職員証」などの改善
○四年　特別区人事委員会の勧告に連動した報酬引き下げが強行される。二労組が抗議ビラ発行。また、三労組で非常勤職員アンケートを実施（三〇〇人対象で回収率六五％）
○五年　「非正規春闘」学習会開催（講師：相原久美子さん、全統一千葉市非常勤職員組合）
○六年　本庁舎警備職員（民間ビルメン企業社員）の組合結成（自治労荒川区警備職員労働組合）
二労組以外の非常勤職員三〇〇人を対象に「区職労」加入説明・懇談会開催（参加者一二〇人）
区議会で自民党から共産党までが、非常勤制度改善、入札・契約制度改善を質問、要求
○七年　区職労旗びらきで、区長が非常勤制度改善を明言
区から三労組に制度改善案提示。（その後二労組以外の職場で区職労「非常勤協議会」を結成）

二〇〇七年の改善をふまえ、いち労組だけの闘いでは抜本的な改善には行き着かないと考え、「労組発社会運動」をしようと考え、まずは「荒川から非正規公務員の格差改善を」という集会を提起した。集会では熊沢誠氏に記念講

演を引き受けていただき、取り組みの報告を自治労加盟と自治労連加盟両方と設定した。この集会の模様を朝日新聞が掲載、初めて「官製ワーキングプア」という呼称が記事に書かれ、なおかつ全国配信記事にもなった。

ようやく日陰の存在だった非正規公務員に少しずつ関心が向くようになった。しかし、次の大きな壁がナショナルセンターの壁だった。過去の経緯はもちろん知っていたが、その壁が思いのほか高く、改善運動を拡げる障壁となっていた。そこで考えた次の手が「なくそう！官製ワーキングプア集会」の開催だった。二〇〇九年、異なるナショナルセンターの労組関係者に働きかけ、開催にこぎつけた。以来、二〇一八年段階で東京集会は一〇回を数え、さらには大阪で六回目、北海道で二回目となった。

2 NPO法人を立ち上げる

集会はかなり注目されることとなり、テレビや新聞などメディアも特集を組むまでになった。しかし、単発の集会だけでは不十分であり、そこで何らかの組織体が必要と考え、「センター」とか「研究会」を任意団体でなく、NPO法人として開設することにした。そして二〇一一年、NPO法人官製ワーキングプア研究会が発足した。

NPO法人になったことで、ナショナルセンターの動向に左右されることもなく、フリーな立場で活動を進めることが出来、これは想定した以上に効果的な事業展開となった。個別相談、メディアからの取材や問い合わせ、学者・研究者からの問い合わせなども一定数あり、法制度や総務省などの研究会報告分析、解説も関心が寄せられた。最も成果を上げたのが、自治体を対象とする調査だった。二〇一五年には「ワークルール五〇設問」調査を、一八年には「安全衛生体制」に関する調査を実施した。

調査前はいちNPOに対して自治体がどこまで答えてくれるのか不安だったが、ふたを開けてみれば、ワークルール五〇では七〇%、安全衛生では六〇%の回答率になった。こうして、NPO化したことは取りあえず評価できる結果となった。

次に意味があるのは、労組に加入していない圧倒的多数の労働者へのアプローチが意識化されたことである。NPOなので、アプローチしてくる当事者の多くは労組に加入していない非正規公務員あるいは「周辺」部、つまり外注先の労働者や外郭団体の労働者、つまりほとんど労組自体が存在していない事業所が、より劣悪な労働環境に置かれている、その実態があぶりだされてきた。

　総評時代の労働運動は、地区労に力を入れ、専従者も一定数配置したり、「国民春闘」に重点を置くなど、企業内労組の欠点を意識し、外に開く運動を進めていたが、総評解体後はいっそう内向きに、企業内労組中心運動になってしまった。

3 韓国労働運動の「アウトサイダー戦略」

　二〇一七年五月、韓国で民主派政権が一〇年ぶりに誕生した。文在寅（ムン・ジェイン）大統領は、急な選挙で就任したため、七〇日間の猶予を求め、国政企画諮問委員会で、「国政運営五ヶ年計画」および一〇〇大国政課題体系を七月に発表した。

　国政企画委は、文在寅政府五年間に推進しなければならない政策として「国政運営五ヶ年計画」を策定（国家ビジョン〜国政目標・戦略〜一〇〇大国政課題〜複合・革新課題などで構成）した。

　一〇〇大国政課題は、大統領選挙期間中国民に約束した二〇一の公約、八九二の詳細な公約すべてをきめ細かに確認して策定したが、その主要部分が経済・産業、雇用・労働政策だ。

●国政課題5のうちの2「ともに豊かな経済」

・民間が作り出す雇用の呼び水として公共部門で八一万の雇用創出
・青年求職促進手当を導入して公共機関青年雇用義務制拡大（三％→五％）
・少数株主権強化および理事会構成独立性強化等を通して財閥トップ一家専横防止
・生計型適合業種法制化等を通して、路地商圏を保護し、社会的経済基本法用意など社会的経済活性化で　雇用創出および社会サービス革新
・零細・中小加盟店のクレジットカード手数料を引き下げ、新規導入福祉手当と公務員福祉ポイントの三〇％を全世界商品券などで支給
・脆弱階層料金減免制度拡大、料金割引率上向きなどで通信費軽減
・青年を正規職で採用した時三番目採用職員賃金を三年間支援する追加雇用制度導入

●国政課題5のうちの3「自分の生活に責任を負う国家」

の中の雇用・労働政策

・非正規職縮小のためのロードマップ用意を通じて非正規職問題総合的解消推進、特殊雇用勤労者および感情労働者保護対策強化

・法定勤労時間正常化を通した一八〇〇時間台労働時間実現、労働者バカンス支援制度と代替公休日制拡大等を通した国民休息権保障　（脇田滋龍谷大名誉教授による仮訳）

そして、さらに二〇二〇年に最低賃金を時給一万ウォン（日本的には「時給一〇〇〇円」）へと到達させることも公約の柱に据えた。これは「所得主導成長政策」と呼ばれ、「質の良い仕事を提供することで、家計の所得と消費を増やし、これが企業の生産と投資の増大、ひいては国家経済の健全な成長に繋がるという好循環経済のビジョン」（金美珍『ひろばユニオン』二〇一八年五月号）とされている。

二〇一七年の就任直後に最賃を一六・四％、一・〇六〇W引上げ七・五三〇Wとし、二〇一八年一月から実施され始めた。さらに二〇一九年度には一〇・九％上げ八・三五〇Wにする。しかし、二〇二〇年に一万Wにするには、二〇一九年度は八・六六〇Wにしなければならなかったが、断念し、大統領は「公約を守れなかった」と頭を下げた。

引き上げ幅が狭まったのは、零細中小企業や自営業者に与える影響が大きく、強い反発がでているからだ。最賃引き上げは全賃金労働者の一八％、約二七七万人に直接影響が出ると言われている。その多くは高齢者、青年、女性、非正規職が占めている。一方約七〇％の労働者が一〇人未満の事業所に雇用されており、使用者への影響も計り知れない。ただ、零細事業者への大きな負担は、賃金以外に法外に高い家賃それにクレジットカード手数料だ。

韓国の労組加入率は約一〇％と相当程度低い。さらに二〇一七年段階では正規職が一九・八％、非正規職が二・一％と大きく開いている。（イ・ナムシン非正規労働センター常任活動家による）左派ナショナルセンターの民主労総は企業別労組から産業別・業種別労組への転換を進めているが、それでも大企業中企業の正規職主体の労組であるには違いなく、非正規職の課題を真剣に取り組み得なかった。

そこで発想されたのが「アウトサイダー戦略」だ。私の表現では「社会運動としての労働運動」である。韓国での最低賃金引き上げ運動を安周永龍谷大政策学部准教授の解説から紹介する。

最低賃金は日本と異なり全国一律だが、決定の仕組みは

似ている。厚生労働大臣にあたる雇用労働部長官が三月末に「最低賃金委員会」に諮問、委員会では専門委員会（生計費、賃金水準）で資料分析、意見聴取などを行い、九〇日以内に最賃案を長官に提出、最終的には八月初旬に告示される。

委員は、ナショナルセンター推薦の労働委員、使用者代表、大統領任命の公益委員各九人。

この過程で二〇〇〇年に入ってから「労働組合の提携戦略」が始まった。二〇〇二年に三一団体により「最低賃金連帯」が結成された。労働団体では、民主労総、韓国労総、全国失業者連帯、全国女性労組、韓国女性労働者会、青年ユニオン、アルバイト労組。社会運動分野からは、民主社会のための弁護士の会、民主化のための全国教授協議会、民衆の夢。ソウル市社会福祉社協会、ソウルＹＭＣＡ、外国人移住運動協議会、全国女性連帯、参与連帯、韓国女性団体連合、韓国女性民友会、韓国進歩連帯、韓国青年連帯、二一世紀韓国大学生連合、経済正義実践市民連合、労働健康連帯、労働人権会館、カトリック労働牧師全国協議会。シンクタンクでは、韓国非正規労働センター、韓国貧困問題研究所、韓国労働社会研究所。そして、共に民主党、正義党、民衆連合党、労働党の民主派進歩派政党も入っている。

次は、最低賃金委員会の労働者代表委員に、韓国労総が韓国非正規労働センターを、民主労総が青年ユニオンを従来の労組幹部に替え、推薦している。二つのナショナルセンターの構成労組や加入組合員にとって、最賃の影響力は直接は及ばなく、前記したように、労組の外に置かれている「脆弱労働階層」こそ、最賃の直接的「恩恵」を受けるわけで、この運動転換は、既成労組が国民的支持を得られるかどうかの試金石といえる。

実際、文大統領就任直後の二〇一七年最賃委では、労働側委員と使用者側委員とで主張に大きなかい離があったが、最終的に決定された要因に公益委員九人中六人が、労働委員案を支持したことがある。九人のうち文大統領任命は一人のみで、残る八人は朴槿恵前大統領任命だったが、世論が大幅な引き上げを支持し、求めたからだった。

二〇一四年頃から民主労総加盟労組でも大手でなおかつ左派とわれている鉄道労組を数度訪問している。その鉄道労組は、二〇一三年一二月に朴槿恵大統領が選挙時の公約を覆して民営化を進めようとしたことに対し、二二日間のストライキを打ち抜き、一〇〇人を超える中央・地方幹部が逮捕、起訴されているが、その労組が「乗客との連帯」

「住民との協働」を強く意識していることに驚いた。組織率一〇%の労組が、その枠内だけの利益を求める運動しかしなければ、あっという間に支持を失うからだ。

4 では、日本での「新しい労働運動」は

私の編著『ソウルの市民民主主義〜日本の政治を変えるために』（コモンズ二〇一八年三月）で、朴元淳ソウル市長へのインタビューを掲載している。

●「労働尊重特別市」の言葉は重く、市長は「ソウル市民の多くは働いている、だから雇用、労働問題は限られた一部の人のためのものではなく、みんなのための労働政策である」と信念を持って臨んでいますが、日本では考えられない発想です。どうでしょうか？

○朴：大韓民国全体でみれば人口五〇〇〇万人のうち一八〇〇万人が労働者と言われています。その家族まで含めると国民の大多数は労働者と言えます。にもかかわらず、過去に韓国は財閥とか大資本中心の国家だったため、「労働者」とは許されない言葉（註：韓国では「勤労者」とされ、それを「労働者」と変える動きが出ている）のように、長い間、労働運動は社会の変革を企てながら社会を不安にするという決めつけで、治安上の観点から見られてきました。しかし、それは過去の軍事独裁政権の公安的な見方に過ぎず、労働とは神聖であり、労働者は尊重されてしかるべきである、そのような基本的哲学のもと、労働に関する多くの政策を変えてきました。私が市長になったとき、労働政策を担当する職員は二人しかいませんでした。それが今は、課になり局にまで大きく変わってきました。ですから、この間どれだけ労働に関する政策が出てきたか、それがソウル市の政策が変わったという象徴的なことだと思います。

●感銘を受けたのは「労働時間短縮」は、過労を防ぐという役割だけでなく、地域での労働者の生活やくらし全般が見えてくるような人間まるごとを対象にしている政策でした。明るいうちに家庭や地域に帰って、夕食する、地域活動やサークル活動をする、市民農園で野菜を作るなど、そういった労働者の時間を取り戻すという思考がとても印象深いです。

○朴：私が非正規職の正規職化、労働者理事制、生活賃金制など数多くの労働政策を進めたのは、本来中央政府が行うべき政策にもかかわらず行ってこなかったからです。ソウル市という地方自治体段階で、法律内で可能な政策を最善を尽くしてやってきましたが、それでも行く道は遠いと考えています。

その一つがいまの時間短縮型雇用創出ですが、いま私どもが実験しているところです。ソウル信用保証財団とソウル医療院（市立病院）の二か所で、勤務時間を減らし、その代わりに正規職を採用する実験です。今の職員は、超過勤労手当を受けられなくなるので、労働者としては若干譲歩を強いられるわけです。手当を削減したそのお金で、労働者を追加採用し、雇用創出を行う、そのモデルを実験している段階です。実際、韓国はOECD諸国のうち最も長い労働時間に苦しんでおり、一方で労働生産性は最も低い国の内の一つです。ですから私は、この部分について、大きな革命を起こさなければならないと考えました。このような実験段階を経て、今後すべての公務員や傘下機関でこのような方向に持って行こうと思います。いずれにしても、このようなことが、今後の課題だと思います。

5 では、日本ではどうか？

日本の労組加入率は約一七％、韓国より多いとはいえ、圧倒的多数は労組の外にいる労働者だ。とりわけ中小零細企業労働者と非正規労働者の加入率は低い。韓国と同様である。一七％のための労働運動に留まり、八三％のための運動をしなければ、八三％からは関心も支持も得られない。それどころか、一七％の中にいても、労使協調や幹部請負型の運動をしていれば、一七％からの支持や共感も得られにくい。

日本でも「最低賃金を早急に一〇〇〇円へ、そして目標は一五〇〇円」という運動が、欧米の運動と連携して毎年取り組まれているが、そこには大労組の姿は見られない。時給一〇〇〇円で一日八時間、月二〇日働いても年収では二〇〇万円に到達しないから、もともと労組がある事業所での賃金とは比べものにならないし、したがってこういう運動への関心も持ちにくい。しかし、日本でもこのラインで一〇円二〇円の引き上げを切望しているのは「脆弱労働者階層」で、労組とは縁が薄い労働者だ。

公共サービス分野では「公契約条例」制定運動が徐々にだが拡大している。公が低賃金労働者を生み出すような外注をすることは、社会倫理にも反する。ただ、条例が制定出来ないとしても、実質的に外注先労働者の賃金や労働条件を改善させる運動は必須だ。関西では、社会保険労務士会なども「事業者選定過程における総合評価」「競争入札、指定管理者選定における労働環境評価」などに取り組んでいる。（自治労第三六回宮城自治研集会・森田定和）

少し目線を変えれば、このような「アウトサイダー戦略」「社会運動としての労働運動」の種はあちこちにあることが分かる。今すぐチャレンジするべきだ。

㈤ 労働者自主生産の可能性

志村　光太郎

1 民主主義とは何か

民主主義国家においては原則として、人々は一人一票で国家および地方自治体の意思決定に参加する。間接民主主義であれば、人々は一人一票で代表者の選出のための選挙権および被選挙権を有している。それを通じて意思決定に参加する。地位、所得、財産等に関係なく、皆が平等に意思決定に参加する権利を有している。人々の多くはそれを当然のことと理解しているだろう。

ところが、労働の場においては一般的に、人々は一人一票で組織の意思決定に参加してはいない。人々は一人一票で役職者の選出のための選挙権および被選挙権を有してはいない。上司は部下に対し査定を行い、昇給、昇格、昇進等を決めるが、その逆はない。にもかかわらず、人々の多くはそれを当然のことと理解しているだろう。

フルタイムで働く人々であれば通常、人生のかなりの時間を労働に費やしている。労働は人生を左右してもいる。にもかかわらずそこには、民主主義国家では当然のことと理解されているはずの、平等に意思決定に参加する権利がないのである。これで果たして、民主主義国家である言えるだろうか。労働者が民主主義を享受していると言えるだろうか。

労働者自主生産は労働の場において民主主義を実現するための有効な方策のひとつである。以下では事例を通じて、現在における労働者自主生産の可能性について考察したい。

2 労働者自主生産の系譜

欧米先進諸国では二〇世紀初頭に、労働者が自己を労働力と人格とに分裂させることで、現代の単一の市民社会およびその基底をなす〈産業民主主義体制〉という資本のヘゲモニーが成立した。労働者は人格から労働力を分離し、その所有者となっている。と同時に、その労働力を時間決めで売り渡している。しかしそれにより労働者は、その人格が奴隷となることを免れている。フィクションではあるが、〈産業民主主義体制〉はその上に成り立っている。そこでは、労働者と企業との公式の討議は団体交渉制度を通じて行われている。労働組合は労働者が労働力の所有者としてブルジョア＝市民となることへの同意を組織化する場である。

その一方で、欧米先進諸国では一九世紀に、労働組合以外にもさまざまな組織や方策が誕生した。そのひとつが労働者自主生産（労働者自主管理）である。労働組合は結局、いわば労働者労働力化装置となり、そのかぎりにおいて労働者の盾となった。これに対し自主生産は、労働者が自己を労働力と人格に分裂させずに、労働することを可能ならしめた。これは〈産業民主主義体制〉とは異なる。その対抗的ヘゲモニーと位置づけることができる。

一九六〇年代後半以降の深刻な不況のもとで、各企業は合理化を進めたのに対し、労働組合は企業経営の領域により直接的、内部的に関与するようになった。七〇年代半ば以降には、倒産＝失業に対して工場占拠→自主生産→労働者協同組合結成の途が追求されるようにさえなった。その試みは結局、失敗に終わった。しかし、ヨーロッパ諸国では今日においても、必ずしも争議等を経てというわけではないが、労働組合が倒産した企業を労働者協同組合として生まれ変わらせている例は少なからずある。

日本においても一九二〇年代中葉に、現代の単一の市民社会および現代最初の資本のヘゲモニーである〈工場委員会体制〉が成立した。戦後は、危機の収束とともに五五年体制が確立し、同時に〈従業員民主主義体制〉という資本のヘゲモニーが成立した。そこでは曲がりなりにも、それまで排除され、対抗的ヘゲモニーとなっていた労働組合が、人格的関係による実質的代償を許すものであるにせよ、労働者労働力化装置として組み込まれた。

労働者自主生産は終戦直後の一時期に多発し、またその後の盛衰を経て、一九九〇年代後半以降、部分的に再び増加傾向に転じている。それを支えているのは、駆け込んでくる現場労働者を受け入れ、倒産反対争議を有効に展開し得る、個人加盟の労働組合である。

ところが二〇一一年頃からは、労働者自主生産はおろか、倒産争議もほとんどなくなっている。これまで多くの労働者自主生産を支援してきた鳥井一平氏によれば、それだけ、会社による倒産のさせ方、整理の仕方が巧妙になっており、労働組合が職場を占拠する間もなくなっているという。そもそも、占拠するもの自体もなくなっているという。(注1) その他の要因としては、求人数が増え、再就職が比較的容易になっているということもあるだろう。

労働者自主生産は労働者協同組合においても行われている。ただし、労働者協同組合法がないため、日本の労働者協同組合は他の法的組織形態を取得することになる。また、自主生産を狭義にとらえるならば、経営危機や倒産に陥った事業体との争議等の最中あるいはそれを経て、職場・雇用を維持すべく、そこで働く労働者、つまりは労働組合が、その事業を引き継いでいるものに限られることになるが、労働者協同組合はこのことを必須の条件としていない。確かに、その流れを汲む労働者協同組合も一部にあるが、基本的に自主生産とは性格が異なる。

3 労働者自主生産の実践

以下では労働者自主生産の事例として、二輪自動車小売業を営む株式会社ビッグビート、学校給食の食材納入業を営む城北食品株式会社、化粧品製造業を営むハイム化粧品株式会社、およびこれら三社を支援してきた全統一労働組合を取り上げる。(注2) これら三社を取り上げる理由はまず、いずれも労働者自主生産の最新の事例であることによる。労働者自主生産を開始したのは、ビッグビートと城北食品が二〇〇八年、ハイム化粧品が二〇〇七年である。第二は、いずれの企業も今日においてもなお、労働者自主生産を行っているからである。第三は、それぞれ、規模、出資形態、業種、自主生産開始の経緯等を異にしているため、最新の労働者自主生産として総括し、その特徴を検出することができると考えるからである。これら三社の事例をもとに、現在の労働者自主生産について総括したい。

会社の規模としてはどこも、労働者数が少なく、面接関係が保てているところばかりである。ビッグビートでは、代表取締役を含め、社員は五名である。城北食品では、社員は一五名、代表取締役、監査役（非常勤）、パートタイマーを含めると、一八名である。最も多いハイム化粧品でも、社員は、取締役、執行役員を含め、三五名である。非常勤の六名を入れても、四八名である。現時点では、先の狭義の定義に適っており、かつ最新の継続中の労働者自主生産企業となると、これ以上人数の多い事例が存在しなかった。

三社ともそれぞれ労働者自主生産を行うに至ったのは主に、経営危機や倒産に陥った旧会社との争議等を経て、職場・雇用を維持すべく、その事業を引き継ぐ形で、組合員が平等な立場で旧会社を引き継いだか新会社を設立したためであり、それもいわば、成り行きに負うところが少なくなかった。そして、政治的な考え方に縛られず、それぞれが自分たちで会社をつくり、運営していきたいという想いから、自主生産を行っている。

社員数が多い会社ほど、階層化し、また部門が分化している。運営はどこも民主的に行われている。三社とも賃金はおおかた平等主義がとられている。査定制度もない。その一方で、働きや役職に応じて、手当、報奨金を設けている。社員数が多い会社ほど、労働条件に関する制度が整備、適用されている。賃金、労働条件の低い会社では、自己搾取が存在しているといえる。

三社とも、担当の仕事についての個人の裁量権は大きいが、意思決定は基本的に会議でなされている。そこでは、十分にではないにしても、すべての社員が自由な行為主体となって、皆で討議している。ただし、社員数が多い会社ほど、会議の種類が多くなっている。そして、会社全体の基本的な意思決定はほとんど経営会議でなされるようになっている。これは、意思決定のスピード、人数的な限界を鑑みてのことでもある。

三社とも、役職者が上下関係、支配関係のもとで、部下をマネジメントしているわけではない。リーダーシップについてはリーダーとフォロワーの双方向性も見てとれる。そこでは、個人差はあるものの、役職者を含め、すべての社員が、個性を発揮し、主体的に仕事を進めているとともに、互いにコミュニケーションを密にとりながら、皆で学び合い、助け合っている。従来の考え、やり方にとらわれず、皆で近況を共有し、議論しながら、反省したり、次の対策を考案したりしている。

相互扶助（互酬）を重視していることも特徴的である。特に組織運営にあたっては基本となっている、自社の労働者をはじめ、全統一労働組合、自主生産ネットワークに加盟する他者の労働者、さらには、地域住民などとの間での相互扶助を重視している。

古くからいる社員は概して、労働者自主生産へのこだわりを持ち続け、それを実践してきている。一方、新しい社員は概してそうした意識が希薄であるが、多くは自らも主体的に自主生産に取り組んでいる。それは、古くからいる社員が、労働者自主生産を開始時から維持しつづけているだけでなく、どのようにして危機を乗り越え、自主生産を開始したか、そしてどのようにして今に至っているかといった体験について、さらにはそれぞれが抱く自主生産へのこだわりについて、会議、集会、イベント、日常の雑談等において、新しく入社した社員に語っている、すなわちストーリーテリングによるところも大きい。ストーリーテリングによるリーダーシップは、常に開かれた対話である。(注3)

資本主義的競争の圧力下では一般に、組合機能による経営機能の包摂が、経営機能による組合機能の包摂へと転化する傾向にある。(注4)それを防ぎうるのが、外部の労働組合からの統制である。ただし、統制が厳しくなれば、労働者から自主生産の担い手としての主体性が削がれてしまいかねない。全統一労働組合および同組合が深く関与する自主生産ネットワークは、指導、統制より緩い、支援・監督機能に徹することで、労働者が主体的に自主生産を維持できるよう努めている。

4 全統一労働組合の支援

個人加盟の労働組合である全統一労働組合が、本格的に倒産争議、労働者自主生産を支援したのは、一九九五年一二月に倒産した有限会社谷口工作所が最初である。同社の労働者は倒産後、工場を占拠し、競売反対闘争を展開しながら、労働者自主生産を行った。そして一九九八年一月、有限会社トーワ技研を設立し、今日に至るまで労働者自主生産を続けている。

全統一労働組合はその後、数多くの倒産争議、労働者自主生産を支援してきた。企業だけでなく、病院の倒産争議を支援したこともある。支援した労働者はほとんどの場合、自社の経営危機に直面して、あるいは、倒産の直前、直後といった抜き差しならない状態に陥ってはじめて、全統一労働組合に助けを求めて、加入している。相談に訪れ、窮状を訴える労働者に対して、全統一労働組合としてはたいてい、①仕事の継続、②労働債権の確保、③(合法的手段による)会社への仕返し、といった三つの方策を提示しているという。その上で、いずれにしても職場を占拠する必要があるため、まずはそれを実行してから、どの方策をとるか検討してもよいと伝えてもいる。とにかく、倒産だという時に、すぐにどれだけ動けるかが一番のポイントになるという(注5)。

基本的に、全統一労働組合としては常に、労働者自主生産、自主再建までを見据えて、倒産争議を展開している。したがって、それが実現可能となるよう、倒産前に労使との間で諸々の協定書を取り交わすよう努めている。倒産後には、まず職場を占拠することで、労働債権の確保を目指すとともに、労働者自主生産、自主再建を進めていくのである。

全統一労働組合は、倒産争議が終結し、組合員が新会社を設立するなどして、労働者自主生産を継続ないし開始するに至った後も、別の形で支援を行っている。労働者自主生産を行う上で、鳥井氏はボール型組織とピラミッド型組織が融合した企業を目指しているという。《図1》

鳥井氏によれば、ボール型組織とは、誰が代表者になってもよい、代わることができるような組織である。誰かが社長、そして組織が大きければ、部長、課長等にそれぞれなることで、階層的なピラミッド型組織となる。しかし、

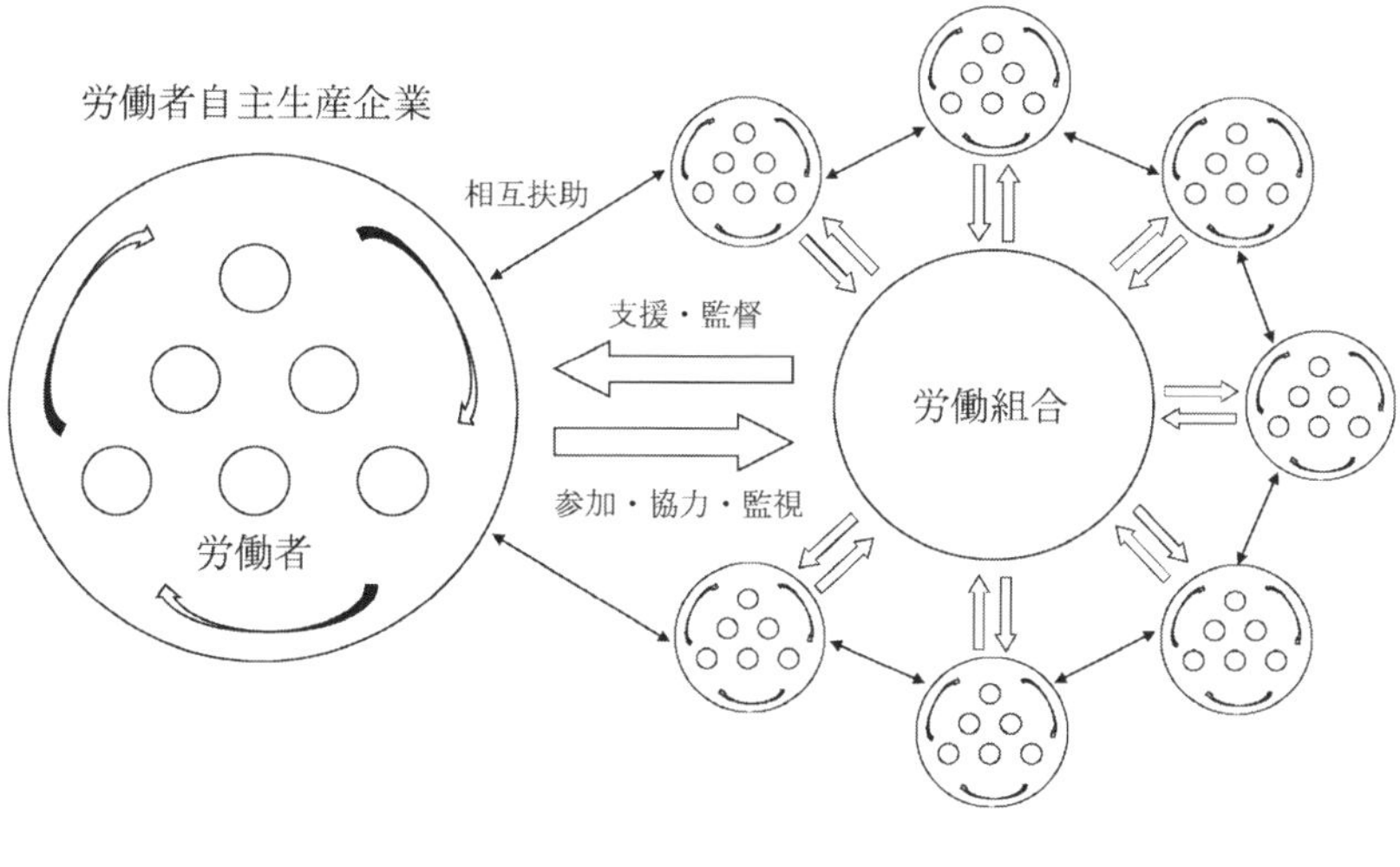

《図１》 労働者自主生産企業イメージ

その基本はあくまでもボール型組織にある。そのためそこでは、現に役職に就いている者だけでなく、誰もが常日頃から、リーダーシップを確立していなければならないと言う。リーダーシップは必ずしも役職に付随するものではなく、別に確立できるものであるし、また、そうでなければならないとしている。もちろんそれにより、役職者が責任を果たさず、結局は集団的無責任体制に陥るようなことはあってはならない。皆がそれぞれの責任をまっとうするのである。

また鳥井氏は、ボール型組織を維持するためには、外部からのチェック機能が必要であると言う。これは特に新しいことを言っているわけではなく、民主主義の仕組みというのは本来こうしたものであるとも述べている。

5 自主生産ネットワークとの連携

全統一労働組合は労働者自主生産を支援するにあたって、自ら深く関与する自主生産ネットワークとの連携も密に図っている。自主生産ネットワークに加盟する一二社のうちの八社が、全統一労働組合が分会を持つ会社である。トーワ技研、ビッグビート、城北食品、ハイム化粧品も自主生産ネットワークに加盟している。

自主生産ネットワークはもともと、「労働者の権利と倒産研究会」の自主生産グループとしてスタートしている。労働者の権利と倒産研究会は、バブル経済崩壊後の相次ぐ倒産を受けて、また、民事再生法など、当時、制定・改正された会社再建に関する法律に対処するために、複数の労働組合で結成した研究会である。その成果は、参加していた各労働組合の実践において活かされていっただけでなく、『倒産なんかに負けないぞ―労働者のための実践マニュアル』および『倒産・失業NO！―労働組合実践マニュアル』の発行にもつながり、広く労働者への啓蒙にも役立っている。労働者の権利と倒産研究会は、一九九九年一二月に、一一の労働組合からなる中小労組政策ネットワークを結成し、その際に、自主生産グループも自主生産ネットワークとして再スタートしている。全統一労働組合も中小労組政策ネットワークに加盟している。

全統一労働組合および自主生産ネットワークでは、ボール型組織とピラミッド型組織の融合、そしてそれを外部からチェックする労働組合という仕組みを実現しうる組織体制として具体的に、執行グループに加え、立案・検討・監

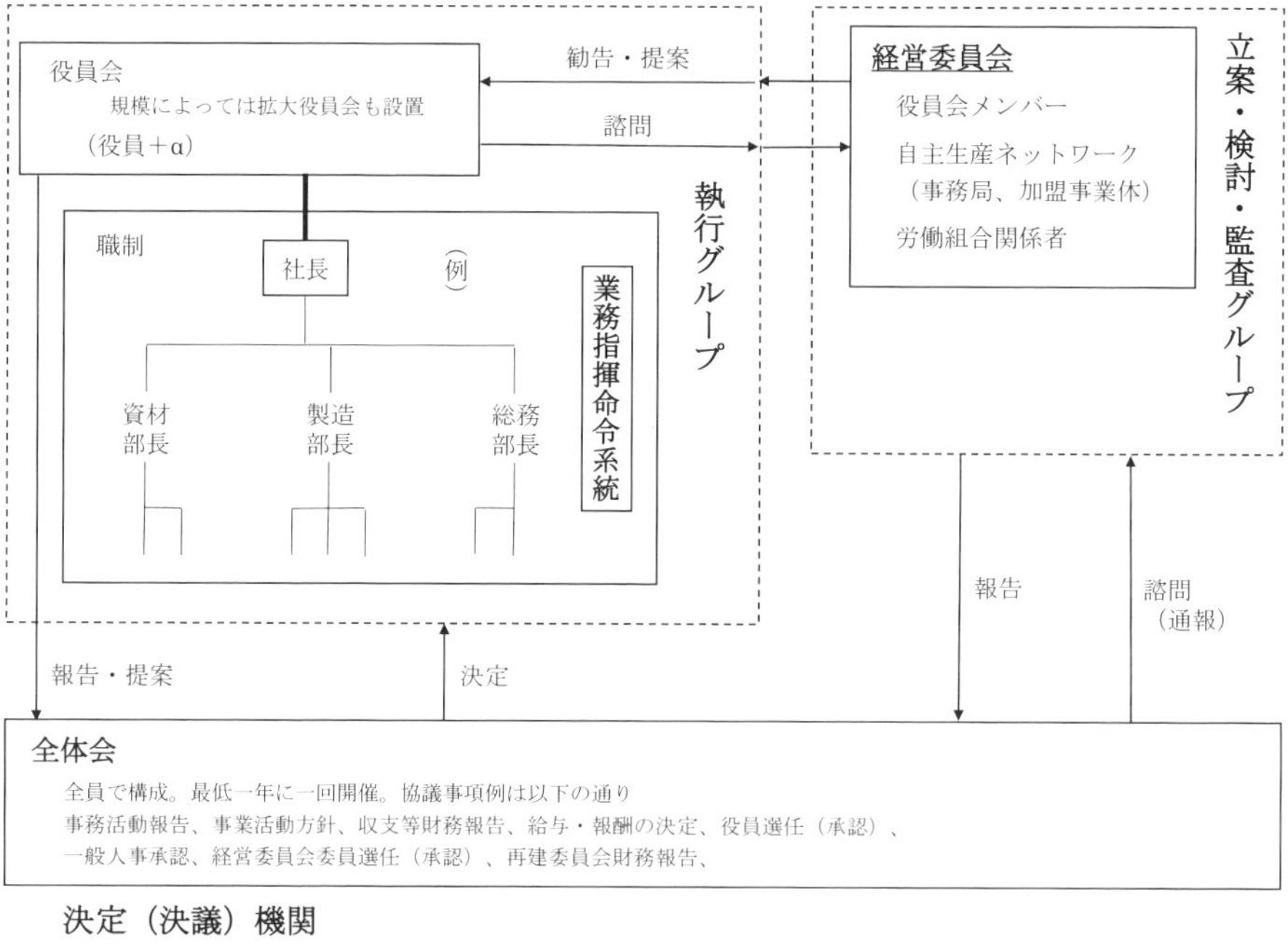

《図2》　自主生産組織イメージ図
（出所）自主生産ネットワーク資料

査グループと全体会（総会）を設けることを提唱し、そのイメージ図を示している《図2》。執行グループは、業務指揮命令系統を有し、業務を執行する。ここでは、労働者自主生産を行う上で、ピラミッド型組織のなかにいかにしてボール型組織を融合させるかが重要となろう。また、社長の上に役員会を配置することで、合議制を担保している。

　立案・検討・監査グループは、執行グループの役員会メンバー、自主生産ネットワーク（事務局、加盟事業体）、労働組合関係者から構成される経営委員会を設置する。役員会は経営委員会に対し諮問を行い、経営委員会は役員会に対し勧告・提案を行う。経営委員会に労働組合関係者がおり、役員会メンバーと一緒に執行グループに対し立案・検討・監査を行うことで、労働者自主生産を担保している。

　全体会は社員（組合員でもある）全員で構成され、最低一年に一回開催される。執行グループは全体会に対し報告・提案を行い、全体会は執行グループに対しその決定を行う。また、全体会は立案・検討・監査グループに対し諮問（通報）を行い、立案・検討・監査グループは全体会に対し報告を行う。全体会における協議事項としては、事業活動報告、事業活動方針、収支等財務報告、給与・報酬の決定、役員選任（承認）、一般人事承認、経営委員会委員選任（承認）、再建委員会財務報告などがある。これらを全社員で行うことも、労働者自主生産にとって不可欠である。

以上はモデル・ケースであるが、実際に自主生産ネットワークに加盟する一二社では、それに近い体制がとられている。経営委員会については、その名称を用いていないかったり、ほとんど開催しなくなっている会社もあるが、たいてい何らかの形で実質的には存在しているといえる。全統一労働組合および自主生産ネットワークとしては、監査機能の一環として、組合員からの直接の相談、通報、告発等を受け付け、その解決にあたってもいる。立案・検討機能については、ほぼ毎月、自主生産ネットワークで開催している経営研究会においても担われている。ただ全体会については、毎年継続的に開催しているのは五社程度である。そうしたなかにあっても、全統一労働組合としては、各社が無理のない形で労働者自主生産を行えるよう、できるかぎり支援している。

自主生産ネットワークでは、ほぼ月に一回、経営研究会を開催している。経営研究会では、各社の近況等について情報交換を行い、参加者がそれぞれの課題およびその対策等を議論している。ただ最近は、地理的な事情もあり、継続的に参加している会社は、事例の三社を含め、四社ほどとなっている。自主生産ネットワークではまた、年に一回、「自主生産の日」を開催し、講演会、ビデオ上映会、抽選会、懇親会を行っている。抽選会では、各社が自社の商品などを持ち寄って、景品として提供している。自主生産ネットワークに加盟する会社の組合員なら、誰でも参加できる。家族連れでの参加も多い。自主生産ネットワークはさらに、全統一労働組合と同様、ファンド機能を有している。それほど多額ではないが、加盟する会社に対し運転資金として無利子で貸し付けている。ただ最近は、自主生産ネットワーク、全統一労働組合のどちらのファンドも、一部の返済が予定通りに進んでおらず、また、かつてのように寄付等が集まらないことなどで、資金が枯渇気味であるという。（注6）

6 討議の重要性

一九九〇年代後半以降に労働者自主生産を開始した企業では、労働者の多くはもともと、自主生産に対する政治的な理想を持っていたわけではない。かつてのほとんどの労働者自主生産のように、いわゆる活動家が主導しているのではなく、一般の労働者が主導している。その意味で、かつてに比べると、思想的には多様性を有しているといえるだろう。その傾向は、事例の三社においてはより顕著になっている。全統一労働組合、自主生産ネットワークにおいても、多様性を尊重している。

もっとも、同じある特定の主義・主張でなくとも、労働者自主生産に対して、それぞれ何らかの価値観、意味、想い、アイデンティティ等は持ち合わせている。三社を見るかぎり、皆と一緒になって、倒産等の危機を乗り越え、労働者自主生産を始めた社員は、個人差はあるものの、何らかの自主生産へのこだわりを持ち続け、それを実践してきている。その一方で、労働者自主生産開始以降に入社した新しい社員は概して、そうした意識が希薄であるが、それでも多くは、まったく不満等がないわけではないものの、自社が自主生産企業であることを理解し、受け入れている。そして、個人差はあるものの、自らも主体的に労働者自主生産に取り組んでいる。

労働者が労働者自主生産へのアイデンティティを持ちえているのは、ストーリーテリングはもとより、職場で行っている自由な討議によるところも決して小さくない。そこでは、熱い討議と熟慮された選択というプロセスそのものに価値を置いている。そこにおける自由、民主主義、相互扶助は、選択の結果によってもたらされているのではない。熱い討議と熟慮された選択というプロセスのなかで出現している。そしてそれにより、自分たち労働者は経営者ともなっているとアイデンティファイしている。こうしたことを大切にしているのである。

労働者自主生産事業体では通常、上位者による査定制度は設けていない。また、平等主義のもとで、皆で自由に討議し、一人一票の原則で意思決定を行っている。したがって、上位者の評価をあまり気にする必要がない。そもそも、役職では上位者であっても、基本的には、皆、平等である。労働者と経営者との本質的区別はなく、労働者は自己を労働力と人格に分裂させてはいない。必ずしもこれらのことが十分にできているわけではないが、少なくとも、ある程度できていると、各労働者において認識しえているということが、そうアイデンティファイしえているということが肝心である。これらのことはまた、自由、民主主義、相互扶助を促進し、自主生産の運営を安定させることにもなりうるが、その一方でそれがために、自ら労働条件を下げていくことにもなりうる。

とは言え実際、労働者自主生産を継続するなかでは、去っていった者も少なからずいる。城北食品とハイム化粧品では、労働者自主生産の開始から今日に至るまでの間に、それぞれ何人か自ら退職している。理由は様々であるようだが、なかには、労働条件等を含め、自主生産自体に不満を抱き、退職した者もいるようである。先に、昨今の労働者自主生産においては、労働者の多くは、思想的には多様性を有していると同時に、自主生産に対してそれぞれ何らかの価値観、意味、想い、アイデンティティ等は持ち合わせていると述べたが、それらがある程度強くなければ、そこで働きつづけることは困難であろう。労働条件等が悪化していけば、なお更である。

しかしだからといって、労働者自主生産に参加しつづけている労働者は、少なくとも三社を見るかぎり、同じある特定の主義・主張を持つに至っているというわけでも、ましてそれに凝り固まっているというわけでもない。会議等での討議を通じて、たとえ他者と対立しながらでも、理解し合い、学び合い、そして、自己のなかでの葛藤などをくぐり抜けることで、それぞれ、自らの価値観、意味、想い、アイデンティティ等を進化させている。時に資本主義的な思考を受け入れながら、曲がりなりにも、自主生産の継続を可能ならしめている。現在の労働者自主生産はそうした自由な行為主体によって営まれているのである。

7 真の民主主義のために

事業体数、労働者数とも少なく、特殊な事例ではあるが、現在にあっても、労働者自主生産を開始し、維持している人々がいる。そこでは、すべてにおいて上手くいっているわけではないが、人々は労働の場において皆で熱い討議を行い、平等に意思決定に参加している。民主主義を実現している。

労働の場において実践してこそ、人々は真に民主主義を享受していることになろう。労働者自主生産には社会に真の民主主義を実現するためのひとつの答えがある。

すでに社会は資本のヘゲモニーを維持できなくなってきている。それにより、綻びが生じてきている。社会は変わっていく。社会を変えていくことはできる。民主主義は他者によってではなく、われわれ自身によってのみ実現する。

【注】

（1）二〇一六年に行った鳥井一平氏からの聴き取りによる。以下の鳥井氏のコメントについても同様である。
（2）事例は主に、二〇一六年に行った聴き取りと、その時提示された資料に基づいている。したがって、基本的にその時点での内容となっている。事例等の詳細については、志村光太郎［二〇一八］『労働と生産のレシプロシティ――いまこそ働き方を変革する』世界書院、を参照されたい。
（3）高橋正泰［二〇一〇］「リーダーシップとストーリーテリング」『経営論集』（明治大学経営学研究所）第五七巻第三号。
（4）塚本一郎［一九九五］「労働組合自主経営企業における組合機能の性格（上）―自交総連大分地連の自主経営企業の事例」『佐賀大学経済論集』第二八巻第四号、三～四ページ。
（5）二〇一六年に行った鳥井氏からの聴き取りによる。
（6）同前。

㈥　社会的連帯経済と労働運動

平山　昇

はじめに

第一章の「労働者協同組合の可能性」の最後に、私は「工場を辞して外に出た。以前工場祭に参加したときにあった予感、労働組合運動と協同組合運動の出会いが、いま始まろうとしている。そして東部の中小労働運動がつくり出した共同の事業パラマウント製靴共働社は、地域における多種多様な協同運動とのネットワーク化を広げるなかで、労働組合運動と協同組合運動の地域社会における新しい可能性をも切り拓くだろう。小雨にぬれるその古い工場のたたずまいに、私はそんな確信をもった」と書いた。それから三〇年以上が経ち、私は下町の生協で働きながら、仕事の後は地域の労働運動や社会運動にかかわりながら、協同組合と労働組合の連帯による新しい地域社会づくりを模索してきた。ここに書くのは、その後の経過である。

1　生産協同組合とコミュニティユニオン

私は二〇代から下町にあるたつみ生協という小さな生協で働き始め、下町を中心に共同購入の配送や組織の拡大などやりながら、地域の労働運動や平和運動、とりわけパラマウント製靴の倒産争議からの自主生産闘争などを応援してきた。ある日、ボディに「自主生産」と書かれたライトバンがたつみ生協にやって来て、私は初めて生産協同組合と出会ったわけだが、それは「レイドロウ報告」を読んだ頃のことであった。「レイドロウ報告」というのは、一九八〇年の国際協同組合同盟（ＩＣＡ）モスクワ大会においてカナダのレイドロウ博士が提起した『西暦二〇〇〇年における協同組合』という報告書で、西欧では一九六〇年代後半から成長の限界によって産業社会の行きづまり、経済と協同組合も停滞し出す一方で、多国籍企業が拡がりだしたわけだが、そこでレイドロウは協同組合の危機に対して、以下のように警鐘を発した。

「いったい協同組合の目的、目標とは何なのか。協同組合に何を望めるのか。協同組合という事業体の成功というものは、どのような尺度で測ればいいのか。他の事業体を評価するのと同じ基準で測るのか、もし同じでないというなら、それはどういう基準なのか」。

「消費生協は消費者の特別な運動ではなく、市場でのシェア拡大に腐心し顧客の関心を引くために、私企業と同じ方法を用いる一つの巨大な事業体にしかすぎないように思われる。……激しい競争に対処するため、合併、大規模化、集中化が着実にすすめられてきた。その結果、組合員の重要な参加がますます難しくなってきた」。

「(協同組合の)第一の危機は協同組合が組合員の信頼を得られるかどうかというものだった。……第二の危機が来た。それはいわゆる経営の危機であった。……しかし、現在様々な協同組合組織がしっかりと確立してはいるものの、第三の危機に直面している。それはいわゆる思想上の危機である。協同組合の真の目的は何なのか、別の種類の事業体として明確な役割を果たしているのかという問題に対する疑問が強まって来たところから、このような危機が起きているのである。協同組合が他の企業と同じように、商業的な意味では成功していても、それ以上のことは何もやらないとしたら、それで充分なのだろうか。もし協同組合が他の企業と同じような事業の技術と手段を使おうとするなら、組合員の支持と忠誠を求めることに対して、それで充分正当化できるのであろうか。さらに、世界が奇妙な方向へ、あるいは時々当惑させられるような方向へ変化していくとしても、協同組合がその轍を踏んでいくべきなのか。そうではなくて、別の道へそれて、別の種類の経済的・社会的な秩序を創ろうとしてはいけないのだろうか」と。

(日本生活協同組合連合会『西暦二〇〇〇年における協同組合』二〇〇〇)。

そして最後に、協同組合が取り組むべき課題として、「①世界の飢えを満たす協同組合、②生産的労働のための協同組合、③社会の保護者をめざす協同組合、④協同組合地域社会の建設、の四つの優先分野」を提起していた。

また、一九八三年だったか、たつみ生協で働いていた三人の女性パートさんが、たつみ生協で「江戸川ユニオン」というコミュニティユニオンの分会を立ち上げた。下町は中小企業とそこで働く未組織の女性パートさんの多いエリアで、全国一般系の合同労組によるパートの組織化が盛んなエリアであったが、「江戸川ユニオン」という非正規のパート労働者を中心に個別企業を超えて地域に開かれたコミュニティユニオンが、新たにできたわけである。当時私は「下町反戦」という「再び許すな三月一〇日の東京大空襲」という平和運動を東部の地区労の人たちといっしょにやっていて、江戸川区労協の小畑精武氏とも知り合いであったのだけれど、労働組合の立ち上げというものは極秘にすすめられるもので、ある日私は今では全国化したコミュニティユニオンの最初の立ち上げにも遭遇したのであった。

要は、一九八三年頃に、東京東部の労働運動から生産協同組合とコミュニティユニオンという新しい労働運動の萌芽が芽生え、本書の第一章「労働者協同組合の可能性―パラマウント製靴共働社」に書いたように、一九八三年五月にパラマウント製靴共働社では工場祭が開かれて、そこには二日間にわたって工場のある地域の人々ら一万二千人の人々が集まり、私はそこにレイドロウの言う生産協同組合と協同組合地域社会の可能性を垣間見たのであった。

一九八三年には、生活クラブ生協系の社会運動研究センターから『協同組合運動の新しい波』(三一書房)という本が出たわけだが、序章に書かれた石見尚氏のマニュフェスト「第三世代の協同組合と社会運動」を読んで共感した私は、あわせて石見尚氏の『協同組合新論』(家の光協会一九七七)を読んでみると、そこにはこうあった。

「協同組合は事業の効率性から見れば大規模がよく、組合員の参加のしやすさの観点にたてば小規模が優れるのである。社会的市場経済に対応して、協同組合の機能が国民経済的範囲をカバーすることを求められてくると、効率性と民生剥との自宗撞着が表面化してくるのである。西ドイツの協同組合もこの自己矛盾に当面して、大胆な脱皮を試みたものと推察する。本書の研究の主題である分権化された生産協同組合を基本とする協同組合的生産様式に発展しないかぎり、最終的には解決しかないであろうと思うが、いかがであろうか。市場調整型の協同組合では単位組合で人的結合体としての民主主義を強化し、連合会で経済的効率性を実現するという補完関係を形成するというのが、せいいっぱいの限度であろう」と。

この石見尚氏の論考は「レイドロウ報告」以前のもので

ある。

西欧における協同組合の危機に対する画期的な提起であった「レイドロウ報告」ではあったが、欧米の先進国よりも産業化のサイクルと社会の成熟がおくれていた日本では、経済はいちはやく合理化と知識集約型への転換による成長を図り、あわせて日本の生協では「班をベースにした共同購入」とシステムのOCR化による事業の拡大をおしすすめていたから、「レイドロウ報告」は関心はもたれても棚上げとなり、その生産協同組合の提起に対しては「亡霊の復活」といった批判もなされたりした。しかし、生活クラブ生協においては拡大や成長ばかりを追い求めずに、生協の分権化と雇用の協同化をすすめながらデポーと呼ばれる「店舗」やそれらの運営実務をになう「ワーカーズコレクティブ」というういわば生産協同組合が立ち上げられ始めていた。

ある日私は石見尚氏を訪ねて協同組合について教えを請い、その後石見尚氏は私を生活クラブ系の勉強会や集会に誘ってくださり、私は新しい協同組合について大いに学んだのであったが、当時のたつみ生協は小さな生協で、同様の弱小生協といっしょに商品の共同開発や産直活動をすすめて生き残りに必死であった。

2　ワーカーズコレクティブ調整センター

一方、労働運動における自主生産闘争では、一九八三年は七年間におよぶ自主生産闘争に勝利したパラマウント製靴が、パラマウント製靴共働社として再出発した。また、第三章の都筑建氏の報告「社会的有用生産・労働の復活」にあるように、一九八二年に起きた東芝アンペックスの争議も第二章にある闘う労働運動総ぐるみの東京行動によって争議を支え、労働組合による自主生産闘争を勝ち抜いて一九九〇年には生産協同組合としてのTAU技研を勝ち取った。九〇年代にはその他の小規模な争議自主生産闘争も多くあり、争議に勝利した自主生産企業は「自主生産ネットワーク」を形成し、現在もなお一二の自主生産企業がそこに結集している。しかし、九〇年代最大の自主生産闘争は、国鉄闘争であった。国鉄闘争については、第二章の関口広行「国労とユニオン」に詳しいが、中曽根臨調の下に一九八七年から国労つぶしが開始され、解雇されて国鉄闘争団に結集した一〇四七名の人々は各地に立ち上げた自主生産企業に拠って二四年間にわたる闘争を継続し、自らの「非」を認めればおめこぼしもあるぞというような「四党合意案」とかの妥協案をけっぽって、二〇一〇年にそこにもあるように二〇〇億円の解決金も獲得するという勝利的解決をしたのであった。争議というのはスト資金がつきればやがて負けるものであったわけだが、労働組合自らが職を起こして生活費を稼ぎ出しながら闘争を継続する自主生産闘争は、相手が負けるまでつづくのであった。

そして、一九八九年に自主生産闘争の中心にあった小野寺忠昭さんや東芝アンペックスの都筑建さんや自主生産の研究者や支援者が集まって、自主生産の研究というか企画会議みたいな集まりが東京大学の社会科学研究所の会議室で始まった。社会科学研究所の会議室が使えたのは、そこで社会的有用生産、民衆的な対案戦略運動の先がけとなったイギリスの「ルーカスプラン」を研究する森谷文昭氏のおかげであり、一九九五年にその活動のまとめをワーカーズコレクティブ調整センター編『労働者の対案戦略運動――社会的有用生産を求めて』(緑風出版)として出版できたのは、社会科学研究所の故・戸塚秀夫先生のおかげであった。また、その集まりを「ワーカーズコレクティブ調整センター(以下、ワーコレ調整センター)」と命名したのは、そこに登場した樋口篤三氏で、その謂われは樋口篤三氏曰く「日本には労働組合による自主生産グループのほかに、生活クラブのワーカーズコレクティブ連合会と高齢者事業団系の労働者協同組合がある。この三者の関係を調整する」ためということであっわけだが、ワーコレ調整センターのキイワードは「社会的有用生産」、「有用労働」であり、一九九〇年四月に開かれた定例会議のテーマは、「国鉄清算事業団闘争継続の手段としてのワーカーズコレクティブの意義」であり、その報告書に森谷文昭氏はこう書いている。

「すでに一部の論者も指摘しているとおり、国鉄労働者が公共輸送部門の労働者としての自らの労働に本来的に付随するはずの社会的な意味内容にこだわり、職場秩序を自主管理的に蚕食するような活動を日常的に展開していたならば、民営化反対闘争は、もっと広範な民衆的支持を得られたはずであり、「日本的経営」礼讃の風潮、経済効率万才の風潮の前に、あれほど脆く敗れざることもなかったはず。清算事業団闘争が人々の共感をかち得るには、遅蒔きながら、国労運動のプラス面を継承する以上に、そのマイナス面の克服を問われるのでは? 闘争団がワーコレ的事業をおこす際には、採算性の追求だけでなく、社会的な意味・社会的な有用性の追求も不可欠となるだろう。上の議論で、「理念」や「協同性」や

「労働運動の再生」を強調する発言も、同じことを指しているように思われる」と。

解雇された国労組合員による自主生産の事業体いわばワーコレは、一九九〇年に博多闘争団が貯水槽清掃・パイプクリーニング業を中心とした「クリーンセンター福岡」を立ち上げ、一九九一年には北海道は音威子府闘争団が木工品と羊羹製造のワーコレを立ち上げ、一九九四年段階で一六のワーコレが立ち上げられた。（※個々のワーコレについては『労働者の対案戦略運動――社会的有用生産を求めて』に詳しい）。音威子府羊羹の自主生産は小野寺さんの発案で、小野寺さんは自ら羊羹屋さんで修行して、定例会では試食なども行われた。一九九一年一月の定例会では「東芝アンペックス分会」での社会的有用製品の製造が検討され、同四月の定例会では、同社が「チェルノブイリにおくる放射能測定システム」がテーマになった。東芝との闘争に勝利して東芝アンペックス分会からTAU技研になった新会社は、第三章の都筑建氏の報告にあるように放射能検知器「タンポポ」をはじめ、粉石鹸製造機・洗濯機、風力発電機、おが屑発電機といった有用生産の企画開発をすすめ、それはワーコレ調整センターの定例会に提案・報告され、一九九二年四月の定例会は横浜市緑区に新設された株式会社TAU技研で行われた。また、都筑建氏はアメリカの労働運動団体のレイバーノーツの大会に招かれて東芝アンペックス闘争の報告を行ったわけだが、こういったつながりは第二章のコラム「友愛と仁義と」にあるように、一九九五年のアメリカのブリジストンファイアストン社における解雇争議の支援にもつながり、ブリジストンファイアストンの争議支援の取り組みも定例で報告された。一九九三年秋にアメリカのNPOを調査に行った私は、帰国後にその報告もしたし、大阪から要宏輝氏が参加されて関西からの報告もあった。また､広く協同を求めて、一九九五年一一月には、当時はまだあった伊豆熱川の国労教育センターにて「労働・協同・地域フォーラム」を開催し、東条由紀彦氏から「自己労働に基づく社会」の講演と日本労働者協同組合の永戸祐三氏からお話をうかがった。

ワーコレ調整センターは二〇〇二年までつづいたが、二〇〇一年に自主生産ネットワークがつくられて、自主生産活動の主体は自主生産ネットワークにうつっていった。自主生二〇〇一年一〇月に有明の東京国際展示場で開かれた「産業交流展」に自主生産ネットワークのブースを開いて参加各社の紹介をし、同一一月には当時争議で占拠中のビルでシンポジウムを開き、そこで小野寺忠昭氏は「経営も労働運動」の基調報告を行い、樋口兼次氏は「企業組合法」についての講演を行った。

私ごとで恐縮だが、その頃に私は石見尚氏を招いて、職場で定期的に協同組合の研究会を開いて、その会報を『コープ＆ユニオン』と名付けて一九九二年から一九九七年まで一一回発行した。『労働者の対案戦略運動――社会的有用生産を求めて』（緑風出版）には「労働組合と協同組合の小文を書いた。要は、私のこだわりは「コープ＆ユニオン」、「協同組合と労働組合」にあったわけだが、一九九七年に私のいた部門で同僚による横領事件が起こり、私は詰め腹リストラということで物流関係の関連会社に二年間の出向になった。そして、二年たって戻れないということであったので、そこで生協を辞めることにしたのであった。

3 自主生産ネットワーク

二〇〇〇年の春に生協の関連会社を辞めた私は、小野寺さんのすすめで管理職ユニオンの子ユニオン的な失業者ユニオンに参加した。失業者ユニオンの組合員には会社と仕事がないから、活動というのは仕事起こしがメインになるわけで、二〇〇〇年の頃だったか失業者ユニオンは、失業者による居酒屋「リストラン」を立ち上げた。「リストラン」は、鶯谷駅前のラブホテル街の隣にあって、ワーコレ調整センターでの勉強会が終わるとみんなで行って、時には土井たか子さんや鳩山由紀夫さんなども応援に来てくれたものであったけど、二年で店じまいになった。また同じ頃に自主生産闘争で自主再建され、赤羽駅前に新しく店をかまえた「カメラのニシダ」も再倒産した。「カメラのニシダ」の再倒産は、時代がＤＰＥからデジカメへの時代の変化も背景にはあったわけだが、「居酒屋リストラン」は出資した労働組合による失業者の雇用みたいなこともあって、雇われた失業者には企業家精神に欠けることもあったりして、自主生産の難しさは資金や経営の以前に、労働者が自ら雇われであることを超えなければならないというところにあることが再認識されたところであった。

私が生協の関連会社を辞めた頃、日本は中高年リストラの最盛期で、五〇歳を超えた私の再就職は難しかろうと、失業期間中に職業訓練校に通ってＤＴＰというパソコンによる印刷データつくりの仕事を習った。要は、自分の好きなことをやって生きようと思ったところで、職業訓練校卒業後に「本づくりＳＯＨＯダルマ舎」という個人事業を始めたわけだが、もうひとつ、生協を辞めたら生産協同組合を試してみたいという思いがあった。そこで私は、私と同様に再就職が難しい失業者ユニオンの仲間を誘って、NPOをつくることにした。ほんとうは個人事業主による企業組合みたいなことを考えていたのだが、参加者の仕事は各自ばらばらで企業組合はつくるのが難しいため、「仕事起こしのサポート」をミッションにしたNPOにしたわけである。要は、個人事業主が集まって事務所を共有して事務や営業関係などを助け合おうという非営利の共同事務所、プルードン流にいえばアトリエみたいなものを考えたわけである。参加者各人の個人事業がベースであるから既に雇われではないし、雇われでないことのマイナス面を補い合ってさらに仲間をふやそうという計画で、名称は「自主事業サポートセンター」とした。失業者に金はなかったけど、パラマウント製靴共働社の石井光幸社長に相談すると、工場の二階の空いていた部屋を格安で貸していただけた。そこに机とパソコンラックを並べて共同事務所にして、それぞれが自分の仕事をして、NPOとしては勉強会やシンポジウムをやったりした。

自主事業サポートセンターはNPOではあったけど、自主生産ネットワークにも参加させていただいた。自主生産ネットワークは、倒産争議後に自主生産企業として継続した弱小事業体の集まりで、全統一労働組合の鳥井一平さんが支援していた。自主生産ネットワークの二〇〇八年の忘年会は、全統一労働組合の分会が一一年間争議を継続中の上野のバイク屋のKモータースの占拠中の建物で行われたわけだが、忘年会をやっている隣の二部屋にはそれぞれ若い男女が布団にくるまって寝ている。訊けば「研修所」から逃げ出してきた中国人とのことで、争議で占拠中の建物が、いわばシェルターになっていたわけである。参加した自主生産企業は、争議に勝って再建されたとは言ってもどこも明日をも知れぬ零細企業ばかりで、忘年会も白菜と豆腐がメインの鍋が中心で、会費は二〇〇〇円であった。それでも、みなけっこう元気で、その年に争議を解決した南千住のJ食品は、空いたスペースに住む所のない失業者のシェルターをつくろうかなどと話していた。二〇〇八年の暮れは日比谷公園に年越し派遣村が出来た年で、雇用の継続を切られた派遣労働者が寮から追い出されたわけだが、世界に冠たる優良企業が円高で赤字になるくらいで派遣労働者を寮から追い出したことに対して、超貧乏な自主生産企業が白菜と豆腐の鍋で発泡酒を飲み飲み、わいわいがやがやとこういう企画を議論するのは実に痛快であった。Kモータースは二〇〇八年に倒産してしまったのだが、その秋に争議メンバーが元の店を使って「ビッグ・ビート」というバイク用品屋を自主再建し、モデル的な自主生産企業として現在もなお事業を継続している。倒産したりクビを切られたらハローワークに行って、また雇用を求めるものだが、自主生産をすすめる労働組合に相談して、自ら活路を拓くことこそ重要である。雇われ＝労働力商品でありつづけることからは、未来は切り拓けないというのが私の確信であった。しかし、参加するメンバーの個人事業をベースにした私たちのNPOは、それぞれの仕事は順風満帆であるわけではなく、やがて仲間の中から「仕事起しよりも雇用されることをめざすべきだ」みたいな意見が出て仲間割れとなり、結局は清算することになったのであった。

私はNPOを清算してしまったけど、「ビッグ・ビート」ほか全一二社の自主生産企業でつくる自主生産ネットワークはその後も継続されている。二〇一八年四月に出版された志村光太郎『労働と生産のレシプロシティ』（世界書院二〇一八）は、自主生産ネットワークをフィールドワークして、小さい運動ながらも自主生産の持つ資本主義への対抗運動としての本質的価値を高く評価した好著である。志村光太郎は本書の第四章に「労働者自主生産の可能性」を書いているわけだが、以下、瑣末ながら『労働と生産のレシプロシティ』を概観しておく。

「レシプロシティ」とは相互主義とか互恵主義のことで、本の内容は労働者自主生産をしている企業のフィールドワークと、その可能性についてである。フィールドワークの対象となったのは、全統一労働組合が主宰する「自主生産ネットワーク」に参加する一二社の中から、オートバイ用品店のビックビート、給食用食材の仕入れ配送の城北食品、化粧品製造と販売のハイム化粧品の三社、みな株式会社だが営利至上主義ではない。三社とも会社の倒産争議を経て、その過程で全統一労働組合の分会がつくられ、全統一の指導で争議解決後は自主生産企業として再建された小企業である。自主生産企業として共通するのは、労働者と経営者が分離しておらず、査定のない平等な給料と合議による運営で、参加者の誰もが自社は自主生産企業であるというアイデンティティを自覚しており、全統一労働組合、自主生産ネットワークに加盟する他社の労働者、さらには、地域住民などとの間での相互扶助を重視しているといったところであろうか。

日本には現在、こういった労働と生産に関わる社会的企業グループとしては、ワーカーズ・コレクティブ・ネットワーク・ジャパン（ＷＮＪ）と日本労働者協同組合（ワーカーズコープ）連合会（労協）、それに自主生産ネットワークがある。ＷＮＪと労協は、そのベースが協同組合であるが、自主生産ネットワークは協同組合ではなく、企業形態は株式会社であり労働組合があるわけだが、最も生産協同組合的な実態を持っている。近年、グローバリズムの跋扈と市場経済に抗するものとしての社会的連帯経済が模索され、その中核には協同組合が位置づけられるが、社会的連帯経済は既存の協同組合や共済組合が中心というよりは、広くは労働組合やＮＰＯ、ＮＧＯ、コミュニティも重要な構成主体であり、とりわけ生産協同組合の内実を有する労働者自主生産企業の位置づけは決定的に重要であると私は考える。

資本主義は労働の商品化を成立の要諦とするわけだが、志村光太郎氏によれば、二〇世紀以降の〈産業民主主義体制〉というのは、要約すれば以下のようになる。「〈産業民主主義体制〉という資本のヘゲモニーのもとで、労働者は自己を、非人間的労働力とその人格的所有者へと分裂させている。労働組合も基本的にシステムであり、労働者労働力化装置であり、労働者における労働力と人格の分裂を前提に、非人格的労働力をどこまで高く売るか団体交渉を行い、そのかぎりにおいて労働者の盾となっている。しかし、〈産業民主主義体制〉は一九六〇年代後半以降、深刻な不況により経済成長が不可欠なフォーディズムのカルノーサイクルが機能しなくなり、現在は、それに代わりうる支配的なヘゲモニーが成立していない混迷期にある。一方、それに対して、労働者自主生産は、労働者が自己を労働力と人格に分裂させずに、労働することを可能ならしめた。これは、現代の支配的ヘゲモニーである〈産業民主主義体制〉とは異なる対抗的ヘゲモニーと位置づけることができるだろうし、規模は小さくとも、労働者自主生産を行っている労働者が、対抗的ヘゲモニーを形成しえている。その存在意義はけっして小さくないであろう」と。

日本の社会的連帯経済の議論の中で、労働運動は等閑視されがちであるのは、生協が拡大した一方、労働組合が衰退しているからでもあるわけだが、労働運動の役割と必要性がなくなったわけではない。上記にあるように、例え小さな試みであろうと、労働者自主生産は資本主義に対抗するヘゲモニーになりうるし、それとの連携なくしては、社会的連帯経済は資本主義への対抗的ヘゲモニーにはなりえないと、私は考えるわけである。志村光太郎氏は、フォーディズムともうひとつコーポラティズムが資本主義の根幹をなしているとする。コーポラティズムとは、システムが本来、公共空間に回送すべき問題を、自ら他のシステムとの妥協・調整によって処理してしまうことであり、団体交渉は本来ボランタリズム的公共空間であったが、コーポラティズム的デバイスになった時、形骸化した。対抗的ヘゲモニーは「熱い討議と熟慮ある選択」をとおして、自薦的に公共空間を獲得することによって拡大するわけだが、昨今の安倍政権は嘘と居直りで、自由な言論と言う公共空間を圧殺するが、日本ではそれに抗議することさえ少ない。日本における社会的連帯経済というものは、生協が拡大したとしてもそれによって成立するものではないだろう。老婆心を言えば、対抗的ヘゲモニーを持ち得ない限り、私はそれがコーポラティズムに収斂しかねないと危惧している。そして、労働者自主生産は自主生産を機能させうる公共空間をシステムに内包しているが故に、勢力は小さくても自由な行為主体として継続することが、社会的領域、公共空間への扉を開くことにつながるが故に、日本における社会的連帯経済には欠かせないと思うわけである。

そして、志村光太郎氏は以下のように本書をまとめている。

「それぞれの労働者自主生産事業体、労働組合、NPO、NGO、コミュニティ、一般の企業さえもが、それぞれ基本的にシステムでありながら、広範囲に公共空間を内包することで、近代の村、同職集団のように、市民社会を形成している。それが、現代市民社会に代わりうる、新しい市民社会のイメージである。それぞれの成員が、一定の職業、地域、関心、価値観、あるいは目的などのもと、相互に認知できる固有のシンボルを分有し、情報交換、問題解決といった相互扶助を行う市民社会である。そこは、労働において労働力と人格を分裂させない、第三の道が開かれている社会である。労働がすべてでない社会である。誰もが、フィクションに基づくのでなく、リアルに市民となりえる社会である」。「労働と生産の公共性を突きつめていけば、かならず労働者の互酬に行き着くはずだ」と。

4 作並通い

二〇〇三年二月に小野寺忠昭氏の『地域ユニオン・コラボレーション論』(インパクト出版会) が出ると、それを読んだ私は二〇〇四年に小野寺さんを誘って仙台という か、その年に大内秀明氏が作並に立ち上げた個人ミュージアムの「賢治とモリスの館」を訪ね、それ以降毎年そこに通うようになった。大内秀明氏とは一九八〇年代に生協で行ったコープ研究会で話をうかがい、一九九〇年代に樋口兼次氏が再興した協同組合中小企業研究所でスモールビジネス研究会をやり、二〇〇〇年には大内秀明氏の鞄持ちをしてアメリカのNPOとの交流集会に行ったりしていたわけだが、『地域ユニオン・コラボレーション論』には、「資本制とは労働力をモノ扱いして、一日何時間を単位として時間で使うことであった。……本来、人間的自然という特質を持った労働をモノ（商品）扱いする制度には、基本的な矛盾がある。……モノとしての労働力の矛盾が、歴史的・世界的規模で起こってきているのが新自由主義の時代である」（『地域ユニオン・コラボレーション論』頁二〇二）という一文があり、宇野派の経済学者である大内秀明氏は「労働力商品化」の専門であるから、先生から「労働力商品化の止揚の要諦は何か」を学んで、そこから協同組合と労働組合を一体化させ得るような「新しい地域社会づくり」を構想できないものかと考えたわけである。

私が考えていたのは、「レイドロウ報告」にインスパイアされた「協同組合地域社会」の構想であった。そこには「生産的労働のための協同組合」が位置づけされるわけだが、たとえ法人格は協同組合ではなくても自主生産企業はまさに「生産的労働のための協同組合」なのである。しかし、争議に勝利して新たに自主生産企業として再出発するということは、零細な自主生産企業にとっては市場経済の中でまるで裸のままに生き延びる算段をしなくてはならないということであった。パラマウント製靴共働社やハイム化粧品は、自主生産ネットワークを通じて生協との協力を得られそこを販路とすることができたけど、どの自主生産企業もそうできるわけではないし、生協も「協同組合地域社会」を展望して自主生産企業と提携するわけでもない。だから私は「協同組合地域社会」というものを協同組合だけの領域ではなく、レイドロウのいう「生産的労働のための協同組合」とは新しい労働運動のことなのだと位置づけて協同組合と労働運動との連携による「協同組合地域社会＝新しい地域社会」への道を考えるわけであるが、そのための協同組合と労働組合はこれまでの消費生協型協同組合や企業内労働組合のままではなくて、より地域に開かれたコミュニティ型協同組合とコミュニティ型労働組合になるだろうと思うところであった。

問題はふたつあった。ひとつは理論的な問題で、例えば、協同組合地域社会と市場経済の関係とか、そこにおける企業や事業体のあり方である。私は新しい地域社会の要諦は、それを構成する中心的な企業や事業体においては労働力の商品化がさけられていることが必要で、それゆえに生産協同組合がコミュニティの核となり得るのだと考えるし、コミュニティは大コミュニティから小コミュニティまであれこれできるとして、それらは閉ざされた共同体というよりは開かれた共同体であり、それらは市場経済とはどういう関係になるのかなど、そのための理論をつくることであった。作並に通い出して私のＮＰＯ失敗談などを話したら、大内秀明氏からアダム・スミスの労働価値説とマルクスの価値形態論のちがいなどから教えられた。「労働力商品化の無理」を資本主義の矛盾とする宇野経済学は共同体論と親和性があり、大内秀明氏は宇野弘蔵とウィリアム・モリスに学びながら「共同体社会・主義」を構想していた。同じ頃に柄谷行人『世界共和国へ』（岩波新書二〇〇六）が出版されて、氏のアソシエーショニズムにも大いに啓発された。そして私は「脱労働力商品化によるコミュニティの形成」をテーマに、宇野弘蔵の『恐慌論』など読みながら、毎年バイクでの作並通いをつづけたのであった。

そしてもうひとつの問題点は、労働運動と一体化した生産協同組合と既存の協同組合が協力して「協同組合地域社会」を構想するにしろ、現状のではそういった労働運動と協同組合の接点がほとんどないことであった。一九八〇〜九〇年代を通じて生協は大きく拡大した一方で、労働組合はその組織率を大きく下げた。そして両者ともお互いは別物だと思っているから、お互い関心はないわけだが、総評の解体と労働組合の企業内化を批判して、そこからはみ出されて解雇になった労働者を支えて自主生産闘争を闘いつづけた小野寺忠昭氏は、『地域ユニオン・コラボレーション論』でそれまでの労働運動を総括し、新しい運動を展望してこう書いていた。

「総評の終わりは戦後労働運動の終焉でもあり、その労働運動家の絶滅でもあった。……だがしぶといオルグたちのある者は、一九九〇年代の終わり頃から、戦後労・資がネグレクトしてきた縁辺に、多様なユニオンを立ち上げ、従来の組合運動では、例えば総評時代においては全く手つかずたった外国人労働者、非正規労働者や中高年・管理職労働者を組織化していく。また反倒産の闘いで、ある者は自主生産を一歩進めて、経営活動そのものを労働運動側に引き寄せ始めている。総評亡き後、そうやってそれぞれが自立した一人オルグとして生き残ってきたのである。そこには大上段に振りかぶった労働運動家とは違った、新たなオルグ稼業と労働運動家へつながっていく道があった」（頁一一一）。

「争議運動の自立。そこには逆境であっても普通の労働者たちの熱い仁義が育まれ、労働運動の気概があり夢があった。……ここで見た夢はなかなか陽気な夢であったと思う。また、その運動理念（目的意識）は、それぞれ労働者の夢が一致し重なる部分が濃くなり、広がれば広がるほどに、労働者の自立した社会的ビジョンが創られるのではないか。そのような運動の堆積と広がりから共通する意識＝労働者の未来社会像が創出されるのではないかと考える。その視点から社会運動を見直せば、生協、住民、市民、ＮＰＯ、農民運動などによって創られたそれぞれの社会的ビジョンと重なり合う部分が多々あり、それらを今までに重ね合わせることができれば、すでに広範な社会的ネットワーク形成が可能であった」（頁一七一）と。

要は、労働運動や自主生産闘争を闘う当事者と少数の支援者をのぞいては関心をもたれることのない小さな労働運動が、新しい労働運動の展望の中に「生協、住民、市民、ＮＰＯ、農民運動などとの連帯と「広範な社会的ネットワーク形成」の可能性をを視野に入れているのである。小野寺さんは「そこには逆境であっても普通の労働者たちの熱い仁義が育まれ、労働運動の気概があり夢があった。……ここで見た夢はなかなか陽気な夢であった」と書くわけだが、三〇年前からその夢を体験してそれに重なる夢を共有した私は、なんとか自主生産型の労働運動を新しい協同組合づくりに結びつけて、レイドロウのいう「協同組合地域社会」を創りたいものだと小野寺忠昭氏を誘って作並に行ったわけである。

5　労働運動と社会的連帯経済

危機の時代に人々は、いつでも人々の協同の中に展望を見出すものである。一九九〇年代初頭のソ連型社会主義の崩壊以降、社会主義に代わって西欧型の社会民主主義やアメリカ型の非営利組織が見直され、日本でも「非営利協同」、「協同社会」、「協同労働」、「社会的経済」といったことが語られだし、模索されるようになってきたわけだが、その実現に向けた取り組みにおいては協同組合や社会的企業というものが重要視される一方、労働組合に言及されることはほとんどなかった。西欧における新しい協同組合や社会的経済に注目してその実践をスペインやイタリアに見に行った研究者は、例えば「社会的経済のキイワードは『連帯』です。連帯という用語は日本ではあまり使われませんが……モンドラゴン協同組合やイタリア協同組合では……重要な意味をもっています」とか報告するわけだが、私の身近な労働運動では、例えばパラマウント製靴共働社の靴のブランドは「solidarity（連帯）」であったし、その自主生産を支えてた支援者の委員会は「ソリダリティ委員会」であったし、一九八〇年代には既に「連帯」こそが合言葉であった。また、アメリカ労働運動の代表的労働歌である「Solidarity Forever」は、二〇世紀初頭に職種や人種を超えて移民労働者も組織したＩＷＷ（世界産業労働組合）の時代から歌われている。

私の身近な労働運動とは、本書の第一章と第二章で報告された東京下町の労働運動であったわけだが、本書の第一章、第二章にあるように、そこでは一九七〇年代から倒産争議は自主生産闘争として闘われていて、その中から生産する労働組合や生産協同組合が語られ、併せてそれを支える地域社会をベースにしたネットワーク型の労働運動が展開されてきた。また、中小零細企業の多かった下町は未組織労働者が多く、その組織化のために地域合同労組が六〇年代からつくられ、一九八〇年代初頭には非正規のパート労働者を組織する地域に開かれたユニオン型の労働組合が誕生した。要は、下町では自主生産闘争を通じて生産する労働組合とそれを支える地域ネットワークづくりと、産別型や企業内組合ではない企業を超えたコミュニティユニオンづくりが、一九七〇年代から資本との戦いを通して模索されてきたわけである。

一九七〇年代半ばのペトリカメラの自主生産闘争は、一九七三年にフランスで起こったリップ時計会社の自主生産闘争に共感した同時代的な闘争であり、日本における労働組合による自主生産運動の流れは単なる争議を凌ぐための手段ということ以上の思想を形成しつつ、少数派運動ながら現在もなお継続されている。一九九〇年代からのハイライトは、国鉄闘争であった。戦後の見直しというよりは五五年体制の清算をかかげた中曽根政権は、戦後社会のプリンシプルとなった民主主義、とりわけ労働組合運動の基盤となった産業民主主義と労働法制を壊しにかかり、職場組合が現場のイニシアティブを取る最強の労働組合であった国鉄労働組合をつぶした。しかし前述したように、国労からも政党からも見放された一〇四七名の人々は争議団として闘争団に結集して、争議を継続するために各地に会社を起こして自主生産をしながら二四年間闘いつづけて終に勝利し、二〇〇億円の解決金まで得た。また外国人労働者問題に取り組む全統一労働組合は、争議解決後も自主生産しつづける自主生産企業をまとめて自主生産ネットワークを継続している。

そして、これらの自主生産闘争を起こしては闘いつづける人が一人でもいる限り最後まで支援しつづけてきた元東京地評オルグの小野寺忠昭氏は、自らの闘争を「日本のユニオン運動の争議は決して国際水準い引けをとることがないし、反倒産・自主生産運動は、国際的な水準を超えて普遍的な問題を提起している」と総括している。しかし、日本の社会的連帯経済の議論の中では、日本の自主生産運動の先進性などはほとんど語られることがない。どちらかと言うと、労働組合は過去の運動で、これからは協同組合や社会的企業の時代だ、みたいなことを言う人の方が多い。外国の社会的連帯経済の事例を見てきた人たちは、多分にこれからは競争よりも協力や公正の時代になり、やがて株式会社は協同組合に取って代わられるみたいに希望的に語りがちなのだが、社会的連帯経済が資本主義と市場経済への対抗企業や対抗経済になるかについては、営利と競争の代わりに非営利と連帯を対置すればそうなるという話ではない。理念として正しいから、市場経済の中で協同組合が株式会社にとって代わるというのは希望としては言えても、実際には逆に協同組合が株式会社化して終わるというのがこれまでの現実であり、労働運動の経験からすれば、闘わずして資本や会社から勝ち取れるものは何もないということである。

二〇一八年六月に安倍政権は、誤ったデータの提出以外にまともな審議をすることまなく「働き方改革関連法案」を成立させた。中曽根行革に始まった産業民主主義と戦後労働法制の破壊は、安倍政権によって継続され、その前年来、関西では協同組合型の労働運動をする関西生コンに対して、暴力的な破壊工作が仕掛けられている。また、二〇一八年一二月に安倍政権はほとんど審議することなく、これまでの研修生制度の延長でこの先も低賃金奴隷労働のままより多くの外国人を使い捨てできる改正入管法を強行採決した。心配なのは、外国人労働者の受け入れと排外主義が一体になっていることで、このままでは日本の非正規労働者も低賃金のまま外国人労働者と競わされることになるだろう。関西生コンにみられるように、闘う労働運動はまるで戦前のように徹底的に弾圧され、企業と一体化した労働組合の翼賛化と弱体化がすすんでいるが、果たしてこれらのことは社会的連帯経済とは別のことなのであろうか。『地域ユニオン・コラボレーション論』の最後に、小野寺忠昭氏は「組合は未来への贈与」と題してこう結論している。

「日本における民衆の大衆主義（ポピュリズム）には、村的共同体を起点とした協同的な生産主義が、さまざまな時代においても底流として流れてきたという結論を、筆者は主張したい。労働組合のコンセプトを制度論として再認識すれば、西欧的な組合主義が重要視しなかったもの、日本の民衆が普遍化してきた内側の生産主義に突き当たるのではないかと考える。これは近代社会の中において二重の意味を持っていた。一方では過労死と言われるほどの仕事への隷属意識。もう一方では、大衆が作り出した、労をものともしない仕事への積極的な協同意識である。日本の労働組合にとって重要なことは、いわば労働者が制度化してきた生産主義＝二重化されてきた意識をハッキリと内在化（認識）し、生産する労働組合論として積極的に取り入れることである。労働組合のポジティブな再認識によって、この生産する労働組合のコンセプトは、主体を抜きにした経営論とは全く違うのである。それは、ちまたに氾濫している俗論としての、経営＝資本に従属した労働者の消極的な経営参加ではなく、自主生産運動に見られる労働者による積極的な経営運動であり、その運動が組合運動論として普遍化されることだと考える。同時にその運動論の延長線上に、企業内に限定化された従業員としての利己的なワークシェアリングではない、社会的な仕事の分かち合い運動が導かれるのではないか。そしてこの失業時代に、二つの課題を同時に行うことは、全く矛盾しないばかりか、積極的な意義があるのである」と（頁二六四）。

これは一九六〇年代から半世紀近く自主生産闘争を中心に労働運動を闘ってきた小野寺忠昭氏による「新しい労働運動」への提言である。それは書物や外国から学んだというよりは、争議と自主生産闘争の実践と経験を通じて血肉かされた言葉であり、自ら社会的連帯経済を語ることはなくても、その本質に通じている。

スペインやイタリアの人々はかつてファシズムと闘い、韓国の人々は独裁政権と闘い、民主主義を勝ち取ることによって協同組合基本法や社会的連帯経済法をつくり、社会的連帯経済への歩みをすすめている。安倍政権による民主主義の破壊は、戦後の産業民主主義と労働法制を全否定しつつあるわけだが、それは労働運動の問題というよりは、いま社会的連帯経済にとっても重要な問題であるだろう。なぜなら、民主主義の根幹が否定されれば、社会的連体経済もその屋台骨を失うであろうし、民主的な熟議を否定する政治は上からの調整、いわゆるコーポラティズムをもってそれに代えようとするであろうからであり、日本の社会的連帯経済がそこ位置づけられるとすれば、それは社会的連帯経済とは似て非なる産業コーポラティズム的なものにしかならないと懸念するからである。杞憂であるなら幸いだが。

6 東北の復興と共同体の再生

二〇一一年三月一一日に東北で東日本大震災が起こり、その五月にもバイクで仙台に行ったのであったが、東北の復旧が大きな課題になった。大内秀明氏と半田正樹氏、田中史郎氏といった仙台宇野派の仲間の人たちは、協同組合の関西生コンから支援を受けて仙台市内に「復興のための協同センター・仙台」を開設し、そこに自由学校「仙台・羅須地人協会」を立ち上げると、「文明の転換による東北の復興」をかかげて研究活動を行い、さらに宮城県内の協同組合に呼びかけて、毎年シンポジウムを開きだした。例えばそれへの賛同団体には、NPOワーカーズコープ東北支部、あいコープみやぎ、JA宮城中央会、宮城県生協連、みやぎ生協、宮城県森連、宮城県漁協、日専連仙台、宮城県農業信用基金協会というように宮城県内の主要な協同組合を網羅している。

大内秀明氏は二〇一五年四月に、地域にある再生エネルギーを活用した復興計画「広瀬川水系モデル」を提起して、東北大学を中心とする研究者を集めて研究会を行い、二〇一八年四月に大内秀明編『自然エネルギーのソーシャルデザイン――スマートコミュニティの水系モデル』（鹿島出版会二〇一八）を出版して、広瀬川水系において小型水力発電による再生エネルギーを活用した「地域循環型社会」＝「共同体社会」の再生を以下のように構想している。

「もともとスマートグリッド（次世代送電網）が、自然エネルギーの地域分散型ツーウェイ双方向性、さらにネットワーク循環型のメディア特性を持つ以上、エネルギーの地産地消、生産と消費の地場型産業構造、そして協働労働と社会的企業、それらをトータルにネットワーク化するメディアとして機能できるはずである。さらに加えて、もともと地域金融としての協同組合組織である

「信用金庫」や「信用組合」による貨幣・金融の機能と結び付くことも十分に可能である。こうしたトータルなメディア機能こそ、スマートグリッドがさらに「スマートコミュニティ」を形成することになる点が重要である」。「共助・互酬の協働労働、非営利組織の社会的企業、そして地産地消の循環型組織・集団としてゲマインシャフト＝共同体社会の再生、復活が要請されている」（『自然エネルギーのソーシャルデザイン――スマートコミュニティの水系モデル』頁六五―六）。

「労働力・ヒトについても、賃労働から協働労働に転換し、地域共同体としてのコミュニティの復権が図られる。ビジネスについても、労働力の商品化が前提となった賃労働から協働労働への転換に対応してコミュニティ・ビジネスなど、社会的企業のイニシヤティヴを積極的に位置づけることになる」（頁九三）。

ここで大内秀明氏が構想していることは、いわば社会的連帯経済にも通じる内容なのであるが、その根拠を大内秀明氏は「賃労働から協働労働に転換し、地域共同体としてのコミュニティの復権」というふうに「共同体社会の再生」を位置づけるわけである。同書の共著者の半田正樹氏は、さらにこう書いている。

「人々がその生活日常を、完結する地域社会において営むことをむしろ積極的に選びとろうとする傾向は、いわゆる共同体に対する社会意識ないし時代意識の変化を示すものにほかならない。それは端的には、例えば共同体を封建遺制とみなし、したがって否定ないし超克の対象と捉える視点から、むしろ近現代の様々な負の側面を相対化する契機をそなえ、人と自然との共生を実現し得る可能性を特つものとして、再生ないし、より積極的に創発（Emergence）すべき対象として捉える視点に転換したことを表している。言い換えれば共同体が、人類の歴史のある段階に特有のものとする見方から、人間社会にとって普遍的であり、したがって歴史貫通的な性格を持つものだとする見方に転換したことを意味する。しかも、日本の共同体は、その底流に自治の仕組み、それも自然と人間の自治という点に本質を持つ自治の仕組みを持続させてきた点は注目に値する。あくまでも人間社会の自治でしかないヨーロッパに生まれた自治とは差異化される性格を特つからであり、特に大震災後に前景化している人と自然の共生としての地域循環型社会の創発にも大いに関わると思われるからである」（頁一八七）と。

柄谷行人氏は、「〈外来思想〉とか〈土着思想〉とかがそれ自体あるわけではない。あるのは、いまだ抽象（内省）されたことのない生活的な思考と、それを抽象するかわりに別の概念にとび移った、つまり真の意味で《抽象》というものを知らない思考だけである」。「ひとはそれぞれ自分の固有の経験を照明することによってしか普遍的たりえない」（『柳田國男論』インスクリプト二〇一三）と書くわけだが、「社会的連帯経済」とか「モンドラゴン」を意識することなく、半田正樹氏ら仙台宇野派の人たちは、かつてそこに原発がつくられようとした時からそれに反対した人々と共に、女川原発の再稼動に反対する運動とあわせて、「地域循環型の女川町をめざして、原発のない町づくり」へと取り組み出している。

東北の宮城から三陸にかけての一帯は、定期的に大地震と津波に襲われるのであるが、一九三三年の昭和三陸地震と津波による被災地の復興は、とりわけ大槌町吉里吉里集落において多種多様な産業組合をつくることによって行われて「理想村」を誕生させた。後に書かれた井上ひさしのユートピア小説『吉里吉里人』は、この大槌町吉里吉里集落につくられた「理想村」をオマージュして書かれた小説で、そのモデルは実在したのであった。一九三三年当時の日本は不況の最中にあり、国は中国への侵略を企図していたから地震の復興に金をかける余裕がなかった。そこで革新官僚といわれた当時新世代の官僚たちが産業組合の制度を使って被災者に産業組合をつくらせて、その産業組合に資金を貸し付けるかたちで復興資金を提供というか貸し付けたわけであり、真面目な被災者たちは、後にそれを返済したわけである。そして、ちょうど大内秀明らが『自然エネルギーのソーシャルデザイン――スマートコミュニティの水系モデル』を準備している頃に、同じ鹿島出版会から岡村健太郎『「三陸津波」と集落再編――ポスト近代復興に向けて』（鹿島出版会二〇一七・三）という本が出版され、そこにはこうある。

「吉里吉里集落に産業組合が設置されたのは、震災約二ヵ月後の一九三三年五月一三日である。正式名称は、当初「保證責任吉里々々住宅購買利用組合」であった。目的としては「組合員ノ住宅、住宅用地又ハ経済ニ必要ナル物ヲ買入レ之ニ加工シ若ハ加工セシメテ又ハ之ヲ生産シテ組合員ニ売却スルコト」と、「組合員ヲシテ産業又ハ経済ニ必要ナル設備ヲ利用セシムルコト」の二つが挙げられている。このことからも、震災直後から住宅再建や産業の復興などの各種復旧・復興事業を担う主体として産業組合が措定され設立されたことがわかる。……

産業組合は信用、購買、販売、利用の四種類の事業が可能で……長山漁村経済更生運動においては、産業組合の四種兼業が推奨されていた。吉里吉里産業組合では当初購買と利用の二種兼業であったのが、一九三三年一一月に信用事業が追加され三種兼業となった。復旧・復興事業を行なうにあたり、低利資金の融通を受ける際に産業組合が受け皿となり、さらにそこから各被災者に資金の融通が行なわれることとなる。そのため、産業組合における信用事業は復旧・復興事業における資金の流れを円滑化するうえで非常に重要な事業であったと言える。……大槌町では、昭和三陸津波に前後していくつもの産業組合が設立されている。このうち直接的に高所移転事業に関与したのは吉里吉里集落の保證責任吉里吉里住宅信用購買利用組合と、安波、惣川、小枕の高所移転に関与した保證責任大槌水産信用販売購買利用組合の二つである。また、保證責任大槌信用購買利用組合は大槌町全域を対象とした産業組合で、後に大槌病院の設立などにも関与している。」(『「三陸津波」と集落再編――ポスト近代復興に向けて』頁一七九―一八〇)。

「吉里吉里集落においては、「計画要項」に見られるように、高所移転や住宅再建などのインフラ整備事　業と各種産業の復旧・復興事業などの社会政策関連事業の双方を組み合わせた総合的な復興計画が作成された。……計画の実施にあたっては……吉里吉里集落の場合、震災を受けて集落を単位とした新たな「保證責任吉里々々住宅購買利用組合」が設立された。産業組合が担ったのは、住宅適地造成事業および住宅再建にかかる費用に関し、低利資金の融通を受ける際の窓口になったほか(信用事業)、住宅建設のための材料や日用品などの共同購入(購買事業)、復興地に新たに建設された共同浴場や水道の経営(利用事業)、醤油や味噌など共同作業所で生産した商品の販売(販売事業)など多岐にわたった。」(頁二〇四―五)とあり、組合によって建設された住宅と町並み、共同浴場、共同販売所、共同製造所とその付属桟橋の写真などが添付されており、吉里吉里集落の「理想村」を髣髴とさせる。

また、岡村健太郎氏は、以下の文章で『「三陸津波」と集落再編』を終えている。

「災害復興とは、いかに被災集落の未来像を思い描き、それを共有し、実行に移していくかというプロセスにほかならない。成熟社会に入り、公助のみによる復興がうまく立ち行かなくなりつつある現代、そしてこれからの日本において、レベッカ・ソルニットが大規模災害直後の限られた期間にのみ見出したユートピアを、復旧・復興段階を超え永続的なものとする必要があるのではないだろうか。現実のユートピアは、中央政府、地方政府、集落などの各主体間の緊張関係のなかからこそもたらされると考える。にわかにそれを実現するのは難しいかもしれないが、三陸沿岸地域における過去の災害復興の事例のみならず、宮沢賢治が思い描いたイーハトーブや、柳田国男が理想とした産業組合、井上ひさしが描写した吉里吉里国など、三陸沿岸地域がこれまでに築いてきた歴史的文脈のなかからも、ヒントを得ることができるはずである。何より、それが実現可能であることを雄弁に物語るのが、理想村としての吉里吉里集落である。ポスト近代復興を考えるうえでの手がかりは、歴史のなかのユートピアにすでに存在している」と。

一九三三年一一月の昭和三陸地震から七八年たった二〇一一年三月一一日に、東北は再び大地震と大津波にみまわれた。福島第一原発の原子炉が破産して、大地震の被害を上回る未曽有の大惨事となり、復興のための工事には巨額の費用が注ぎ込まれている。しかし復興の中身はハコモノ中心で、一九三三年の昭和三陸地震の復興に用いられた協同組合を使った地域再建的な復興計画は見受けられないし、生協を中心に大きくなった協同組合は多額のカンパは集められるも、協同組合の経験と理想を生かしたそれこそレイドロウの提起した「協同組合地域社会」的構想とその実践はまださささやかにしか見られない。阪神大震災が「ボランティア元年」といわれたように、東日本大震災でもたくさんのボランティアが復興を手助けし、さらに東北に住み着いて復興のための事業に参加したり、自らそれを起こした人たちも大勢いる。そこに協同組合と労働組合がカンパニアを超えて、新しい地域社会づくりの展望を持って参加するならば、私的には東日本大震災は「社会的連帯経済元年」となれるはずだと思うところであり、ささやかにでも継続されている人々の協力による被災地の復興を見れば、まだそうなる可能性もあると思うところである。

7　社会的連帯経済と「社会連帯部門」

私は毎年作並に通って、大内秀明氏とあれこれ議論した。大内秀明氏はウィリアム・モリスと宮澤賢治と「共同体社会・主義」を語り、私は夏目漱石と柳田国男と「脱労働力商品化によるコミュニティの形成」を語った。それで、二〇一四年末に大内秀明氏との共著で『土着社会主義の水脈を求めて――労農派と宇野弘蔵』（社会評論社二〇一四）という本を出したわけだが、それを小野寺忠昭氏に差し上げようと二〇一五年二月に門前仲町の日高屋で小野寺さんと一杯飲んで、その時に小野寺さんからは『What was 国鉄闘争～そして次へ～』（ぶなの木出版二〇一三）という本をいただいた。この本は二四年間にわたる国鉄闘争が勝利的に終焉した後、その総括と今後を展望した本で、『地域ユニオン・コラボレーション論』の続編ともいえる本であり、その一文にはこうあった。

「また同時に大切な……そのモットーはグローバル自由経済主義に対抗する友愛経済主義のスローガン「個人的所有の再建」の原理的な運動の出発点でもある。……平たく言えばワークシェアリングやカーシェアリング、ナショナルトラスト、ワーコレや自主生産等の運動のことである。また生産者の顔が見える生産物との関係・生協活動やまた今やスーパーでも見られる産地・生産者表示や地域マネー運動のことでもある。さらに脱原発の有害放射線を生産させない運動、そして自然エネルギー転換運動のことであり、友愛経済主義はそのような、「モノづくりと「モノ使い」の実践的な行為が私とみんなの共有関　係に作り替えていく運動なのである。そしてその運動は資本の私的占有によって奪われた、公共交通、電力や教育、医療や福祉・年金や地方自治体など市民社会の公共性・社会防壁の再建や原発の放射能の廃棄物によって汚された社会をこれ以上汚染させない原点なのであると私も考える。新しい労働組合運動はそれらのネットワークの中核に近づけていくことと考える」（『What was 国鉄闘争～そして次へ～』頁一〇五）。

とあり、『地域ユニオン・コラボレーション論』にひきつづいて、広く連帯を模索しながら「新しい労働組合運動」を語りつづけている。

また、二〇一四年一一月にソウル市で開かれたGSEF二〇一四（Global Social Economy Forum）という国際会議に行く機会があった。これは、グローバリズムと市場主義に対して、社会的連帯経済、多様な協同組合や社会的企業のネットワークによる地域共同体と国境を越えた連帯経済を創出しようというソウル市主催の国際フォーラムで、日本からはその前年に開かれたプレ大会で発表された「ソウル宣言」に共感した人々が「ソウル宣言の会」をつくって参加した。韓国は、一九九七年の金融危機後それを克服しながら、多様な道を模索した。一九九〇年代には日本の生協に学びに来たし、さらに消費型生協だけでなく、ヨーロッパの生産協同組合や新しい社会経済を学び、二〇〇七年に社会的企業育成法が施行、二〇一二年に協同組合基本法が施行され、五人以上で申告だけで多様な協同組合が設立できるようになった。「ソウル宣言の会」にはパルシステム前専務理事の若森史朗氏や丸山茂樹氏ら生協関係者が多かったから、GSEF二〇一四への参加とあわせて、韓国の協同組合の先進的な取り組みも見学させていただいたわけだが、韓国では日本のような消費型生協の巨大化ではなく、多様な小規模協同組合の地域ネットワーク化がすすみつつあるという印象であった。背景にはグローバリズムによる格差の拡大とか正規雇用の縮小とかの問題があり、現代自動車やサムスンに代表される産業のグローバル化の一方で、地域でオルタナティブが模索されてきたようであった。そして、そのイニシアティブを取ったのが、弁護士でありNGOの活動家であった朴元淳ソウル市長であり、その施策は実に新鮮であり感動的ですらあった。大震災と原発の破産を経験した日本が、またぞろ原発の再稼動と産業化と国家主義の道に退行しようとする一方で、隣の韓国では社会的経済によるオルタナティブが模索されている。日韓の「変革のための連帯（Solidarity for Change）」こそ必要であると思うところであった。

だから、韓国に行った後に小野寺忠昭氏から「グローバル自由経済主義に対抗する友愛経済主義の新しい労働運動」の話を聞いた私は、今度は東北の復興において社会的連帯経済を試せないものかと、二〇一五年七月に小野寺忠昭氏とその仲間たち、それに丸山茂樹氏を誘って再び作並に行った。「ソウル宣言の会」に集まった生協関係者は社会的連帯経済を生協全体に広めようとしているし、生産する労働組合運動やコミュニティユニオンに新しい労働組合運動を見る人たちはより広いネットワークづくりをめざしている、東北ではハコモノや原発の再稼動に拠らない自主的な復興活動が起こってきているし、前述したように大内秀明氏らの「仙台・羅須地人協会」はそれをすすめようとしている。ならば、それらの人々や組織が協同して「吉里吉里人」を試みられないかと思ったわけである。小野寺さんらとの再度の仙台行きは二泊三日の小旅行ではあったけど、大内秀明氏、半田正樹氏、田中史郎氏の仙台宇野派との勉強会、大内先生の案内による広瀬川水系の見学、大震災被災地の名取市閖上地区の訪問から作並温泉での露天風呂つかりまで、充実した仙台行きであったのだった。

楽屋話で恐縮だが、私はここに書いている文章は、時おりSNSやブログに書いたものであることが多いわけだが、それをお読みになったのだろう大内秀明氏からある日、「いよいよ大詰めを迎えた観、確かにそう思うところ。ただ、枠組みで詰め切っていない点があるし、連帯経済の中身が整理されていない点が気になるところ。宜しく」とのコメントをいただいた。ここ数年の間に「社会的連帯経済」とかという言葉が語られだし、それ以前には「協同社会」とか「非営利協同」とか「社会的経済」とか言われたものだけど、それらが果たしていかなる経済的な仕組みなのかはあまり語られていない。これまでの社会主義にはマルクス経済学があったけど、社会的連帯経済学があるわけでもない。「社会的連帯経済は、協同労働による協同社会」であるみたいな言い方がされるけど、それはいわばトートロジーにしかならない。

例えばジェレミー・リフキンは、『限界費用ゼロ社会』(NHK出版二〇一五)において「未来社会は共有経済と協働型コモンズ」になると予測している。リフキンは「資本主義はその核心に矛盾を抱えている」と言い、それは競争とイノベーションの結果、限界費用がゼロになるところにあって、そのことは第三次産業革命によって急激にすすんでおり、その結果、大型化と中央集権型の企業経営は終焉して、「共有経済と協働型コモンズ」にとって代わられるとしているわけだが、リフキンがおもしろいのは、資本主義の矛盾は市場経済にあるとしたところであろうか。また「アメリカ型NPOは社会的連帯経済に入れるべきか」という議論もあるわけだけど、リフキンの発想はアメリカ型NPOと同様に市場経済を前提にした方法であって、それはアダム・スミスが市場経済を語るのとあわせて利他主義を語ったことに通じているように思われる。

一方、一般的には社会的連帯経済は、それを担う企業としては非営利の協同組合などで、それが営利目的の株式会社に取って代わるとされるわけだが、産業社会の中では必ずしも株式会社に対して事業的に優位性を持つものではない協同組合は自然に株式会社に取って代われるものなのか、株式会社を協同組合にかえれば賃労働や労働力の商品化はなくなるものなのか、生協などではそうなっているのか、社会的連帯経済は市場経済とはどういう関係になるのか、社会的連帯経済は市場経済にとって代われるのかなど、経済学者である大内秀明氏には気になるところなのであろう。というか、大内秀明氏はすでに三〇年以上前にこれらの考察をやって、「経済計画」にまとめたことがあるからである。それは「日本社会党中期経済政策(案)」として一九八四年に出された文章で、後に「日本社会党の新宣言（ニュー社会党宣言）」と呼ばれた文章においてである。そこでは「中期社会経済政策の三つの基本手法」のひとつとして、その前段の「参加・介入」につづけて「社会連帯部門」がこう提起されている。

（参加・介入の具体化）

14．高度経済成長の余剰の配分をめぐって、配分権限を他者に委託し、自らは受益者の立偏に甘んずる「委託と受益の時代」はすでに終りつつある……。

15．このような意味での「参加」には二つの場がある。一つはたとえば地域における経済的活動や社会の運営のあり方を含む、社会システムの設計やその運営への「参加」である。……

16．もう一つは個別の供給主体等への直接参加である。たとえば民間企業でいえば、企業の経営への労働者および消費者の参加……。

17．「参加・介入」の基本的目標は、このようなかたちでの民主主義の拡充をつうじて、「市場の失敗」・「政府の失敗」の双方の克服を実現することにある。

（社会連帯部門）

18．だが既存の経済主体への参加のみでは、経済活動や社会的ニーズに即応させるには不十分である。いま新たに芽生えつつある動きは、「社会連帯部門」の登場である。「社会連帯部門」とは市場および行政が保障しえない生活の量や質を、それらに対抗的、競争的、あるいは協調的な姿をとりつつ、当事者集団のの経済的・社会的活動によって直接実現しようとする動きをいう。それは、今後の経済・社会のあり方に決定的な重要性をもっており、中期政策の対象期間中には、その芽を大切に育成し、二一世紀への展望を切り開く。

19．「社会連帯部門」の具体的な内容は、投資（たとえば雇用者基金）、生産業（たとえば消費者と協力した有機農業、福祉サービスなどの自主生産）、流通（たとえば生協や産直、資源のリサイクル）などの各分野にわたる。また、その具体的な形態は生活協同組合法人の姿をとる勤労者の自主福祉事業、ボランティアの集団、インフォーマルな共助の組織など多様に存在する。

20．「社会連帯部門」の特質は、従来は企業や政府が供給する財もしくはサービスの消費者だった人々がみずから「創造者」として出現することであり、また、その活動が本質として「共助」の仕組みをもつ点にある。

21.「社会連帯部門」は、社会経済活動の全分野を担うことはできないが、しかし、この部門が適切に社会経済システムのなかで位置づけられれば、前述の「参加・介入」とあいまってシステム全体を国民経済と国民生活の利益に沿うように誘導することができる。その意味で決定的な重要性を帯びることとなる」と。

要は、三四年前に、その後に「協同社会」とか「非営利協同」とか「社会的経済」とか言われ出したものよりも具体的で、最近「社会的連帯経済」と言われ出したものと同じような内容の「社会連帯部門」が日本社会党から提起されていたのであり、この「日本社会党中期経済政策＝日本社会党の新宣言（ニュー社会党宣言）」をまとめた方こそ大内秀明氏であったわけである。日本社会党は二本社会党と言われたように、左右の派閥抗争の絶えない政党であり、一九七〇年代には「日本における社会主義への道」というソ連型の社会主義をモデルにした綱領的文章をかかげていたわけだが、ポーランドにおける「連帯」やフランスのミッテラン政権による「自主管理社会主義」の影響もあって、社会党内では一九七〇年代の後半から「自主管理」や「ヨーロッパ型の社会民主主義」の研究とあわせて、その綱領的文章にある「階級闘争」とか「プロレタリア独裁」という路線の見直しが始まった。そして、社会主義理論センターにおいて「日本における社会主義への道」に代わる新しい路線の研究を担ったのが、大内秀明、新田俊三、鎌倉孝夫といった宇野派の当時は若手の研究者たちであり、大内秀明氏はそのグループの座長であったわけである。

しかし社会党のこの「新宣言」は、発表されるや共産党や新左翼から「社会党の右転落」という批判をあび、社会党内左派の社会主義協会派も「新宣言」が党大会で決定された後も、その実行をネグレクトした。一九八九年の総選挙で土井社会党はフロックで大勝したものの、社会主義協会派が多数の執行部は「新宣言」を棚上げしたままで、その年にベルリンの壁が崩壊し、やがてソ連が崩壊すると、社会党は名称だけは「社会民主党」と変えたものの「新宣言」がめざした社会民主主義路線を実行することなく、実質解体した。まあ、間に合ったのはソ連崩壊の前に「階級闘争」と「プロレタリア独裁」を清算できたことくらいであろうか。その後、左派と称した人たちが「階級闘争」と「プロレタリア独裁」をどう総括したのかはあまり聞かないけど、やがて「社会民主主義」や「協同社会」や「社会的経済」が語られ、「連帯」という言葉が新発見のように語られるようになった。要は、私は新しい運動をすすめるには旧い運動の総括や反省も多少は必要かと思うわけで、例えば社会党の「新宣言」で言えば、その資本への「参加・介入」の中身は労線統一による連合の結成を前提にしていたところがあるわけだが、小野寺忠昭氏はそういった参加論を、「経営の民主的改革と参加論は、組合の自主生産・管理と組み合わせができれば有効な戦術と思われる。だが労働組合の主体が企業と一体化している今日、経営の民主的改革や参加論は、労働者の排除と切り捨ての体のいい隠れ蓑でしかなかった。労働組合が問われるものは、主体の質、社会性と自立性である。労働者・労働組合の自立思想がなければ、全てがマイナスに帰する論理になってしまうのだ」(『地域ユニオン　コラボレーション論』頁一六七)と批判する。そして大内秀明氏もまた三〇年以上前に自らがまとめたその部分について、『自然エネルギーのソーシャルデザイン』において、こう反省している。

「二〇世紀の「プロレタリア独裁」型中央集権・指令型のソ連・国家社会主義が一九九〇年代に崩壊した。集権型計画経済の破綻である。さらに国家社会主義に対抗した西欧型社会民主主義の参加介入・同権化の潮流も、そもそも「福祉国家主義」とも言える性格を持ち、それが財政破綻の「ソブリン危機」など、既に行き詰まりをみせている結果も大きいだろう。近代国家の権力を暴力的に奪取する、あるいは議会主義による「参加・介入」による同権化も、要するに権力による集権的指令型の上からの計画化であり、そうした計画化の歴史的限界を克服する必要が高まっている」(『自然エネルギーのソーシャルデザイン』(頁九二)と。

ソ連型社会主義の崩壊以降、多くの社会主義者たちは社会主義を語らなくなった。新たにヨーロッパ型社会民主主義の周辺に「社会的連帯経済」を見つけ出して、それを語りだしているように私には思える。そして先の大内秀明氏の反省は何かといえば、「新宣言」から三〇年、一八七〇年以降の晩期のマルクスとフランス語版『資本論』、ならびにウィリアム・モリスの研究から新たに「共同体社会・主義」を構想し、なおかつそれを大震災後の東北の復興の中で実践的に提起しているわけである。

8 協同組合における労働組合

二〇一八年に日本の各種協同組合の連携をめざしてつく

られた日本協同組合連携機構（ＪＣＡ）によれば、日本では農協や生協や共済組合などの各種協同組合の総組合員数は六五〇〇万人、事業高は一六兆円、店舗・施設数は三五六〇〇ヶ所あり、全世帯の三七％が生協を利用している一方、全労済協会の「勤労者の生活意識と協同組合に関する調査報告書（二〇一六年版）」の「社会問題や暮らしの向上に熱心な団体」についてのアンケート結果を見ると、最下位は協同組合、その次の次は労働組合になっている。かつてレイドロウは『西暦二〇〇〇年における協同組合』で日本の農協を評価して、「協同組合地域社会なるものを創設するという点で、都会の人々に強力な影響を与えるためには、たとえば日本の綜合農協のような総合的方法がとられなければならない」と書いた。しかしそれから四〇年近く経って、日本には協同組合地域社会が誕生したのかといえば、協同組合の規模は拡大してもそんな気配は全く無いどころか、利用はされても組合員アンケートにみられるように「社会性」はほとんど期待されていない。これは労働組合についても同様であるけど、それは日本の産業社会が欧米の先進国に次いで、成熟から衰退へのライフサイクルに入ったせいでもあるわけだが、そこで生協がこれまでと同様の成長を前提とした事業スタイルのままつづけられるとすると、アベノミクスと同様に新自由主義的なやり方をますますつづけるしかなくなる。それは例えば事業の外部委託であり、その結果としての生協労働における非正規労働者の増加である。

日本の生協は大型化してエスタブリッシュメント化しつつあり、労働組合は社会性と戦闘性をなくして企業内組合化と組織率の低下をすすめている一方、お隣の韓国では協同組合にも労働組合にも勢いがある。それは産業社会における「成長→成熟→衰退」のライフサイクルによる時差かといえば、それだけではなくて協同組合と労働組合のバックボーンとなる民主主義のレベルにおいても韓国の方が日本の先を行く状況になっているし、前述したようにソウル市の朴元淳市長は自らのイニシアチブでＧＳＥＦを立ち上げて社会的連帯経済による地域社会の形成を世界に呼びかけて、市政においても社会的連帯経済の推進や非正規労働者の正規化などをすすめている。

そこで、生協における非正規労働者のことをパルシステム東京労組の岩元修一さんに話を訊くと、パルシステム東京における労働組合（全国一般系）組織率は正規と非正規を合わせて八・三％ほどとのことであった。それでも全労協系の組合の中では大きい分会だそうで、岩元さんらによる長年の活動の成果で頼もしくもある。しかし、白石孝『ソウルの市民民主主義』によれば、非正規労働者の正規職員化をすすめる朴元淳市長のソウル市では、非正規率を「直接雇用の非正規職だけでなく、業務請負先の非正規労働者も公共部門の非正規職として捉えて対象とした」という。生協も直接雇用の正規と非正規職員以外に、配送センターや物流センター関係での業務委託先の下請け会社には、社員や契約社員、パートの人たちが非常にたくさんいるから、ソウル市のようにこれらの人たちを含めた組織率を勘案すると、ほとんど数パーセントなのではあるまいか。

白石孝氏は『ソウルの市民民主主義』に、「日本の労働者の非正規率は四〇%に迫っている。賃金水準は正規職の半分ほどだ。地方自治体に勤務する職員の三分の一は非正規で、賃金水準も正規職の四分の一～三分の一程度である。業務委託先の労働者の非正規化・低賃金構造も、広く存在する。日本の地方自治体は、内と外に官製ワーキングプアを発生させているのである」として、退職後はNPO法人官製ワーキングプア研究会をつくって理事長をしているという。白石孝『ソウルの市民民主主義』の第八章の大内裕和氏と白石孝氏との対談はすごい。「貧困と格差を是正するために」が副題の対談で、私的に要点をまとめれば、「今のソウル市政は、グローバル資本主義への対抗軸を明確にしており、格差是正のポイントは「選別的福祉から普遍的福祉」への転換であり、「〈リベラル〉とは異なる〈ソーシャル〉という視点が重要です」ということであろうか。大内裕和氏はこう語る。「〈リベラル〉とは自由主義ですから、市場への規制や税制による〈格差と貧困〉の是正という考え方は本来ありません。それに対して〈格差と貧困〉を税配分と社会保障によって是正する〈ソーシャル〉を強く打ち出せるかどうかがカギです。〈ソーシャル〉の視点がない市民主義は、上層と中流上層の市民限定の民主主義になってしまう」と。

韓国の社会的連帯経済について書かれた本には、二〇一七年一〇月に出た丸山茂樹氏の『共生と共歓の世界を創る』（社会評論社）があって、それはアントニオ・グラムシからカール・ポラニー、朴元淳ソウル市長によるGSEFの結成と社会的連帯経済までが俯瞰された本であるわけだが、白石孝氏の『ソウルの市民民主主義』は、それにプラスして、労働運動の観点から労働政策が語られている。二冊セットで読まれることをお勧めするところ。明治大学で行われた『共生と共歓の世界を創る』の出版記念会では、最期に会場からの発言を行った共同連の堀利和氏は、障害のある人ない人が対等平等で働く共働事業所づくりの運動を進めてきて、イタリアの社会的協同組合法Bや韓国の社会的企業育成法に学びながら、「社会的事業所」制度の法制化をめざしている。堀さんは、二〇一六年七月に出された『アソシエーションの政治経済学』（社会評論社二〇一六・七）にこう書いている。「人間の解放は障害者に始まって〈障害者〉に終わる！　なぜなら、搾取の対象にすらならない障害者を人間にするからである！」と。堀さんの提起は非正規労働者をなくし、社会的連帯経済というものが内部に差別や格差を持ち得ないようにするための根底的な提起となっている。果たして、正規職員中心で組織率数パーセントの生協の労働組合は圧倒的多数の非正規労働者をそのままにして「普遍的福祉」を目指せるであろうか。生協は現状のままで社会的連帯経済の主力をになえるであろうか。事業体としての生協には経営があり、事業と組織が大きくなれば「ソーシャル」よりも世間的なたしなみも必要だろうし、それはそこで働く職員にとっても同じことかもしれない。しかし協同組合も、大内裕和氏が「〈ソーシャル〉の視点がない市民主義は、上層と中流上層の市民限定の民主主義になってしまう」と言うように、今のままでは自ら協同組合地域社会や社会的連帯経済を語れない。だからますます役職員の誰も協同組合地域社会や社会的連帯経済を語らなくなるように私には思えて仕方ない。あらためて社会的連帯経済とは何かという問いもあるけど、社会的連帯経済の主力を担うとされる協同組合がこのままでいいのだろうかというのが、この間の問いであり、労働組合だけが企業内組合化して危機にあるわけではなくて、四〇年前にレイドロウが危惧したように、組織と事業の拡大の一方で社会性をなくして内向きになってゆく日本の協同組合も同様な危機にあると思われるわけで、ではどちらが自己変革しやすいかと言えば、私は協同組合の労働組合であろうと思うところ、協同組合に対してその内部から批判的に発言できるのは労働組合であり、協同組合の労働組合はその役割が重要だと思うわけである。

前述したように現在の生協における正規職員の比率が低いのは、圧倒的多数の非正規のパート労働者のほかに、下請け会社におけるやはり圧倒的多数の非正規労働者がいるからで、そこでは有期契約の派遣労働者も多くて、時々継続契約を断わられた派遣社員の人の解雇争議などが起こる。下町における自主生産闘争もそうであったけど、例えば解雇されたのが子会社の社員であろうと、一九七一年に仙台の全金山岸闘争で勝ち取った法人格否認の法理、子会社の経営権を否定し親会社の責任を認めた判例を基に使用者概念を拡大して、争議は親会社や銀行への直接交渉を要求となるわけである。しかし親会社はなかなか交渉を受け容れないから、だいたい本社前での抗議行動が行われることになる。これは、生協の下請け会社における争議においてもそうなる。本部ビルの外で大音量のスピーカーで行われる抗議行動に対して、では生協の労働組合はどう対応するのかと岩元さんに聞いたら、だいたいみなさん事務所の中で耳をふさいでいるそうである。生協の正規職員を中心にした企業内労働組合と関連会社も含めたパートや契約社員といった非正規労働者がいざという時に駆け込むユニオン型の労働組合、この両者の関係はこの先どうしていったらよいのであろうか。問題はいくつかあるけど、協同組合における労働組合の問題は旧くて新しい問題で、その歴史を遡って少しおさらいすると、次のようになる。

資本主義が成立する過程の中で、無産化した労働者の中から資本主義への対抗運動が起こり、それはロバート・オウエンのコミュニティづくりであったり、チャーティスト運動であったりするわけだが、当初は未分化であったそれらの労働者の運動は一八四四年にロッチデール公正開拓者組合が設立されて以降、それまでの生産協同組合づくりやコミュニティづくりといった要素をなくして、労働組合と協同組合に分化した。

G・J・ホリヨークの『ロッチデールの先駆者たち』(協同組合経営研究所一九六八)によれば、二八名の設立者の半数がオウエン主義者であったロッチデールの先駆者たちは、一八四四年にロッチデール公正先駆者組合を創って、その目的を「食料品、衣類等を売る店舗を設置する」こと以外に次のように宣言した。そこには「多数の住宅を建設または購入し……組合員の住居にあてる」、「失職した組合員に職を与えるため、物品の生産を始める」、「組合は若干の土地を購入し、失職した組合員にこれを耕作させる」、「実現が可能になりしだい、本組合は生産、分配、教育および政治の力を備える。……自給自足の国内植民地を建設し、同様の植民地を創らんとする他の諸組合を援助する」、「禁酒ホテルを開く」とあり、これを読むと、当初の先駆者たちの大きな目的に「失職した組合員に職を与えるための国内植民地(コミュニティ)の建設」があったことがわかる。店舗というか共同購入はそのひとつであったわけである。

しかしロッチデールの組合は、やがて「利用割戻し」や「出資配当」といった功利主義的な運営によって成功への道を歩み始めるのと併せて、併設した生産協同組合を閉鎖し、協同社会建設の目的を放棄した。森戸辰男の『オウエン　モリス』（岩波書店一九三八）には「かつてオウエンの指導の下に全国大労働組合として支配階級に強い衝撃を与えた労働組合運動は……資本主義下における労働条件の維持改善を目的とする協調的組合となり、オウエン的千年王国の控室と考えられた協同組合は、ロッチデール先駆者組合の新たなる発足によって、資本主義下における協調的小売組合としての消費組合に転化した」（『オウエン　モリス』頁一六〇―一六二）とあり、D・H・コールの『イギリス労働運動史』（岩波書店）には、「オーウェンの理念はなお或る程度人々の胸に懐かれていて、〝協同主義共和国〟は協同組合主義者の口に言葉として残っていた。しかしただ商業をするだけになってしまったこの運動の方法は、あまりによく節約と自助を説くヴィクトリア時代の支配的哲学に適合していたので、そのためそれ以前の一切のものが一掃されてしまった」（『イギリス労働運動史Ⅱ』（頁四一）とある。

要は、労働力が商品化されることによって資本主義はゆるぎないシステムとして成立し、その拡大の中で労働組合はより多くのパイを要求する運動に、協同組合は消費協同組合が中心になっていき、資本主義に対抗、修正するものとしては労働者政党がつくられて、それが担うようになったわけである。そしてこの構造は、協同組合的には「ロッチデール・パラダイム」ということで現在までつづいており、そこでは経営側と労働者側が理事会と労働組合に分かれるのである。しかしこのロッチデール・パラダイムは、それを成り立たせた産業社会のパラダイムの終焉とともにすでに終わっている。欧米では一九六〇年代後半頃より成長の限界が言われだし、一九七〇年代に入るヨーロッパの生協はどこも停滞しはじめ、前述したように一九八〇年のＩＣＡ（国際協同組合同盟）モスクワ大会においてカナダのレイドロウ博士は、『西暦二〇〇〇年における協同組合』という報告をし、そこで「世界の飢えを満たす協同組合」、「生産労働者のための協同組合」、「社会の保護者をめざす協同組合」、「協同組合地域社会の建設」という協同組合運動の四つの優先分野を提起した。これは、私的にはロバート・オウエンの構想の再生をめざしたものであると思うわけだが、「レイドロウ報告」が日本の協同組合の多数から支持されなかったのは、当時の日本の生協運動が停滞する欧米の協同組合に比して、八〇年代の「ジャパン・アズ・ナンバーワン」的状態に合わせて拡大していた時で、ライフサイクル的にはまだ成長期であったせいもあるだろうけど、やはりロバート・オウエン的なものは空想的だという思い込みがあったせいではないかと思われる。要は、日本の生協は一九七〇年代からは共同購入で、一九九〇年代以降は個別配達（個配）によって大きく拡大したのであるが、個配の要諦は市場対応にあり、個配事業のシステムは物流の外部化から雇用の非正規化までまさに新自由主義的であったわけである。

9「コープワーカーズユニオン」私案

一九七〇年代から顕著になり、一九八〇年にレイドロウが警鐘した企業の多国籍化は、その後のグローバリズムの進展によって新自由主義と自由貿易を標榜して世界をおおい、それへの対応は競争に勝ち抜くか、新自由主義とは別の道を行くかしかないわけで、日本の協同組合は二〇一八年五月に「日本協同組合連携機構（ＪＣＡ）を立ち上げて、世界的な動向に対応しようとしているわけだが、それがレイドロウの言う「世界が奇妙な方向へ、あるいは時々当惑させられるような方向へ変化していくとしても、協同組合がその轍を踏んでいくべきなのか。そうではなくて、別の道へそれて、別の種類の経済的・社会的な秩序を創ろうとしてはいけないのだろうか」にある「別の種類の経済的・社会的な秩序」につながるのかはまだ不明である。そして日本の生協は、小子化と人口減少のすすむ時代の中で伸び悩む個配事業の次を模索するのであろうが、それが福祉事業とか、コミュニティ支援型農業（ＣＳＡ：Community supported Agriculture）といった事業になるにせよ、その要諦は事業の内容にあるというよりはレイドロウが言う「現在の消費生協の従業員の機能を、契約によって労働者協同組合に移管すべく……労働力と理事会、経営者、職場との全く新しい関係をつくること」にあるだろうと私は思うのであり、それは協同組合が社会的連帯経済の主力になって、それを支えられるようになるためには絶対に必要なことだと思うわけである。

しかし、総労働者数の数パーセントの正規職員の中のそのまた数パーセントの組織率の労働組合は、今のままでそれを担えるだろうか、担うためにはどうすればいいのだろうか。世界的にも労働組合の組織率が下がって非正規労働者が増えているのは、この三〇～四〇年間にグローバル化がすすんで産業構造が大きく変わって先進国では工場や事業所が減り、情報化の進展でホワイトカラーが減り、規制緩和がすすんで労働組合の中心であった正規労働者が減ったからであり、さらに日本では、戦後労働運動の中で力を持っていた職場労働組合、その代表であった国労が解体され、総評なきあと連合に結集した組合のほとんどは会社に対して協調的で閉鎖的な企業内組合であり、御用組合としての役割以外はなくした。労働運動を成り立たせていた基盤が失われたこの先、かつてと同様に労働組合が拡大する見込みはまずない。しかるに一方、これまでの労働組合運動からは外されたままであった非正規労働者、女性や高齢者のパート労働者や外国人労働者などは増え続けるであろう。と考えると、以下のようなことが考えられるところである。

一言で書けば、私的にはコミュニティ労働組合、一般的にはコミュニティユニオンとしての「コープワーカーズユニオン」の結成である。労働組合運動の中心は正規の労働者から非正規の労働者へ、労働組合は企業内組合から地域型組合に移るであろうということである。コミュニティユニオンとしての「コープワーカーズユニオン」というのは、ひとつの生協（単協）だけでなくて生協ならどこの生協の職員・パート・派遣でも、その関連会社の社員・パート・派遣でも加入できる個人加盟のユニオンである。ネットワーク型でユニオン組合費は比較的安くして、単協の労働組合員も二重加盟がしやすくする。そして、事業所ごとに分会をつくって、エリア支部は複数の生協の分会がいっしょになってつくり、さらにエリア組合員として一人でも加入できるという仕組みにする。現実的にも、現在すでに生協から仕事を請け負う会社は、ひとつの会社が複数の生協の配送や物流センターの仕事を引き受けていることが多いから、労働組合も各単協とその各下請け会社をまたぐユニオン型の方が現実的なのである。こうすれば「コープワーカーズユニオン」では正規職員とパートさんは同格の組合員になれるし、ユニオンの場では対等に要求がつくれるし、生協関連内で起きる解雇争議をどう解決するかもそこで当事者と話しあえるわけである。

また、例えば○○区にある「コープワーカーズユニオン」の分会には、○○区にある複数の生協の各事業所で働くどの職員もパートさんも加入でき、ワーカーズコレクティブや生協関連の組織などもあれば、そこで働く人の加入も可能である。こうなれば、それこそ単協を超えた統一要求だってつくれるし、そこから単協を超えた協力とネットワークが生まれて、様々な活動や事業の共同企画までつくれるようになるのなら、社会的連帯経済はすぐそこに見えてくるだろう。問題は単協の理事会や労働組合の都合だが、生協の労働組合と非正規パート職員のユニオンから同一要求が理事会あてに出されるとすれば、それは理事会にとっても協同組合の将来を考えての自己変革のチャンスとなるだろうし、もし理事会が交渉を拒否するようであれば、労働組合は組合員さんも含めて協同組合や社会的連帯経済の可能性を理事会と大いに議論して、その結果、労働組合も協同組合も自己変革でき、関連会社で働くパートさんまでが一体となって社会的連帯経済を担う主体たりえるようになるだろうと思うところで、そのイニシアティブを協同組合の労働組合に期待したいし、協同組合の未来もそこにかかっていると思うところである。

私は協同組合にいたから、「新しい労働運動」というよりは「新しい協同組合」というのをまず構想した。それはレイドロウの「協同組合地域社会」にインスパイアされて、消費生協だけでなく生産協同組合ほか大小の多様な協同組合や非営利団体やコミュニティビジネスの事業体、さらには地域の労働組合も含めて構成される「コミュニティ協同組合」になるだろうと考えたわけだが、同様に「新しい労働組合」について考えれば、それは上記の「コミュニティ協同組合」と一体化しうるものとしての「コミュニティ労働組合」となるわけである。

協同組合でいう「協同の精神」は、労働組合でいう「友愛の精神」と同じであり、スローガンは両者とも「一人は万人のために、万人は一人のために」である。そして両者は組織である前に人と人との結合であり連帯である。だからコープとユニオンが結合された「コープワーカーズユニオン」には正社員労働者もいれば、派遣やパート、外国人や失業者、障害者も含めて構成され参加できて、そこではみな同格で、北に解雇された労働者があればみんなで支援し、南に職をなくした者があればみんなで仕事起しを企画したり生産協同組合をつくったり、共同で畑を借りていっしょに農作業をやったり、余裕のある物資や食べ物を分け合ったり、共通の目的を達成するために地域のほかの団体と協力したり、あれこれやるのである。

前述したようにロッチデールの先駆者たちが当初構想した協同組合の目的は、「食料品、衣類等を売る店舗を設置する」こと以外に「多数の住宅を建設または購入し……組合員の住居にあてる」、「失職した組合員に職を与えるため、物品の生産を始める」、「組合は若干の土地を購入し、失職した組合員にこれを耕作させる」、「実現が可能になりしだい、本組合は生産、分配、教育および政治の力を備える。

……自給自足の国内植民地を建設し、同様の植民地を創らんとする他の諸組合を援助する」、「禁酒ホテルを開く」ことなど、その大きな目的は「失職した組合員に職を与えるための国内植民地（コミュニティ）の建設」としたわけであるが、現代的には、それはコミュニティ協同組合とコミュニティ労働組合が一体化したものとしての協同組合地域社会であり、かつてロバート・オウエンの構想したコミュニティの現代版なわけである。そしてその要諦は、協同組合における事業の生産協同組合化と自主生産型の労働運動の形成であろうか。いずれにせよ、協同組合においても一般企業においても、そういうものとしての労働運動、労働組合がキイになると思うところです。

10 社会的連帯経済学は可能か

ロバート・オウエンは、エンゲルスによって初期社会主義の「空想的社会主義者」とされ、それはレイドロウの提起した協同組合地域社会を担う生産協同組合が「過去の亡霊」扱いされたことにも通じていると思われるのだが、歴史は「空想的社会主義からマルクスの社会主義、そして社会的連帯経済へ」というふうに進歩するわけではないだろう。一方、社会的連帯経済をすすめる人たちにカール・ポラニーの評価は高く、リーマンショック後は市場主義経済への対案として『大転換』は中国など一五ヶ国で翻訳され、韓国にはカナダにあるカール・ポラニー研究所のアジア支部がつくられるといった状況だが、ポラニーが『大転換』で最も評価したのはロバート・オウエンであり、そこには「ロバート・オウエンほど深く産業社会の領域を洞察した者はいなかった」。「彼の思想の支柱は、キリスト教からの決別であった。オウエンはキリスト教を、〈個人主義〉という点で、すなわち、人格の責任を個人自体に負わせ、かくして社会の現実と人間形成に与える社会の強い影響を否定しているとして非難したのである。〈個人主義〉を攻撃する真意は、人間のもろもろの動機は社会にその起源があるのだという彼の主張のうちにあった」とポラニーは書いている。現在の格差問題や非正規を「自己責任」に帰す言い草を、オウエンは根底的に否定しているわけである。

カール・ポラニーは、「一八世紀における統制的市場から（労働、土地、貨幣を商品化した）自己調整的市場への移行」を「根底的な転換」とし、「労働、土地、貨幣が本来商品でないことは明らかである」、「市場による購買力管理は企業を周期的に破産させることになるだろう」と書くわけだが、これはポラニーと同様にイギリスの資本主義成立過程から労働力の商品化による資本主義の成立とその歴史的特殊性を見抜いた宇野弘蔵の経済学にとても類似しており、唯物史観と階級闘争論には関心がないところも両者に共通している。では、市場経済への対案としての社会的連帯経済とは何か、それは市場経済とどういう関係になるのか、「協同労働」と「協同社会」が中心の社会的連帯経済の議論の中からはいまいちよく分らない。

例えば日本には現在、生産協同組合的なものとしては自主生産ネットワークのほかに、生活クラブ生協系のワーカーズ・コレクティブ・ネットワーク・ジャパン（ＷＮＪ）と日本労働者協同組合（ワーカーズコープ）連合会（労協）があって、自主生産ネットワークが一二の零細企業の集まりであるのに対して、労協の傘下には介護や福祉関係の事業所が約三〇〇あって、一五〇〇〇人が働き、三五億円の事業高があるという。自主生産ネットワークの参加企業は、企業の倒産争議等を経て、労働組合が企業再建をしたものが多く、必ずしも労働者協同組合の形態で行われているわけではないが、労協はこのことを必須の条件とはしていない。そもそも「協同労働の協同組合」であるとする労協には、基本的に労働組合は存在せず、労協傘下の事業所における自主管理活動は、私物化とされるという。あらかじめ断っておけば、私はここで労協の批判をするわけではない。社会的連帯経済への道は多様であるだろうし、労協は早くから社会的連帯経済をよく研究されており、その取り組みも早くて参加者も多くて力強い。労協の岡安さんは、私がライバルというのもおこがましいけど、ライバルだとしてもいいライバルであり、共に社会的連帯経済をすすめる仲間であると思っている。だからここに書くのは批判ではなくて、考え方のちがいくらいのものである。

例えば生活協同組合では、組合員になるには一人五〇〇〇円程度の出資金を払って利用をして、ひとむかし前には主流であった共同購入では、配送された消費財を分け合う作業はボランティアであり、組合員は時々班会議など開いて運営参加する消費者であった。そして労働者協同組合では、組合員になるには一人五〇〇〇〇円の出資金を払って、介護や福祉関係の事業所で協同労働して、運営もみんなで行うという方式であり、要は、共同出資と共同労働と共同所有の労働者協同組合になるのだと思われる。そしてこの考え方は、資本主義の矛盾は生産力と生産関係の矛盾にあるとする資本主義の所有論的把握から来ているものと思われる。

しかし私的には、資本主義と市場経済に対案するものとしての社会的連帯経済というのは、そこではこれまでの消費型協同組合も労働者協同組合もその構成要素ではあるけど、要になるのはマルクスが「資本のあらゆる矛盾を伴っている最も完成した形態としての株式資本」である株式会社を超えるものとしての生産協同組合であり、その要諦は「共同所有」にあるというよりも、資本主義の根源的な矛盾である労働力の商品化がなされない働き方にあり、そういうものとしての共同労働がなされる生産協同組合や自主生産企業にあると思うところである。例えば自主生産企業がそうであるように、そこには労働組合があって持ち回りの役員がマネジメントを行い、全員で給料を決めて、事業を自主管理するといったようなことである。このことは志村光太郎氏がいうように、それがどんなに小さな企業であろうとそういった働き方によって自主運営される事業体は、資本主義に対する根源的な対抗的へゲモニーになりうるからである。だから私的には、社会的連帯経済の形成されるプロセスとは以下のようになる。

労働力を商品化させない働き方＝搾取のない事業体、自主生産企業や生産協同組合の形成こそが新しいコミュニティのベースであり、それに労働力を再生産させる場としての家族と家庭、それを支える各種の協同組合や多様なアソシエイションのネットワーク、そういうものとしての地域コミュニティを形成して、そこではエネルギーも含めて可能な限りの地産地消が行われて、さらに地域地域に大小の非市場経済型のコミュニティが出来て、それらのコミュニティとコミュニティをつなぐ社会的連帯経済が形成される、といった流れではなかろうかと思われる。

大内秀明氏は「労働力・ヒトについても、賃労働から協働労働に転換し、地域共同体としてのコミュニティの復権が図られる。ビジネスについても、労働力の商品化が前提となった賃労働から協働労働への転換に対応してコミュニティ・ビジネスなど、社会的企業のイニシヤティヴを積極的に位置づけることになる」(『自然エネルギーのソーシャルデザイン』頁九三) と書かれている。要は、商品と市場経済は共同体と共同体の間に生まれたわけであるが、社会的連帯経済においては、「共同体と共同体の間に生まれた市場経済は、共同体経済を補足するものになるだろう」(同頁六七) となるわけである。

いまから四〇年ほど前に発表された「レイドロウ報告」が、労働者協同組合と協同組合地域社会の提起という現在の社会的連帯経済の先駆けとなる提起をなし得たのは、レイドロウ博士の慧眼もあったであろうが、時代は、すでに現在につづく資本主義の傾向が当時からすでに始まっていたわけである。前述したように、欧米では一九六〇年代後半から経済停滞が始まり、背景にはそれまでの工業化の進展による経済成長による賃金上昇と消費の拡大という成長サイクルが機能しなくなり、若者の失業が増え、経済成長の結果供給力は拡大したもののモノは売れなくなり、一九七〇年代に入ると企業の多国籍化が始まって、生産は国外に移されて国内ではコストカットと貧富の差が拡大しだした。そして規制緩和が言われ、一九八〇年代から新自由主義があらゆる局面に登場したわけである。

一九七〇年代の半ばから生協で働き出した私は、協同組合こそ市場経済に対する対抗運動だと思ってその時代を生きてきた。ここに書いたのは、その思い出話みたいなものであるけど、『資本論』の所有論的解釈を否定して、労働力商品化の無理の観点から、「労働力商品化の廃絶、労働・生産過程における主体の確立」の重要性を提起している第五章の鎌倉孝夫氏の『資本論』の「『資本論』の社会主義論――労働力商品化廃絶ということの意味」には、元気をいただいた。

私はレイドロウの「協同組合地域社会」という言葉がいちばん好きであるけど、「社会的連帯経済」も「共同体社会・主義」もどれもいい、呼び方にこだわることはしない。共同体を市場経済に浮かぶ島などと否定的に考えるのではなく、生産する労働組合という新しい労働運動、脱労働力商品化をすすめる事業体を中心とした大小の共同体とそれを支えるコミュニティは謂わば「新しい共同体」であり、生産者協同組合が資本が労働を雇うのではなくて、労働が資本を雇うように、共同体は市場経済を共同体経済を補足するものにしていけばいいわけである。道は遠いけど、それは遠い将来にあるものというよりは、マルクスの言うように現実の運動の中にあるものであり、いつしか訪れるであろう世界につながっているはずである。

二〇一八年一〇月にスペインのビルバオ市で開かれるGSEF二〇一八ビルバオ大会に向けた日本実行委員会の学習会が何度か開かれて、協同組合について新たに学ぶ機会があった。そこでは日本協同組合学会会長の田中夏子氏から「イタリアでは小規模自治体においてコミュニティ協同組合が試行されている」という話と、地域法人無茶々園代表の大津清次氏から、無茶々園は生協と産直する生産者であることを超えて、自らが二一世紀型の協同組合、コミュニティ協同組合への試行をはじめている経過が報告された。無茶々園の創始者である片山元治氏は、生活クラブ以外の生協が目もくれなかったワーカーズコレクティブに当初から関心を持っていたし、おそらく「協同組合地域社会」についてもそうであったのだろうと思われる。一方、当初から無茶々園の産直相手であったパルシステムは、二〇一七年に政府の第一回「ジャパンSDGsアワード」を受賞した。「ジャパンSDGsアワード」の受賞は、パルシステムがただ大きくなっただけでなく、一流の企業として認められたということで感慨あるわけだが、コミュニティ協同組合をめざす無茶々園のコンセプトのキイワードに「雇用」が入っているように、生協も「持続可能な開発目標」を仕上げるためにはもうひとつ、雇用の外部化の問題を解決しなければならないと老婆心するところでもあった。

GSEFの第二回大会は二〇一六年にカナダのモントリオールで開かれ、そこで従来は「社会的経済」ととされていたものが、「社会的連帯経済」とされるようになった。「連帯」が入ってどう変わったのかといえば、社会的経済が従来からの協同組合や病院や学校といった非営利団体や公益法人といった「限定的な共益団体」を表していたことに対して、社会的連帯経済はそれに「連帯」を加えることによって、「より開かれた共益団体」による地域社会を表現するようにされたようで、その背景には社会的連帯経済が新自由主義に対抗的なものとされたからであり、そういうものとしての対抗運動が世界各地域でわき起こってきたからだと思われる。従来型の協同組合である生協や労働組合は社会的経済の範疇に入るけど、生産協コミュニティ型の協同組合や労働組合は社会的連帯経済の範疇に入る。要は、これまでの社会的経済のままでは市場経済には対抗できないため、グローバル化のすすむ市場経済を規制していくには、新しいコミュニティ型の組合による社会的連帯経済の形成が必要になっているわけである。

いま世界は大きく変わりつつある一方、日本におけるそれへの対応があまりに復古的であることが気がかりである。すでに四〇年前にならんとするレイドロウ博士の提言、「世界が奇妙な方向へ、あるいは時々当惑させられるような方向へ変化していくとしても、協同組合がその轍を踏んでいくべきなのか。そうではなくて、別の道へそれて、別の種類の経済的・社会的な秩序を創ろうとしてはいけないのだろうか」をいまいちどかみしめる必要があるだろう。

コラム column

減部に負けない『労働情報』

水谷　研次

一九八九年の総評解散に伴い、戦後労働運動を底辺から支え、創意工夫された諸活動で活性化していた地区労の多くが相次いで解散を強いられた。自分も東京東部の地区労オルグから連合東京に拾われ、以来約二〇年余、東京都労働委員会労働者委員を一六年務めつつ、一〇年前、六〇歳定年で連合をリタイアした。現在は一〇年余書き続けているブログ「シジフォス」のかたわら、連合勤務時は縁の薄かった『労働情報』誌の編集をボランティアとして何故か手伝っている。

手伝い始めた頃は専従者が三人もいたが、現在はゼロ。事務所も「伝送便」の郵政共同センターなどとの共同使用。編集人もジャーナリストである松元千枝さん（新聞労連）と北健一さん（出版労連）に託し、それを労働情報事務局長の瀧秀樹さん（全石油昭和シェル労組）、初代連合非正規センター長だった龍井葉二さんと自分でサポートしている。結果、態勢も誌面もだいぶ様変わりした。しかし発刊から四〇年以上も続き、最盛期は万を超えた部数があった『労働情報』が、今や千五百部程度しか配られない現状で、その存続も危ぶまれている。運営委員会では

二〇二〇年末で丁度一千号を迎えるからそれで廃刊すべきとの声もあがっている。

(1)「伝統芸能」と評されて

なぜ『労働情報』がそこまで減誌したのか、労働運動自体の低迷に加え様々な要因があるだろう。もちろんSNSなどネットによる情報発信が大きな役割を発揮し、活字離れが進んでいることも大きな要因の一つだろう。さらには自分たちが築き上げてきた労働運動という「業界」で、きちんとした世代交代ができなかったことも深刻だ。高齢の読者が多く、さらには現役世代のほとんどは「総評」を体験しておらず、「右翼的労働戦線再編反対」に対抗する流れとその盛り上がりの中『労働情報』誌が誕生した背景や大阪集会や交運ゼ

ネストの熱気も知らない。そして反原発や沖縄闘争だけでは職場闘争の活性化にはなかなかつながっていかない。

二〇一三年五月の『労働情報』誌で大阪教育合同労組の三役全員が女性に世代交代したことを取り上げ「男性中心の労働運動ではなく、女性だからわかる怒りと輝きを」と題した座談会を開催した。そこで当時四〇歳の新委員長は先輩達の労働組合運動を「伝統芸能」と評した。若い人が古色蒼然たるスタイルに「引く」ことなく、内側・外側からその必要性を感じられるように改革すべきと訴える中での発言だったが、非正規労働者と女性が多数いる教育合同であっても、その「改革」は容易ではなかったという。

全労協全国一般東京東部労組や一部のユニオンなどでは、そのような改革や世代交代を意識的に進めているが、ほとんどの労組では「家庭責任を担いながら組合活動ができる」（大阪教育合同）作風を実現できているだろうか。この『労働運動の昨日、今日、明日』という本に若い活動家や女性がどれだけ登場しているか、私たちは厳しく自省しなければならない。

(2) 神棚に置かれたままの「企業別労働組合」

労働運動低迷の大きな要因を世界でも特異な「企業別労働組合」に求めることもできる。しかし、自分も含めそれをどのように変革しようとしてきたのか。連合でも笹森会長時代の二〇〇三年に外部識者による「連合評価委員会」をつくり「改革」を試みた。

中坊公平、神野直彦、大沢真理、寺島実郎、イーデス・ハンソンさんらによる「連合評価委員会」は「このままでは労働運動が足元から崩壊しかねない切迫した事態に直面している」と指摘し、「労使協調路線の中にどっぷりとつかっている」「組合自体にエゴが根付き」「労働組合組織自体が不祥事を起こし」「雇用の安定している労働者や大企業で働く男性正社員の利益のみを代弁している」等々と厳しく指摘した。同年七月、「報告」発表にあわせて開催された連合トップセミナーで、中坊さんは「これほどの病理現象、崩壊現象が起きていることに対する危機感も、怒りというようなものも、皆さん方からは感じられない」「守りと身内意識に終始しているのではないか」とまで発言した。

この「評価委員会報告」では、「『連合』改革の課題・目標」を、第一に「企業別組合主義から脱却し、人の配置や財政の配分を見直し、すべての働く者が結集できる新組織拡大戦略と、同時加盟・複数帰属を可能にする諸規則の改訂、そして地域労働運動の強化」、第二に「パートなどの均等待遇の実現にむけた同一価値労働・同一賃金原則に基づく公正な賃金論の確立と、積極的雇用・労働市場政策で労働の価値を高めるために〈セーフティネット〉から〈社会的トランポリン〉への転換」、第三に「人間らしく生きていける社会の創造のため、国をまたがり、働く者が連帯すること」、第四に「市民参画によるNPOなどとのネットワークを『連合』が中心につくりあげ、市民民主主義の一翼を担う労働組合の存在意義を発揮すること」と、提起した。この提起は今に至っても色あせていない。

しかしトップセミナー当日発言した連合副会長ら（大手産別委員長）のほとんどは「報告」の主旨には「賛同」しつつも、誰も「企業別労働組合」変革に踏み出す姿勢を示さず、今に至るも「神棚」の上に置かれたままだ（連合ホームページの基本理念の欄には添付されている）。

今年二〇一九年は連合結成三〇年にあたるという（もちろん全労連や全労協も同様だが…）。あらためて連合関係者は「連合評価委員会報告」を熟読し、具体的改革に踏み出してほしいと切望する。と同時に、今年はＩＬＯ結成一〇〇周年にもあたる。このＩＬＯ結成の一九一九年に最初に締結されたのがＩＬＯ第一号条約で「家内労働者を除いた工業におけるすべての労働者の労働時間は一日八時間、一週四八時間を超えてはならない」とされた。しかし周知のように労働基準法でもそれを上回って明記されているこの基準を日本は未だに批准していない。それどころか「労働時間」に関する条約は現在一八が有効だが、日本はそのどれ一つも批准していない。そして連合はおそらく未だ「優先的に批准を求めるＩＬＯ条約」の中に労働時間関連条約を入れていないはずだ。このＩＬＯ条約未批准をはじめとする労働運動の厳しい局面下で、ナショナルセンターが結成三〇周年をどう総括すべきかが問われている。

(3) 企業に向いたままの視線　労働三権とは無縁な世界

自分が連合という組織に入って改めて驚いたことは多々ある。労働委員を務めていたこともあり「新入役員研修会」の労働組合法に関する講師を毎年のように任され、初年度、約四〇名ほどの参加者にまず質問をしてみた。そのほとんどが労組法を読んだこともないのは理解できたが、団体交渉をやったことがないことにには慄然とした。交渉→妥結→労働協約化という団交システムは忌避・形骸化され、労使協議会が主体となり、ある労組では労務担当との事務折衝だけで日常が運営されていた。会社に入り、自動的に労働組合に加入し、順番で労組役員に指名された参加者が多く、その視線は企業に向いている。それは「労使協調」どころではなく、企業のための労働組合でありストライキなどはまったくあり得なかった。

　ユニオンショップとチェックオフが無かったら日本から労働組合のほとんどは無くなると冗談交じりに語られて久しいが、「大企業男性正社員クラブ」と揶揄される企業別労組のほとんどは事実上、団結権・団交権・争議権という労働三権と無縁な世界での諸活動を行っていると言えそうだ。逆にもっとも虐げられている派遣労働者や非正規雇用、個人的業務委託・請負などのフリーランサーは、権利を主張し労働組合の結成や加入に踏み出そうとすれば、使用者は簡単に雇い止めや解雇、契約打ち切りなどを行って職自体を奪われかねず、労働三権を奪われているに等しい。

(4) 産業別志向の組合運動と新たなユニオンの創意工夫

　この現状を打破し、もっとも労働組合が必要な層にこそ労働運動の力、戦略的展望をもった財政、行動力、人材集中、制度的改編や政策要求、政治力を集中することが必要とされているのではないか。多くのユニオンは労働相談をきっかけとした組合づくり・加入を運動の大きな柱としているが、やはり産業別や職種別の労働組合でなければ、非正規労働者を包摂した強い力にはなりえない。戦後の日本労働運動だって当初は企業別ではなく産業別を志向していた。

　いま凄まじい組織弾圧を受けている建設運輸連帯関西生コン支部は、協同組合を活用した生コン業界における組織化戦略とストライキを含む実力行使、ゼネコンとの対峙が資本や権力の大きな脅威となり、その結果レイシストや御用労組を大動員した権力弾圧に至っている。さらにはエステ業界で次々に労働協約を締結しているエステユニオンなどを組織する総合サポートユニオンなどの取り組みの手法や成果にも着目したい。

　二〇〇九年に結成された全国医師ユニオンという職能組合も大きく注目されている。病院などの勤務医が、過労死裁判や医療過誤事件などに触発されての結成だが、開業医主体の日本医師会も動かすほどの力を発揮している。組合員数は決して多くはないが労働組合法のメリットを生かし、厚生省が地域医療維持のために残業時間の上限を年二千時間としようとする方針案に反対する運動には、対象の勤務医だけではなく、医学部の学生なども運動に共鳴し、メディアの報道もある中で、次々に賛同者が増えている。

新たなユニオンはいずれもＳＮＳを巧みに活用して情報を発信して、組織と支援を拡大している。現場における職場闘争やフェイス・トゥ・フェイスのオルグ活動は今でも最重要な課題だが、職場が分散化し、様々な職種・雇用形態が多様化し、長時間労働や様々なハラスメントで疲弊する現状の中でＳＮＳは有効だ。とにかく「伝統芸能」に留まることなく創意工夫した戦略・戦術を駆使しなければ日本の労働運動に未来は無い。

『労働情報』誌のおかげで、新たな運動や組織、多数の女性活動家や若い人々に日々巡り会い、新たな活力をもらっている。ぜひともこの活動を後進に繋げていきたいと願う。『労働情報』誌を維持できるかどうか、これまで係わった多くの皆さん、さらには労働運動の未来を担う方々の双肩にかかっている。

第五章　労働運動への提言

【写真】左上から時計まわりに、伊藤誠、大内秀明、鎌倉孝夫、樋口兼次の各氏
撮影：平山　昇

㈠ 労働力商品化の止揚と『資本論』再読
――労働運動の再生と労働力再生産の視点

大内　秀明

1 日本型「春闘方式」の特質

「岐路の春闘、縮むベア」である。すでに労働運動の沈滞と後退が叫ばれてから久しい。とくに日本では、先進資本主義では例外とも言える超高度成長の実現を背景に、「春闘方式」が労働運動の主軸をなし、shunto が国際的にも話題となった。また春闘方式を運動面で指導し組織した「総評」（「日本労働組合総評議会」の略称）も Sohyo として使用され、総評は仏のパリに事務所を構えるほど国際化していた。しかし、春闘も総評も、二〇世紀最後のもので、二一世紀のものではなくなってしまっている。もちろん、春闘方式は言葉だけでなく、今も「連合」（「日本労働組合総連合」）など、春季の賃上げ統一闘争としては続いている。しかし賃上げは、政府主導の「官製春闘」の色彩を強めている。その点では、労働戦線統一の「連合」も運動の失敗だったことになるだろう。その反省が必要だと思う。

そもそも日本型「春闘方式」の運動は、日本経済に特有とも言える高度経済成長と結びつき、高度成長に便乗した賃上げ闘争だった。敗戦も重なり、一九六〇年代から七〇年代に、欧米に二重の意味で遅れていた日本の低賃金、とくに若年労働力の低賃金を利用して、時には年間一〇％を上回る超高度成長を実現し、「アメリカに追いつき、追い越せ」とばかりに、大幅賃上げと雇用の拡大を進めてきた。こうした日本型資本主義の超高度成長の基調の上に、運動としては高度成長の波に便乗したのが大幅賃上げを実現した日本型「春闘方式」だったことを、まず確認する必要がある。だからまた、一九八〇年代を迎えて、日本経済の高度成長に結びついたバブル経済が破綻し、「失われた一〇年」そして「二〇年」の長期慢性不況とも言われる「長期デフレ時代」を迎えて、春闘方式は形骸化し、賃上げどころか、生活水準の維持さえ困難な「格差拡大の時代」を迎えることになった。日本型春闘の終焉に他ならない。

もう一つ「春闘方式」の成功を支えていた条件として、インフレ物価上昇が持続していた点が重要である。春闘の大幅賃上げは、低賃銀の是正のためだけではなく、「インフレに負けない」賃上げ闘争でもあった。言うまでもなく、日本経済の高度成長期は急激な物価上昇を伴っていたし、とくにオイルショックに伴う物価上昇は、年率一〇%を超える「狂乱インフレ」と呼ばれる上昇率が続いた。言うまでもなく賃上げが、名目的な賃上げだけでなく、労働者から見れば実質賃金の獲得である以上、インフレとの闘いにならざるを得ない。また、経済成長率について言えば、産業や企業、地域などに成長率格差が付き物だったが、消費者物価の上昇は全国的であり、それ故にインフレ物価の上昇との闘いとしては、賃上げ要求に足並みをそろえつつ、「全国春闘共闘委員会」などによる組織統一が容易でもあった。全国統一闘争という点が「春闘方式」の一つの特徴と言えると思う。

さらに、もう一点として、日本経済の構造的特徴にかかわる点だが、闘争が「春闘方式」として春のシーズンに統一された点にも関係する。日本資本主義の低賃金構造の一つとして、終身雇用、企業別組合と共に、「年功序列型賃金」が大きな特徴であり、賃金体系は著しく年齢別格差、それも若年労働者の低賃金が支配的だった。とくに初任給の低賃金により年功序列型賃金体系が支えられ、年功序列により終身雇用が維持され、それを事実上保持して雇用の安定をはかる企業別組合の組織が成立したのである。したがって、新規学卒者の初任給が低賃金であることが年功序列賃金や終身雇用の前提条件であった以上、低賃金構造の打破は、新規学卒者の初任給の低賃金の底上げを基調にせざるを得ない。新卒労働力の雇用と初任給ともなれば、日本の学校制度からすれば、卒業・入学と共に春季に統一されることになる。「春闘方式」が、「春季全国統一闘争」として上記の総評の闘争本部が置かれ、その指導の下に組織的な賃上げ闘争が実施された大きな理由だったのである。

2 「春闘方式」と日本型潜在的過剰人口

日本型賃上げの特徴として春闘方式をあげることができ

るが、それは日本資本主義の後進性に基づく高度成長と結びつき、高度成長とインフレ経済に便乗した賃上げ闘争であった。それだけに高度成長の終焉と共に、春闘方式による賃上げも限界を露呈し、すでに「官製春闘」と呼ばれるアベノミクスの政策に組み込まれた賃上げに過ぎなくなった。しかも、賃上げによる実質賃金の上昇や消費需要の拡大も期待できないとあっては、日本資本主義にとって春闘は年中行事ではあっても、その存在価値はほとんど無くなったとも言える。日本資本主義は、超低金利の持続と共に、賃上げ闘争不在の春闘の終焉によって生き延びているとも言えるだろう。

春闘方式が日本資本主義の高度成長とインフレに便乗したとして、高度成長を支えた労働力については、戦前から続いてきた潜在的過剰人口の存在に注目しなければならない。資本主義の発展にとって、労働力の確保が最重要な課題だったことは言うまでもない。イギリスは最先進国として、農地を牧場に変える二度のエンクロージャー（囲い込み）が有力な槓桿となった。各国とも労働力商品化のために、いわゆる「原始的蓄積」を進めたが、後進国の資本主義化は、先進国の高度に発達した機械や技術を利用できたため、相対的には省力化された投資で「原始的蓄積」を進め、それだけに急進的な成長も可能だったと言える。日本の明治維新でも、賊軍の東北の没落士族など、また急激なインフレとデフレで下層武士や農民を分解し、労働力商品の創出に成功した。とくに日本の場合、後進国ドイツから、さらに遅れた最後進国として、金融資本のもとで相対的に一段と省力型の原始的蓄積が進められたと言えよう。

そのことは逆に、相対的に潜在的過剰人口が大量に存在し、資本蓄積を容易にすることにもなる。日本で国勢調査が始まる一九二〇年代以降（おそらくそれ以前から同じだったと推定されるが）、ほぼ一四〇〇万人の第一次産業の就業人口を抱え込んでいたのは、日本型「原始的蓄積」によるものと言えるだろう。この「一四〇〇万人の不動の数字」が、総人口や農業人口の増加と共に、豊富な潜在的過剰人口を形成することになった。また、「一四〇〇万人の不動の数字」が、田舎への疎開など、戦中・戦後の一時的増加もあり、さらに戦後の高度成長期を支える豊富な産業人口、労働力人口として機能したのである。その点で、高度成長に便乗した春闘方式もまた、「一四〇〇万人の不動の数字」に依拠したとも言えるだろう。(注1)

この「一四〇〇万人の不動の数字」、それに関連して「農家数五〇〇万戸」について注意しなければならないのは、日本農村に特有な共同体の存在である。単なる封建制ないし封建的遺制として済ますことのできない存在だし、戦後日本資本主義の高度成長、そして春闘方式をも支えていたのである。日本の農村では長い間、長男の「本家」に対し、次三男の「分家」をいくつも作り、それに田畑を分割することは、「田分けは戯け」と言われ、出来る限り避けることとされてきたのであった。こうした伝統的な共同体規制を継承しながら、北海道は多少別にして、他の都道府県では、ほぼ一戸の農家一町歩（＝一ヘクタール）程度の農地が「適正規模」とされてきたのであり、それを分家に分けて零細化すれば農家として経営が成り立たなくなると言う、一種のバランス論が長い間要求されてきた。これは日本に特有な共同体の自主規制であり、こうした規制に基づいて農家、農村も維持されてきたのである。

こうした「田分けは戯け」の共同体的規制こそが、上記の一四〇〇万人、五〇〇万戸の不動の数字となり、潜在的過剰人口の存在を支えることになった。いわゆる「農家の次三男問題」であり、日本資本主義の後進性と共に、その発展をも支えてきたのである。また、この次三男問題こそ、周知のとおり一九二九年世界大恐慌などによる農村不況と結びついて、日本の対外侵略にも利用されたし、だからこそ戦後の農地改革や農業基本法などでも重要な政策課題となった。しかし、戦後一九五〇年代の後半から高度経済成長により、急速に解消されることになった。というより、次三男問題を含む相対的過剰人口の存在により、それを利用して日本資本主義の高度成長は実現されたのである。

「純粋資本主義」として抽象される自立した資本主義経済としては、資本蓄積の過程において、不況期の相対的過剰人口を景気の拡大によって吸収する。(注2) 好況末期の資本の絶対的過剰生産において企業間競争が激化し、利潤率がゼロ、さらにマイナスに追い込まれ、それに金利上昇が加わり金融恐慌が起こる。金融恐慌は、初期マルクス・エンゲルスの「唯物史観」による「恐慌・革命テーゼ」のドグマとは反対に、そこで資本過剰の整理が行われ、それに続く不況期の合理化投資により、相対的過剰人口が創出される。資本主義経済は、相対的過剰人口の吸収と反発を通して、景気の循環と経済成長を実現する。資本主義に特有な人口法則に他ならない。こうした人口法則により、資本主義は自律的に発展・成長するが、初期の資本主義段階や後進資本主義国では、「産業予備軍」と呼ばれる上記の潜在的過剰人口の存在を利用し、労働力を確保しながら急速な経済成長の実現に成功するのである。日本資本主義も例外ではなかったし、その点で「一四〇〇万人と五〇〇万世帯の不動の数字」が歴史的意味を持っていたのである。

とくに日本資本主義にあっては、戦後の稀にみる超高度成長の実現にとり、潜在的過剰人口が重要な役割を演じたのである。高度成長の要因は多様であり、(注3)例えば一$＝三六〇円の固定相場が超円安で輸出主導の成長を可能にしたこと、アジア各国に特有だが貯蓄率が高く間接金融で投資を支えたこと、アラブからの割安な石油エネルギーの輸入など、いろいろ理由を上げることができる。しかし、急速な工業化による高度成長にとり、労働力の確保に成功したことが、最も重要な要因であろう。明治以来の「一四〇〇万人と五〇〇万所帯の不動の数字」であり、日本型潜在的過剰人口の存在に他ならない。それがまた日本型経営の特徴と言われた①年功序列型賃金、②終身雇用制、③企業別労働組合の三点をも支えることになった。

3 日本型経営と潜在的過剰人口の存在

日本型経営が注目され、ジャパン・アズ・ナンバーワンとまで高く評価されたのは、六〇年代からの高度成長だが、とくに注目を集めたのは七〇年代の二度に及ぶ石油ショック乗り切りの成功が大きい。もっとも石油ショック乗り切りには、変動相場制への移行により、大幅な円高が進んだにもかかわらず、輸入原油がドル安で割安に利用できたことも大きい。国内要因としては、日本型経営の上記三点セットの役割が大きかったので、海外からの高い評価となったのであろう。

三点セットのうち、上記の通り①の年功序列型賃金が基礎になり、その上で②の終身雇用制が成立し、さらにその上で終身雇用の確保のためにも③企業別労働組合の組織が維持されることになる。したがって、賃金制度として①の年功序列型賃金が成立し無くなれば、②も③も成り立たなくなり、三点セットは崩壊することになる。その点でも、賃金制度とそれを支える労働力の雇用制度が極めて重要である。明治以来とも言える「一四〇〇万人と五〇〇万所帯の不動の数字」の日本型潜在的過剰人口の存在、とくに農家の次三男の過剰人口の存在こそ、年功序列型賃金など日本型経営の三点セットを支える重要な条件だった。状況を少し具体的に見てみよう。

戦後、高度成長が始まる時点で、農村からの農家の次三男が集団就職の列車で三大都市圏に送り出される話題が大きく報道された。戦争直後の一時期は、戦争中からの疎開や食糧不足もあり、農村人口は増加していた。しかし、復興再建の進展と共に、潜在的過剰人口として利用する方向が有力になってきた。とくにアラブの石油の輸入による「エネルギー革命」は、環太平洋の一角を構成する太平洋ベルト、とくに京浜、中京、阪神の工業地帯の拠点開発方式による三大都市圏の形成が進んだ。日本資本主義の高度成長は、太平洋ベルトの三大都市圏による輸出産業の重化学工業化によるもので、そのための労働力が日本海側などの農村部から大量動員された。とくに農家の次三男が低賃金の若年労働力として「金の卵、ダイヤモンド」と呼ばれながら、集団就職の列車で三大都市圏に運ばれたのである。

敗戦後の次三男労働力は、超低賃金の若年労働力であり、しかも戦後六・三制の学制改革も加わり、中等教育まで義務教育化された。この新卒若年労働力こそ、重化学工業化にとって技術水準など、良質かつ安価な労働力として雇用された。この雇用によって、年功序列賃金制度が支えられることになる。良質、安価な新卒の若年労働力の雇用が保証されれば、三大都市圏の都市型住民として、社宅など「企業内福祉」により定年退職まで終身雇用が可能である。そうした終身雇用の労働力が正規雇用の労働力として労使関係を形成する「民主化」こそ、日本型労使関係としての企業別労働組合の役割だった。職能別でもない、産業別でもない、企業別の日本型労働組合の組織である。

さらに農業問題との関連では、出稼ぎ型労働力の活用が重要だろう。屋外・季節型が不可欠な農業労働にとって、そもそも専業労働力という表現が形容矛盾かも知れない。農業は本来的に兼業労働力で行われているのであり、その意味で農家もすべて兼業農家である。特に東北農民にあっては、長い積雪の冬があり、農閑期の就労が不可欠だし、もともと農家は雑種・兼業であり、だから出稼ぎが定着してきた。この出稼ぎ労働力が、上記の戦後高度成長期には、環太平洋ベルトの拠点開発、とくに港湾建設などのインフラ整備に活用された。基盤整備は公共事業として行われ、その上で民間投資が進み、集団就職の若年雇用も進んだ。しかし、出稼ぎ労働力は若年労働力ではなく、もともと中高年労働力であった。非正規の季節雇用であり、当初は農閑期の「季節型」出稼ぎだったが、高度成長の持続と共に三大都市圏から太平洋ベルトに産業基盤・都市基盤の整備が拡大延長し、出稼ぎも「季節型」から「通年型」出稼ぎに進み、さらに農閑期の短い西南地域では「挙家離村」に変わった。通年型出稼ぎでは、中高年労働力は事実上「脱農」化したわけで、農業労働力は「三ちゃん農業」に変質したのである。

さらに七〇年代以降になると、重厚長大型とよばれた臨海型・基礎資源型重化学工業から、工業開発は内陸型・高度組み立て加工型に発展した。こうした転換により、企業誘致も三大都市圏中心の都市部から、その連携の農村部へと拡大した。そのための内陸工業団地の開発が進むことになったが、その基盤整備と共に、農家の主婦労働力など、女性労働力の「通勤型」「在宅型」出稼ぎの利用が拡大した。こうして農家の次三男の「集団就職」に始まり、中高年の基幹労働力の「季節型」出稼ぎ、その「通年型」への拡大、さらに農家の女性労働力の「通勤型」出稼ぎへと、農業労働力は根こそぎ動員されることになった。さらに、ここでは具体的に立ち入ることができないが、「プラザ合意」以降の八〇年代後半から、急激な変動相場制による円高＝ドル安（一＄＝二〇〇円台から七〇円台まで）によって、農産物の大量輸入が進み、「一四〇〇万人と五〇〇万所帯の不動の数字」は一挙に激減し（二〇一七年二二四万人）、「少子高齢化」のベールの下に「生産性革命」「人づくり革命」が叫ばれ、その中で日本の「農林水産業の消滅」の危機が到来しているのである。

4 労働運動の再生と「労働力再生産」の視点（1）

日本資本主義の高度成長とインフレに便乗した春闘方式は、高度成長の終焉と共に、アベノミクスの「官製春闘」に組み込まれてしまった。とくに日本型経営の三点セットとの関連では、年功序列型賃金、終身雇用制との組み合わせの「企業別組合」の体質からすれば、非正規雇用者や急増しつつある海外からの外国人労働力の組織化は困難である。今後、そうした非正規雇用をめぐっての混乱が予想されるし、それがさらに社会問題から政治問題に発展する可能性も極めて大きい。すでに女性では、非正規雇用が正規雇用を上回り、非正規が正規に、正規が非正規に名称を変更するのが適当な事態だし、外国人労働力は農業や建設の職場に急増している。上記「農林水産業の消滅」の危機は、たんなる農業問題の危機ではなく、実は労働問題であることを忘れてはならない。

すでに説明したとおり、春闘方式は終身雇用制など、日本型経営と固く結びついていた。高度成長の終焉が、日本型経営の破綻と結びつき、結果的に春闘方式の官製化を招いている。さらにその前提には、日本型潜在的過剰人口の利用が高度成長の持続と共に行き詰まり、いわゆる少子高齢化による深刻な労働力不足を招いているのだ。いまや労働力不足に対して、国家権力が前面に出て、「働き方改革」や「生産性革命」「人づくり革命」を強行せざるを得なくなっている。しかし、そもそも女性労働力や高齢者の雇用には限界がある上、外国人労働力の雇用ともなれば、すでにEU各国の混乱でも明らかなとおり、近代国家が本来「国民国家」である以上、外国人雇用には限界がある。その点が、グローバリズムの限界ともいえるが、いたずらにポピュリズムの台頭やファッショ化の危険性を招く事になりかねない。それだけに労働力不足の問題を、たんなる少子高齢化に解消して、「人づくり革命」などに飛躍することなく、ここで「労働力の再生産」の視点から捉えかえすことが必要である。

『資本論』でも明らかなとおり、労働力商品の価値は必要労働によって決定されるが、その必要労働は労働力の再生産に必要な労働に他ならない。労働力の再生産に必要な労働は、労働力商品の特殊性によって、労働者が生活し生存するのに必要な生活資料の価値に基づいている。さらに労働力の再生産は、当該労働者の生存だけではなく、労働者の世代間再生産を保障しなければならない。これは資本主義の経済法則が、人間社会の存続である生存権の保障にかかわる「経済原則」に基づくものに他ならない。労働力の再生産が確保できず、労働力不足が深刻化すれば、資本主義の経済の存続が問われるし、そこにまた国家権力としても、「人づくり革命」という過激な政策主張もまた必要なのであろう。資本主義の危機の表現と見ていい。

すでに説明したが、『資本論』の純粋資本主義の原理論では、資本蓄積の過程における「資本の有機的構成」の高度化による省力化投資により、いわゆる「生産性革命」による合理化を通して相対的過剰人口を創出する。この過剰人口を吸収したり、また反発したりしながら、資本蓄積を通して経済成長が進むのであり、労働力商品もそこで再生産され、世代間の存続が保証されるのであって、資本主義的人口法則に他ならない。労働力の再生産に必要な労働力商品の価値規定も、資本主義的人口法則により裏付けられる。その点では、相対的過剰人口の存在が、資本主義的蓄積＝経済成長にとり不可欠であり、逆に完全雇用の持続と長期化こそ、労働力不足の深刻化を招き、体制的危機につながりかねない点に注意が必要である。相対的過剰人口の適度な「吸収と反発」こそ、資本主義的人口法則の円滑な運行であろう。その点でマイナス金利など、異常な超低金利により金融恐慌を回避しながら、金融・流通などの技術革新は進むものの、産業の内部からの「生産性革命」が不十分なまま進まない。低賃金と低生産性の〈貧者のサイクル〉悪循環である。にもかかわらず、政策的に完全雇用を進めれば進めるほど、資本過剰の長期化による「労働力不足」は深刻化し、過激な「人づくり革命」を提起せざるを得なくなっているのが、アベノミクスの政策的帰結だろう。

5 労働運動の再生と「労働力再生産」の視点（2）

もう一点、「労働力の再生産」として、『資本論』第二巻の「可変資本の回転」に関連する論点が重要である。周知のとおり『資本論』第二巻は、マルクスの死後エンゲルスの手で編集・出版され、『資本論』第一巻、とくに資本蓄積・再生産過程に対する「補足」の地位を与えられている。資本の直接的生産過程は、もともと「資本の流通過程」、とりわけ資本の循環・回転による媒介が不可欠であり、資本の剰余価値生産も資本の流通過程に媒介され、資本の蓄積・再生産過程を構成するものに他ならない。マルクスは、流通過程の媒介を後回しにして、第一巻の出版を急いだのであろう。しかし、第二巻が刊行された以上、労働力の再生産、そして資本主義的人口法則についても、第2巻の補足・媒介によって、理解し直す必要がある。とくに「可変資本の回転」は、労働力商品の特殊性に基づく「労働力の再生産」として、きわめて重要な論点が提起されていると思われる。

ここは『資本論』解説の場ではないが、第二巻の「資本の流通過程」にとり重要な点は、第一巻第二篇第四章「貨幣の資本への転化」に立ち戻り、「資本」を流通形態としてG—W—G'、つまり商品、貨幣とともに流通形態として定義したことだろう。流通形態だから産業資本もG—W…P…W'—G'の流通形態となったし、資本の流通過程の分析もG—W…P…W'—G'の姿態変換（メタモルフォーゼ）から「回転」に入ることになった。そして、資本の流通過程の中心課題も、流通形態としての運動にとっての時間的経過、つまり「期間」であり、その期間に伴う資本の「回転」になる。資本の価値増殖も、「より多く」の剰余価値を、「より早く」獲得することであり、流通期間と生産期間に大別される。そこでの資本の構成要素の機能と運動が、資本の回転を左右する。とくに、労働力商品に投資され、労働者へ賃金として支給される可変資本の循環、そして回転は、直接的生産過程の剰余価値の生産とは別の意味で、ここでも「労働力商品の特殊性」が特有な問題を提起し、「可変資本の回転」として論じられるのだ。

『資本論』では、「可変資本の回転」は、もっぱら「剰余価値率の年率」について説明する。五週間で回転する資本と、回転に一年間かかる資本の二つを挙げ、剰余価値率一〇〇％は同一でも、その年率は前者一〇〇〇％、後者一〇〇％で資本効率は圧倒的に前者が有利、個別資本の立場からは、出来るだけ回転期間を短くする。社会的には、労働力の商品の特殊性が、可変資本の回転に大きな影響を与える。『資本論』では必ずしも明確ではないが、資本の流通過程の循環・回転に対し、労働者の立場から見れば、労働者が労働力を売り、賃金で生活資料を買い戻すA―G―Wは、資本の流通過程から独立する「単純流通」である。(注4)

それも、資本による生産過程Pと個人的消費を繋ぐ役割を担っている。即ち、労働者が労働力を売るA―Gは、資本からはG―W（A）…P…であり、従って労働者は生産過程に従事する。労働者は労働により、価値とともに剰余価値を生産する。同時に、労働力の価値部分＝必要労働をG―Wで消費財Wとして買い戻し、家計の消費活動で労働力の再生産を図る。この消費活動は、三度の食事が毎日行われねばならないように、消費財も毎日の労働者の消費に充当されるように配分されねばならない。だから、上記の回転期間が一年もかかり、剰余価値年率の低い投資は、生産が毎日行われ剰余価値は生産され、賃金も支払われるのに、貨幣資本の回収ができない。賃金ファンドは五週間の資本と比べると、一〇倍以上も必要になってしまうのだ。

さらにG―W（A）として投資された可変資本は、労働力が人間の労働能力である以上、G―W（Pm）の原材料の不変資本のように、使う必要が無くなったら、商品として他の資本に転売できない。そこが労働力商品の賃労働と、モノ同然の奴隷との差異になる。また、派遣労働などを利用してリスクを回避しようとするのだろうが、さらに賃金の支給は、日給にせよ、週給にせよ、月給にしても、消費生活に合わせて支払わねばならず、それも原材料と異なり、手形ではなく、現金で規則的に支給しなければならない。こうして労働者の人権としての必要労働の買戻しを保障するとともに、生産の継続性と結びついた賃金支払いによる消費生活の維持・確保が、経済原則の面から要請される。その点『資本論』でも、「社会が資本主義的ではなく共産主義的なもの」であっても、「鉄道建設のように、一年またはそれ以上の比較的長期にわたって生産手段も生活手段も、また何らの効用も供給しないが、しかし年々の総生産から、労働、生産手段、および生活手段を引き上げる事業部門に、社会が、どれだけの労働、生産手段、および生活手段を、何らの損害もなく振り向け得るかを、社会はあらかじめ計算せねばならない」と述べている。マルクスも可変資本の回転に関して、「共産主義的な」経済原則との関係で、ここで労働力商品の特殊性が重視されていることが分かる。

6 共同体社会主義への道と労働運動

以上、『資本論』第二巻「資本の流通過程」の「可変資本の回転」を手がかりに、簡単だが労働力商品の特殊性に基づく「労働力の再生産」について見た。①「資本の流通過程」にもかかわらず、労働力は「単純流通」であり、それゆえ②生産過程と消費過程を媒介し、従って生産と消費の「経済循環」が成立する。③この「経済循環」を踏まえて、資本の蓄積・再生産過程が展開され、すでに紹介した『資本論』第一巻の相対的過剰人口など資本主義的人口法則も解明される。人口法則により、資本蓄積による経済成長の中で、相対的過剰人口の吸収と反発が繰り返されるが、その前提には生産過程と消費過程の媒介による「経済循環」として「労働力の再生産」の経済原則が充足されなければならない。『資本論』でも、上記の通り「労働、生産手段、および生活手段」の適正な配分による社会的再生産の「経済原則」と「可変資本の回転」の特殊な緊張関係が提起されている点に注目したい。

このように労働力の再生産は、生産と消費の「経済循環」を媒介するが、生産の主体である「企業」enterprise に対して、消費は「家計」household として行われる。家計は個人的消費として、単数でも複数でもいいのだが、「経済原則」としては必要労働により、労働力の再生産が行われる場に他ならない。労働力が、人間として再生産され、商品として市場に登場しなければならない。その限りでは、労働者も経済人（ホモ・エコノミクス）として行動する、労働力商品の所有者である。しかし、消費主体としての経済原則の担い手となれば、労働力の再生産は子供を産み育てる世代間再生産を含むことだし、消費の場は「家庭」home で「家族」family とともに行われることになる。労働力の再生産は、本人が生きて働くだけでなく、夫婦で育児・保育・教育を行い、次世代の労働力も再生産しなければならない。ここに保育所問題の重要性がある。

さらに重要なのは、「家族」はコミュニティ community の基礎単位とも言われ、地域とも結びついている。商品経済の拡大・発展は、上記の経済人を拡大し、家族や地域のコミュニティの結びつきを断ち切る傾向が強い。しかし、家族は地域との結びつきでコミュニティを形成している し、その点で労働力の再生産は、家族の消費生活を通して、地域の場で実現せざるを得ない。労働力の再生産としての消費は、時間的・空間的な場としては、地域コミュニティ「地域共同体」で行われるのであり、ここに経済原則による経済法則への緊張関係が進む。(注5) こうして労働力商品の特殊性は、資本の流通過程では、可変資本の回転として進むものの、経済原則としては生産と消費の経済循環、そして地域共同体としての経済循環、いわゆる「地産地消」などによってても規制されざるを得ない。すでに見た「一四〇〇〇万人と五〇〇〇世帯の不動の数字」も日本農村に特有な地域共同体の規制で維持されたし、それがまた日本型潜在的過剰人口の存在として、その功罪はともかくとして、日本資本主義の雇用調整の「バッファー」だったのだ。日本「農林水産業の消滅」は、農村の破壊だけではなく「バッファー」喪失により「人づくり革命」の体制的危機をもたらしているのだ。

なお、このような家族、地域共同体と会社・企業との関係は、集団論としては企業などの利益集団「ゲゼルシャフト」、家族や地域共同体など共益集団「ゲマインシャフト」の二つに概念化されてきた。すでに明らかなとおり近代化の進展と共に、家族や地域共同体の結びつきが弱まり、ゲゼルシャフト的なエコノミックアニマルの経済人が拡大した。目先の利便性、安価な画一性を求め、大量生産・大量宣伝・大量販売・大量消費・大量廃棄のグローバリズムの横行である。しかし、すでにグローバリズムの破綻は明らかだし、さらに東日本大震災など巨大な自然災害の発生、また巨大企業のガバナンス喪失や海外進出による地域経済の空洞化など、企業社会の地域社会に対する支配の限界も目立ってきている。それだけに労働力商品の特殊性に基づく、「労働力の再生産」としての家庭や家族、生産と消費の地域循環としての共同体、地域共同体の新たな再評価が必要と思われる。(注6) 初期マルクス・エンゲルス以来の所有論レベルの「コミュニズム」communism から、共同体社会への発展としての「コミュニタリアニズム」communitarianism＝共同体社会主義への視点が重要だし、その点で「労働力の再生産」の視点からの労働運動の再構築が求められているのである。

【注】

（1）この「一四〇〇万人の不動の数字」とその激減については、故大内力教授の遺著となった『大内力経済学大系第八巻　日本経済論下』第二章日本型資本主義　第六節「農林水産業の消滅」（東京大学出版会）を参照のこと。本稿は、教授の問題提起に従っている。

（2）『資本論』は、純粋資本主義の抽象であり、宇野三段階論も純粋資本主義の原理論、それに段階論、現状分析となるのであり、純粋資本主義の抽象を否定すれば、宇野理論の方法の全面否定であり、宇野理論と呼ぶことも出来ない。念のため指摘する。

（3）戦後の日本経済の高度成長については、すでに色々論じられているが、拙著『日本資本主義の再編成』第三章（現代評論社）も参照のこと。

（4）ここでの論点提起は、宇野弘蔵「労働力なる商品の特殊性について」（『宇野弘蔵著作集』第三巻「価値論」所収）を是非参照されたい。この論稿は古く一九四八年四月『唯物史観』に掲載されたが、重要な　論点提起だったにもかかわらず、内容が難解なためか、今日まで殆ど取り上げられていない。

（5）経済法則と経済原則の関係については、『宇野弘蔵著作集』第六巻「資本論の経済学」及び第一〇巻「資本論と社会主義」などをぜひ参照のこと。『資本論』の純粋資本主義の抽象による「経済原則」が、「経済法則」の解明と共に、「社会主義」の内容として提起されている。

（6）労働運動と共に、協同組合運動をはじめ、生産と消費の地域循環については、東日本大震災を通して、様々なビジネスモデルが動き始めている。地域運動の組織化など、被災地・宮城県の名取川・広瀬川水系　をモデルにした具体的、現実的な動きとして、大内秀明・吉野博・増田聡共編著『自然エネルギーのソーシャルデザイン：スマートコミュニティの水系モデル』（二〇一八年、鹿島出版会刊）を是非参照されたい。

（二）『資本論』の社会主義論
——「労働力商品化」廃絶ということの意味

鎌倉　孝夫

1「所有（Eigentum）」批判

マルクスは、『資本論』全体を通して、私的利己的利潤追求・拡大を動力とする資本の運動によって、労働力が破壊され、土地（自然力）が破壊されることを指摘している。

「資本主義的生産は……一方では社会の歴史的動力を集積するが、他方では人間と土地との間の物質的代謝を攪乱する。すなわち、人間が食料や衣料の形で消費する土地成分が土地に帰ることを、つまり土地の豊饒性の持続の永久的自然条件を攪乱する。したがってまた同時に、それは都市労働者の肉体的健康をも農村労働者の精神的生活をも破壊する。」（『資本論』第一巻第一三章「機械と大工業」、第一〇章「大工業と農業」I．S.528. 国民文庫版②四六五頁）。

「……大工業と工業的に経営される大農業は一緒に作用する。元来この二つのものを分け隔てているものは、前者はより多く労働者を、したがってまた人間の自然力を、荒廃させ破滅させるが、後者はより多く直接の自然力を荒廃させ破滅させるということだとすれば、その後の進展の途上では両者は互いに手を握り合うのである。なぜならば、農村でも工業的体制が労働者を無力にすると同時に、工業や商業はまた農業に土地を疲弊させる手段を供給するからである。」（第三巻第四七章「資本主義的地代の生成」、第五節「分益農制と農民的分割地所有」III．S.821. 国民文庫版⑧三二八頁）。

資本主義が支配する諸国では、いままさにマルクスが指摘している土地（自然力）と労働者（人間の自然力）が破壊されつつある。なぜ資本主義の支配の下でこうした破壊が生じるのか、これをくいとめ、自然法則――「人間と土地との間の物質代謝」＝循環法則――を遵守しうるか、そして労働力の人間的本質を発展させうるか。『資本論』を論理的に読めば、この基本をとらえることができる。――結論的にいえば、資本の支配に代えて、人間社会の実体（社会存立根拠である労働・生産過程）の担い手（主体）である労働者・勤労者が、現実に社会の主体となる社会（社会主義）の実現による、それは「労働力商品化」の廃絶によって実現する。しかし『資本論』の説明を通してとらえた一般的理解は、生産手段（土地を含めて）の私的「所有」の廃止、その「社会的所有」の実現ということであった。たしかにマルクスの文章の中にそういう表現が示されている。しかし正確に読むと、マルクスは「所有」（Eigentum）という関係自体を否定していた。まずその点を明確にしておこう。

「ひとつのより高度な経済的社会構成体の立場から見れば、地球に対する個々人の私有（Privat .Eigentum）は、ちょうど一人の人間のもう一人の人間に対する私有のように、ばかげたものとして現れるであろう。一つの社会全体でさえも、一つの国でさえも、実にすべての同時代の社会を一緒にしたものでさえも、土地の所有者（Eigentümer）ではないのである。それらはただの土地の占有者（Besitzer）であり、受益者（Nutznießer）であるだけであって、それらは、よき保護者（boni patres familias）として、土地を改良して、次の世代に伝えなければならないのである。」（Ⅲ. S.784. 国民文庫版⑧二六八～二六九頁）。

「高度な経済的社会構成体」、これは社会主義ととらえてよい。そこでは、個々人だけでなく、国家さらに全社会も土地の「所有者」ではなく、「占有（Besitz）」するだけであり、ただ「受益者」にすぎない。だから、土地を保護しとによって「土地は絶えず良くなって行く」（同上）、というのである。ここからさらに、これを実現する社会関係を明らかにしなければならない。この点は後に立ち返り確認する。

「所有」に関するマルクスのとらえ方を示す文章をもうひとつ引用しておこう。直接には土地私有（「占有」）に関してであるが、「ある物を売るためには、その物が独占できるものであり、譲渡できるものであるということのほかには、何も必要ではない」（Ⅲ. S.646. 国民文庫版⑧四二頁）。「所有」権―ある「物」の「独占」は、交換―貨幣で買ったことによって形成される。まさにそれは〝金権〟である。

自分が所持（Besitz）するものを自分で使わないで、代価（一定の貨幣）と引き換えに交換に出す。これが商品経済における価値である。価値は、「労働」に基づくものではない。「労働」という実体的根拠に基づくものではない――流通における形態にすぎない。

しかし、この理解が『資本論』の論理に十分活かしえていなかった。むしろ「労働」を価値（実体）とし、「所有」の根拠とする「労働」所有論を、マルクスは残した、というより強調した。「所有」論をなお脱却しえていなかった。

2「労働」所有論とその脱却

⑴ 第一巻第七篇の提起

「最初は、所有権は自分の労働に基づくものとしてわれわれの前に現れた。少なくとも、このような仮定が認められなければならなかった。なぜならば、ただ同権の商品所持者（Besitzer）が相対するだけであり、他人の商品を取得するための手段は自分の商品を手放すことだけであり、そして自分の商品はただ労働によって作り出されうるだけだからである。所有は、今では、資本家の側では他人の不払い労働またはその生産物を取得する権利として現れ、労働者の側では彼自身の生産物を取得することの不可能として現れる。所有と労働との分離は、外観上両者の同一性から出発した一法則の必然的な帰結になる。」（I. S.609-610. ③一三八頁）。これは「商品生産と商品流通に基づく取得の法則または私有の法則」が「この法則自身の内的な不可避的な弁証法によって、その正反対物に一変する」（I. S.609-610. ③一三七頁）という、領有法則転換論である。

この前提は、「労働」所有論であった。マルクスは、この領有法則転換論を理論的ベースとして、資本の「領有」の不当性を指摘し、再び「労働」所有関係――といっても「労働」は労働者の社会的共同労働によるものとなるが――の確立を説く。これが第一巻二四章第七節「資本主義的蓄積の歴史的傾向」であった。

「……資本主義的私有は、自分の労働に基づく個人的な私有の第一の否定である。しかし、資本主義的生産は、一つの自然過程の必然性(注一)をもって、それ自身の否定を生み出す。それは否定の否定である。この否定は、私有は再建しはしないが、しかし資本主義時代の成果を基礎とする個人的所有（Individuelle Eigentum）をつくり出す。すなわち、協業と土地の共同占有（Gemeinbeziz）と労働そのものによって生産される生産手段の共同占有を基礎とする個人的所有をつくり出すのである。」(Ⅲ. S.791. ③四三八頁)。

ここでは、土地を含む生産手段については「共同占有」とされていて、「所有」は使われていない(内容は労働者の共同利用ということである)。しかし「労働」した労働者個々人は、その労働の成果を「所有」するとしている。「労働」所有論の基づく説明である。

マルクスは、「……事実上すでに社会的生産経営に基づいている資本主義的所有から社会的所有(Gesellschftliches)の転化」(ibid.)という。労働者の共同労働に基づく社会的生産経営が、資本の蓄積の進展の下で形成されるが、この社会的共同労働を行っている労働者が、その成果――労働生産物を「所有」する、という「労働」所有論に基づくとらえ方であった。

(2) 株式会社による「社会的所有」

マルクスは、エンゲルス宛手紙(一八五八年四月二日)で、株式会社に関して、「資本のあらゆる矛盾を伴っている最も完成した形態(共産主義に急変するもの)としての株式資本」、としていた。『資本論』第三巻第二七章「資本主義的生産における信用の役割」で、マルクスは「株式会社」に関し、その特質を基本的に明らかにした。(注2)

第一に、株式会社を「資本が直接に私的資本に対立する社会資本」(直接に結合 associerter した諸個人の資本)として「社会企業」として現れる、としている。株式会社は、多数の株主の出資を結合して会社を形成しているから、その意味で「個人」企業に対し、「社会」的資本、「社会企業」としてとらえる。しかし重要なのは、多数の個人の出資によって形成される株式会社の「資本」としての、利己的利潤追求を目的とする性格は変わらない、ということである。だからマルクスは「資本主義的生産様式そのものの限界の内部での、私的所有としての資本の止揚」という。さらに明確に「少数者が社会的所有を取得すること(収奪)として現れる。そして信用はこれら少数者にますます純粋な山師的性格を与える」という。株式会社を経営しているのは、社会的には一部の資本所有者であり、しかも株主中の一部の支配株主であり、彼らによって社会の富は「収奪」されるのである。株式会社の発展の下で、「独占の出現、国家の干渉」が呼び起こされ、「新しい金融貴族、企画屋、発起人、名目だけの投資の姿をとった新しい種類の寄生虫を再生産し、会社の創立や株式発行についての思惑と搾取との全制度を再生産する」と指摘する。今日のように株式会社がほとんど全面的に形成され、しかも株式発行・売買による投機が盛行している中で生じている事態が、なお株式会社の普及が不十分な現実を通してとらえているのは、株式証券売買がなお産業資本運動（価値増殖根拠）に対し、外部的であったことに基づいていた。ということで、株式会社は、「私的所有を制御できない私的生産」としてとらえた。このとらえ方は十分生かしうる。

しかし第二に、マルクスは株式会社の発展を通して労働者の共同労働とそれに基づく「社会的所有」が形成される、ととらえている。

「株式会社では、機能と所有とが分離されている。したがって、労働と生産手段及び剰余労働の所有が全く分離されている。」――株式所有者は全く「労働」していないのに、「生産手段と剰余労働」を所有している。しかし「資本主義的生産が最高に発達してもたらしたこの結果こそは、資本が生産者たちの所有ではなく、結合された（assoziierter）生産者としての生産者たちの所有（Eigentum）に、直接的社会的所有（unmittelbares Gesellschafseigentum）に、再転化（Ruckverwandling）するための必然的通過点である。それは他面では、資本所有と結びついた再生産過程上の一切の機能の、たんなる結合生産者たちの機能への転化、社会的機能への転化への通過点である」（Ⅲ. S.453. ⑧二二二頁）。

株主たち（資本所有）は、全く労働していないし、経営機能も行っていない。それは「結合された生産者たち」が行っている――いぜん資本所有に包摂された中であるが。さらに、資本の「収奪」による「集中」の進展をふまえて、「これらの生産手段は、社会的生産の発展につれて、私的生産の手段でも私的生産の生産物でもなくなるのであって、それは、それが結合生産者たちの社会的生産物であるのと同様に、彼らの手にある（in der Hand der associerter Produzenten）生産手段、したがって彼らの社会的所有（Gesellschaftliches Eigentum）にほかならない。」（Ⅲ. S.456. ⑧二二六頁）という。結合労働者の社会的共同労働による生産が行われている。生産物はその社会的生産物だ。生産手段もその手にある。――ここで「所有」といっていないのは、上掲第一巻二四章七節の「占有」を意味するものととらえてよいであろう。しかし、その結論は、生産物、生産手段は、結合生産者の「社会的所有」だという。しかも「結合生産者」による「社会的所有」を、「再転化」といっている。全く労働を行わない（経営機能も行わない）資本所有者が、結合労働者の労働生産物を「収奪」している。

これを本来の「労働」に基づく「所有」に「再転化」させなければならない、ということである。「労働」所有論による提起であった。

⑶ 労働力の商品化に基づく資本の労働と生産物所有

上述のように、資本主義的な生産物「領有」は、直接生産者（単純商品生産者）が生産した生産物と、生産に不可欠な生産手段（土地を含む）の「収奪」によって行われた。しかし、この資本家的「領有」＝私的所有は、何を根拠に成立するのか。「労働」所有論からいえば、この資本家的領有＝私的所有は全く根拠がない。マルクスは、この資本家的私的所有の発生を、「資本の本源的蓄積」（第一巻二四章）として、直接生産を行っていた農民、手工業者からの土地・生産手段の収奪＝暴力的収奪から説明した。労働者は無産者になる――自ら労働できない。資本に雇われて労働しなければならない。資本は労働者を労働させ、労働によって形成した価値から賃金を支払うが、不払部分――不払い労働を利潤として取得する。しかしこれは不等価交換ではないか。「労働」に基づく所有の侵害ではないか。「所有は、今では、資本家の側では他人の不払労働またはその生産物を取得する権利として現われ、労働者の側では彼自身の生産物を取得することの不可能として現われる。」（I. S.610. ③一二三八頁）。「労働」所有論からいえばこの関係は全く成立しえない。その根拠は、不当な暴力・権力によるというほかない。

しかしマルクスは、フランス語版『資本論』第一巻（一八七二～一八七五）でつけ加えた。「資本家的取得様式は商品生産の本来の諸法則には真っ向からそむくように見えるとはいえ、それは決してこの諸法則の侵害から生まれるのではなく、反対にこの諸法則の適用から生まれるのである」として、「ある価値額の資本への最初の転化は、全く交換の諸法則に従って行われた。契約当事者の一方は自分の労働力を売り、他方はそれを買う。前者は自分の商品の価値を受取り、それと同時に、その商品の使用価値――労働――は後者に引渡されている。後者は、すでに彼のものである生産手段を、やはり彼のものである労働の助けによって、ある新しい生産物に転化させるのであって、この生産物もまた法律上正当に彼のものである。」（I. S.610. ③一二三八～九頁）。「だから、貨幣の資本への最初の転化は、商品生産の経済的諸法則とも、そこから派生する所有権とも、最も厳密に一致して行われる。それにも拘らず、この転化は次のような結果を生む。(1)生産物は資本家のものであって、労働者のものではないということ。(2)この生産物の価値は……剰余価値を含んでおり、この剰余価値は労働者には労働を費やさせたが資本家には何も費やさせなかったにも拘わらず、資本家の合法的な所有物になるということ」(I. S.611. ③一四〇頁)。

マルクスは、労働によって形成し、所有した価値物の相互交換をここで完全に否定している。いぜん「商品生産」「交換」の法則の適用といっているが、少なくとも自己労働に基づく所有(私的所有)はここでは成立していない。資本は直接には貨幣で(これは労働者の生活維持に必要な生活資料――これ自体労働者の労働によって生産された――を買いうる貨幣を必要とするが)「労働」ではなく、「労働力」を買う。「労働力」の使用権は、貨幣で労働力を買った資本の権利となる。

資本主義の発展の中で、資本の生産過程で、すでに労働者の結合労働＝社会的労働が行われている。しかし、その生産物は、結合された生産者＝労働者の所有(社会的所有)にならない。土地は、労働の生産物ではない。「労働」所有論からすれば、土地の所有＝私的所有は説明できない。

しかし「労働力」(その使用)も「土地」も、全く労働しない資本家、地主が〝合法的〟に私有している。この私有＝所有権の根拠は何か。対価＝直接には貨幣を支払って買った、ということである。

所有権(Eigentum)というのは、直接には貨幣の権利であって「労働」の権利なのではない。そして労働力の使用権を一定の貨幣を支払って商品として買ったという貨幣の権利が、資本による「労働」・労働者支配の根拠なのである。

所有権を、直接には貨幣の権利ととらえることによって、所有権の歴史的形態的性格がとらえられる。とともに、社会主義は「所有権」の社会化――生産手段と生産物の社会的所有権の確立ということではとらえられないことを明らかにしなければならない。

マルクスが、土地・労働力を「所有」することをナンセンスだといったことの意味、土地・生産手段を「所有」でなく、「占有」ととらえたことの意味を、労働力の商品化の無理をふまえて、明らかにしなければならない。

3 労働力の商品化の無理、その廃棄ということ

(1) 労働力の商品化の無理

宇野弘蔵は、「労働力の商品化」を「無理」といい、「近代的自己疎外」(『経済学方法論』東京大学出版会一五一頁)といった。この「自己疎外」というとらえ方は、マルクスが明示していた。若干引用して確認しておこう。

「彼(労働者)は、富の人的源泉であるが、この富を自己のために実現するには、あらゆる手段を奪われている。彼が過程に入る前に、彼自身の労働は彼自身から疎外され、資本家に領有され、資本に合体されているので、それは過程の続行中、たえず他人の生産物に対象化される。生産過程は、同時に資本家による労働力の消費過程であるから、労働者の生産物はたえず商品に転化されるのみではなく、資本に、すなわち価値創造力から吸取る価値に、人身を買取る生活手段に、生産者を使用する生産手段に転化される。」(③一一五頁)。

「資本主義体制の内部では、労働の社会的生産力を高めるためのすべての方法が、個々の労働者の犠牲において実行されること、生産の発展のためのすべての手段が生産者の支配搾取手段に変じ、労働者を部分人間に不具化し、彼を機械の付属物に引下げ、彼の労働の苦痛をもって労働の内容を破壊し、独立の力としての科学が労働過程に合体されるに従って、労働過程の精神的諸力を彼から疎外すること、これらの手段は彼がその下で労働する諸条件を歪め、労働過程中きわめて狭量陰険な専制に彼を服させ、彼の生活時間を労働時間に転化し、彼の妻子を資本のジャガノート車輪の下に投げ込む……」(③二四一頁)。

労働力が商品となること、これは労働・生産過程における労働力の使用＝労働の支出が、労働者の主体的意志によってではなく、労働力を買った資本を主体として行われること、これを「疎外」(主体性の喪失)とマルクスはとらえた。

このような認識は、「労働過程」の理解に基づいていた。『資本論』は、第一巻第五章第一節「労働過程」で、「使用価値または財貨の生産は、それが資本家のために資本家の監督の下で行われることによっては、その一般的性格を変えるものではない」(①三一一頁)こと、「特定の社会形態」に関らないこと、しかもこの過程は、意識性に裏打ちされた創造的活動、人間固有の活動であることを明確にと

らえた。基本は、人間・労働者が自然に働きかけて、人間社会の生存・発達に不可欠な生活資料・生産手段を生産する社会存立・発展の実体としてとらえた。労働力の商品化は、労働力を買った資本による労働者の主体性剥奪をもたらす。ここに資本主義の根本的矛盾があることを明らかにした。

(2) 物神性――経済法則の支配

労働力の商品化を通し、資本は社会存立・発展の実体を包摂し、社会的に確立する。商品経済は社会関係を支配することになる。その下で、商品・貨幣という物的関係が、人間の社会関係を支配し、「物神性」が生じることを『資本論』は明らかにした。労働者・生産者の人間関係が、商品・貨幣という「物」的関係を通してしか成立せず、物的関係の動きに支配される。これは、人間の観念の産物である神が、逆に人間・人間関係を動かす「物神性」と同じだ、という。ここから資本主義経済特有の経済法則が形成されることを明らかにする。

「交換者たち自身の社会的運動が彼らにとっては諸物の運動の形態をもつのであって、彼らはこの運動を制御するのではなく、これによって制御されるのである。……社会的分業の自然発生的な諸環として全面的に互いに依存し合う私的諸労働が、たえずそれらの社会的に均衡のとれた限度に還元されるのは、……それらの生産物の生産に社会的に必要な労働時間が、たとえば誰かの頭上に家が倒れてくるときの重力の法則のように、規制的な自然法則として強力に貫かれるからである。」(①一三九～一四〇頁)。この経済法則の形成と支配――これをマルクスは商品経済(労働力の商品化による資本主義経済)の物神性を示すものととらえた。

『資本論』第二巻第三篇「社会的総資本の再生産と流通」(再生産表式)でマルクスは、社会存立に不可欠な経済原則(生活資料・生産手段の生産・再生産の原則)を明らかにするとともに、資本主義はこの実現が経済法則を通してしか行われない――自然法則が人間の意志やそれに基づく行動によっては制御できず、法則によって規制されるように、構成員それぞれの一定の意思行為で成立する社会的関係・運動が、その主体的意志によっては制御できず、法則に従わなければならないということを明らかにした。

(3) 社会主義経済原則

『資本論』は、基本的に社会主義経済原論を提示していた。

代表的な三つの文章を引用しよう。

①「自由な人間の一つの協力体（Verein Freier Menschen）」――「人々は、共同の生産手段を持って労働し、彼らの多くの個人的労働力を、意識して一つの社会的労働力として支出する。……この協力体の総生産物は一つの社会的生産物である。この生産物の一部は、再び生産手段として用いられる。それはいぜんとして社会的である。しかしながら他の部分は生活手段として協力体の成員によって消費される。」（第一巻第一章第四節①一四五頁）。

「意識して」社会的労働力として支出する――意識した協力・共同関係に基づいている。「生産手段」はこの社会的主体が「用いる」のであって、「所有」に意味があるのではない。

②「……文明人が発展するほど、この自然必然性の国は拡大される。諸欲望が拡大されるからである。しかし同時に、諸欲望を充たす生産力も拡大される。この領域における自由は、ただ次のことにのみ存しうる。すなわち、社会化された人間、結合された生産者が、この自然との彼らの物質代謝によって盲目的な力によるように支配されることをやめて、それを合理的に規制し、彼らの共同の統制の下に置くこと、これを最小の力の支出をもって、また彼らの人間性にもっともふさわしく、もっとも適当な諸条件の下に行うこと、これである。しかし、これはいぜんとしてなお必然の国である。」（第三巻第四八章⑧三三九頁）。

人間と自然との物質代謝が「盲目的な力」によって支配される――これは労働力商品化に基づく資本主義的経済法則の強制ととらえうる（上述「物神性」で示されている）。これをなくし結合生産者が「合理的に規制」し、「共同の統制の下に置く」――結合生産者が主体となり、主体として意識的に社会的生産を行う、ということである。労働力商品化の廃絶による経済法則の廃棄である。

③「……社会の与えられた生産条件の下で、一方では、保険元本及び予備元本の形成のために、他方では、社会的欲望によって規定された程度における再生産の不断の拡張のために、必要とされる程度まで、剰余労働及び剰余生産物を縮減する、とする。最後に、また、またはもはや、労働能力のない成員のために、労働能力のある成員が常になさなければならない労働量を、必要労働か、剰余労働に含める、とする。すなわち、必要労働からも剰余労働からも、特殊資本主義的性格を剥ぎ取る、とする。そうすれば、もはやこれらの形態［賃金・剰余価値という形態］は残らず、ただすべての社会的生産様式に共通な、その基礎だけが残

る。」(第三巻第五〇章⑧四二九頁)。

現に労働力を発揮し労働を行う者が、自ら人間的欲求を高める必要労働を行うとともに、「まだ、もはや」労働能力のない成員を支える(保育・人間形成教育、介護を支える)「剰余労働」を行う、ということである。これこそ、社会主義的社会保障原論、ということができる。

労働・生産過程の本来の主体である労働者の労働・生産過程における主体性を奪い、さらに自らの生活の水準・内容も、資本の利潤拡大要求・支配によって、規制される――これこそ労働力商品化によってもたらされる自己「疎外」である。労働力商品化の廃絶――労働・生産過程における主体の確立、それに基づいて、すべての社会構成員の人間的権利、人間的生活を実現しうる。

『資本論』は、社会主義の基本を明確に提示していたのである。

(二〇一九年一月三一日)

【注】

(1) 資本主義の否定、労働者による共同社会の形成を、ここでは「自然過程の必然性」としているのであるが、これをそのままに受取ると、労働者階級の主体的意志に基づく実践なくしても、資本主義が転換されるようにとらえられるが、これは変革の客観的根拠の形成ということであって、マルクスは、窮乏化に対抗して労働者の反抗―主体的実践が生じる、これが収奪者を収奪することになることを強調していた。しかも注25で『共産党宣言』を引用し、これを確認している。

(2) 鎌倉孝夫「『資本論』の株式会社論」(『進歩と改革』二〇一五年三月号、参照)

(三) 関生型中小企業労働組合の「産業政策」闘争
——生コン産業における中小産別労働組合と事業協同組合の共闘

樋口　兼次

1 産業政策闘争

新たなナショナルセンター（連合）の結成を翌年にひかえた一九八九年秋、総評・中小闘争対策本部は、新ナショナルセンターに引き継ぐべき課題をとりまとめ、単産間共闘、地域産別による横断的な協力・支援体制のもと産業政策や経営対策へ踏み込んだ闘いの必要性を指摘した。[注1]

中小闘争対策本部の運動と課題は、新ナショナルセンターの地域連合の活動の一環として取り組まれ、あるいは未組織労働者の個別労働問題は地域ユニオンが重要な受け皿機能を果たすことになっている。だが、こんにち中小企業労働組合運動は前進しているとは思われない。

ここでは、生コンクリート産業（生コン産業）における産業政策闘争すなわち、労働組合と中小企業の協同組合（事業協同組合）の連携で産業調整に踏み込みつつ中小企業経営の健全化と労働現場の維持、労働条件改善に取り組む運動に注目したい。

ここにみられる特徴は、統一戦線や政策要求カンパニアとも異質である。そして生コン産業固有の条件のもとで試行錯誤のうえ独自に具体化され、地域産別組織で産業構造の調整にまで踏み込み、一定程度の成果を上げてきた。だが、この試みは資本側の反撃にさらされ、成功の兆しが見えるたびに数々の妨害に直面し後退させられもしてきた。労働組合の正当な行為に対する警察権力の介入、レイシストらによる攻撃、法解釈の変更による権利行使の停止といった困難にいくたびか直面している。

社会的常識と遵法のもとに行われている労働現場の存続

と労働者の権利の継続を求める要求は正当である。そうしたリアリティーゆえに運動は功を奏し、それゆえ相手側の反撃は形を変えて激しさを増す。こうした半世紀にわたる闘争の経過については詳細な記録(注2)に譲り、筆者が幾つかの関わりをもったシーンを通して、中小企業労働組合における「産業政策闘争」の基礎的条件と意義について検討してみたい。

2 疲弊する生コンクリート業
……双方寡占に挟まれ歪められる競争

生コンクリート（生コン）は、バッチャーと呼ばれる釜にセメント、砂利、砂、水、薬液を投入して練り混ぜて作られる。生コンは、バッチャーで攪拌されると化学反応し発熱しながら九〇分ほどで固まりだすので、必要量をミキサー車で攪拌しながら運び、三〇分以内に建築現場に投入される。かつて生コンは各建築現場で手作業で捏ねられ、その場で投入されたが、戦後の復興期（一九五〇年代）の建設ブーム期にセメントメーカーの主導でバッチャー釜をもつ専門工場型の生コン工場方式が生まれた。結果、生コンの大量生産、スピード施工と品質の標準化が実現され、建設現場における省力化、コスト削減にとって不可欠のものとなった。

生コン工場は当初はセメントメーカーの直営ないし子会社方式であったが、建材・セメント販売業者等が生コン工場を設置して参入し、徐々に独立企業方式に切り替わっていった。セメントメーカーは、独立した生コン事業者を外部から外注取引先として利用するようになり、さらにセメントの販売促進機構の末端として利用するようになった。新規参入した事業者は､形式は独立の中小企業であっても、価格決定など経営の自主権をもたない典型的な下請企業である。生コン工場は、全国に三、〇〇〇件あり、九九％以上が従業員三〇人以下の小企業で成り立っている。

生コン事業の関連事業としてバラセメント運送業（タンクローリー車を使用して、セメントをメーカーから生コンプラント等へ輸送する専門運送業）、コンクリート圧送工事業（コンクリートポンプ車を使用して、油圧によりビル建設現場の高所などに設置された型枠内に生コンクリートを圧送し打込む専門工事業）などがあるが、これらも生コン事業者と同様に下請中小企業で成り立っている。

一九七〇年代以降、生コン事業者は需要を大幅に上回る速度で増加し、供給過剰が生じて過当競争状態に陥っていった。こんにちでも工場の平均稼働率は二〇％以下と、採算割れの状況が続いているといわれる。

生コン充填の工程は建築物製造工程の一部であり、コンクリート型枠のなかで固まりコンクリートになった段階で商品価値が生まれる。したがって、生コン事業者はセメント会社の側（セメントの供給側）からみて販売部門の末端であると同時に、建設現場（セメントの需要側）における充填工程からみて建築物製造工程の分業の一工程である。つまり生コン産業は、セメント製造業とゼネコンという寡占体制の両末端に位置し、工程分業が形式的に独立（社会的分業）して両者から収奪されつつ多数の小企業がひしめきあって過当競争状態を呈する典型的な小資本部門である。セメントの供給と需要の谷間（双方寡占）におかれ、限界小資本と低賃金により一層疲弊に向かう、浪費の循環に陥りやすい。

一九七〇年代以降、高度経済成長の終わりとともに、目先の仕事を奪い合って採算を度外視した安売り競争を繰り返した結果、生コン工場の倒産、休業、賃金労働条件の切り下げ、首切りが横行した。慢性的な疲弊は斯業《しぎょう》に腐敗をもたらし、手抜き工事、粗悪材料によるコンクリート強度不足があいつで発覚し、コンクリート安全神話の崩壊という大きな社会問題となった。（注3）

3　寡占と小資本の競争と中小企業問題

中小企業で成り立つ生コン事業者は、供給側のセメントメーカーと需要側のゼネコンの寡占型大企業の市場支配を受けて歪められた競争によって絶えず苦しめられてきた。企業の脆弱性、収益力の弱さ、それに起因する低賃金、劣悪な労働条件は、慢性的な過当競争によるところが大きいのであるが、それは寡占的大企業による中小企業の支配従属や下請企業に対する「しわ寄せ」等の寡占の価格、市場支配行動による市場のゆがみに起因している。

以下、中小企業が寡占市場において、どのような競争環境を強いられ、その結果いかなる問題を現象することになるか、市場論的な整理をしておこう。

企業間取引における財やサービスの価格決定は、供給者の価格、品質が制限なく自由に比較され、あるいは市場における複数の価格が無差別に比較され、入札、交渉などの方法により、正当、公平、合理的になされる。理想的な自由競争のもとでは、こうした価格決定により供給側においても適正な利潤が得られ、需要側においても財やサービスの効用を獲得でき、この連続的な作用の結果、最適な財の配分がなされ経済活動が円滑に維持されるとされる。

これは、自由競争における価格決定の理論的想定にすぎない。

売手、買手の競争が価格を決めるにしても、買手が大企業で、しかも購買寡占の状態であれば、競争者の価格は競争制限要因が働き、購入価格の暗黙の協定（カルテル、価格先導）も行われやすい。供給者が取引の相手方に比して圧倒的に規模が小さければ、過当競争が生じ、採算割れの価格が実現する。多くの現実の取引において、売手、買手の競争は対等ではなく、力関係を背景とした非対等取引が成立してしまう。

大量生産技術や生産システムの進歩は、生産販売における規模の経済性による大企業の優位を生み、また多様な社会的分業の形成が大企業の主導により行われ、生産・加工・販売・輸送・保管等の生産関係における企業間のさまざまな支配従属関係を生み、価値配分の偏りが起こる。そして、市場競争においても企業間取引関係においても、さまざまな歪みをもたらすことは今日よく知られている。

中小企業の慢性的な過当競争状態、大企業による中小企業の支配従属や下請企業に対する「しわ寄せ」等により現象する中小企業の経営の脆弱性、限界性（中小企業問題）は、主として売手と買手の企業規模の相対関係により生ずるので、同一部門と異部門における大資本と小資本の関係を類型化して検討しよう。(注4)

Ⅰ．同一部門で大企業と中小企業が競争関係にある場合

同一分野で大企業と中小企業が競争する場合には、生産販売における大企業の優位のため市場の集中、寡占化が進み大企業は市場価格の形成における主導権を獲得する。この場合の大企業の価格政策は、低価格により中小企業を徹底的に駆逐して市場拡大を図るか、さもなければ相対的にコスト高の中小企業がギリギリ生存可能な限界価格を維持して中小企業を温存しつつ相対的に高い利潤（寡占利潤）を獲得するか、どちらかの政策を選択することができる。

① 両者が市場において、同一か代替可能な類似品の販売において直接的に競争関係にある場合は、大企業が競争

相手の多数の中小企業を市場から排除しようとすれば、短期間に価格破壊が進行し、多数の中小企業は存立条件を奪われ倒産が多発することになる。（中小企業倒産の多発）

② 両者が市場において共存関係にある場合は、両グループは併存するが、大企業は競争相手の多数の中小企業を存続させつつ、より多くの利潤を獲得することができる。すなわち、大企業は相対的に優れた生産技術を活用して中小企業よりも安い生産コストを実現し、価格を引き下げて高い生産コストしか実現していない多くの中小企業を市場から駆逐することが可能であるが、大企業はあえて自己の低い価格を採用せずに、中小企業が市場から退出しなくてもすむ程度の価格を採用して中小企業を存続させることにより、平均利潤以上の超過利潤を得ることができる。この場合中小企業は、慢性的な過度競争に陥り、ギリギリの採算状態のもとで縮小再生産を余儀なくされ、結果として多くの中小企業の経営体質は弱体化し、低賃金、低生産性の状態を脱出できないまま次第に成長機会を喪失してゆき、経営基盤の弱体な中小企業が大量に滞留する。（限界小企業の残存）

Ⅱ．異種部門間の大企業と中小企業の関係

大企業が原料生産部門を、中小企業が製品生産部門を担当するなど大企業と中小企業が異種部門で社会的分業関係にある場合には、大企業による生産関係の支配が進み、中小企業はその支配下に置かれる。

① 原材料の製造を大企業グループが担当し、製品の生産を中小企業が担当する場合には、原料生産を担う大企業のプライスリーダーシップ（価格先導）や価格維持（再販売価格維持）、カルテルが行われやすいため、一般的に価格が高く維持される傾向が生じる。

原料を購入する中小企業は、原材料の仕入れコストが上昇する一方で、競争者が多数であるため販売市場の慢性的な過度競争によって販売価格が低く抑えられ「原料高・製品安」の状態が生じ、経営採算は悪化する。（原料高・製品安による中小企業の採算悪化）

② 最終製品を担当する製造業の大企業とその部品を生産する中小企業の間では、大企業による中小企業の直接的支配である「下請関係」が成立し、不等価交換の取引（親

企業による買い叩き、不当返品など優越的地位濫用や不公正な取引）が蔓延し、下請企業に対する「しわ寄せ」問題が起こり、下請事業者の経営は慢性的に悪化する。（下請企業へのしわよせ）

③　大企業と納入業者、生産業者、運送業者等の関係においては、生産部門における下請関係と類似の不等価の交換取引（発注企業による買い叩き、不当返品など優越的地位濫用や不公正な取引）が蔓延し、下請企業と同様の「しわ寄せ」問題が起こり、請負事業者の経営は慢性的に悪化する。（請負事業者へのしわよせ）

以上のように、今日の企業間の取引、市場競争においては、寡占と小企業の競争における構造的な歪みがみられるのであるが、これは、中小企業の自由競争の結果惹起されるものではなく、寡占大企業により操作、管理された市場競争に起因する。そして、操作され管理された競争のもとで、その競争から逃れるために寡占企業への従属性を深め、寡占企業に忠実な協力企業群を形成するが、それでも寡占の一層シビアーな管理政策から逃れることはできず、操作され管理された競争の成果は、もっぱら寡占企業に吸い上げられる。

生コン産業は、以上の類型に照らせば、セメントを原材料とする製品（生コン）生産者という場面ではⅡの①（原料高・製品安）、建設業の下請的場面では、Ⅱの③（請負業者へのしわよせ）の典型的な事例であり、寡占による二重の圧力を受ける立場に位置する。

大手事業者が運送業者を利用する場合には、運送料金を低く抑えるとともに、不利な支払い条件を強制することが多い。また、親事業者（発注側）は、下請事業者（委託先）に対して統一価格を適用するのではなく、個々の企業ごとに料金や条件を設定し、同業者への公開を禁じたり、他の同業者との共同輸送や下請事業者同士の横の連携を排除する傾向がある。親事業者は、運賃や取引条件を個々の下請事業者に適用するに際して、下請事業者の意向を聞いたり取引条件について交渉することなく一方的に強制するのが通例である。親事業者は、とりわけ不況時には経費削減、投資の節約、輸送効率の向上とコスト削減等自らの企業利益を優先にシビアーな下請管理政策を徹底する傾向がある。

4 セメント寡占への生コン業者の対抗

中小企業の慢性的な過当競争状態、大企業による支配従属や下請企業に対する「しわ寄せ」という中小企業問題の解決のためには、中小企業の協同組合の集団化による対抗力の形成が必要となる。生コン産業の場合をみよう。

(1) 集団化による経営改善（事業協同組合による共同化）

中小企業は、資本規模、経営規模が小さいために、そもそも経営資源の集積が十分ではない。しかしながら、企業規模は市場の規模や需要の状態等の他律的要素で決まるので、すべての分野で資本規模や経営規模を大きくすることはできない。また、必要以上に企業規模を大きくすると、小回り性や機動性といった中小企業の特長を失うことになる。そこで、中小企業の特長を失うことなく規模の過小性を克服する方法として協同組合方式が有効と考えられてきた。

製品開発や新たな発想の具体化など経営の基幹部分や販売と顧客に対するきめ細かいメンテナンスなどの機能は個別企業が独自に担い、原材料、関連資材の仕入れ、従業員の訓練、汎用部品の加工等の規模利益の発揮できる部門を協同組合で集中して行うことにより、個々の組合員の過小性による経営資源集積の不足を補強することが期待されるわけである。

販売市場における価格形成力は、市場におけるシェアーや取引数量に比例する傾向がある。したがって、一般的に市場価格は圧倒的な販売数量を誇る少数の大企業によって決められ中小企業はその市場価格に追随するほかない。そこで、同業種の中小企業が結集し、市場におけるシェアーを確保して市場価格の形成に関与し、少しでも有利な価格を実現しようとして共同販売が行われる。

協同組合による事業の共同化による経営資源の確保と共同販売は、前述の市場類型Ⅰにおける同一分野で大企業と中小企業が競争する市場の場合、又は市場類型Ⅱの①の「原料高・製品安」の状態に悩まされる中小企業の場合に有効な方法と考えられる。中小企業が、生産コストを引き下げるか、適正な販売価格を形成できれば、大企業により市場から駆逐されるのを回避でき、低価格政策による採算悪化を食い止めることも可能となり、または原料高を克服して経営採算の好転を図ることも可能になるからである。

しかし、市場類型Ⅱの②または③における下請企業ないし請負企業においては、共同化、共同販売だけでは限界があり、次の対応が合わせ行われる。

(2) 集団化による対抗力の形成（事業協同組合による団体協約）

団体協約は、中小企業者により結成された事業協同組合が、その構成員たる中小企業者の取引先企業を相手に、代金の支払い方法、取引価格、手形の期間等の取引条件に関する協定を締結するものである。農業など他の協同組合にも同様の団体協約とそのための団体交渉についても法で認められている。

製造業者の協同組合と問屋の間、小売業者の協同組合と卸売業者の間、下請事業者の協同組合と親事業者の間、特約店の協同組合と製造業者の間など多様な取引関係において団体協約が締結されてきた。

製造業における下請関係や商業における下請関係に類似した企業関係においては、大企業である親企業が下請企業を選別し、自己の有利な取引関係を築き上げる。取引価格はしばしば引き下げられ、支払い手形のサイトは引き延ばされる。さらに、取引価格は、下請事業者に対して一律に適用されるのではなく、親企業が個別企業ごとに価格を決定し、価格水準は、各企業の個別生産費まで押し下げられる。下請企業の価格決定は、親企業たる購買者の非価格的要素で決定されることが一般化している。

こうした購買者である大企業とその下請企業との取引においては、取引上の地位を不当に利用し、売手である下請企業を相互に競争させ、支払いを遅延させ、代金を不当に値切るといった不等価交換取引が横行する。このような親企業による「しわ寄せ」は、操作され管理された競争であり、これに対する対抗力（カウンターベーリング・パワー）がなければ公正な競争状態を実現するのは不可能である。

それに対する法的対抗策は二つあり、一つは、不公正競争に対する法的介入すなわち、独禁法による不公正取引の禁止や下請代金支払遅延等防止法による法的規制であり、いま一つは、中小企業者が自ら集団を形成して、直面する取引条件の不利を交渉で是正する団体協約である。中小企業政策の理念の柱の一つである中小企業の「競争政策的不利是正」の一環として位置づけられてきた。前者は、公正競争に違反する個別的な事例に対して公権力が介入して、違法性を是正させ、不公正な取引を回復するものであり、いわば事後対症療法といえるものであり、これに対して後者は、公正競争に反する企業間の取引行為を集団で是正に導き、事前に違法性を防止することができる点で効果的な手法である。

団体協約は、公正競争を害する大企業の取引行為が未だ実行されていない段階でも、その恐れが高い場合や、違法性にまでは至らないが中小企業者にとって不利益とみなされる取引について、未然に是正することができる点で、広範囲の問題に対処できる有効な方法である。また、市場の歪み状態の存在が、対等平等な契約を制約したり自由契約を阻害する場合に、対等な契約を実現するための有効な方法となりうる。

5 生コン産業労働組合の対応と戦略

生コン産業の労働組合が積極的に切り拓いてきたのが産業政策闘争である。

産業政策といっても、問題を解決する公的介入としての産業政策に依存したり、具体的施策を要求する運動ではない。産業構造における生コン産業の位置と問題発生のメカニズムを具体的に解明し、その解決の方法を産業政策的手法や法を足がかりにして試行する。その目的は、労働現場の改善・維持であり、その基盤としての企業の改革である。労働現場のより良好な基盤を維持獲得できるならば、企業の一部消滅と再編成も容認し産業構造調整にも踏み込む。

繰り返しみてきたように、生コン業界は、セメント寡占とゼネコン寡占の間に挟まれて、双方から収奪される位置にいるので、生コン事業者個々で対応できる問題は限られている。そこで取り組まれたのが、企業単位の団体交渉ではなく企業横断的に労働条件を交渉する集団交渉である。

全日本建設運輸連帯労組関西地区生コン支部（関ナマ支部）は、企業の枠を越えた地域産別組合であり、企業側も集団を形成して集団交渉が行われてきた。集団交渉による運動の前進は、組織率の向上へ繋がり、更に集団交渉を繰り返すなかで、企業側と労働組合側の共通認識も形成されていった。

すなわち、過当競争による企業採算の悪化を食い止めるためには、セメントメーカーとの対等で適正な取引価格を実現することがカギとなること。生コンの供給過剰を克服しながら適正規模経営を達成することが必要であること。

公正な取引関係を確立することにより、生コン事業の健全化と労働者の社会的平均的賃金と労働条件を達成できること。こうした複雑な方程式を解きながら労働生活者の最低限度の権利をどのように獲得することができるか？こうした労働組合側の正当な要求は、生コン事業者の経営の安定と発展の可能性を予感させ、両者の共感を次第に深めることにつながったと思われる。

ここでいう産業政策闘争というのは、業界の構造的矛盾を正確に分析したうえで、基本的に利害の対立する経営側に対して公正健全な経営体制への変革を試みながら徐々に経営を安定させ、この見込みを共有して労働者の仕事を守り、賃金と労働条件を向上させる運動である。かつて、総評の中小企業労働運動において唱えられた「一面闘争・一面共闘」をより具体化し進化させた戦略と思われる。かつての統一戦線（民族資本家と労働者階級の民族民主統一戦線）や中小企業家と中小企業労働組合のカンパニア型統一行動とは異なる。労働者と資本家の利害は対立することを前提として、こうした対立する利害を無理矢理調整しようとせずに従前の労使交渉に委ねる。一方、産業構造上の市場関係によってもたらされる生コン工場現場の社会的不利益や圧力、差別的行為に対しては、地域産業別に結集した労働組合と地域の同業者が結成した協同組合が共闘する。労使を超えた共通の課題が認識されれば共闘して取り組むというものである。

こうした産業政策への経・労提携すなわち「産業政策闘争」は、具体的には業界の構造改善政策への協調、生コン受注をめぐる共同販売の実現、運輸契約を巡る発注企業と受注企業間の団体協約の締結などとして具体化されてきた。経営側は、地域同業者の事業協同組合へ参加し、労働者は地域産別労組（関ナマ支部等）に参加し、両者が集団交渉を行いながら業界全体の構造改革を進める。

中小企業近代化促進法に基づく構造改善計画は、一九七七年から二年間にわたり過剰設備の計画的廃棄による需給バランスの達成と不況克服による業界立て直しを内容として実施された。構造改善計画に対しては、弱小企業を切り捨て優良な中小企業のみ育成する悪法であるとする伝統的な批判があったが、関ナマ労働組合はこの構造改善計画を条件付きで容認した。それまでのセメントメーカーの販売戦略は、生コン工場の系列化、低価格競争による販売競争の草刈り場として熾烈に行われたが、その結果、生コン業界は採算割れとなり低賃金・長時間労働が蔓延していた。この事態に対して、労働組合側は、業界の自立性と公正競争の確立をとおして採算を確保し、労働現場の確保、雇用維持に結びつくならば構造改善計画に協力するというスタンスに立ち、構造改善事業の修正を前提として容認したのである。

構造改善計画は、「中小企業等経営強化法」の制定にともない一九九九年に廃止されてしまったが、この構造改善への取り組みを通じて、生コン業界の自立性が一定程度達成され、それにより賃金・労働条件の地域産別での統一、生コン関係労働組合協議会（生コン労協）による共闘体制の実現、中小企業団体組織法に基づく大阪兵庫生コンクリート工業組合（生コン工組）との集団交渉の実現など地域産別労働組合としての基盤が一層強化される効果がもたらされた。

中小企業組合総合研究所の設立（二〇〇四年）は、経営と労働組合の共通認識を深めるに有効だった。

生コン工組と関ナマ支部が協同で研究所を設立し、不良コンクリート問題への対応、品質管理、安全問題、技術向上対策などの協同研究のほか、マイスター塾を創設し、労使協同による技能向上、社会的課題への協同対応が開始されたことは注目された。この共同研究は、経営と労働組合の共通認識を深めるに役立った。

6　産業政策闘争に対する切り崩し……団体協約否認の大阪高裁判決

産業政策闘争の成否は、労働組合と事業協同組合の組織率と質が決め手となる。業者の事業協同組合の組織化は、通産省の業界再建策として推奨され全国三〇〇地区で行われたが、強力な組織を維持したのは関西である。生コン事業者の団結を恐れたのは、いうまでもなくセメント寡占とゼネコンであった。全国に生まれた生コン事業者の協同組合の多くは、十分な力量を蓄積できずにいたが、大阪では幾度かの危機を乗り越えて強力な協同組合を作り上げた。大阪府下全域をカバーする「大阪生コンクリート広域協同組合」（広域協組）である。広域協組は、こんにちでは兵庫県の同業者も糾合して一六四社一八九工場、組織率約一〇〇％を達成し、生コン価格は数年で四割上昇し、加盟業者の経営状態は改善された。こうした成果の反面、広域協組に対する切り崩しや内部対立の表面化など問題も生まれてきている。また、ある程度の成功をみせてきた産業政策闘争に対する攻撃も顕在化している。

協同組合の団体協約の応諾義務否認判決もその一つであ

る。近畿地方（大阪、兵庫、京都、滋賀、奈良、和歌山、福井）のバラセメント（粉粒体のセメント）輸送業者でつくる近畿バラセメント輸送協同組合（近畿バラセメント協組、本部大阪市）は、組合員である運送事業者とその取引先である大手セメント会社の間のバラセメント輸送運賃等の取引条件について、中小企業等協同組合法に基づく団体協約を締結して料金の団体交渉を行い、取引条件の改善を申し入れてきたのであるが、二〇〇四年になってセメント会社から一方的に団体交渉の打ち切りを通告してきた。中小企業等協同組合法は、事業協同組合が組合員の取引先大企業と取引条件の団体協約を締結するため団体交渉を申し入れたときは、その交渉に応じる旨を定めている。そこで近畿バラセメント協組は、交渉相手の大手セメント会社に対して団体交渉に応じるよう大阪地裁に提訴した。大阪地裁は組合側の主張を認め勝訴したが、大阪高裁は一転して逆転の判決を下し、最高裁は上告不受理を決定したため、高裁判決が確定（二〇一二年）し組合は敗訴した。[注5]この結果、生コン関係の事業者で組織される協同組合が、組合員の取引先である大企業との間で取引条件の改定交渉を行う場が失われることとなった。団体交渉による団体協約の制度は、農協、生協その他協同組合法に共通した制度であり、その影響は小さくないが、かれらは沈黙したままである。

7 共同販売をめぐる足並みの乱れ

共同販売事業は、協同組合が決めた価格・取引条件で受注し、組合員は注文を受け付けても組合の営業部を通して決済するので、統一価格で取引が行われ、ゼネコンによる買いたたきを防ぎ、採算がとれる価格で販売できる。小規模事業者の弱点である価格交渉力の向上が目的である。

営業販売力が弱く、自社で必要な売上高を確保することが困難であったり、価格交渉力が弱く、採算がとれる単価を販売交渉において実現できない小企業が販売活動を共同化することにより、販売量をまとめて販売力を強めるとともに、価格交渉力が強化される。生コン業界において、生コンの共同販売は成果をあげてきたが、昨今同業者の足並みの乱れも起きるようになってきた。全ての組合員が共同販売事業に対して継続的に賛同し、事業を安定的に持続することは簡単ではない。組合員の販売能力には格差があるうえに経営政策に差異が生まれることもあるからである。

営業力、価格交渉力が強い組合員は、独力でも価格交渉を行って販売することはある程度可能である。これに対して営業力、価格交渉力が不十分な組合員は、独力で価格交渉を行って販売することは難しい。営業力、価格交渉力が不十分な組合員は、共同販売により数量をまとめて交渉力を強め、有利な条件で取引が可能になるので共同販売に積極的に参加するであろう。彼らは、優良で販売数量の多い企業が共同販売に参加することで、共同販売の扱い高が大きくなり価格交渉が優位になると期待するであろう。しかし、優良な組合員は、自己の企業の販路拡大を狙い、安売り競争を仕掛けて同業者の競争相手を駆逐することでライバルの数を減らし、その結果市況を改善させて利益率を回復させようとするかもしれない。優良組合員は協同組合において協調することにより有利になる場合と共同事業から離脱して自己の利益を得るか比較考量するかもしれない。

このように共同販売は、組合員の個別の利害により容易に弱体化、崩壊しかねない弱さをもっている。共同購買や共同受注なども同様である。個別企業が相互に血道をあげて競争に明け暮れれば、セメント供給独占にとっては販売の拡張にとって好機となり、また、ゼネコンにとっても生コン工事コストが下がり好都合となる。しかし、仮に優良企業がシェアーを増やして一時的に利益を得たとしても、早晩セメント独占とゼネコンの市場価格操作によって元の木阿弥に戻ってしまうことになるから、生コン事業者が団結しない限り、結局のところ寡占の餌食にならざるを得ないのであるが、往々にして事業者は短期的利益に目を奪われる。

規制緩和論の影響もあってか、競争によって中小企業は鍛えられる、優れた中小企業は競争的な環境から生まれる、といった見解が昨今とみに目立つのであるが、こうした風潮が協同組合による共同行為の足並みを乱す背景になっている。生コン産業の事例で明らかなように、中小企業同士が競争を意識して熾烈な競争を繰り返せばするほど、仲間同士のつぶし合いを寡占は抜け目なく草刈り場として利用するのである。

任意加入、契約自由、自由意思の原則のもとで運営される協同組合は、参加する経営者が目先の利益に惑わされることなく、協同の利益を確信し続けることができなければ、やがて弱体化し、崩壊を免れない。加入と事業利用の強制を否定する自由な協同組合においては、組合員の協同性の理解を深め、連帯を強化するという以上の特効薬はない。戦前・戦後復興期の統制組合は、自由協同組合の限界を克服するために統制型の同業組合を必要とし、統制事業の遂行のため国家権力による地区内全同業者の強制加入命令すら用意した。事業経営体としての協同組合は、組合員個々の短期的利益と組合員全体の長期的利益の調整なしには成立できない。

8 労働組合と中小企業の協同利益の調整

中小企業の協同組合による共同事業の成否は、個別企業の短期的利益への衝動を抑えて、長期的な業界の安定と協同利益への自覚にかかっていると思われるが、他方、労働者も事業者間の亀裂を阻止して協同を繋ぎとめる役割を果たす。個別企業現場への固執を越え、地域の労働現場総体の維持・改善が地域の雇用の確保と労働条件向上に結果する。こうした経営、労働双方の協同意思の形成が重要になっている。

労働者にとっては労働現場であり、企業経営者にとっては生産現場である生産点において、両者を協同に向かわせる条件はなにか？

過当競争のもとで企業が激しい価格競争を行えば採算は一層悪化し経営破綻に陥るか、さもなければ手っ取り早く人件費を縮減して乗り切ろうとする。結果は限界企業としてギリギリ生き残るか、消滅の危機から逃れることはできない。そこで、労働者が賃金・労働条件の切り下げを断固として拒否すれば、企業は出血競争の道を諦めるしかなくなる。過当競争↓劣悪労働条件↓限界企業という負のサイクルを断ち切る決め手は、労働者の抵抗である。

経営者と労働者は、搾取・被搾取の対立した関係にあるが、両者が寡占という「共通の敵」に直面するときは共闘は比較的成立しやすい。

労働者にとっては労働の場であり、経営者にとっては生産の場である生産点の安定が外部から侵される危機に直面したときには、強く抵抗し排撃しようとする。労働現場の排他性と自立性の傾向は、労働者の技能、ノウハウに依存する機械製作などにおいては、いまなお根強く存在する。労働者は現場で年季を積みながら技能を身につけ、熟練度にしたがって序列を形成し、現場の労働集団のトップ（職長）に登りつめた後独立して工場経営者となる者が多い。技能工は多様な工程の熟練を経て、最後に検査工として生産工程を統括出来るようになると独立するのである。彼らは資本家であるよりも工場主であり、職工親方の気質をもっている。建設産業においてもよく似た傾向がみられる。

こうした熟練職能分野における中小企業の経営者と労働者は、その気質において多くの共通性をもっている。労働現場においては、労働者は作業工程（労働過程）を経験的に仕切ろうとするが、経営者も資本家的支配の衝動を抑制して、敢て介入せず容認する傾向がみられる。しかし経営者がひとたび小資本家的野心を露わにして目先の利益のために生産過程の支配を強化して労働者の協同的支配を破壊しようとすれば、労働者は反発し対立する。反対に労働者が頑なな支配を主張すれば経営者はそれを排除しようとして両者は激しく対立することになる（注6）。

現実の労働現場において、労働支配と経営支配は妥協的に共存しているのであり、労働・生産現場における自律性のもとでの協同利益が期待できるかぎり相互利益のための協同は維持される。しかし、労働者の自立性と経営の独立性が衝突すれば協同関係は容易に崩れ去ることになる。市場の激しい競争と圧力は、小規模の経営体の存続を危うくするから、経営者たちは必死で企業の存続を確保しようとする。一方、労働者も労働現場を仕切る気質（労働過程の支配志向）をもって対抗する。結局、双方の利益を実現できる調整が共同行動を維持、継続するカギとなる。労働、経営双方がそれぞれ個別企業の枠を越えた協同を追求し、加えて労協間の協同の利益に向けて調整する二重の仕組みを工夫する必要があるのではないだろうか。

【注】

（1）総評・中小闘争対策本部編『八九年春闘を中心とした中小闘争の経過・資料集』（一九八九年）この研究会、シンポジウム、報告書の討議、執筆に筆者も参加した。

（2）『風雲去来人馬…関西地区生コン支部闘争史（一九八五〜一九九四年）』全日本建設運輸連帯労働組合関西地区生コン支部三〇年始編集委員会（一九九四年）、『関西生コン産業六〇年の歩み（一九五三〜二〇一三）…大企業との対等取引をめざして協同組合と労働組合の挑戦』一般社団法人中小企業組合総合研究所（社会評論社二〇一三年）、『関西地区生コン支部労働運動五〇年その闘いの記録…共生・協同を求めて一九六五〜二〇一五年』全日本建設運輸連帯労働組合関西地区生コン支部「関西地区生コン支部五〇年史」編集委員会（社会評論社二〇一五年）、「生コン関連業種別ユニオン（連続講座）」『労働法律旬報』No.1923, 1924, 1927・28号（二〇一八〜一九年）所収等参照

（3）『ストライキしたら逮捕されまくったけどそれってどうなの（労働組合なのに…）』連帯ユニオン編（旬報社二〇一九年）

（4）樋口兼次「中小企業等協同組合法の団体協約への応諾義務について」（近畿バラセメント輸送協同組合の団体協

約に関する大阪高等裁判所への意見書、二〇一一年）の「団体協約制度の背景としての市場競争のゆがみ」の項で詳細に論じた。

（5）樋口兼次「団体協約制度をどう活かすか？ ：団体交渉応諾義務否認の大阪高裁判決後の対応」『中小企業と組合』所収、全国中小企業団体中央会（二〇一八年六月号）

（6）川副詔三「戦後七〇年労働運動史の史的総括と今後の路線展望」『地域と労働運動』二〇一六年一〇月号以降連載）のなかで労働者の労働過程の自立性と排他性の問題が検討されていて、ここから重要な示唆を得ることができる。なお、大正期に企業家と職工労働者の工場支配をめぐる対立から誕生したのが「労働者生産協同組合測機舎」であった。（樋口兼次『労働資本とワーカーズコレクティヴ』時潮社（二〇〇五年）

㈣ 関生型協同運動に期待する

伊藤　誠

1 労働運動の衰退を憂える

日本の労働運動は、一九七〇年代初頭に戦後の高度成長が終焉し、その後に生じた一連の日本経済の危機と再編の過程において、一九八〇年代以降新自由主義が支配的傾向となり、市場での競争原理にゆだねることこそが合理的で効率的な経済秩序を実現するとする発想がさまざまな分野におよぼされるなかで、きびしい衰退傾向を迫られてきた。

たとえば一九七〇年にはなお三五・四％を保持していた雇用労働者の労働組合組織率は、一九九三年には二四・二％に減少し、二〇一八年には一七・〇％に低落している。いまや八三％の雇用労働者は労働組合の協同的保護の外におかれていることになる。

高度成長の過程では、むしろ毎年の春闘に恒例であったストライキも影をひそめて久しい。不当解雇や不当な残業やパワハラに組合が抗議し是正を求める役割も期待しにくくなっている。

その間、情報技術（ＩＴ）化が工場にもオフィスにも広範に進展し、労働生産性は顕著に高められていながら、その成果が労働条件に還元されず、実質賃金は停滞し、非正規で安価なとくに女性労働力が大量に動員され続けてきた。一九七三年には男性雇用者の半数以下にとどまっていた女性の雇用比率が、二〇一五年には七八・二％に達し、しかもそのうち五六・六％は非正規で占められている。

こうした雇用情勢の変化は、いわゆるサービス経済化、ないし産業空洞化への傾向をも反映している。農業や製造業などの第一次、第二次産業以外の第三次産業（広義のサービス産業）が就業者総数に占める比率は、一九七三年以降五〇％をこえ、一九九五年に六〇％、二〇一〇年には七〇％をこえるにいたる。それも女性の非正規雇用を増大させやすい産業構造の動態をなしていた。

高度成長期まで、主に男性の正規雇用者を企業別に組織していた日本の労働組合は、こうした雇用情勢の変化に対応することが困難で、組織率の低下をさけられなかった。

それに加え、臨調行革に始まる日本の新自由主義政策の重要な一面として、一九八五～八七年に国鉄、電電、専売の三公社が民営化される。（本書第二章でも述べられているように）、その過程で、労働組合が選別的な解雇処分にともない大打撃を受け、それら公企業を重要な運動基盤としていた、戦闘的労働運動の代表的ナショナルセンター総評にも壊滅的打撃が加えられた。その結果、一九九八年には総評が解体され、より企業協力的な連合（全日本民間労働組合連合会）に統合されたことも、労働運動の戦闘性を弱体化する質的変化をもたらしている。

と同時に、総評を重要な基盤としていた日本社会党の弱体化と凋落をまねき（ついで社会民主党と新社会党とへの分裂ももたらし）、日本の政治潮流を大きく右に狭める作用も生じた。二〇〇七年には郵政も民営化され、いまや水道事業も民営化されようとしている。

こうした新自由主義のもとでの一連の変化は、市場原理にしたがい、期待されていた合理的で効率的経済生活を実現してきたであろうか。むしろ期待を大きく裏切る不合理なバブルとその崩壊による破壊的不安定性を増幅し、富と所得の格差の顕著な拡大をもたらし、有効需要の最重要部分をなす消費者需要を冷え込ませ、不況基調のもとでの労働力の商品化の矛盾を構造的に慢性化する作用をもたらし、デフレスパイラルの解消を困難とし、とくに一九九〇年代以降のゼロ成長に近い（一九九一～二〇一二年の平均成長率は〇・九％）低迷から脱却できない実績が残されてきている。

その過程で、働く人びとの経済生活は、多様な非正規の不安定な雇用関係におびやかされ、消費税などの公的負担は増加しながら、子育て、教育、医療、社会保障、年金などへの公的支援やサービスは削減されて、生活不安が増大し、ワーキングプアや子どもの貧困などの新たな貧困問題が広がっている。少子高齢化社会の衰退感も地域社会の荒廃化と結びつきやすい。

それらの根底に新自由主義のもとでの労働運動の衰退が、直接間接に大きく関わっているとはいえないであろうか。われわれはこうした問題を問いかけ、そこからのあらたなオルタナティブを模索する共同の試みをめざさなければならない。どこからはじめるべきか。

労働者運動としても、労働組合運動のみによらない広い選択肢はないか。消費者としての労働者の協力による消費者協同組合や、地域住民としての地域通貨によるケアや各種サービスの協力組織、資本に雇用される関係をこえる労働者協同組合による職場づくり、NPO、NGOなどによる相互協力のネットワークでの活動などもいまや多様に広がりつつある。それらもいまや労働者の運動として、自然災害からの地域社会の復興や、ひろく労働者の経済生活の自主的拡充、安定化、相互扶助のために大いに役立てられてよい選択肢となっているといえよう。とくに協同組合の役割は、社会連帯経済の重要な要として、世界的にも日本でも大きな関心を集めつつある。

しかし、その可能性への期待と関心により、資本主義企業に雇用される労働者の労働組合運動再生への課題が軽視されることがあってはならない。むしろこの課題とどう連携できるかが、とくに資本主義の民主的統御や変革にむかううえでは、協同組合運動にとってもきわめて重要な問題となるに違いない。こうした課題を念頭におくと、衰退傾向に憂慮が深まる日本の労働組合運動のなかで、着実に組合員数を伸ばしつつあるパートなど非正規労働者の組織化の進展に期待したい。それと同時に、例外的な活力を示してきた労働運動の事例として、関生型協同労働運動の特質と意義にあらためて注目したくなる。本書第五章の三に続き、若干の検討を加えておこう。

2　関生型協同労働の可能性

関生型協同運動とはなにか。少なくとも四つの特筆すべき特徴がそこにはみいだせる。いずれも現代日本の社会運動に貴重な示唆を提示している。

その第一は、なんといっても階級的労働組合運動の戦闘的伝統の現代日本における可能性を生き生きと体現しているところにある。すなわち、関生型協同運動の社会変革をめざす多様な活動の中心には、一九六五年に発足した全国自動車運輸労働組合関西地区生コン支部の労働組合運動の活力がおかれてきた。

発足時一八〇名の規模から一九八三年までの二〇年足らずで三五〇〇名までその加入者は成長した。この労働組合の活力は、どのような要因によるものであったか。日本の労働組合運動が、総じてとくに一九七〇年代半ば以降、衰退傾向を深め組織率を低下させるなかで、その成長には、つよく関心をひかれる。

まず、この関生支部の組合は、発足当時から、日本では戦後支配的潮流をなしてきた企業別労働組合の組織形態をとらず、個人加入も可能な産業別組合の形態をとっていた。そのことが、生コン運輸労働者の雇用・労働条件に適合性が高かったことは指摘されてよいであろう。

それとともに、公共事業を中心としつつ、都市化が進むなかで、建設部門での活況が続いたことも背景に、ストライキも辞さない団結力を強めて、階級的戦闘性を発揮し、労賃などの労働条件を改善する実績を示したことも、組織を拡大するうえで効果をあげてきているといえよう。

これにくらべ戦後日本のある時期以降の労働組合運動は、民間企業の労組はもとより、戦闘的労働組合運動の主要な潮流を代表していた総評の中枢を支えていた官公労も、企業別組合の組織形態なしていた。一九八〇年代に進展した公企業の民営化による戦闘的労働運動への攻勢は、その組織形態の弱点をめぐり、総評を解体させる結果を生じたともいえる。いまや、激増してきた非正規や有期の不安定な雇用関係のもとで、労働組合運動をいかに再生させるかが、日本の経済社会の健全化にとって枢要な課題となっているなかで、個人加盟も歓迎する産別やゼネラルユニオンの労働組合の組織化とその拡大が急務となっている。関生型労働組合運動が、これに貴重な参考事例を提供していることにうたがいはない。

加えて、建設も流通もその他業界もいまや人手不足で、新卒採用も奪い合いがきびしくなっている。労働組合は組織しやすく、労働条件の改善に組合の反転攻勢にも実はひさびさにチャンスがきているとはいえないか。関生型労働運動の組織的成長が継続すれば、そのチャンスは広がる可能性が高い。それは、アベノミクスのデフレ脱却路線がゆきづまり、政府が賃上げを財界に要請している姿より、日本の経済社会を未来に向けてその基礎から正してゆく確実な方途を示唆するところと思われる。

第二に、関生型協同運動は、大手ゼネコンの独占資本としての支配のもとに、生コン輸送の中小規模企業が、労働者とともに抑圧され、経営危機と倒産をくりかえしてきた状況を突破する、「産業政策」の柱として、生コン中小企業の協同組合化による共同受注、共同販売を促進する、協同組合運動の一面をあわせもつよう成長している。

とくに一九七三年をさかいに、日本経済が高度成長を終えて、危機と再編を反復する大不況のなかで、中小企業の倒産、経営危機、安売り競争が激化するなかで、労働組合が中小生コン業者と共闘しつつ、事業協同組合に結集をうながし、大資本の圧力に抵抗し、経営の安定化をはかることで、雇用と労働条件も守られ安定化することをめざす「産業政策」路線がきりひらかれていった。その路線も実際には決して容易ではなかった。関生型協同運動に、大手ゼネコン、警察、ヤクザ、その他の介入や弾圧や切りくずしがくりかえされてきた。しかしそれに抗して、関生の労働運動も協同組合運動も団結を強め、二〇〇五年までには一七社一八工場が関生の協同組合として組織されるにいたる。さらに関生労働運動は、一九九四年に発足した大阪広域生コンクリート協同組合（大阪広域協）の組織拡大に推進的役割を果たし、二〇一七年までには大阪広域協は、ほぼ一〇〇％の組織率で、一六四社、一八九工場を組織するにいたる。その結果、大阪広域協の生コン販売価格はその年までの二年ほどで四割以上引き上げられ、加盟業者の経営状況は顕著に改善された。

　こうした協同組合運動の側面は、一方で、二〇一三年のグローバル社会経済フォーラム（ＧＳＥＦ）の「ソウル宣言」などにも示されている、社会的連帯経済とよばれる協同組合や市民の協力によるＮＰＯ、ＮＧＯなどの事業体の成長に期待する多くの諸国、諸都市の動向にも同調している。日本でも、ケアの分野などに広がりつつある労働者協同組合の発展にも通底するところがある。世界の人びとが国連やＩＣＡ（国際協同組合同盟）などをつうじ、協同組合組織による協同労働の促進に関心を強めるなかで、関生型協同労働にも興味と期待がよせられる機運は高まっている。

　他方で、多くの協同組合運動が労働組合運動とは別系列の社会運動となりがちで、ときには労働組合運動とある種の対抗関係や緊張関係もともなうことすらあるのにたいし、関生型協同運動の場合は、むしろ労働組合運動がその戦闘的団結力を活かして、同じ業種の中小企業の協同組合化を促進し、緊密な共闘関係を組んで、大手ゼネコンと大手セメントメーカーとの支配力に対峙する中小生コン企業の協同組合と労働組合との連帯運動を形成しているところにすぐれた特徴を示してきた。

　こうした特徴は、どの業種にも適用可能かどうか。それは定かではないにせよ。協同組合型の連帯組織と労働組合の組織の再活性化とにともに期待したいなかで、関生型協同運動の拡大成長は、あきらかに直接間接に示唆するところが大きい事例をなしている。

第三に、関生の協同運動は、大阪を中心として、近畿二府四県に組織を拡大してきた。その活力は、その地域の人びとの政治経済的諸活動の重要な支えとなり、国政や地方自治体の選挙などにも重要な役割をはたしてきている。地域社会の生活をその基礎において守る介護、清掃、医療の現場労働者の組織化をすすめる支部をたちあげる試みも展開している。地域社会の荒廃や衰退に対処し、地域社会の再活性化にとりくむ努力を重ねてきている側面も注目されてよい。

関生の労働組合と協同組合の二面を結合した協同運動の組織的発展は、世界的にも日本でもこのところ重要な課題とされ関心を集めている地域社会再生への方途にも、大いに示唆を与えてくれるところがある。この一面は、関西の地域社会における人びとの歴史的文化的伝統や風習などにも適合性が高かったのではないかとも感じられる。とはいえ、地域社会で働く人びとのグラス・ルーツの連帯・協力組織とその運動を、大企業やその利害にそった国家の上からの支配に抗して、社会の健全化への変革の要として自ら育ててゆこうとする関生型協同運動の基本精神は、他の諸地域にもそれぞれの課題にそくして活かされてよいはずである。

東日本大震災からの地域社会の復興に向けての地元の人びとの協同的連帯の試みや沖縄の反基地闘争への、関生協同運動からの手厚い支援活動は、こうした発想の具体的発露を示している。こうしたいわば身銭をきった連帯活動が、広く多くの人びとに訴えかける力は小さくない。

第四に、関生の協同運動は、その発足以来、ゼネコンなどの大企業を中心とする資本主義に批判的に対峙し、その支配をのりこえる変革の可能性をうらづける思想と理論の役割を重視してきた。それによって各分野に広がる専門的研究者たちと、社会変革を求める諸運動との連携が支えられてきた。

その延長上に、二〇〇九年に発足した「変革のアソシエ」による資本主義に対抗するオルタナティブを求める批判的知性と社会諸運動の協力と結集の試みにも、関生支部は、二期一〇年にわたり全面的な協力・協働関係を形成してきた。『季刊変革のアソシエ』の編集・刊行、変革のアソシエとしての東京、大阪、仙台における研究集会、市民講座の開催、沖縄の反基地運動への支援など、変革のアソシエとしての連帯諸活動は、関生協同運動の支えなしには維持されえなかったところと思われる。共同代表のひとりとして、そのことに深く感謝している。

さらに二〇一五年には、関生支部結成五〇周年を記念し、新労働会館が建設され、そこに戦前の労農派が大切にしていた大阪労働学校の理念を現代に再生しようとする、新たな大阪労働学校が開設され、若い世代に変革のアソシエがめざしてきた試みを、関生型協同運動の実践例とあわせ発展的にひきついでもらう貴重な学習・交流の場も発足している。そこには日本のこれからの労働者運動を担うべき若い世代が、各大学の学生、院生とともに交流し、協力する新たなネットワークを形成する有望な機運と拠点が生じている。

こうした側面もふくめ、関生型協同運動が、これら四つの特徴とその精神を各地域の特性にあわせ適用する方向で、首都圏をはじめ多くの地域における連帯活動にも参照され、それら諸運動の拡大を促してゆく先駆的モデルの役割を果たしてゆくことも大いに期待される機運にあるといえよう。

3 異例の弾圧をこえて

ところが、こうした関生型協同運動の成長、拡大を阻害し抑圧しようとする異例の大弾圧が二〇一八年夏から継続的に展開されている。それは何を意味しているか。

まず第一に、その重要な誘因をなしたのは、関生協同運動が推進した大阪広域協の組織拡大とその成果としての加盟中小企業の経営改善に続く、大阪広域協の変質であった。とくに二〇一七年一二月に関生支部と全港湾大阪支部が、近畿地方における生コン輸送運賃をかねての約束にしたがい引き上げることと、大阪広域協の運営を民主化して公正な受注シェア配分を実現するという二つの要求をかかげて、大規模な地域ストライキをおこなったのにたいし、大阪広域協が威力業務妨害であるとストに強く反発し、敵対する。その一環として、ヘイトスピーチで悪名をはせたレイシスト（差別排外主義者）集団を使ってのブログなどで関生支部は企業恫喝のプロ集団であるといったデマ宣伝を執拗に反復したり、関生支部組合員の多い生コン業者を「連帯系」業者とし、しごとの配分から除外したり、そのうちの一社を除名したりするにいたる。この除名処分には、大阪地裁でも二〇一八年六月に「無効」の仮処分の決定が示された。

しかしその直後の七月から、滋賀、大阪などの県警が連続的に「恐喝未遂」、「威力妨害」事件として二〇一九年二月段階までで、数次にわたり延べ七〇数名におよぶ事業者や組合員の逮捕、勾留を続け、刑事事件として起訴をおこなう、異常な大弾圧が加えられ続けている。武健一委員長も八月に逮捕されて以来半年をこえて、保釈も認められず身柄を拘束され続けている。

その経緯には、中小企業の協同組合が、産別労働組合運動と協力し、大手大企業に対抗して組織を拡大する可能性をあるところまで実現しながら、大阪広域協にみられたように、その成長をつうじ、労働組合運動と対立し、大企業の側の利害にそってむしろ労働運動を排撃するような変質をとげる危険をもはらんでいることを実感させるところがある。それは、一般化していえば、協同組合企業やその連合関係が資本主義企業と競合しつつ、ときには下請け関係や関連企業として協力もするさいに、その内部にも形成されうる労働組合との関係を、どのように位置づけてゆけるか。資本主義企業の利害によりそうか、労働組合との連携を重視するか、内外の労資関係によって動揺したり、引き裂かれたりする危険や可能性をつねにまぬがれがたいところがあるのではないか。協同組合運動全般にとっても理論的実践的に検討を要する重要な問題が提示されているといえよう。

第二に、この異例の大規模で長期にわたる大弾圧は、『労働法律旬報』二〇一九年一月合併号の特集②で検証されているように、憲法第二八条「勤労者の団結する権利及び団体交渉その他の団体行動をする権利は、これを保障する」という規定にもとづき、団交や争議行為に刑罰を加え取り締まることは許されない、とする戦後日本の労働基本権をめぐる労働法や社会通念を覆す措置であり、憲法に明白に違反するとともに、労働組合運動一般を不当な威力業務妨害として禁圧するおそれを多分にはらんでいる。安倍政権のめざす「戦後レジームからの脱却」の方針をうけ、労働者の団結権、団体行動権を事実上否定する、先行的解釈改憲を実現しつつある危惧を感じる。労働運動全体への重大な挑戦がおこなわれつつあるといえよう。労働界はこれを座視していてよいのであろうか。『労働法律旬報』の特集は、それを訴えているように読める。

加えて、この特集のなかで長嶋靖久弁護士が指摘しているように、この大弾圧の立件の要は、二〇一七年に多大の危惧と反対を押し切って制定された共謀罪を適用して、現場の行動に参加したいない委員長ら組合役員に、共謀を犯罪として立証しようとする論旨におかれている。そのために異例の大規模な家宅捜査、スマートフォンなどの押収とそのメモリーの証拠としての利用の試みなどもおこなわれつつある。共謀法は労働組合運動にこうして適用されてよい法律なのであろうか。憲法の保障している労働者の団結権、団体交渉権との整合性においても、プライバシー尊重の面からも社会通念の域を大幅にこえており、まったく理解に苦しむ。

第三に、この異例の弾圧は、大きくみれば、はじめに述べたように新自由主義のもとであいついできびしい攻勢をうけて衰退をせまられてきた戦闘的労働組合運動のなかで、それまでの企業別労働組合の枠組みとその限界とをこえる産業別労働組合運動の特性を発揮して、例外的な活力を示してきた全国自動車運輸労働組合関西地区生コン支部の顕著な成長とその全国展開への可能性に、いかに政財界が潜在的脅威を感じているかを如実に示しているともいえる。その意味で、関生型労働運動の成長発展自体の誘発している理不尽な反作用として位置づけられ反撃されなければならない。

この弾圧は、憲法の保障する労働者の団結権、団体交渉権に、共謀罪を適用して組織暴力と同様に取り締まろうとする、異常な理不尽さをともない、日本の労働運動全体の未来に重大な危機をもたらしつつあるとみなければならない。二〇一八年一二月一五日に東京の日本教育会館で開かれた関生支援の報告会にも予想をはるかにこえる多くの人びとが結集し、これへの反撃の必要を確認しあった。

関生労働運動にとっても、関生型労働運動の可能性に期待する多くの仲間と連帯しつつ、これまでのたび重なる弾圧の経験を活かし、この抑圧を好機にいっそうの団結の強化と連帯運動の拡大につとめ、日本の労働者運動の未来のために闘いぬいて勝利をおさめてほしいし、その成功の公算も高いと信じ期待している。

そのためにも、関生型協同運動が重視してきた労働者運動の思想、理論、歴史の学習、研究活動との連携もますます大切にされなければならない局面ではないかと考えている。

（本稿は、『季刊　変革のアソシエ』三三号、二〇一八年八月、所収の同大の拙稿を拡充したものである。なお、関生型協同運動の成長発展の軌跡は、次の二文献に詳細に記録されている。あわせて参照されたい。『関西生コン産業六〇年の歩み』「六〇年史」編集委員会編、社会評論社、二〇一三年、『関西地区生コン支部労働運動五〇年』「関西地区生コン支部五〇年誌」編集委員会編、社会評論社、二〇一五年。また、今回の弾圧の経緯と意義とについては、本文でもふれたが、『労働法律旬報』二〇一九年一月合併号の特集がとくに参照に値する。）

おわりに

本文に少し書いたけど、五〇歳で生協を辞めて「本づくりSOHOダルマ舎」という個人事業を始めた。しかし資金もなく本づくりはままならず、組版アルバイトとパート仕事でしのぎながら、年金をもらえる歳までなんとかやってきた。そして七〇歳を前に、やはり本を何冊か作ろうと社会評論社の松田社長に相談すると、「ダルマ舎叢書とでもしたら」と言われ、言葉にあまえてその第一冊目として本書『時代へのカウンターと陽気な夢―労働運動の昨日、今日、明日』を作ることにした。

かつて私は、私の生協活動の地元であった東京東部における労働運動に「陽気な夢」を見た。そしてその夢を再現したくて、夢を見せてくれた小野寺忠昭さんに相談して本の企画を立てた。隠居の歳になっている小野寺さんに、私が無理を頼んだせいもあるのかもしれない。小野寺さんは夏に病に倒れて、私はこの本を作るのを一時あきらめかけた。そしたら、「寺さんが倒れたのなら俺が」みたいな人が何人も出てきて、さらに広い協力が得られて、少し遅れたけど執筆者も増えて本書を作ることが出来た。そこには「陽気な夢」の再現が少しあった。

一方、時代は安倍政権の下に偽りのデータに基づく国会での強行採決や、あらゆる民意を無視した国策政治が強行され、マスコミは統制されて戦前化の様相を呈してきている。本書の執筆者の年齢はリタイア世代が多いけど、誰もが垣間見た「陽気な夢」の再現、それが時代へのカウンターにつながることを期待しながら書いている。

「ダルマ舎叢書」の第二冊目は、原発のない地域づくりをめざす人々による『地域循環型の女川町をめざして―原発のない町づくり』(仮)が、年内発行をめざして進められている。辺野古における常軌を逸した国家による暴挙を見れば、原発の再稼動についても同様の暴挙があり得るし戦争への道もありうる。今はそういう時代である。「ダルマ舎叢書」は、全五冊の予定でいる。時代へのカウンターと陽気な夢、まあ、それがコンセプトであろうか。

今回、執筆にご協力いただいた多くの方々、とりわけ私が折れそうになった時に支えてくれた小畑精武さんに感謝多謝です。小野寺忠昭さんは、この春に退院されてリハビリに励んでおり、またみんなで「お祭り」をやることがこの本づくりのモチーフであったわけだけど、そうとは話さずにいて、私の無理に応えていただきました大内秀明、鎌倉孝夫、伊藤誠、樋口兼次の四先生には、いたく痛みいる次第であります。ありがとうございました。

二〇一九年三月三〇日

平山　昇

■大場香代（おおば・かよ）
1973年、東京都生まれ。パルシステム東京職員。ケアマネージャー。
■井谷　清：（いたに・きよし）
生年非公開。現役の労働基準監督官として、監督指導その他様々な業務に従事。
■堀　利和（ほり・としかず）
1950年、静岡県生まれ。89～、98～参議院議員を二期務める。NPO法人共同連代表。『アシエーションの政治・経済学』（社会評論社2016年）ほか。
■白石　孝（しらい・たかし）
1950年生まれ。荒川区職員労働組合顧問（元書記長）。NPO法人官製ワーキングプア研究会理事長。希望連帯代表。『ソウルの市民民主主義』（コモンズ2018年）。
■志村光太郎（しむら・こうたろう）
1967年、神奈川県生まれ。合同会社国際人材戦略研究所代表。『労働と生産のレシプロシティ』（世界書院2018年）。
■水谷研次（みずたに・けんじ）
1949年東京生まれ。元江戸川区労協・墨田区労連オルグ、元連合東京事務局。『知らないと損する労働組合活用法』（共著、東洋経済新報社2010年）。
■大内秀明（おおうち・ひであき）
1932年、東京生まれ。東北大学名誉教授。仙台・羅須地人協会代表。『自然エネルギーのソーシャルデザイン　――スマートコミュニティの水系モデル』（鹿島出版会2018年）ほか。
■鎌倉孝夫（かまくら・たかお）
1934年生まれ。埼玉大学名誉教授。『新自由主義の展開と破綻―「資本論」による分析と実践課題』（社会評論社2019年）ほか。
■樋口兼次（ひぐち・けんじ）
1943年、東京生まれ。白鴎大学名誉教授。『日本的生産合作社』（中国青年出版社2013年）ほか。
■伊藤　誠（いとう・まこと）
1936年生まれ。東京大学名誉教授。日本学士院会員。『資本主義の限界とオルタナティブ』（岩波書店2017年）ほか。

□金瀬 胖（かなせ・ゆたか）
1944年千葉県生まれ。写真家。元荒川区労協オルグ。写真集『ZONE』で第12回「写真の会」賞。写真集『路上の伝記』ほか。
□今井　明（いまい・あきら）
1953年生まれ。写真家。

【著者紹介】

（※本書掲載順、生年、出身地、略歴、著作は近作の本）

■平賀健一郎（ひらが・けんいちろう）

1941 年生まれ、元総評東京地評オルグ。中小労組政策ネットワーク代表。共著『ひとりで闘う労働紛争』（共著、緑風出版 2017 年）。

■小畑精武（おばた・よしたけ）

1945 年生まれ。江戸川地区労オルグ、コミュニティ・ユニオン全国ネットワーク初代事務局長、自治労本部オルグ。『アメリカの労働社会を読む事典』（共著、明石書房 2012 年）ほか。

■小野寺忠昭（おのでら・ただあき）

1943 年東京生まれ、元総評東京地評東部担当オルグ。『地域ユニオン・コラボレーション論』（インパクト出版会 2003 年）。

■平山　昇（ひらやま・のぼる）

1949 年、東京都生まれ。元たつみ生協（現パルシステム東京）職員。『土着社会主義の水脈を求めて―労農派と宇野弘蔵』（共著、社会評論社 2014 年）。

■川副詔三（かわぞえ・しょうぞう）

1942 年生まれ、元神奈川県評オルグ、「地域と労働運動」主幹。『What was 国鉄闘争～そして次へ～』（ぶなの木出版 2013 年）。

■関口広行（せきぐち・ひろゆき）

1958 年、群馬県生まれ。国労高崎地方本部委員長。

■要　宏輝（かなめ・ひろあき）

1944 年、香川県生まれ。67 年総評全国金属労組大阪地方本部、91 年金属機械労組大阪地本書記長、99 年連合大阪専従副会長。『正義の労働運動ふたたび』（単著、アットワークス 2007 年、日本労働ペンクラブ賞）ほか。

■鳥井一平（とりい・いっぺい）

1953 年、大阪生まれ。全統一労働組合特別執行委員、NPO 法人移住者と連帯する全国ネットワーク代表理事。人身売買禁止全国ネットワーク（JNATIT）共同代表、2013 年アメリカ国務省から「人身売買と闘うヒーロー」賞受賞。

■嘉山将夫（かやま・まさお）

1951 年、東京生まれ。全国一般埼京ユニオン委員長。

■須永貴男（すなが・たかお）

1947 年、群馬県生まれ。群馬合同労組副委員長。

■中村　登（なかむら・のぼる）

1949 年、兵庫県生まれ。元神戸市職員。元訪問介護事業所神戸ケアセンター所長。

■都筑　建（つづく・けん）

1942 年、長崎県生まれ。71 東芝アンペックス労働組合書記長、93 ワーカーズ・コープ　エコテック代表、認定 NPO 法人太陽光発電所ネットワーク代表理事。

■岩元修一（いわもと・しゅういち）

1955 年、鹿児島県生まれ。全労協全国一般東京労組パルシステム東京労働組合副委員長。

ダルマ舎叢書 I
時代へのカウンターと陽気な夢
労働運動の昨日、今日、明日

2019 年 5 月 10 日　初版第 1 刷発行

共同編集——小野寺忠昭、小畑精武、平井昇
装　幀——中野多恵子
発行人——松田健二
発行所——株式会社 社会評論社
東京都文京区本郷 2-3-10
電話：03-3814-3861　Fax：03-3818-2808
http://www.shahyo.com
組　版——Luna エディット .LLC
印刷・製本—倉敷印刷株式会社
Printed in japan